매주
오경 읽기
영성 강론

랍비 조너선 색스(1948–2020)의 다른 저술들

Not in God's Name, ≪하나님 이름으로 혐오하지 말라≫ 김준우 역.
Genesis: The Book of Beginnings, ≪랍비가 풀어내는 창세기≫ 김대옥 역.
Judaism's Life-Changing Ideas, ≪오경의 평화 강론≫ 김대옥 역.
I Believe, ≪생명을 택하는 믿음≫ 김대옥 역.
Exodus ≪랍비가 풀어내는 출애굽기≫ 김대옥 역 (근간).
The Dignity of Difference, ≪차이의 존중≫, 임재서 역.
The Home We Build Together, ≪사회의 재창조≫, 서대경 역.
The Great Partnership: God, Science and the Search for Meaning
Faith in the Future
The Politics of Hope
Celebrating Life
A Letter in the Scroll / Radical Then, Radical Now
The Jonathan Sacks Haggada
From Optimism to Hope
To Heal a Fractured World
Covenant & Conversation Series
Future Tense
The Koren Sacks Siddur
The Koren Sacks Mahozorim
Ceremony and Celebration
Morality: Restoring the Common Good in Divided Times
Essays on Ethics

성서심층연구 시리즈 01

매주 오경 읽기 영성 강론

랍비 조너선 색스 지음
김준우 옮김

하나님보다 앞서 걸어라

STUDIES IN SPIRITUALITY
A Weekly Reading of the Jewish Bible

템플턴상 수상자

한국기독교연구소

매주 오경 읽기 영성 강론: 하나님보다 앞서 걸어라

지은이/ 조너선 색스
옮긴이/ 김준우
펴낸이/ 김준우
초판 1쇄 펴낸날/ 2022년 5월 9일
초판 4쇄 펴낸날/ 2025년 5월 15일
펴낸곳/ 한국기독교연구소
등록번호/ 제8-195호(1996년 9월 3일)
경기도 고양시 일산동구 고봉로 32-9, 331호 (우 10364)
전화 031-929-5731, 5732(Fax)
E-mail: honestjesus@hanmail.net
Homepage: http://www.historicaljesus.co.kr.
표지 디자인/ 디자인명작
인쇄처/ 조명문화사

STUDIES IN SPIRITUALITY: A Weekly Reading of the Jewish Bible
Copyright © Estate of Jonathan Sacks, 2021.
All rights reserved. Korean Translation copyright © 2022 by Korean Institute of the Christian Studies. The Korean translation right arranged with Maggid Books through EYA (Eric Yang Agency). Printed in Seoul, Korea.

이 책의 한국어판 저작권은 EYA(Eric Yang Agency)를 통한 Maggid Books 사와의 독점계약으로 한국어 판권을 한국기독교연구소가 소유합니다. 저작권법에 따라 국내에서 보호받는 저작물이므로 무단전재와 무단복제를 금합니다.

ISBN 978-89-97339-85-3 94230 (세트)
ISBN 978-89-97339-86-0 94230
값 18,000원

랍비 조너선 색스

의로운 분에 대한 기억, 감사, 찬미가 복되기를.

글과 말씀을 통해 유대인들의 가치와 행동을 가르치시고
오경을 배워 가장 높은 영성에 이르는 것이 무슨 뜻인지를
가르치신 분.
이 책이 많은 사람들에게, 미래에도 그분의 가르침을 이어가는
책이 되기를 기원합니다.

그리고 우리의 부모님
페기와 필립 짐머만,
하워드 라셔와 도린 카셀라를 기념하여,
그리고 우리의 자녀들
제이크, 데이비드, 가브리엘과 제이크 모스코비츠에게,
또한 우리의 손자 노아 레브에게
랍비 색스의 이 말씀들이 너희들의 성공적인 삶을 인도할 수 있기를.

"찬양받기를 기다리지 말고, 타인들을 찬양하라.
존경받기를 기다리지 말고, 타인들을 존경하라.
변두리에 서서 타인들을 비판하지 말고
스스로 사태가 나아지도록 무엇이든 행하라.
세상이 변하기를 기다리지 말고 그 과정을 시작하라.
그리고 타인들도 그 대의에 참여하도록 하라.
너희가 세상에서 추구하는 변화가 되라. 솔선하라."
— 셰릴 & 리 라셔

STUDIES IN SPIRITUALITY

A Weekly Reading of the Jewish Bible

by

Rabbi Jonathan Sacks

Maggid Books & OU Press, 2021.

Korean Translation by Kim Joon Woo

이 책은 이규준 · 김해경 권사님(세종청파교회)의
출판비 후원으로 간행되었습니다.

Korean Institute of the Christian Studies

목차

〈성서심층연구 시리즈〉를 발간하면서 __ 11
서문: 우리들 자신의 이야기를 써넣기 / 시반 라하브 메이르 __ 15
서론: 시간의 한복판에서 영원을 느끼기 __ 21

창세기

듣기의 기술 __ 31
불확실성 속에서 살아갈 용기 __ 38
세대를 거쳐 이어가는 여정 __ 43
우리들 사이의 공간을 축복하는 일 __ 49
미래에 대한 믿음 __ 55
아버지의 사랑 __ 61
빛은 어떻게 스며드는가 __ 67
두려움을 느낄 때 __ 73
세상을 어떻게 바꿀 것인가 __ 80
절망하지 않고 기다리기 __ 86
틀을 새로 짜기 __ 92
미래를 예측하지 않기 __ 98

출애굽기

저주를 축복으로 바꾸기 __ 107

물질과 정신 __ 113

영적인 자녀 __ 119

새롭게 하는 에너지 __ 125

생각하기 전에 감사하기 __ 131

행위와 듣기 __ 137

줌으로써 받는 선물 __ 144

영감과 수고 __ 150

가까이 계신 하나님 __ 156

사회적 동물 __ 163

앉아 있지 말고 걸어라 __ 169

레위기

의미 찾기 __ 177

희생제사 이해하기 __ 183

열광주의의 위험성 __ 189

수치심의 힘 __ 195

실수를 인정하는 용기 __ 202

유대인의 정체성을 찾아서 __ 208

거룩한 시간들 __ 216

가족의식 __ 224

방향감각 __ 230

민수기

침묵의 소리 __ 239

사랑의 축복 __ 246

절망에서 희망으로 __ 254

두 종류의 두려움 __ 261

위계질서와 정치: 결코 끝나지 않는 이야기 __ 267

사별의 트라우마를 치유하기 __ 274

무엇이 하나님을 웃으시게 만드는가 __ 282

모세의 실망 __ 289

우리의 약속 지키기 __ 297

인권의 복잡성 __ 303

신명기

백스무 살까지: 늙어도 젊게 사는 길 __ 313

"왜?"라는 물음의 힘 __ 319

귀 기울임의 영성 __ 327

기쁨의 깊은 힘 __ 334

겸손의 위대함 __ 341

사랑의 한계 __ 347

우리의 예배와 정체성 __ 355

하늘에서가 아니다 __ 363

우리의 날을 새롭게 하기 __ 369

도덕적 우주의 호 __ 376

★ 일러두기

1. 이 책에서 '성서'는 Tanakh, 즉 유대인들의 히브리성서(기독교인들의 구약성서)를 말합니다.
2. 이 책에 인용된 한글 성서 본문은 주로 표준새번역 본문이지만, 저자가 인용한 Tanakh의 문자적 의미를 보다 더 정확하게 강조할 필요가 있을 경우에는 사역을 했습니다.
3. 저자가 이탤릭체로 강조한 것은 타이프체로 표기했으며, ( ) 속에 작은 글씨로 설명을 넣은 것은 역자주에 해당합니다.

〈성서심층연구 시리즈〉를 발간하면서

우리는 45억 년 동안의 치열한 창조/진화 과정의 산물이다. 태양과 목성, 달과 소행성 덕분에 생명의 역사에서 막내둥이로 등장해 문명을 건설한 인류가 생명의 어머니 가이아를 파괴하는 데는 45년 걸렸다. 인류 자신과 모든 피붙이까지 멸종당할 위기를 초래했다. 화석연료에서 나오는 대기오염 때문에만 현재 매년 9백만 명이 죽는다. 2030년까지 1억 명이 죽게 될 것이며, 머지않아 2도 상승하면 매년 1억5천만 명이 대기오염만으로 죽게 될 것이라고 한다. 유엔 사무총장 안토니오 구테흐스의 말처럼, "기후 지옥으로 가는 고속도로"에서 질주하는 자멸의 길을 멈추고 생태문명으로 전환하는 과업은 하나님의 초자연적인 개입이 아니라, 우리나라와 같은 선진국들과 가진 자들의 책임이다.

인류는 이 전대미문의 위기를 해결하기 위한 충분한 지식과 기술과 자본을 이미 갖고 있다. 그러나 섭씨 1.5도 상승까지의 탄소예산이 7년 내에 모두 소진되면, 돌이킬 수 없는 임계점을 넘게 된다는 과학자들의 경고에도 불구하고, 문명전환을 위한 시간 싸움에서 99%의 인류는 세계 1%의 자본가들의 탐욕 앞에 패배하고 있는 현실이다. 에너지 전환뿐 아니라 성장주의에서 벗어나는 것이 절박한 때이지만, 영화 "돈 룩 업 (Don't Look Up)"이 보여주듯이, 정치인들과 언론은 자본의 이익에 철저히 복무하기 때문이다. 따라서 지금의 "기후전쟁"은 개인적 탐욕을 앞세우는 사탄적 세계 지배체제와 공동선을 위한 연대 간의 전쟁이다.

인류의 운명이 공멸일지, 공생공락의 세상일지는 우리 손에 달려 있다. 코로나19로 인해 전 세계에서 700만 명 정도 죽었고, "2040년대부터는 북반구에서 동시다발적 식량폭동이 예상되는"(나오미 오레스케스) 현실에서 과학적 증거와 사회경제적 분석은 비관적이다. 정치인들에게 문명전환을 위한 정책들을 요구할 힘은 우리의 정치적 역량에 달려 있다. 그러나 지배 카르텔은 "이미 너무 늦어서 행동할 필요가 없다"는 기후 허무주의와 파멸주의를 통해 체념하도록 만들거나, 저항하지 못하도록 계급과 세대와 젠더로 분열시키고 탈정치화시키고 있다. 따라서 문명전환을 위해 우리는 체제변혁을 위한 용기와 연대가 절실하다. 위기 완화정책과 함께 적응대책도 마련해야 한다.

관건은 문명전환을 위한 종교의 역할이다. 종교는 역사 이래 새로운 문명을 선도해왔다. 기후전쟁에서 종교의 일차적 역할은 지금 가이아가 마지막 진통을 겪으면서 무엇을 출산하려고 몸부림치는지를 분별하는 일이다. 그래야 상처와 아픔이 넘쳐나는 세상을 더욱 견디지 못하게 만들어가는 사탄적 세계체제를 변혁시킬 가능성이 열린다. 그러나 오늘날 종교는 생태문명의 비전에 따라 이 불공평한 세계 경제구조와 이에 편승한 정치적 극단주의를 비판하고 변혁시킬 노력보다, 세속주의와 과학주의를 신봉하는 새로운 무신론자들의 공격에 맞서 근본주의적 폭력성을 보이거나, 세상 현실에서 물러나 내면의 영성에서 은둔처를 찾고 있다. 일반적으로는 시장만능주의의 하수인이 되었다. 종교가 전통 수구적 태도로 인해 문명전환에 오히려 방해가 되고 있는 현실이다.

그러나 오래 전부터 세상에 대한 근본주의적 정복(개종)이나 내면적인 은둔 대신에 제3의 길을 통해 공동선을 추구한 사람들은 세상의 빛이 되기 위해 더욱 열심히 경전을 공부했다. 일주일 내내 감자만 먹으면서도 저녁마다 모여 공부했다. 불안과 혐오와 폭력이 몰려올수록, 영혼의 촛불을 밝히고 어둠을 견딜 수 있는 유일한 희망이 경전 공부와 기도였기 때문이다. 죽음의 수용소에서도 여성들은 "하나님이 거하실 합당한 장소"(멜리사 라파엘)를 만들었고, 스스로 하나님의 빛이 되었다.

그러나 제2차 세계대전 이후 급격하게 악화된 생태계 파괴 문제를 지질학적 관점에서 보고, "신생대를 넘어 생태대로 출애굽하라!"고 외쳤던 토마스 베리 신부는 성서를 몇 년 동안 읽지 말자고 제안했다. 성서에 우주론이 결여되어 있고, 자연에 대한 정복, 내세 구원, 초자연주의로 인해 인간의 책임성을 약화시킨다는 이유 때문이다. 모세와 엘리야의 초자연적 기적을 일으키던 "이스라엘/인류 역사의 하나님"은 아우슈비츠에서 "6백만 번 부재하셨다"(미겔 데 라 토레). 또한 지난 40년 동안 지구 삼림 면적은 10년마다 49.6%씩 파괴되었고, 세계 야생동물들은 이미 평균 68% 감소했다. 창조/진화의 기적을 통해 "우주/생명의 역사를 이끄시는 자연의 하나님"이 여섯 번째 대멸종 시대에는 인류의 생존과 지구 생태계의 건강을 거의 전적으로 인류의 책임에 맡기셨다.

따라서 묵시적 대재앙의 마지막 임계점이 코앞에 다가온 지금은 종교가 문명전환을 위해 창조/진화의 원리인 동시에 모든 경전의 기본적 가르침인 양생(養生), 즉 다양성, 서로주체성, 친교(상호의존성)의 원리를 우리의 가치관과 생활방식, 산업구조와 정치를 통해 구현하기 위해 혁명적인 변화를 추구할 때다. 비폭력 혁명에서 항상 문제가 되는 것은 거짓자기에 사로잡혀 탐진치 삼독의 노예가 되는 현실이다. 제도종교의 "영적인 파산"(존 캅)에도 불구하고, 개인의 영적인 변화 없이는 사탄의 체제와의 투쟁이 실패할 수밖에 없다(월터 윙크). "대량파괴의 가장 큰 무기는 인간의 마음"(조너선 색스)이기 때문이다.

또한 성서해석이 흔히 문자에 매여 과거 지향적이 됨으로써, 당면 위기와 미래 세대를 위한 과제를 무시한 채, 기존질서를 옹호하는 수구적 태도를 조장해왔다. 특히 성서가 이분법적 사고방식뿐 아니라, 자본주의 사회에서 탐욕과 혐오를 정당화하는 빌미가 되지 않도록 성서의 심층적 의미를 배우고, 기존질서를 비판하고 저항함으로써 새로운 문명을 선도할 책임이 부족했다. 일차적으로 신학자들의 책임이다.

성서는 창세기부터 요한계시록까지 정치적으로는 반제국주의 문서이며, "하나님 나라"라는 대안적 세상을 위한 체제전복적 저항 문서다. 컨텍스트를 고려하지 않는 텍스트는 세상을 파괴하는 악마의 빌미(프리텍스트)가 될 수 있다는 점에서, 지금은 성서 문자주의와 결탁한 폭력적 극단주의를 막아내기 위해 더욱 열심히 성서의 심층적 의미를 공부하고 함께 토론하며, 기존체제를 변혁하기 위해 연대할 시간이다. 수구적인 교회를 비판하기 전에 신학자들이 자기역할을 정말 다 했는지부터 반성하게 된다. 교회가 빠르게 몰락해가는 지금, 성서가 가르치는 생명 외경과 인류의 하나됨, 그리고 양생의 구체적인 방법인 급진적 분배정의(희년, 예수의 무차별적인 밥상공동체), "지배 없는 섬김과 나눔과 용서의 하나님 나라 공동체"와 그에 근거한 체제 비판 정신과 영적 휴머니즘만은 다음 세대에게 물려주고 싶은 것이 마지막 희망이다.

역사를 바꾸는 것은 생각하는 시민의 힘이며, 우리에게 절실한 것은 공부와 토론 문화이며, 어둠 속에서 우리를 구원해주는 것은 말씀 한 마디이기에, 대선 이후 심란해진 동지들과 다음 세대를 위한 신앙적인 대응책으로 〈성서심층연구 시리즈〉를 기획하게 되었다. 생명의 노래에 맞춰 함께 더욱 신명나게 춤추고, 시대의 광기를 견디면서 공부의 즐거움을 누리는 데 일조하게 되기를 바라는 마음이다. (2023년 5월, 김준우)

서문

우리들 자신의 이야기를 써넣기

시반 라하브 메이르[1]

이 책을 읽지 마십시오. 이 책은 랍비 조너선 색스(1948~2020년)가 선종하신 후 영어로 출판된 첫 번째 책이기 때문에, 당신이 이 책을 손에 들었다면, 이 책을 읽지 말라고 간청합니다. 그러면 어쩌란 말인가요? 두 가지입니다.

우선, 이 책을 공부하십시오. 다른 사람과 함께 공부하는 게 좋으며, 가장 좋은 것은 다음 세대, 당신의 자녀들이나 손주들 가운데 한 사람, 혹은 당신이 속한 공동체의 젊은이와 함께 공부하는 것입니다. 랍비 색스는 추리소설, 요리책, 정치적 넌픽션 가운데 "또 다른 책"을 읽도록 이 책을 쓴 게 아닙니다. 그는 우리가 그의 글을 소극적으로가 아니라

---

[1] 시반 라하브 메이르(Sivan Rahav Meir)는 오늘날 이스라엘 미디어에서 가장 인기 있는 인물이다. 그녀는 채널 2 뉴스의 골든아워 앵커로서, 이스라엘의 가장 큰 신문 *Yediot Aharonot*에 칼럼을 쓰며, 매주 Galei Tzahal (Army Radio) 라디오 쇼를 진행한다. 그녀는 종교와 세속 영역 모두에 걸쳐 매우 존경받는 대중적 지성인이며, 소셜미디어에서 오경에 근거한 가족 중심의 통찰력을 유대인들의 삶과 전통 속에 불어넣는다는 점에서 많은 팔로워를 갖고 있다. 매주 오경 읽기 본문에 대한 그녀의 강의는 수천 명이 시청한다.

적극적으로 읽기를 원했습니다. 이런 방식으로만 우리는 우리의 유산을 다음 세대에게 전해줄 수 있습니다. 열정을 갖고 토론을 통해서, 질문과 대답, 호기심을 갖고, 우리의 눈동자에 불꽃이 일어나는 것을 통해서 말입니다. (랍비 색스가 공부하고 가르칠 때 그의 눈동자에 불꽃이 일던 것을 누가 잊을 수 있겠습니까?). 유다이즘은 기계적인 암기를 통해 배우는 것이 아니며, 학생들은 로봇이 되는 게 아니라고 그는 항상 우리에게 상기시키곤 했습니다. 이 책은 역사상 우리의 영혼을 가장 사로잡는 이야기로서, 그 이야기 속에 우리들 자신의 이야기를 써넣도록 요청하고 있습니다.

랍비 색스의 유산은 읽을거리가 아닙니다. 그의 유산은 삶을 변화시키며 현실을 바꾸는 내용입니다. 따라서 이 책을 들고 그 메시지를 내면화하도록 하십시오. 그 메시지에 동의하든지, 반대하든지 하십시오. 당신의 목표가 이 책을 읽는 것이 아니라 그 메시지를 적용하는 것임을 마음에 새기십시오. 이 놀라운 생각들이 어떻게 나의 삶과 연관되는가 하고 스스로에게 물으십시오. 다른 이들에게 읽어주고 함께 토론하거나, 아니면 최소한 몇 문단을 읽은 후에 멈추고, 당신 자신의 의견은 무엇인지를 숙고하십시오.

둘째로, 당신이 이 책을 구입한 것으로 랍비 색스의 유산을 지키기 위해 무엇인가를 했다고 생각하지는 마십시오. 우리 모두는 그를 매우 사랑했습니다. 그가 갑자기 우리 곁을 떠나셨을 때 우리는 모두 큰 고통을 느꼈습니다. 비록 그가 코로나19의 희생자가 되신 것은 아니었지만, 팬데믹이 최고조에 도달했을 때라, 오직 소수의 사람들만이 그의 무덤까지 동행할 수 있었습니다. 물론 온라인에서는 수천 명이 함께 했습니다. 따라서 우리가 이 책을 새로 서가에 꽂는 것으로 그를 기릴 수 있는 무엇인가를 했다고 느낄지 모릅니다. 그러나 우리가 랍비 색스를 사랑한다면, 그가 떠남으로써 유대인 세계에 만들어진 큰 공백은 채워질 수 없을 것입니다. 그 공백은 우리 자신이 랍비 색스가 **되려고** 애를 쓸 때만 비로소 채워질 것입니다. 그가 우리에게 남긴 과업은 이 책을 구입하는 것이 아니라 그의 길을 우리가 따르는 것입니다. 그가 루바비치의 의인(하시딤 운동의 영적 지도자)에 대해 말한 것처럼, "그분은 추종자들을 만들기 원한 것이 아니라 지도자들을 만들기 원했습니다." 랍비 색스는 사람들이 자신의 생각을 복사하거나 인용하는 방법을 아는 것만을 원하지 않았습니다. 그는 사람들이 책임감을 갖고, 자신을 초월함으로써 세상을 변화시키고 또한 모든 유대인들이 오경을 배우기를 원했습니다. 그 역시 좋은 책을 사는 것으로 만족할 수도 있었습니다. 그러나 그는 우리 시대의 가장 긴박한 문제는 유대인들이 무지하다는 것, 그리고 유대인들이 줄어들고 있다는 것이라고 파악하고, 그는 자신의 삶을 그 문제를 해결하는 데 바치기로 작정했습니다. 비록 그는 영국 왕실로부터 기사 작위를 받았으며, 교수, 학자, 성서주석가였지만, 그는 무엇보다 먼저 랍비였습니다. 그는 셰익스피어, 괴테, 니체의 저작들에 대한 자신의 연구보다 유대인들의 연속성을 우선시했습니다.

그래서 그가 영면에 들어간 지 한 달 후에 그의 부인 레이디 일레인이 추모예식을 진행한 방식을 듣고 나는 큰 감동을 받았습니다. 전 세계에서 인터넷으로 참여한 사람들 중에는 토니 블레어, 고든 브라운, 찰스 왕자와 캔터베리 대주교 등이 있었지만, 레이디 일레인은 개회사에서 "우리는 지난 한 달 동안 수많은 편지들과 이야기들을 받았습니다. 사람들은 나의 남편 때문에 자신의 자녀들이 유대인 교육을 받도록 보냈다고 말했습니다"라고 전했습니다. 이것이 그 모든 명사들의 조사에 앞서

서 그녀가 전한 메시지였습니다. 왜냐하면 이것이 참으로 랍비 색스의 핵심 가르침이었기 때문입니다. 호화스런 저택에서 왕들과 왕세자들과 함께 앉아 있는 것이 아니라, 유대인 아이가 한 명이라도 더 조상들의 길을 계속 걷도록 만드는 것이 그의 가르침이었기 때문입니다.

*

이런 두 가지 "경고"를 함께 나눈 다음에 이 놀라운 책을 즐기도록 여러분을 초대합니다. 이 책은 유대인들의 영원한 심장박동, 곧 매주 읽는 오경 본문[2])을 따르는 책입니다. 나에게 중요한 두 가지 본문을 공부할 때, 나는 정확히 내가 이제까지 말한 두 가지 메시지를 발견했습니다.

랍비 색스는 안식일 오전에 선종하셨는데, 전 세계 유대인들이 매주 오경 본문 읽기에 따라서 '바예라'(*Vayera*, 창 18:1-22:24) 부분을 읽고 있었습니다. 랍비 색스는 이 본문에 대해 우리에게 무엇을 가르쳤습니까? 가장 근본적인 원리는 교육이라는 점입니다. "아브라함이 누구였으며, 도대체 왜 그가 선택되었습니까?" 하고 그는 물었습니다. 아브라함은 노

---

2) 역자주: 세상에 흩어져 사는 유대인들이 "영원한 하나님의 말씀"을 시간 속에서 살아내는 공통적 방법이 "매주 오경 읽기 본문"(*parashat hashavua*)이다. 가을에는 창세기를 읽으면서 세상과 인류와 유대 민족의 시작을 다시 살아내며, 겨울에는 출애굽기를 통해 노예생활과 약속의 땅의 자유를 찾아 광야를 통과하는 긴 여정, 즉 두 번 다시 자유를 잃지 않기 위해 "자유의 투사로서의 삶"을 새기며, 봄에는 레위기를 통해 제사법과 이웃을 내 몸처럼 사랑하기, 그리고 "우리들과 같지 않은 타인들 사랑하기"를 배우며, 계시의 축제절기인 맥추절(오순절)에 읽기 시작하는 민수기에 가득한 광야에서의 타락과 반역 이야기를 통해 민족의 탄생을 다시 살아내며, 여름에는 신명기를 통해 모세의 마지막 가르침을 다시 배워 하나님께 신실한 계약 백성으로서의 역사와 운명을 다시 살아낸다. 이런 점에서 오경은 유대인들에게 한 해의 음악이며, 삶의 리듬, 시간 속의 영원한 가르침이며 안내자이다. Jonathan Sacks, *Genesis: The Book of Beginning* (Maggid Books, 2009), 1-2.

아처럼 의로운 사람으로 묘사되지도 않았으며, 모세처럼 불의에 항거한 인물도 아니었고, 다윗처럼 전쟁 영웅도 아니었으며, 이사야처럼 예언자도 아니었다는 말입니다. '바예라' 부분에는 오직 한 군데, 오경이 왜 하나님께서 아브라함을 선택하셨는지를 언급한 부분이 있습니다. "내가 아브라함을 선택한 것은, 그가 자식들과 자손을 잘 가르쳐서, 나에게 순종하게 하고, 옳고 바른 일을 하도록 가르치라는 뜻에서 한 것이다" (창 18:19). 이 말씀을 요즘 식으로 번역하면, 하나님께서 마치 "나는 이 친구를 안다. 그가 어떤 사람인지를 안다. 그가 어떤 사람인지 아는가? 그는 좋은 선생이다. 좋은 부모다. 좋은 교육자다. 나에게 가장 중요한 부분에서 나는 그를 신뢰할 수 있다. 군대가 아니고, 돈도 아니고, 영토도 아니고, 카리스마도 아니다. 교육이다. 그는 그 불꽃을 다음 세대에 어떻게 전할 것인지, 그들의 눈동자에 어떻게 똑같은 불꽃을 일으킬 것인지를 잘 알고 있다"고 말씀하신 것과 같습니다. 요점은 지식을 쌓는 것이 아닙니다. 아브라함은 그의 자손들이 많은 책을 읽도록 만드는 것이 아니라, 이런 책들과 일치하여 살아가도록 만들기 위해 선택된 것입니다. 아브라함은 그의 과업에 성공했으며, 이런 이유 때문에 우리는 오늘날까지 그를 "우리의 아버지"라고 부릅니다. 랍비 색스는 안식일에 영면에 들어감으로써 우리 모두가 아버지 아브라함의 길을 계속 걸어가도록, 우리의 자녀들에게 하나님의 길을 지키도록 상기시켜줍니다.

나는 이 책의 마지막까지 훑어보면서, 창세기의 토대가 되는 부분들, 출애굽기의 구원 이야기, 레위기의 거룩함과 성전에 관한 주제들, 그리고 민수기에서 이스라엘 백성들이 광야를 떠돌던 이야기들을 살펴보았습니다. 랍비 색스는 그 모든 이야기들에 대해 독창적이며 우리의 영혼을 깨우는 빛을 비춰주고 있습니다. 내가 오경의 마지막 책의 마지막 부분에 이르렀을 때, 나는 그 빛이 사라졌음을 발견했습니다. 랍비 색스는 그가 선종하기 전에 그 마지막 부분에 대한 그의 통찰력을 풀어내는 것을 끝마치지 않았습니다. 겸손하게 그의 렌즈를 통해서 잠시 그 부분을 바라봅시다. 의심의 여지없이, 그는 "우리는 모세가 전하여 준 율법을 지킨다. 이 율법은 야곱의 자손이 가진 소유 가운데서, 가장 으뜸가는 보물이다"(신 33:4)라는 구절에 초점을 맞추었을 것입니다. 이것이 그의 삶의 좌우명이었습니다. 우리가 다음 세대들에게 전해줄 최고의 유산은 오경이며, 우리의 정체성이며, 우리의 유산입니다.

그러나 그 부분의 마지막에서, 모세가 그의 모든 족속들을 축복한 후에, 그가 세상을 떠난 것이 묘사되어 있습니다. 일부 주석가들에 따르면, 오경의 모든 것을 쓴 모세는 그 자신의 죽음에 대해서는 쓰지 않았습니다. 오히려 그의 제자인 여호수아가 그의 선생이 세상을 떠난 후에 오경의 마지막을 썼다고 합니다. 이것은 아마도 랍비 색스가 우리에게 남겨줄 수 있었던 가장 강력한 메시지일 것입니다. 이 책이 그 마지막 부분에 대한 주석이 빠져 있다는 사실은 우리에게 추종자가 되지 말고 지도자가 되라는 것, 그의 팬이나 방관자가 되지 말고 플레이어가 되라는 뜻입니다. 오경은 우리의 주석도 기다리고 있습니다.

서론

시간의 한복판에서 영원을 느끼기

매주 오경 읽기 본문(*parashot*)에 관해 해설한 이 책은 영성에 관한 책이며, 우리의 삶에서 하나님과 그분이 계신 곳을 찾는 일에 관한 책이다. 어디에서 또한 어떻게 우리는 하나님을 발견하는가? 하나님을 발견하면 무엇이 달라지는가? 유다이즘은 어떻게 우리가 더 나은 사람, 보다 민감하며 관대한 사람이 되도록 돕는가? 우리의 정서생활에는 어떤 영향을 끼치는가? 우리의 우선순위를 결정하는 데 도움을 주어 단지 긴급한 것들만이 아니라 중요한 것들을 돌보도록 하는가? 우리가 힘겨운 시간에 살아남도록 힘을 주며, 추락과 실패와 상실에도 불구하고 삶을 계속 이어가도록 힘을 주는가? 우리가 희망을 잃지 않고 견디도록 도움을 주며, 에너지를 잃지 않고 존속하도록 도움을 주는가? 우리로 하여금 사랑하며 용서하도록 가르치는가? 우리를 환희에 이르도록 하는가?

영성은 '종교'와 비록 서로 연결되어 있지만 같은 것이 아니다. 본질적으로 영성은 우리가 우리들 자신보다 더욱 큰 무엇에 우리 자신을 개방할 때 생기는 것이다. 사람들 중에는 영성을 자연, 예술, 음악의 아름다움 속에서 발견한다. 또 어떤 사람들은 영성을 기도, 선행, 또는 성스러운 본문을 공부하는 데서 발견한다. 그러나 또 다른 사람들은 영성을 타인들을 돕는 데서, 아니면 우정이나 사랑에서 발견한다.

영성은 "사람이 먹는 것으로만 사는 것이 아니라 주님의 입에서 나오는 모든 말씀으로 산다는 것"(신 8:3)을 말해주는 것이다. 우리는 단지 생물학적 욕구를 지닌 육체적 존재만이 아니다. 우리에게는 희망, 꿈, 두려움, 사랑이 있다. 우리는 서로 연결되기 위해 애를 쓴다. 타인을 위해 희생하기도 한다. 우리는 의미를 찾는다. 초월을 경험하기도 한다.

나 역시 많은 사람들처럼 하나님을 발견한 것은 깊은 절망 속에서, 그리고 벅찬 환희 속에서였다. 예루살렘의 스코퍼스 산에서 유다 지역 산등성이들을 바라볼 때, 석양에 온 시야가 황금빛으로 물들고 온 세상이 하나님의 광채로 불타오르는 것처럼 보일 때 나는 그분을 발견했다. 인생에서 가장 어려웠던 순간들에 그분은 나를 일어서도록 부축하셨으며 계속 앞으로 나아가도록 도우셨다. 자녀들과 손주들이 태어날 때, 사랑이 새 생명을 낳을 때, 그분을 느낀다. 매주 금요일 저녁 나는 그분이 우리의 안식일 식탁을 영광의 구름으로 에워싸시는 것을 느낀다. 인생의 새로운 여정을 시작할 때마다 그분께 힘을 간구한다. 그분이 나에게 원하셨을 무엇인가를 했다고 느낄 때마다 그분께 감사를 드린다.

내가 영성에 관해 이 책을 쓰기로 작정한 것은 내가 만나는 너무나 많은 사람들이 영성을 찾고 있으며, 오늘날 유다이즘에서 항상 영성을 발견하지는 못한다고 말하기 때문이다. 영적인 것을 찾는 데 몰두하는 사람들이 항상 전통적 의미에서 종교적인 사람들은 아니다. 어떤 사람들은 자신이 세속적인, 또는 문화적인 유대인, 혹은 인종적으로 유대인이라고 설명한다. 이런 설명이 아름다운 이유는 모세가 이스라엘 사람들에 관해 "그들이 저를 믿지 않을 것입니다"(출 4:1)라고 하나님께 말한 것을 확인시켜주기 때문이다. 탈무드(Sabbat 97a)에 따르면, 하나님은 이렇게 대답하셨다. "그들은 믿는 사람들이며, 믿는 사람들의 자녀들이지만, 마지막에는 네가 믿지 않을 것이다." 때때로 자신을 종교적이라고 생각하지 않는 보통 사람들이 종교 지도자들보다 더 좋은 믿음을 가질 수 있다. 모두가 유대 율법의 선생인 것은 아니지만, 영성은 우리의 모든 영혼에 새겨져 있다. 코츠크의 랍비가 말한 것처럼, 하나님은 우리가 그분을 들어오시게 하는 곳마다 들어오신다.

오늘날 유대인들의 영성에 위기가 온 것은 부인할 수 없다. 이것이 슬픈 이유는 오랜 세월 동안 유대인들이 하나님에 도취되었던 사람들이기 때문이다. 유대인 역사를 한 마디로 요약한다면, "힘으로도 되지 않고, 권력으로도 되지 않으며, 오직 나의 영으로만 될 것이다. 만군의 주님께서 하신 말씀이시다"(슥 4:6)라는 선언이다. 유대인들은 결코 큰 권력을 가졌던 적이 없었다. 그런 권력은 항상 환상이었다. 힘을 가졌던 적도 없었다. 기독교와 이슬람은 거대하며 기념비적인 제국들을 건설했다. 유대인들은 결코 그런 적이 없었다.

우리의 조상들이 넉넉하게 가졌던 것은 하나님의 영이었다. 그들은 하나님을 가깝게 느꼈다. 유대인들이 이런 느낌을 묘사하기 위한 사용했던 단어에는 감동적인 측면이 있다. 그들은 그런 느낌을 '쉐키나'(*Shekhina*)라고 불렀는데, 보통 하나님의 임재/현존으로 번역되지만, 실제로는 더 뚜렷한 무엇을 뜻한다. '쉐키나'는 이웃, 즉 옆집에 사는 사람이다. 이것이 유대인들이 느꼈던 하나님의 특성이다. 그렇다. 하나님은 가장 멀리 있는 갤럭시보다 멀리 계시지만, 우리들 자신보다 더 가깝게 우리 곁에 계신다. 아브라함의 하나님은 멀리 계신 하나님이 아니다. 그분은 하늘에서 위엄 가운데 보좌에 앉아계신다. 그러나 그분은 또한 부모, 파트너, 이웃, 스승, 친구이시기도 하다.

오랜 세월 동안 그래왔다. 그러나 여기서 분석하기에는 너무 복잡한 변화가 일어났다. 근대의 특정 시점에 이르러 많은 유대인들이 극도로 합리주의자들이 되었다. 물리학, 의학, 사회학, 인류학, 수학, 철학 분야의 개척자들이 되었다. 그들은 근대정신을 형성한 사람들이 되었다. 그러나 그 과정에서 많은 사람들이 하나님과의 친밀감을 상실했는데, 그런 친밀감은 우리 조상들에게 매우 강력해서 그들에게 희망, 용기, 독특성에 대한 인식을 주었다.

어느 신앙도 하나님을 그토록 가깝게 느끼지 못했다. 그렇다. 우리는 그분과 씨름을 했으며, 그분은 우리와 함께 계셨다. 유대인들은 하나님에게 질문을 제기했고 따졌으며 도전했다. 우리는 결코 우리의 운명을 수동적으로 받아들인 사람들이 아니었다. 그분과의 관계는 항상 격동적이었다. 그러나 관계 이하였던 적은 없었다. 우리에게 하나님은 마틴 부버가 말한 것처럼, 항상 '당신'이었지, '그것'이 아니었다. 개념이 아니라 인격이었고, 형이상학적 추상이 아니라 사랑의 원천이었다.

이 책에서 나는 평소보다 약간 더 개인적인 글쓰기를 할 것이다. 그 이유는 유다이즘에서 영성은 한 형태가 아니기 때문이다. 많은 형태가 있다. 오경은 미묘한 방식으로 이것을 알려준다. 출애굽기에서 우리는 이스라엘 백성이 어떻게 시나이 산에서 하나님과 계약(언약)3)에 동의했는지를 세 차례 읽게 되는데, 처음 두 번과 세 번째 사이에는 미묘한 차이가 있다.

---

3) 역자주: 저자는 당사자 모두 자기 이익을 위해 주고받는 것으로 끝나는 계약(contract)과, 혼인처럼 당사자 모두가 충성을 맹세함으로써 쌍방의 정체성을 바꾸어주는 영원한 계약(언약)(covenant)을 구분한다.

모든 백성이 다 함께 대답하였다. "주님께서 말씀하신 모든 것을 우리가 실천하겠습니다[naaseh]." (출 19:8)

모세가 내려와서 백성에게 주님의 말씀과 법규를 모두 전하니, 온 백성이 한 목소리로 대답하였다. "주님께서 말씀하신 것을 모두 우리가 행하겠습니다[naaseh]." (24:3)

그리고 그가 '언약의 책'을 들고 백성에게 낭독하니, 그들은 대답하였다. "주님께서 명하신 모든 것을 우리는 실천하고 또한 듣겠습니다[naaseh venishma]." (24:7)

처음 두 구절에서는 단지 행동(naaseh)만 언급한다는 점에서 일치한다. 백성들은 "함께" 대답하고, "한 목소리로" 대답한다. 그러나 세 번째 구절에서는 행동뿐 아니라 듣는 것(nishma)도 언급하는데, 이 구절에서만 그렇다. 여기서 "듣는 것"은 귀를 기울임, 주목함, 이해, 응답 등 많은 것을 뜻한다. 다른 말로 해서, 이것은 유다이즘의 영적 차원을 가리킨다. 따라서 유다이즘의 특별하며 독특한 특징은 우리가 생각하고 이해하고 느끼기보다는 행동하는 공동체라는 점이다. 유대인 율법규정은 권위적이다. 그것이 할라카, 즉 유대인들의 행동방식에 관한 문제가 되면, 우리는 합의를 찾는다. 그러나 마이모니데스(1135-1204)가 그의 ≪미슈나 주석≫4)에서 여러 번 말한 것처럼, 유다이즘의 할라카 이외의 측면들에서는 권위적인 규칙이 없다. 우리들 각자는 유다이즘을 나름대로

---

4) 예를 들어, *Commentary to Mishna*, Sanhedrin 10:3를 보라.

이해하는 방식이 있으며, 하나님께 이르는 각자 나름의 길을 갖고 있다.

따라서 제사장의 방식이 있고, 예언자의 방식이 있다. 유다이즘에는 우리의 시인들, 철학자들, 합리주의자들, 신비가들이 있다. 하시디즘은 기쁨 가운데서 하나님을 발견했다. 다른 사람들은 공부하는 중에 하나님을 발견했다. 어떤 이들은 그분을 환상 가운데, 어떤 이들은 기도 중에 발견했지만, 또 다른 이들은 그분의 현존을 인지했지만 말로 표현하지 않았고 말로 표현할 필요도 없었다. 많은 사람들에게 최고의 영성의 책은 시편으로서, 유대인 영혼의 사전이다.

우리 모두는 자아가 떠들썩하게 요구하는 것들을 침묵시킬 시간이 필요하며, 창조세계의 장엄한 아름다움에 우리 자신을 개방하고, 내면에서 들리는 하나님의 명령을 듣고, 오늘날처럼 깊이 상처가 난 세상에서 그 상처들 가운데 한 부분을 고치라는 하나님의 부르심을 들어야 한다. 오경의 아름다움은 우리 민족의 과거 영웅들을 완벽한 전형들이 아니라 인간들, 하나님과 씨름하고 그분이 우리와 씨름하시는 인간들로 보여준다는 점이다.

우리는 영적 존재들이다. 우리는 단지 유전자들의 우발적 변이들이 아니다. 맹목적으로 유전자들을 복제하는 존재들이 아니다. 또한 우리는 단지 이윤을 극대화하는 자들, 또는 쾌락만 추구하는 존재들이 아니다. 우리는 삶에서 의미를 찾으며, 일상적 행동들에 거룩한 카리스마를 부여할 수 있을 때 정신이 솟구친다. 이런 점에서 우리보다 먼저 위대한 삶을 살았던 조상들의 이야기들이 우리의 거룩한 문서에 기록되어 여전히 우리에게 말하며, 평범한 사람들이 어떻게 비범한 높이까지 올라갈 수 있는지를 보여준다. 그들이, 우리들 안에 계시지만 여전히 우리들 너머에 계신 분에게 자신들의 생각과 마음을 개방했기 때문이다.

"힘으로도 되지 않고, 권력으로도 되지 않으며, 오직 나의 영으로만 될 것이다. 만군의 주님께서 하신 말씀이시다." 이 말씀은 2100년 전의 믿음의 음성이었고, 지금도 여전히 참된 말씀이다. 우리에게는 앞으로 군사적, 경제적, 기술적 힘보다 영적인 힘이 더욱 필요하다. 왜냐하면 생명이 성스럽다는 것, 재물, 권력, 성공, 명성을 추구하는 것보다 행복에 더욱 중요한 것이 있다는 것, 그리고 비록 인생은 짧지만 우리로 하여금 복된 순간들에, 시간의 한복판에서 영원을 느끼게 할 변혁적 환희의 힘을 경험할 수 있게 하는 것이 영성이기 때문이다.

나는 이 책에 수록된 주석들이 갖고 있는 매우 개인적 성격의 글들이 독자들로 하여금 하나님의 현존에 나아가는 각자 나름의 길을 발견하도록 돕기를 바란다. 하나님은 항상 우리 곁에 현존하시기 때문이다. 소음 아래를 흐르는 음악 속에, 떠들썩함 밑에서 속삭이는 부르심 속에, 인간의 영혼에서 들리는 하나님의 음성 속에 현존하시기 때문이다.[5]

---

5) 역자주: 저자는 창세기가 "**의도적으로 비철학적 방식으로 쓰여진 철학**"이며, 철학은 "**체계로서의 진리**"인 반면, 창세기는 "**이야기로서의 진리**"라고 말한다. "오경이 모두를 위한 보편적인 책"이기 때문이다. "성서의 위대한 주제 중 하나는 엘리트들, 특히 지식 엘리트들에 맞서는 한결같은 전투다. 토라는 이스라엘을 '제사장들의 나라와 거룩한 민족'(출 19:6)으로 정의한다. 즉 모든 구성원들이 적어도 은유적으로는 제사장들이 되려고 열망하고, 거룩한 민족이 되려는 나라로 정의한다. … 유다이즘은 거룩함을 민주화하는 것이며, 누구나 종교적 지식에 접근할 사회를 만드는 것에 관한 것이다. 따라서 모두가 이해할 수 있는 이야기들이 중요하다"고 말한다. 또 이야기에는 많은 층들이 있어서, 나이가 들수록, 세대가 바뀌어도 새롭게 캐내는 층이 있고, 서스펜스가 있어 결정론을 거부하며, 예상하지 못한 일들이 일어난다고 말한다. 또한 창조와 인간의 악이 확대되어 "생명의 미래를 위협하게" 된 과정에 뒤이어, 가족 이야기 중심의 창세기가 민족 탄생 이야기인 출애굽기보다 앞에 놓인 이유는 "**개인적인 것이 정치적인 것보다 우선함**"을, 즉 거대담론이 해결할 수 없는 복잡한 개인의 마음과 가족의 평화를 우선적으로 해결할 필요성을 보여준다고 지적한다. Jonathan Sacks, *Genesis* (Maggid Books, 2009), 6-11.

창세기

듣기의 기술

Bereshit

인간이 저지른 첫 번째 죄는 정확히 무엇이었는가? 선과 악을 알게 하는 지식의 나무는 무엇이었는가? 선과 악을 아는 지식이 그토록 나쁜 것이라서 금지해야만 했으며, 또한 죄를 통해서만 얻을 수 있는 지식이었는가? 선과 악의 차이를 아는 것은 인간이 되는 데 본질적인 것이 아닌가? 선과 악에 대한 지식은 가장 높은 형태의 지식 가운데 하나가 아닌가? 분명히 하나님은 인간이 그런 지식을 갖기를 원하셨을 것 아닌가? 도대체 왜 하나님은 그 나무 열매를 먹지 못하게 금지하셨는가?

어쨌든 간에, 아담과 하와는 정확히 "하나님의 형상과 닮음"으로 지어진 존재인 덕분에, 그 열매를 먹기 전에 이미 그런 지식을 갖고 있지 않았는가? 이렇게 짐작할 수 있는 것은 그들이 하나님으로부터, 열매를 맺고 번창하라, 자연을 다스리라, 그 나무 열매를 먹지 말라는 명령을 받았기 때문이다. 사람이 명령을 이해하기 위해서는 그 명령에 순종하는 것이 좋은 일이며, 불순종하는 것은 나쁜 일이라는 것을 알아야만 한다. 따라서 아담과 하와는 이미 적어도 잠재적으로는 선과 악의 지식을 갖고 있었다. 그렇다면 그들이 그 열매를 먹음으로써 무엇이 달라졌는가? 이런 질문들은 너무 깊이 파고드는 질문들이라 그 전체 이야기를 이해할 수 없게 만들 정도다.

마이모니데스(1135-1204)는 이런 점을 이해했다. 그래서 그는 ≪방황하는 자들을 위한 안내서≫의 거의 시작 부분에서 이 선악과 이야기를 다루었다. 그의 대답은 당혹스럽다. 그는 처음 인간들이 그 열매를 먹기 전부터 진실과 거짓 사이의 차이를 알고 있었다고 말한다. 그들이 그 열매를 먹음으로써 얻게 된 것은 "일반적으로 받아들여지는 것들"에 대한 지식이었다.[1] 그가 말한 "일반적으로 받아들여지는 것들"이란 무엇인가? 살인은 악하며 정직은 선하다는 것은 일반적으로 받아들여진다. 마이모니데스는 도덕이 단순히 인습이라고 말하는 것인가? 분명히 아니다. 그가 뜻한 것은 그 열매를 먹은 후에 아담과 하와가 자신들이 벌거벗었다는 점에 당황했으며, 또한 이런 수치심이 단지 사회적 관습의 문제인 이유는 벌거벗었다고 모두가 당황해하지는 않기 때문이다. 그러나 우리가 벌거벗었다고 당황해하는 것을 어떻게 "선과 악을 아는 지식"과 같다고 말할 수 있는가? 그런 종류의 문제는 전혀 아닌 것처럼 보인다. 옷과 관련된 관습은 윤리보다는 미학과 더 관련된다.

선악과 이야기는 나에게 매우 불분명했었다. 그러나 나는 제2차 세계대전 역사에서 매우 흥미로운 한 순간과 마주치게 되었다.

1941년 12월의 진주만 공격 이후, 미국인들은 일본과의 전쟁을 개시할 때라는 것을 알았지만, 일본의 문화에 대해서는 아는 것이 없었다. 그래서 20세기의 위대한 인류학자 루스 베네딕트에게 일본인들에 대해 설명해줄 것을 의뢰했고 그녀는 그 과제를 수행했다. 전쟁이 끝난 후 그녀는 ≪국화와 칼≫[2]을 통해 그 내용을 발표했다. 그녀의 핵심적 통

---

1) Maimonides, *Guide for the Perplexed*, I:2.
2) Ruth Benedict, *The Chrysanthemum and the Sword* (Boston: Houghton Mifflin Harcourt, 1946), 박규태 역, ≪국화와 칼≫, 문예출판사, 2008.

찰 중 하나는 수치심의 문화와 죄의식의 문화 사이의 차이였다. 수치심의 문화에서 최고의 가치는 명예이고, 죄의식의 문화에서는 의로움이다. 수치심은 우리에 대한 타인들의 기대에 미치지 못할 때 스스로 자신이 나쁘다고 느끼는 감정이다. 죄의식은 자신의 양심이 스스로에게 요구하는 대로 살지 못할 때 느끼는 감정이다. 수치심은 타인 지향적이고, 죄의식은 내면 지향적이다.

　버나드 윌리엄스를 포함해 몇몇 철학자들은 수치심의 문화를 일반적으로 시각적이라고 지적한다. 수치심 자체는 자신이 타인의 시선에 어떻게 보이는가(또는 우리가 어떻게 보인다고 상상하는가)와 연관되어 있다. 수치심에 대한 본능적인 반작용은 우리가 (남들의 눈에) 보이지 않기를 바라는 것, 또는 우리가 다른 곳에 있기를 바라는 것이다. 이와는 반대로 죄의식은 훨씬 더 내면적이다. 남들의 눈에 보이지 않게 된다고 해서, 또는 다른 곳에 있기를 바란다고 해서 우리가 죄의식을 피할 수는 없다. 우리의 양심은 우리가 어디를 가든 따라 다니며, 남들에게 보이든 안 보이든 상관없이 우리를 따라다닌다. 죄의식의 문화는 눈의 문화(culture of the eye)가 아니라 귀의 문화(culture of the ear)다.

　이런 대조를 유념하면, 우리는 이제 첫 번째 죄 이야기를 이해할 수 있을 것이다. 그 이야기는 온통 외면, 수치심, 시각, 눈에 관한 것이다. 뱀은 여자에게 "하나님은, 너희가 그 나무 열매를 먹으면, 너희의 눈이 밝아지고, 하나님처럼 되어서, 선과 악을 알게 된다는 것을 아시고, 그렇게 말씀하신 것이다"(창 3:5)라고 했다. 사실상 실제로 벌어진 일은 "두 사람의 눈이 밝아져서, 자기들이 벗은 몸인 것을 알았다"(7절). 오경이 강조하는 그 나무의 모습은 겉모습으로서, "여자가 그 나무의 열매를 보니, 먹음직도 하고, 보암직도 하였다. 그뿐만 아니라, 사람을 슬기롭게 할 만큼 탐스럽기도 한 나무"(6절)였다. 이 이야기에서 핵심적 감정은 수치심이다. 그 열매를 먹기 전에 아담과 하와는 "둘 다 벌거벗고 있었으나, 부끄러워하지 않았다"(2:25). 열매를 먹은 후 그들은 수치심을 느꼈고, 숨으려고 했다. 이 이야기의 모든 요소들, 즉 열매, 나무, 알몸, 부끄러움은 수치심의 문화에서 전형적인 시각적 요소를 갖고 있다.

그러나 유다이즘에서 우리가 믿는 하나님은 귀에 들리는 하나님이지 눈에 보이는 하나님이 아니다. 아담과 그 아내는 "날이 저물고 바람이 서늘할 때에, 주 하나님이 동산을 거니시는 소리를 들었다"(3:8). 하나님에게 아담은 "하나님께서 동산을 거니시는 소리를, 제가 들었습니다. 저는 벗은 몸인 것이 두려워서 숨었습니다"(3:10)라고 대답한다. 아담과 하와의 의도와 심지어 그들이 행동한 우스운 아이러니를 주목해보자. 그들은 동산에서 하나님의 음성을 들었고, 그들은 "주 하나님의 낯을 피하여서, 동산 나무 사이에 숨었다."(3:8). 우리는 음성으로부터 숨을 수 없다. 숨는다는 것은 남의 눈에 띄지 않으려고 노력하는 것이다. 숨는 것은 수치심에 대한 즉각적이며 직관적인 반응이다. 그러나 오경은 수치심의 문화가 아니라, 죄의식의 문화의 가장 탁월한 본보기다. 우리는 숨는다고 해서 죄의식으로부터 도망칠 수 없다. 죄의식은 남의 눈에 띄는 것과는 아무 상관이 없고, 온통 양심, 즉 인간의 가슴 속에 들리는 하나님의 음성과 관련되어 있다.

에덴동산에서 처음 살았던 사람들의 죄는 그들이 귀가 아니라 눈을 따른 것이었다. 그들의 행동은 그들이 본 것에 따라 결정되었다. 즉 그 나무가 아름다워서 그들이 행동을 결정했지, 그들이 들은 것, 즉 그 열매를 먹지 말라고 명령하신 하나님의 말씀을 따라 자신들의 행동을 결정하지 않았다. 그 결과는 그들이 실제로 선과 악에 대한 지식을 얻었지만, 그 지식은 잘못된 종류의 지식이었다. 그들이 얻은 것은 수치심의 윤리였지 죄의식의 윤리가 아니었고, 타인의 눈에 드러나는 것에 의한 윤리였지 양심의 윤리가 아니었다. 나는 이런 차이가 마이모니데스가 말한 참과 거짓과 "일반적으로 받아들여지는 것" 사이의 차이였다고 믿는다. 죄의식의 윤리는 내면의 음성에 관한 윤리, 즉 우리에게 "이것은 참이고 저것은 거짓이다"라고 분명하게 말하는 것처럼, "이것은 옳고 저것은 틀린 것"이라고 말하는 내면의 음성에 관한 윤리다. 그러나 수치심의 윤리는 사회적 관습에 관한 윤리다. 그것은 남들이 나에게 기대하는 것을 충족시키는가, 충족시키지 못하는가의 문제다.

수치심의 문화에서의 규칙은 본질적으로 사회적 순응이다. 그런 문화에 속한 집단의 사람들은 그 집단의 가치들을 내면화시키는 사회화 과정을 통해서, 자신들이 그 가치들을 위반할 때 극심한 낭패감을 느끼게 되는데, 그 이유는 만일 타인들에게 자신의 행동이 발각되면, 명예와 체면을 잃게 된다는 점을 알기 때문이다.

유다이즘은 그런 종류의 도덕이 아니다. 유대인들은 다른 사람들이 모두 순응하는 것에 순응하지 않기 때문이다. 예를 들어, 세상 전체가 한 편에 설 때, 아브라함은 기꺼이 다른 편에 서려고 했다. 에스더기에서 하만은 유대인들에 관해 "그들의 법은 다른 어떤 백성들의 법과도 다릅니다"(더 3:8)라고 말한다. 유대인들은 종종 우상타파주의자들이어서, 그 시대의 우상들, 받아들여지던 지혜, "시대정신," 정치적으로 옳은 것에 도전했다.

유대인들이 만일 대다수를 따랐다면, 오래 전에 사라져버리고 말았을 것이다. 성서시대에는 유대인들이 세상에서 유일한 유일신 신봉자들이었다. 성서 이후 시대의 대부분 기간 동안에도 유대인들이 살았던 사회는 인구의 극소수만 그들의 믿음을 공유한 사회였다. 유다이즘은 떼거리 본능에 맞서는 살아있는 항거(living protest against the herd instinct)다. 우리는 인류의 대화에서 이의를 제기하는 목소리(dissenting voice)다. 유다이즘의 윤리는 외면, 명예, 수치심의 윤리가 아니라, 영혼의 깊은 곳에서 하나님의 음성을 듣고 주의를 기울이는 윤리다.

아담과 하와의 드라마는 비유대인들이 해석해왔던 것처럼 "타락"이나 원죄, 사과나 섹스에 관한 것이 아니다. 그것보다 훨씬 깊은 것이다. 그 드라마는 우리가 살도록 요청받는 도덕에 관한 것이다. 우리는 타인들을 지배하는 도덕에 지배당할 것인가? 마치 도덕이 정치인 것처럼, 대다수의 의지에 지배당할 것인가? 우리 감정의 지평이 명예와 수치심이라는 두 가지 뿌리 깊은 사회적 감정에 국한될 것인가? 우리의 가장 중요한 가치가 남들의 눈에 보이는 우리의 모습인가? 아니면 전혀 다른 가치, 즉 하나님의 말씀과 의지에 귀를 기울이는 일인가? 에덴동산에서 아담과 하와가 직면했던 것은 인간의 원형적 선택, 즉 그들의 눈이 본 것(선악과나무와 그 열매)과 그들의 귀가 들은 것(하나님의 명령) 사이에서 선택해야 하는 일이었다. 그들이 전자를 선택했기 때문에 수치심을 느꼈다. 죄의식이 아니었다. 수치심은 "선과 악을 아는 지식"의 한 형태지만, 유대인들의 관점에서 보면 그것은 잘못된 형태의 지식이다.

유다이즘은 보는 종교가 아니라 듣는 종교다. 그렇다고 해서 유다이즘에 시각적 요소들이 없다는 말이 아니다. 있다. 그러나 일차적인 것이 아니다. 듣는 일은 성스러운 과제다. 유다이즘에서 가장 유명한 명령은 "들어라 이스라엘아"(*Shema Yisrael*)이다. 아브라함, 모세, 예언자들이 그 당시의 사람들과 달랐던 이유는 그들이 다른 사람들은 듣지 못했던 음성을 들었기 때문이다. 성서에 나오는 극적인 장면들 가운데 하나에서,

하나님은 엘리야를 가르치시는데, 회오리바람이나 지진, 또는 불 속에서가 아니라 "부드럽고 조용한 소리"로 가르치신다(왕상 19:12).

하나님에게 귀를 기울이든지, 아니면 동료 인간에게 귀를 기울이든지 간에, 어떻게 들을 수 있는지를 배우기 위해서 우리는 영혼 속에 침묵을 창조할 능력과 훈련, 집중을 필요로 한다. 보는 것은 우리에게 창조세계의 아름다움을 보여주지만, 듣는 것은 우리를 다른 사람의 영혼에 연결시켜주며, 때로는 하나님이 우리를 부르시고, 우리에게 말씀하시고, 세상에서 우리의 과업을 위해 우리를 불러내시는 하나님의 영혼에도 연결시켜준다.

우리가 어떻게 하나님을 발견할 수 있는가? 귀 기울이기를 배우라. 우주의 노래들, 곧 새들의 지저귐, 나무들의 바삭거림, 파도가 솟구쳐 올라 부서지는 소리에 귀를 기울이라. 기도의 노래, 시편의 음악에 귀를 기울이라. 당신이 사랑하고 당신을 사랑하는 이에게 깊이 귀를 기울이라. 오경의 말씀에 귀 기울이고, 그 말씀이 당신에게 울리는 소리에 귀 기울이라. 현자들이 오랜 세월 동안 성서 본문들이 암시하는 것과 표현을 달리 한 것들을 들으려고 수고하면서 논쟁한 것들에 귀를 기울이라.

당신이나 아니면 남들이 어떻게 보이는지에 대해서는 염려하지 말라. 남들의 눈에 보이는 세계는 가면, 위장, 은폐의 거짓된 세계다. 귀를 기울이는 것은 쉽지 않다. 나는 그것이 매우 어렵다는 것을 고백한다. 그러나 귀를 기울이는 것만이 영혼과 영혼, 자아와 타인, 나와 하나님 사이의 심연에 다리를 놓는다.

유대인 영성은 귀를 기울이는 기술이다.[3]

---

3) 이 책에서 "침묵의 소리"와 "귀 기울임의 영성"을 보라.

불확실성 속에서 살아갈 용기
Noaḥ

우리들 각자에게는 영적 여정에서 우리의 삶의 방향을 바꾸고 새로운 길을 걷게 만든 이정표가 하나씩 있다. 나에게도 그런 순간들이 있었다. 그 중 하나는 내가 유대인 대학에서 랍비 학생이었을 때, 우리 시대의 가장 위대한 랍비 학자 중 한 분인 랍비 나훔 라비노비취(1928-2020) 박사님과 공부하는 특전을 누렸을 때였다.

그분은 거인이셨다. 근대 시대의 가장 심오한 마이모니데스 학파의 학자들 가운데 한 분으로서, 랍비 문헌 전체뿐 아니라 사실상 모든 세속 학문에도 정통하셨고, 그분이 발표하신 여러 권의 유대인 종교법 서적들이 보여주듯이 가장 담대하고 독립적인 율법 권위자셨다. 그분은 또한 영적이며 지적인 용기를 갖는다는 의미가 무엇인지를 보여주셨는데, 그것은 우리 시대에는 너무 귀한 것임이 드러났다.

그 기회가 특별하지는 않았다. 그분이 단지 우리에게 오경 주석을 가르치시던 때였다. 그 주간의 읽기 본문은 노아 부분이었다. 그러나 그분이 인용하신 미드라쉬는 우리에게 비범한 것이었다. 사실상 그 미드라쉬는 매우 찾기 힘든 것이다. 그것은 1885년에 마틴 부버의 손자 슐로모가 고대 필사본에서 인용해서 발표한 ≪부버의 탄후마≫(*Buber's Tanḥuma*)에 수록되어 있다. 그것은 매우 초기의 본문—어떤 학자들은 그것이 5세기의 본문이라고 말한다—이며, 오늘날 우리가 완전한 본문을 갖고 있지 않은 고대 미드라쉬 ≪미드라쉬 옐람데누≫(*Midrash Yelamdenu*)와 겹치는 부분이 있다.

그 본문은 두 부분으로 이루어져 있는데, 하나님이 노아에게 "방주에서 나와라"(창 8:16) 하고 말씀하신 본문에 대한 주석이다. 이 본문에 대해 그 미드라쉬는 이렇게 말한다.

노아는 스스로 묻기를, "내가 방주에 들어갈 때 [하나님으로부터] 허락을 받고 들어갔으니까 허락 없이 나갈 수 있겠는가?"라고 했다. 복되신 거룩하신 분께서 그에게 말씀하셨다. "네가 지금 허락을 구하는가? 그렇다면 내가 허락한다. '방주에서 나와라.'"

그 미드라쉬는 덧붙여서 이렇게 말한다. "랍비 유다 바 일라이는 '만일 내가 그곳에 있었다면, 나는 방주의 문를 깨부수고 나왔을 것이다'라고 말씀하셨다."[1]

랍비 라비노비취는 이 미드라쉬에 근거해서, 우리가 깨어진 세상을 재건할 때는 허락을 기다리지 않는다고 가르치셨다. 하나님은 물론 우리에게 그 일을 허락하신다. 그분은 우리가 앞서 나가기를 기대하신다.

이것은 물론 고대 전통의 일부분으로서 라쉬(1040-1105)가 그의 주석(창 6:9)에서 언급한 것이며, 하나님이 도대체 왜 유대 민족을 노아에서

---

[1] 그 미드라쉬는 이 본문이 오경에서 동사 D-B-R(to speak)가 처음 사용된 구절이라는 사실에 근거해 있다. 동사 어근 A-M-R(to say)은 비슷한 의미를 갖고 있지만, 그 둘 사이에는 약간의 차이가 있다. D-B-R은 보통 심하게, 비난조로 말하는 것을 함축한다. 이븐 에즈라 역시 그 본문에서 노아가 방주를 떠나는 데 주저했다고 이해한다.

부터 시작하지 않으시고 아브라함에서부터 시작하셨는지에 대한 그 현자의 이해에서 핵심적인 이유였다. 노아는 "하나님과 동행했다"(창 6:9). 그러나 하나님은 아브라함에게 "너는 나보다 앞서 걸어라(Walk on ahead of Me)"(창 17:1) 하고 말씀하셨다.2) 따라서 그 요점은 새로운 것이 아니었지만, 그 미드라쉬의 드라마와 힘은 내 정신을 아찔하게 만들었다.

그 순간 나는 갑자기 이것이 유다이즘에서 믿음의 중요한 부분임을 깨달았다. 즉 믿음은 개척할 용기를 갖는 것, 새로 무엇을 시작할 용기, 남들이 별로 걷지 않는 길을 걸어갈 용기, 알지 못하는 것 속으로 감히 나아갈 용기를 갖는 것이다. 이것이 바로 아브라함과 사라가 자신들의 땅, 고향, 아버지의 집을 떠날 때 가졌던 믿음이다. 이것이 바로 이스라엘 백성이 모세 시대에 광야로 들어가는 여정을 시작할 때 가졌던 믿음이었고, 그들은 낮에는 구름기둥과 밤에는 불기둥의 인도만 받았다.

믿음은 정확히 말해서 위험을 무릅쓸 용기다. "내가 비록 죽음의 그늘 골짜기로 다닐지라도, 주님께서 나와 함께 계시고, 주님의 막대기와 지팡이로 나를 보살펴 주시니, 내게는 두려움이 없습니다"(시 23:4)라는 것을 아는 것이 믿음이다. 고대세계의 종교들, 특히 그 종교들이 당시의 강력한 제국들과 한 몸을 이루던 때에 그 종교들에 도전한 것이 믿음이었다. 헬레니즘 시대, 즉 고대 그리스와 알렉산더 제국의 코스모폴리탄 문화에 비추어 볼 때 유대인들이 왜소하고 촌스럽게 보였을 때에도 계속 유대인으로 머물게 한 것이 믿음이었다.

믿음을 갖고 랍비 예호슈아 벤 감라는 이미 1세기에 세계 최초로

---

2) 역자주: 랍비 예후다는 비유를 들어 설명한다. "왕에게 두 아들이 있었는데, 하나는 성년이고, 하나는 아이였다. 아이에게는 왕이 '함께 가자'고 말했지만, 성년 아들에게는 '앞서 가라'고 말했다." Jonathan Sacks, *Genesis* (2009), 47.

보편적인 의무교육 체제를 세웠고(Bava Batra 21a), 또한 라반 요하난 벤 자카이의 믿음은 유대인들이 독립, 땅, 성전을 잃은 상태에서 유다이즘이 살아남을 수 있는 길은 학자들의 아카데미와 학문의 문화를 이어나가는 길뿐이었음을 깨닫게 했다.

근대에는 비록 많은 탁월한 유대인들이 믿음을 상실하거나 포기했지만, 고대의 반사능력(reflex)은 살아남았다. 그렇지 않고서야 어떻게 유럽과 미국에서 소수의 무리가 그렇게 많이 근대정신을 형성한 현상을 이해할 수 있겠는가? 그것도 그들 모두 자신의 분야에서 개척자가 되었으니 말이다. 물리학의 아인슈타인, 사회학의 뒤르켕, 인류학의 레비스트로스, 음악의 말러와 쇤베르크, 그리고 혁신적 경제학의 데이비드 리카르도(비교우위이론), 존 폰 뉴만(게임이론), 밀턴 프리드만(화폐이론), 다니엘 카네만과 아모스 트버스키(행동경제학) 등등.

유대인들은 정신의학, 심리치료, 정신분석 분야에서도 뛰어나서, 프로이트로부터 빅터 프랭클(의미치료), 아론 벡(인지행동치료), 마틴 셀리그만(긍정심리학)에 이르기까지 그 분야의 탁월한 개척자들이었다. 할리우드와 영화의 개척자들은 거의 모두 유대인들이었다. 심지어 대중음악에서의 성취는 놀라운데, 어빙 벌린과 조지 거쉰뿐 아니라 밥 딜런과 레오나르드 코헨은 20세기 대중음악계 최고의 시인들이었다.

이런 혁신가들의 운명은 많은 경우에 비판, 멸시, 반대, 무시라는 장애물에 직면해야 했다. 외로움, 기껏해야 오해를 받고, 최악의 경우에는 욕을 먹고 중상을 겪게 될 것에 대비를 해야만 한다. 아인슈타인이 말한 것처럼, "만일 나의 상대성이론이 성공적인 것으로 판명된다면, 독일은 나를 독일인이라고 주장할 것이며, 프랑스는 나를 세계의 시민이라고 주장할 것이다. 나의 이론이 틀린 것으로 판명된다면, 프랑스는 내가 독일인이라고 주장할 것이며, 독일은 내가 유대인이라고 주장할 것이다." 개척자가 된다는 것은 유대인들이 역사를 통해 경험한 것처럼, 광야에서 오랜 시간을 보낼 준비가 되어 있어야만 한다.

이것이 바로 초기 시온주의자들의 믿음이었다. 그들은 일찍부터, 어떤 이들은 1860년대부터, 또 다른 어떤 이들은 1880년대의 유대인 학살 이후부터, 드레퓌스 재판 이후부터, 유럽의 계몽주의와 해방은 엄청난 과학적, 정치적 성취에도 불구하고 유럽 본토에는 여전히 유대인들을 위한 장소가 없었다는 점에서 실패했다는 사실을 알고 있었다. 일부 시온주의자들은 종교적이었고, 나머지 다른 사람들은 세속적이었지만, 매우 중요한 점은 그들 모두 ≪미드라쉬 탄후마≫가 그처럼 분명히 밝힌 것, 즉 깨어진 세상이나 깨어진 꿈을 재건할 때는 우리가 하늘로부터 허락을 기다리지 않는다는 사실을 알고 있었다. 하늘은 우리에게 앞서 나가라고 말한다.

그렇다고 이 말씀이 우리가 좋아하는 대로 행동해도 좋다는 백지수표를 뜻하는 건 아니다. 모든 혁신이 건설적인 것은 아니다. 어떤 혁신은 사실상 매우 파괴적이다. 그러나 "앞서 걸어라"는 이 원칙, 창조주가 그분의 가장 위대한 피조물인 인간에게 원하시는 것이 창조적이 되는 원칙이라는 것은 유다이즘이 인간 개인과 인간 조건에 높은 가치를 둔다는 점에서 유다이즘을 독특한 것으로 만든다.

믿음은 하나님을 위해서나 사람들을 위해서 위험을 무릅쓸 용기다. 먼 길을 떠나면서 가는 도중에 위험이 도사리고 있을 테지만, 하나님이 우리와 함께 하심을 알고, 우리의 의지를 그분의 뜻에 맞추면 우리에게 힘을 주신다는 것을 알면서 우리의 여정을 시작하는 용기다. 믿음은 확실성이 아니라, 불확실성 속에서 살아갈 용기다.

세대를 거쳐 이어가는 여정
Lekh Lekha

마크 트웨인은 이렇게 매우 간결하게 표현했다. "내가 열네 살 소년이었을 때, 나의 아버지는 너무 무식해서 그 노인 곁에 있기가 힘들었다. 그러나 내가 스물한 살이 되자, 나는 7년 동안 그 노인이 얼마나 많이 배웠는지에 대해 놀랐다."

프로이트가 오이디푸스 콤플렉스에 대해 말한 것이 맞든 틀리든 간에 일리가 있는 까닭은, 청소년기의 고통과 능력은 자신의 부모가 아닌, 어떤 다른 개성화된 사람이 되려고 하기 때문이다. 우리가 어렸을 때에 우리의 부모는 우리의 삶, 안전, 안정성을 유지시켜주며, 세상에서 우리가 발붙일 토대였다.

어린이로서 우리의 첫 번째 깊은 공포심은 분리에 대한 불안, 특히 엄마의 부재에 대한 불안이었다. 아이들이 행복하게 놀 수 있는 때는 엄마나 돌보는 이가 시야에서 벗어나지 않는 동안만이다. 그들이 안 보이면 겁을 먹는다. 스스로의 힘으로 세상 속에 뛰어들기에는 너무 어리다. 따라서 어린 시절에 안정적이며 예측 가능한 부모가 곁에 존재하는 일이야말로 인생에 대한 기본적인 신뢰감을 형성하게 된다.

그러나 우리가 성년기에 접어들면서부터는, 스스로 세상 속에서 살아갈 방법을 터득해야만 한다. 그 기간은 탐색 기간이며 어떤 경우에는 반란의 기간이다. 그래서 청소년기는 그처럼 격정적이다. 젊음을 뜻하는 히브리어(어근은 N-A-R)는 '각성'과 '흔들림'이라는 의미를 갖고 있다. 그 시기가 되면 자신을 가족보다는 친구들, 또래집단과 연관시키기 시작한다. 세대들 사이에는 흔히 긴장이 감돈다.

문학이론가 해럴드 블룸이 쓴 두 권의 매혹적인 책 ≪영향에 대한 불안≫과 ≪오독의 지도≫[1])에서, 그는 프로이트적인 스타일로, 유명한 시인들은 선배들을 의도적으로 오역하거나 오독함으로써 자신들을 위한 공간을 만든다고 주장했다. 그렇지 않고 만일 선배 시인들의 위대함에 경외감을 느낀다면, 시인들이 표현해야 할 것들은 이미 자신이 표현할 수 있는 것보다 더 잘 표현되었다는 느낌에 사로잡힐 것이다. 자기 자신이 되기 위해 필요한 공간을 확보하는 일은 흔히 우리의 부모들을 포함해서 선배들과 적대적인 관계를 갖는 일이다.

나이를 먹음으로써 깨닫게 되는 것 가운데 하나는 우리가 부모로부터 평생 도망치면서 살았던 것 같다는 생각과 함께 결국 우리도 부모들과 상당히 비슷한 사람들이 되어버렸고, 우리가 더 멀리 도망했을수록, 부모들과 더 닮아버렸다는 사실이다. 이처럼 마크 트웨인의 통찰에는 진실이 담겨 있다. 우리가 부모님에게 얼마나 많은 빚을 지고 있는지, 부모님이 얼마나 확고하게 우리들 속에 살고 계신지를 알기 위해서는 시간과 거리가 필요하다.

오경이 아브라함(부름받기 전에는 아브람)과 관련해서 이런 점을 깨

---

1) Harold Bloom, *The Anxiety of Influence: A Theory of Poetry* (New York: Oxford University Press, 1973), 양석원 역, ≪영향에 대한 불안≫(문학과 지성사, 2012); *A Map of Misreading* (New York: Oxford University Press, 1975).

우치는 방식에서는 그 치밀함이 돋보인다. 세대를 거쳐 이어가는 여정(*Lekh Lekha*)이며, 사실상 유대인 역사가 시작되는 것은 "주님께서 아브람에게 말씀하셨다. '너는, 네가 살고 있는 땅과, 네가 태어난 곳과, 너의 아버지의 집을 떠나서, 내가 보여 주는 땅으로 가거라'"(창 12:1)는 말씀에서다. 이것은 히브리성서에서 가장 담대하게 시작하는 인생 이야기다. 그 이야기는 갑자기 튀어나와 시작된다. 오경은 우리에게 아브라함의 어린 시절이나 청소년기, 그가 가족들과 맺은 관계, 그가 어떻게 사라와 혼인했는지, 또는 그의 성격이 어떠했기에 하나님이 그를 선택하셔서 궁극적으로 인류의 종교사에서 가장 위대한 혁명인 아브라함의 유일신론(Abrahamic monotheism)을 이루도록 하셨는지에 대해 아무런 설명도 하지 않는다.

바로 이런 침묵 때문에 생겨난 미드라쉬 전통은 우리가 어린 시절에 배웠던 것처럼, 아브라함이 아버지 집의 우상들을 파괴했다고 가르친다. 이것이 혁명가 아브라함, 우상타파주의자, 그의 아버지가 대표했던 모든 것을 뒤집어엎고 새로 시작하는 사람의 모습이다. 이것은 말하자면 프로이트의 아브라함이다.

우리가 나이가 들고 나서 그 이야기를 다시 읽게 되면 이 본문의 바로 앞에 나오는 구절(창 11:31)의 중요성을 깨닫게 될지 모르겠다.

데라는, 아들 아브람과, 하란에게서 난 손자 롯과, 아들 아브람의 아내인 며느리 사래를 데리고, 가나안 땅으로 오려고 바빌로니아의 우르를 떠나서, 하란에 이르렀다. 그는 거기에다가 자리를 잡고 살았다.

다시 말해서, 아브라함은 그의 땅과 고향을 떠난 후 오랜 기간이 지난 다음에야 비로소 그의 아버지 집을 떠났다. 그가 태어난 곳은 우르(오늘날 남부 이라크)였지만, 그가 아버지와 헤어진 곳은 하란(오늘날 북부 시리아)이었다. 아브라함의 아버지 데라는 아브라함의 여정의 전반기 동안 그와 동행했다. 데라는 아들과 함께 적어도 그 여정의 한 부분을 함께 했다.

실제로 무슨 일이 벌어졌는가? 두 가지 가능성이 있다. 첫째는 아브라함이 우르에서 부르심을 받은 것이다. 그의 아버지 데라는 그와 함께 가나안까지 동행하기로 결정했지만, 아마도 나이 때문에 그 여정을 마치지 못했을 것이다. 두 번째 가능성은 아브라함이 하란에서 부르심을 받았고, 이 경우에는 그의 아버지 데라가 이미 주도적으로 우르를 떠나 그 여정을 시작했던 것이다. 어느 경우든 간에, 아브라함이 아버지와 헤어진 것은 우리가 처음 생각했던 것(우상타파)보다 훨씬 극적이지 않았다.

나는 다른 책[2]에서 성서의 이야기들은 우리가 보통 이해하는 것보다 훨씬 더 미묘하다고 주장했다. 성서 이야기들은 의도적으로 우리의 도덕적인 성장과정에서 서로 다른 단계들에 있을 때 서로 다른 차원에서 이해할 수 있도록 기록된 것이다. 액면 그대로 읽을 이야기도 있다. 그러나 우리가 어느 정도 성숙한 단계에 도달해서만 비로소 주목하고 이해할 수 있는 이야기들도 있다. (나는 이것을 숨겨진 카운터 내러티브라고 부른다). 창세기 11-12장은 그런 이야기의 전형적 사례다.

우리가 젊어서는 아브라함이 아버지의 우상들을 파괴한 이야기, 즉 특히 영성과 믿음에 관해서는 때로 아이가 옳고 부모가 틀렸다는 이야

---

[2] Jonathan Sacks, *Not in God's Name: Confronting Religious Violence* (New York: Schocken Books, 2017).

기가 멋지게 느껴지고 거기서 힘을 얻게도 된다. 그러나 훨씬 나중에 가서야 비로소 우리는 더 깊은 진실, 즉 실제로 그의 아버지가 시작했던 여정을 아브라함이 비로소 끝마친 것이라는 진실을 깨닫게 된다.

여호수아서(24:2)에는 "옛날에 아브라함과 나홀의 아비 데라를 비롯한 너희 조상은 유프라테스 강 건너에 살면서 다른 신들을 섬겼다"는 말씀이 나온다. 이와 같이 아브라함의 가족 배경에는 우상숭배가 있었다. 그러나 창세기 11장은 아브라함이 데라를 데리고 우르에서 가나안 땅으로 간 것이 아니라, 데라가 아브라함을 데리고 갔다고 말한다. 아버지와 아들 사이에 단적이며 철저한 단절은 없었다.

실제로 그렇지 않았을 거라고 상상하기는 어렵다. 아브람(아브라함의 원래 이름)은 "강한 아버지"(mighty father)를 뜻한다. 아브라함이 선택된 이유는 "그로 하여금 그의 자손과 그의 뒤를 이을 가문에게 옳고 바른 일을 지시하여 하나님의 가르침을 지키게 하려"는 목적 때문이었다 (창 18:19). 즉 아브라함은 부모의 모델이 되도록 선택된 것이다. 아버지의 방식을 배척했던 자식이 어떻게 부모가 되고 난 다음에 그의 자식들이 아버지의 방식을 배척하지 못하게 할 수 있겠는가?[3] 따라서 보다 일리가 있는 해석은 데라가 이미 우상숭배에 대해 의심했고, 아브라함으로 하여금 영적으로 또한 물리적으로 더 나아가도록 영감을 불어넣었다고 해석하는 것이다. 아브라함은 그의 아버지가 시작했던 여정을 계속했으며, 그의 아들과 손자인 이삭과 야곱이 자신들 나름으로 하나님을 섬기는 방법을 찾도록 도왔을 것이다. 즉 똑같은 하나님을 서로 다른

---

[3] 라쉬는 창세기 11:31에 관해, 오경에서 하나님이 아브라함을 부르시기 전에 데라의 죽음을 기록한 것은 아들과 아버지 사이의 단절을 감추기 위한 것이었다고 말한다.

방법으로 만나서 그분을 섬기는 방법을 찾도록 도왔을 것이다.

그럼, 다시 마크 트웨인의 말로 돌아와 보자. 우리는 흔히 내가 나의 부모님과 얼마나 다른 사람인가 생각하며 삶을 시작한다. 그러나 우리가 부모님으로부터 얼마나 큰 도움을 받아 현재의 내가 되었는지 감사하게 되기까지는 시간이 걸린다. 심지어 부모님으로부터 도망치고 있다고 생각할 때조차도, 우리는 사실상 부모님의 여정을 계속했던 것이다. 우리의 현재 모습은 상당 부분 부모님의 모습 덕분이다.[4]

---

4) 역자주: 저자는 "창세기의 주인공들은 놀랍게도 인간이다. 그들은 신화의 영웅들과는 한참 떨어진 세계다. 그들은 막강한 전사들이나 기적을 일으키는 사람들이 아니다. 그들은 군대를 지휘하고 전설적 승리를 쟁취하는 통치자들이 아니다. 그들은 평범한 사람들이 하나님을 기꺼이 따르려 함으로써 비범하게 된 사람들이다. 우리는 그들의 망설임과 의심, 두려움과 불안을 듣는다"라고 말함으로써, 창세기 주인공들이 그리스 신화의 주인공들과 대조적 성격임을 지적한다. 또한 저자는 아브라함이 (1) 아담과는 달리 **개인적** 책임을 받아들여 하나님의 부르심에 순종했다는 점, 즉 아담은 하나님의 뜻과 반대로 에덴에서 쫓겨나 유배되었지만, 아브라함은 일종의 자발적 유배를 통해 하나님의 음성에만 의존했다는 점, (2) 가인이 형제를 지키기를 거부했던 것과 달리, **도덕적** 책임을 받아들여, 조카 롯을 구출했다는 점, (3) 노아와 달리, 소돔 주민들을 위해 기도하고 하나님께 도전함으로써 **집단적** 책임을 받아들였다는 점, (4) 바벨탑 건설자들과 달리, 아브라함은 하나님의 명령에 응답하는 **존재론적** 책임을 받아들였다는 점에서, "새로운 인간 유형"이며, 그와 더불어 새로운 신앙이 태어났는데, 그것은 "책임성의 신앙"이라고 말한다. 저자는 오늘날처럼 온갖 책임 회피가 만연한 "희생자 문화"에서 책임성의 신앙이 왜 중요한지를 인간의 자유와 연결시켜 설명한다. 즉 마르크스는 인간이 지배계급의 이해관계에 따라 형성된다고 주장했는데, 그래서 하나님은 지배계급에게 가장 중요한 "땅을 떠나라"고 하셨다. 스피노자는 인간이 타고난 본능에 의해 형성된다는 유전적 결정론을 주장했는데, 그래서 하나님은 아브라함에게 "네가 난 곳을 떠나라"고 하셨다. 한편 프로이트는 인간이 아동 초기의 경험, 특히 아버지와의 적대관계의 영향을 받고 있다고 주장했는데, 그래서 하나님은 아브라함에게 "너의 아버지의 집을 떠나라"고 하셨다고 설명한다. Jonathan Sacks, *Genesis* (2009), 10, 67-71.

우리들 사이의 공간을 축복하는 일

Vayera

아브라함 이야기의 중심에는 신비한 점이 있는데, 우리가 유다이즘을 이해하는 데 그 점이 막대한 영향을 끼친다.

아브라함은 누구였으며, 그는 왜 선택되었는가? 대답은 명확하지 않다. 아브라함은 노아처럼 "그 당시에 올바르고 완벽한 사람"(창 6:9)이라고 묘사된 적이 없다. 젊은 모세는 불의에 맞서 충돌에 물리적으로 개입하며 저항했지만, 아브라함에게는 그런 모습도 없다. 그는 다윗처럼 군인도 아니었고, 이사야처럼 비전을 갖지도 않았다. 오경은 오직 한 곳에서만, 하나님이 왜 그를 선택하셨는지를 언급한다.

주님께서는 속으로 이런 생각을 하셨다. "내가 장차 하려는 일을 어찌 아브라함에게 숨기랴? 아브라함은 강대한 민족이 되고 세상 민족들은 아브라함의 이름을 부르며 서로 복을 빌 것이 아닌가? 나는 그로 하여금 그의 자손과 그의 뒤를 이을 가문에게 옳고 바른 일을 지시하여 이 하나님의 가르침을 지키게 하려고 그를 뽑아 세우지 않았던가? 그러니, 나는 아브라함에게 약속한 것을 그대로 이루어주어야 하리라." (창 18:17-19)

아브라함은 **아버지가 되기 위해** 선택받았다. 실제로 아브라함의 원래 이름인 '아브람'(Av ram)은 "강한 아버지"를 뜻하며, 그의 확장된 이름 '아브라함'(Avraham)은 "많은 민족들의 아버지"를 뜻한다.

이런 점에 주목하자마자 우리는 곧 인류 역사에서 첫 사람에게 주어진 고유명사가 '하와'이며, 그 이유는 아담이 "그 여자는 인류의 어머니다"(3:2)라고 말했기 때문이라는 것을 기억하게 된다. 오경에서는 어머니 신분이 아버지 신분보다 훨씬 먼저 주목을 받았다(정확히 20세대, 즉 아담에서 노아까지 10세대, 노아에서 아브라함까지 10세대). 그 이유는 어머니 신분이란 생물학적 현상이기 때문이다. 이것은 거의 모든 고등 생물에서 공통적인 점이다. 아버지 신분은 문화적 현상이다. 짝 맺기, 일부일처, 혼인생활에서의 신실함을 뒷받침하는 것이 생물학에서는 별로 없으며, 남성들과 그 자녀들을 연결하는 것은 더욱 없다. 바로 이런 이유 때문에 아버지 신분은 항상 사회적으로 작동하는 도덕적 규약을 통해 강화될 필요가 있다. 그렇지 않으면, 실제로 가족이 매우 빠르게 해체되어 버리고, 그 짐은 버림받은 어머니에게 맡겨지고 만다.

부모 역할에 대한 이런 강조(하와의 경우 어머니 역할, 아브라함의 경우 아버지 역할)는 유대인 영성에서 핵심적인데, 그 이유는 아브라함의 유일신론이 세상에 가져온 것은 단지 신들의 숫자를 다수에서 단수로 줄인 것만이 아니기 때문이다. 이스라엘의 하나님은 일차적으로 빅뱅에서부터 우주를 작동시킨 과학자들의 하나님이 아니다. 하나님은 철학자들의 하나님, 즉 우리의 우연성을 뒷받침하는 필연적 존재로서의 하나님이 아니다. 또한 신비주의자들의 하나님, 즉 우리의 유한성의 뼈대를 만드는 무한자(Ein Sof)도 아니다. 이스라엘의 하나님은 **부모가 자녀를 사랑하고 돌보듯이 우리를 사랑하시고 돌보시는 하나님**이시다.

때때로 하나님은 우리의 아버지로 묘사된다. "우리의 아버지는 한 분이 아니시냐? 우리를 내신 하나님도 한 분이 아니시냐?"(말 2:10). 특히 이사야서 마지막 부분에서는 하나님이 어머니로 묘사된다. "어미가 자식을 달래듯이 내가 너희를 위로하리라"(사 66:13). "여인이 자기의 젖먹이를 어찌 잊으랴! 자기가 낳은 아이를 어찌 가엾게 여기지 않으랴! 어미는 혹시 잊을지 몰라도 나는 결코 너를 잊지 아니하리라"(사 49:15). 하나님의 일차적 속성은 함께 아파하는 마음인데, 그 히브리어어 '라하밈'(rahamim)은 '자궁/포궁'을 뜻하는 '레헴'(rehem)에서 왔다.

이처럼 하나님과 우리의 관계는 우리가 부모와 맺는 관계와 깊이 연결되어 있으며, 하나님에 대한 우리의 이해가 깊어지게 될 때는 우리가 자녀들을 축복할 때다. (어느 젊은 어머니는 이렇게 말했다. "나는 이제 부모가 되어 하나님과의 관계를 훨씬 잘 맺을 수 있게 되었다. 우리가 통제할 수 없는 무엇인가를 창조한다는 것이 어떤 것인지를 이제 비로소 알게 되었기 때문이다.")

이 모든 것이 아브라함 이야기를 매우 이해하기 어렵게 만드는데, 두 가지 이유 때문이다. 첫째, **아브라함은 하나님으로부터 그의 아버지를 떠나라는 말씀을 들은 아들**이기 때문이다. "네 고향과 친척과 아비의 집을 떠나라"(창 12:1). 둘째로 **아브라함은 하나님으로부터 그의 아들을 제물로 바치라는 말씀을 들은 아버지**이기 때문이다. "하나님께서는 이렇게 분부하셨다. '사랑하는 네 외아들 이삭을 데리고 모리야 땅으로 가거라. 거기에서 내가 일러주는 산에 올라가, 그를 번제물로 나에게 바쳐라'"(22:2). 이것이 어떻게 말이 되는가? 누구에게든 이런 일을 명령하시는 하나님을 누구도 이해할 수 없다. 하물며 하나님이 아브라함을 선택하여 부모-자녀, 부자지간의 관계에 대한 역할 모델이 되도록 하신 경우에는 더더욱 이해할 수 없다.

오경은 우리에게 근본적이며 반직관적인 것을 가르친다. **연결**이 되기 전에 **분리**가 있어야만 한다. 우리가 부모에게 좋은 자녀들이 되기 위해서는 우리 자신이 될 수 있는 공간을 가져야만 하며, 또한 우리가 좋은 부모가 되기 위해서는 우리의 자녀들이 자기 자신이 될 수 있는 공간을 허락해야만 한다.

앞의 글에서 나는 아브라함이 사실상 그의 아버지 데라가 이미 시작한 여정을 계속했다고 주장했다. 그러나 우리가 이것을 인식하기 전에 우리가 어느 정도 성숙할 필요가 있는데, 왜냐하면 우리가 이 이야기를 처음 읽을 때는 아브라함이 완전히 새로운 여정을 시작하려 했던 것처럼 보이기 때문이다. 아브라함은 유명한 미드라쉬 전통에서 그의 아버지의 우상들을 망치로 깨버린 우상타파주의자였다. 우리는 나중에야 비로소 우리의 청소년기의 반란들에도 불구하고, 우리가 젊었을 때 생각했던 것보다 훨씬 더 우리들이 부모를 닮았다는 것을 이해하게 된다. 이것을 이해할 수 있기 전에 부모와의 분리가 있어야만 한다.

이삭을 결박한 경우도 마찬가지다. 나는 오랫동안 이 이야기의 요점은 아브라함이 아들을 바칠 만큼 하나님을 매우 많이 사랑했다는 것이 아니라, 하나님께서 아브라함에게 자녀들을 아무리 사랑한다 하더라도, **자녀들을 소유하는 것**이 아니라는 점을 가르치시는 것이라고 주장해왔다. 처음 인간들의 자녀를 '가인'이라고 부른 것은 그의 어머니 하와가 "주님의 도움으로 내가 아들을 얻었구나[*kaniti*]!"(창 4:1)라고 말했기 때문이다. 부모가 자녀를 소유한다고 생각하면, 그 결과는 흔히 비극적이다.

처음에는 분리하고, 그 다음에 결합한다. 처음에는 개성화이며, 그 다음에 관계를 맺는다. 이것이 유대인 영성의 근본 가운데 하나다. 우리는 하나님이 아니다. 하나님은 우리가 아니다. 우리로 하여금 하나님과 건강한 관계를 맺게 하는 것은 하늘과 땅 사이에 놓인 분명한 경계선들이다. 유대 신비주의가 모든 것을 품어 안으시는 하나님의 무한한 빛 안에서 자신이 무로 돌아가는 점(nullification)을 말하는 것은 사실이지만, 그것은 유대인 영성의 규범적인 큰 흐름이 아니다. 히브리성서 속 등장인물의 매우 두드러지는 점은 그들이 하나님과 대화할 때에도 그들은 여전히 자신의 모습을 유지하고 있다는 점이다. 하나님은 우리를 압도하시지 않는다. 이것이 '침춤'(tzimtzum), 즉 하나님의 자기 제한이라 부르는 카발라의 원칙이다. 하나님은 우리가 우리 자신으로 되게 하려고 공간을 만드신다.

아브라함은 우리와 마찬가지로, 자신이 아버지로부터 얼마나 많은 빚을 지고 있는지를 이해할 수 있기 전에 자신을 아버지로부터 분리시켜야만 했다. 그는 자신을 아들 이삭으로부터 분리시켜서, 아들이 단지 아브라함의 복제품이 아니라 이삭 자신이 되게 해야만 했다. 코츠크의 랍비 므나헴 멘델은 이에 대해 이렇게 독특하게 표현했다.

> 만일 내가 나이기 때문에 나라면, 또한 당신이 당신이기 때문에 당신이라면, 나는 나이며, 당신은 당신이다. 그러나 만일 당신이 있기 때문에 내가 나이며, 내가 있기 때문에 당신이 당신이라면, 나는 내가 아니며 또한 당신은 당신이 아니다!

하나님은 부모가 자녀를 사랑하듯이 우리를 사랑하신다. 그러나 자기 자식을 참으로 사랑하는 부모는 그 자식이 그 자신의 정체성을 발전시킬 공간을 만들어준다. 우리가 서로를 위해 만드는 공간이야말로 사랑이 햇

빛처럼 꽃을 비추는 것이다. 나무처럼 그 아래에서 자라는 식물에게 그늘이 되는 것이 아니다. 인간과 하나님에게 사랑의 역할은, 아일랜드의 시인 존 오도나휴의 사랑스런 표현처럼, "우리들 사이의 공간을 축복하는 일"이다.1)

---

1) 역자주: 유다이즘이 세상에 대한 경이감(wonder)이 아니라 부조리에 대한 항거(protest)에서 시작되었다고 믿는 저자는 하나님께서 아브라함에게 "떠나가라"고 하신 첫 번째 명령의 여러 차원을 이렇게 요약한다. (1) 그 명령은 "너 자신을 위해(for yourself) 떠나라"는 명령으로서, 그에게 중요한 것들, 그가 속한 익숙한 곳을 떠나 미지의 세계로 가서, "네가 될 수 있다고 믿는" 존재가 되라는 뜻이다. (2) "너 자신과 함께(with yourself) 가라"는 뜻으로서, 너의 영향력을 한 장소가 아니라 많은 장소로 확장시키면서, 하나님이 한 장소에 매인 분이 아니라 우주 전체의 창조자이며 주권자임을 증언하라는 것, 즉 너의 믿음, 너의 생활방식과 함께 가라는 뜻이다. (3) "너 자신에게(to yourself) 가라," 즉 "영혼의 뿌리로 가라"는 뜻으로서, 우리를 다른 어떤 누구로 만드는 모든 것을 떠나 진정한 우리 자신을 발견할 수 있는 외로운 여정을 시작하라는 뜻이다. (4) "너 혼자 가라(by yourself)"는 뜻으로서, 혼자, 독특한 존재가 될 각오를 한 사람만이 독특하신 한 분 하나님을 예배할 수 있다고 해석한다. 저자는 역사 법칙 안에 사는 사람은 누구나 역사 법칙의 지배를 받고, 또 자연적인 것은 해체와 몰락을 겪으며, 이것이 모든 문명에서 벌어지는 현실이지만, 아브라함은 쇠퇴하거나 몰락하지 않는 영원한 백성(am olam)의 아버지가 되었다고 말한다. 따라서 "너 혼자 가라"는 명령은 "남들과 다르게 될 용기를 갖는 것, 시대의 우상들에 도전하는 것"이라고 말한다. 즉 "다신론 시대에는 그것이 우주를 하나의 창조적 의지의 산물로 보는 것을 뜻했다. 노예제 시대에는 그것이 하나님 이름으로 현상유지를 수용하기를 거부하는 것을 뜻했고, 대신에 하나님 이름으로 그것에 도전하는 것을 뜻했다. 권력을 숭배하는 시대에는, 그것이 힘없는 이들, 과부와 고아와 낯선 이들을 돌보는 사회를 건설하는 것을 뜻했다. … 전쟁이 인류를 시험할 때는 그것이 평화를 위해 수고하는 것을 뜻했다. 오늘날처럼 철저한 개인주의 시대에는 그것이 우리가 소유한 것이 우리를 규정하는 것이 아니라 우리가 나누는 것이 우리를 규정하며, 우리가 구매하는 것이 우리를 규정하는 것이 아니라, 우리가 주는 것이 우리를 규정한다는 것을 안다는 뜻이며, 기호와 욕망보다 더 높은 무엇이 있다는 것을 안다는 뜻이다"라고 설명한다. Jonathan Sacks, *Genesis* (Maggid Books, 2009), 77-80.

미래에 대한 믿음

Hayei Sara

그의 나이 137세. 그는 세상에서 가장 귀중한 사람들과 연관되어 마음의 큰 상처를 두 번이나 겪었다. 첫째는 그가 평생 기다려왔던 아들 이삭과 관련된 일이었다. 아브라함과 사라는 출산에 대한 희망을 포기했지만, 하나님께서는 그들이 아들을 얻게 될 것이며, 그 아들이 계약(언약)을 이어갈 것이라고 하셨다. 몇 해가 지나도, 사라는 임신하지 못했다. 사라는 늙었는데도 하나님은 여전히 그들이 아이를 얻을 것이라고 하셨다.

마침내 아들을 낳았다. 그들은 기뻐하고 있었다. 사라는 "하나님께서 나에게 웃음을 주셨구나. 내가 아들을 낳았다고 모두들 나와 함께 기뻐하게 되었구나"(창 21:6) 하고 말했다. 그 후 끔찍한 순간이 닥쳤다. 하나님께서 아브라함에게 이렇게 분부하셨다. "사랑하는 네 외아들 이삭을 데리고 … 그를 번제물로 나에게 바쳐라"(22:2). 아브라함은 반대도, 항거도, 지체하지도 않았다. 아버지와 아들은 함께 길을 떠났고, 마지막 순간에 이르러서야 하늘로부터 "멈춰라" 하는 명령이 내려왔다. 아들은 고사하고 그 아버지가 이런 트라우마를 어떻게 견디고 살아남을 수 있었을까?

큰 슬픔이 찾아왔다. 아브라함의 사랑하는 아내 사라가 죽은 것이다.

사라는 아브라함과 함께 고향, 친척, 아버지의 집을 떠날 때부터 늘 함께 했던 동반자였다. 사라는 두 번이나 자기가 아브라함의 누이인 척해서 그의 목숨을 구했다.

137세가 된 남자, 그래서 오경이 "몹시 늙었다"(24:1)고 말한 남자가 그런 트라우마와 그런 사별을 겪은 후 무엇을 했는가? 그가 남은 날들을 슬픔과 추억 속에서 보냈다는 말에 우리는 놀라지 않는다. 그는 하나님이 그에게 요청하신 일들을 했으나 하나님의 약속이 성취되었다고는 말할 수 없었다. 일곱 번이나 가나안 땅을 약속받았지만, 사라가 죽었을 때조차 가나안의 땅 한 평도 소유하지 못했으며, 심지어 아내를 묻을 장소조차 없었다. 하나님은 그에게 하늘의 별처럼, 바다의 모래처럼 많은 자손들, 큰 민족, 많은 민족을 약속하셨지만, 그에게는 계약(언약)의 아들 이삭 하나뿐이었으며, 심지어 그를 거의 잃을 뻔 했을 뿐 아니라, 그 아들은 서른일곱 살이 되도록 아직 혼인도 하지 않고 있었다. 아브라함은 비통해 할 온갖 이유들을 갖고 있었다.

그러나 그는 슬퍼하지 않았다. 매우 기이한 어순들로 표현된 어느 한 문장에서, 그의 비통함은 단지 다섯 개의 히브리어 단어들로 묘사되어 있다. 번역하면, "아브라함은 사라의 빈소에 들어가 가슴을 치며 슬피 울었다"(23:2). 곧이어 "아브라함은 그의 비통함에서 일어났다." 그 후 그는 서둘러 활동을 시작했는데 두 가지 목표를 마음에 두고 있었다. 첫째는 사라를 묻을 땅을 사는 것이었고, 둘째는 그 아들의 배필을 찾는 일이었다. 이 두 가지가 정확히 하나님의 두 가지 축복, 즉 땅과 자손에 대한 축복에 해당하는 것이다. 아브라함은 하나님이 행동하시기를 기다리지 않았다. 그는 유다이즘의 근본적 진리 가운데 하나를 알고 있었는데, **하나님은 우리가 행동하기를 기다리신다**는 진리다.

어떻게 아브라함은 그 트라우마와 비통함을 극복했는가? 당신이라면 아들을 거의 잃을 뻔 했고, 평생을 함께 한 아내를 실제로 잃어버릴 경우, 다시 일어나 일을 계속할 에너지를 갖고 있을 것인가? 무엇이 아브라함에게 회복력, 살아남을 능력을 주었으며, 그가 넋을 잃지 않도록 해주었는가?

내가 이 문제에 대한 답을 배운 것은 도덕적 용기에서 나의 스승들이 된 사람들, 내가 만났던 홀로코스트 생존자들로부터였다. 나는 그분들이 목격하고 알게 된 참혹함에도 불구하고 어떻게 계속 살아낼 수 있었는지 궁금했다. 죽음의 수용소들을 해방시킨 영국과 미국의 군인들은 자신들이 목격했던 것을 결코 잊지 못한다고 한다. 헨리 키신저의 전기를 쓴 닐 퍼거슨은 당시 미군으로서 그 수용소들에서 목격한 참상들이 자신의 인생을 변화시켰다고 한다.[1] 베르겐-벨젠과 다른 수용소들을 단지 목격한 사람들조차 이처럼 인생의 변화가 일어났다면, 하물며 그곳에서 살면서 수많은 사람들의 죽음을 목도했던 사람들의 경우에는 짐작도 하기 힘들 것이다. 그러나 내가 만난 생존자들은 삶에 매우 집요한 사람들이었다. 나는 그들이 어떻게 삶에 대한 애착을 유지할 수 있었는지 이해하고 싶었다.

마침내 나는 깨달았다. 그들 대부분은 과거에 관해 말하지 않았다. 심지어 혼인한 배우자들에게도, 또한 자녀들에게도 말하지 않았다. 대신에 그들은 새로운 땅에서 새로운 인생을 창조했다. 그들은 그곳의 언어와 관습을 새로 배웠다. 직업을 찾았고, 경력을 쌓았다. 혼인해서 아이들을 낳았다. 자기 가족을 잃은 생존자들은 서로에게 확대된 가족이

---

[1] Niall Fergusson, *Kissinger: 1923-1968: The Idealist* (London: Penguin Books, 2015).

되었다. 그들은 앞을 바라보았지, 뒤를 되돌아보지 않았다. 우선 그들은 미래를 건설했다. 그 다음에야 비로소, 때로 40년이나 50년이 지나고 나서야 자신들의 과거에 대해 말하기 시작했다. 처음에는 가족들에게, 그 다음에는 세상에 자신들의 이야기를 털어놓았다. **우리는 먼저 미래를 건설해야 한다. 그 다음에야 비로소 과거를 슬퍼할 수 있다.**

오경에서는 두 사람이 뒤를 돌아보았다. 한 사람은 분명하게 그랬고, 다른 사람은 은연중에 그랬다. 노아는 그의 세대에서 가장 의로운 사람이었지만, 포도주를 만들고 취하게 된 일로 삶을 마쳤다. 오경은 그 이유를 말하지 않지만 우리는 충분히 짐작할 수 있다. 그는 세상 전체를 잃었다. 그와 그의 가족이 방주에서 안전하게 지내는 동안에, 나머지 모든 사람들은 물에 빠져 죽었다. 당시에 벌어진 그 모든 일들을 회상할 때마다 자신이 더 많은 생명들을 구하기 위해, 또는 그 대재난을 막기 위해 할 수 있었던 일이 더 있지 않았을까를 생각하면서 비통함에 압도당했을 거라고 상상하는 것은 어렵지 않다.

롯의 아내는 천사들의 지시에도 불구하고, 하나님의 진노하심과 불과 유황으로 사라진 평원의 도시들을 뒤돌아보았다. 그 즉시 그녀는 소금 기둥으로 변했는데, 이것은 충격과 슬픔에 압도되어 움직일 수 없게 된 여인을 생생하게 묘사한 장면이다.

이 두 가지 이야기를 배경으로, 우리는 사라가 죽고 난 다음 아브라함의 상태를 이해할 수 있다. 그는 선례를 남겼다. 우선 미래를 건설하고, 그 다음에 비로소 과거를 슬퍼할 수 있다는 선례 말이다. 만일 그 순서를 뒤집어버리면, 과거의 포로가 되기 마련이다. 움직일 수 없게 되는 것이다. 롯의 아내처럼.

이와 같은 깊은 진실이 홀로코스트의 가장 놀라운 생존자 가운데 한 사람인 심리치료자 빅터 프랭클의 저술을 이끌어갔다. 그는 아우슈비츠를 겪으면서 다른 사람들에게 삶의 의지를 불러일으키고자 몸을 바쳤다. 그는 그 이야기들을 여러 권의 책으로 발표했는데, 가장 유명한 것이 ≪삶의 의미를 찾아서≫[2]이다. 그는 각 사람을 위해 그들을 부르는 과업, 즉 그들이 아직 실행하지는 않았지만 그들만이 할 수 있는 과업을 발견하도록 도와줌으로써 삶의 의지를 불러일으켰다. 결과적으로 그는 그들에게 미래를 주었다. 이것이 그들로 하여금 현재를 살아내고 또한 자신들의 과거로부터 마음을 돌릴 수 있게 했다.

프랭클은 자신의 가르침을 살아냈다. 아우슈비츠가 해방된 후, 그는 인간이 의미를 찾는 존재라는 점에 근거하여 의미치료(logotherapy)라고 부르는 심리치료 학파를 세웠다. 그의 작업은 프로이트의 작업과 거의 반대되는 것이었다. 프로이트의 정신분석은 사람들로 하여금 자신의 매우 어린 시절을 기억해내도록 격려했다. 프랭클은 사람들에게 미래를 건설하도록, 보다 정확하게는 **미래가 자신을 부르는 소리를 들으라고** 가르쳤다. 아브라함처럼, 프랭클도 오랜 세월 전 세계적으로 인정받는 훌륭한 삶을 살고, 아흔두 살에 죽었다.

아브라함은 미래가 자신을 부르는 소리를 들었다. 사라는 이미 죽었다. 이삭은 여태 혼인하지 않았다. 아브라함은 땅도 없었고 손주도 없었다. 그는 분노와 번민 속에 하나님께 부르짖지 않았다. 대신에 작고 여린 음성을 들었다. **다음 발자국은 너에게 달렸다**는 음성이었다. 네가 미래를 창조해야 내가 나의 영을 너에게 채워줄 것이다. 이것이 바로 아브

---

[2] Viktor E. Frankl, *Man's Search for Meaning: An Introduction to Logotherapy* (Boston: Beacon Press, 1992). 이시형 역, ≪삶의 의미를 찾아서≫(청아출판사, 2017).

라함이 그 충격과 비통함을 견뎌냈던 길이었다. 하나님은 우리가 이런 비통함을 겪지 않기를 원하시지만, 만일 겪는다면, 이것이 살아남는 방법이다.

하나님은 우리의 삶 속에, 미래로부터의 부르심으로 들어오신다. 마치 그분이 시간의 먼 지평선으로부터, 우리로 하여금 여정을 떠나도록, 그리고 우리가 완전히 이해할 수는 없는 방식으로 우리가 그것을 위해 창조된 과업을 실행하도록 우리를 손짓해서 부르시는 것을 듣는 것과 같은 일이다. 그것이 바로 **소명**의 참 뜻이다. 소명은 문자적으로 "부르심," 사명이며, 우리를 호출하는 과업이다.

우리가 여기에 있는 것은 우연이 아니다. 우리가 여기에 있는 것은 하나님이 우리가 여기에 있기를 원하셨기 때문이며, 우리가 이루어야 할 과업이 있기 때문이다. 그 과업이 무엇인지를 발견하는 일은 쉽지 않으며 흔히 많은 시간이 걸리며 잘못된 출발을 하기도 한다. 그러나 우리들 각자에게는 하나님이 우리로 하여금 행하도록 부르시는 무엇인가가 있다. 아직 이루지 못한 그 미래의 시간은 우리로 하여금 완성하기를 기다리고 있다. 유다이즘을 믿음으로 정의하는 것이 바로 이 미래지향적인 삶의 태도로서, 나는 이것을 ≪미래시제≫3)의 마지막 장에서 설명했다.

이 세상의 엄청난 분노, 혐오, 원한은 과거에 사로잡힌 사람들, 롯의 아내처럼 움직일 수 없는 사람들이 초래한다. 이런 종류의 이야기에는 아름다운 종결이 없다. 더 많은 눈물과 더 많은 비극뿐이다. 아브라함의 길은 다르다. 먼저 미래를 건설하라. 그 다음에 과거를 슬퍼할 수 있다.

---

3) Jonathan Sacks, *Future Tense: Jews, Judaism, and Israel in the Twenty-first Century* (New York: Schocken Books, 2012).

아버지의 사랑

Toledot

두 아들이 자라나, 에서는 날쌘 사냥꾼이 되어 들에서 살고, 야곱은 성질이 차분한 사람이 되어서, 주로 집에서 살았다. 이삭은 에서가 사냥해 오는 고기에 맛을 들이더니 에서를 사랑하였고, 리브가는 야곱을 사랑하였다. (창 25:27-28)

리브가가 왜 야곱을 사랑했는지는 분명하다. 리브가가 하나님으로부터 받은 신탁이 "두 민족이 너의 태 안에 들어 있다. 너의 태 안에서 두 백성이 나뉠 것이다. 한 백성이 다른 백성보다 강할 것이다. 형이 동생을 섬길 것이다"(25:23)였기 때문이다.

야곱은 쌍둥이 가운데 동생이었다. 리브가는 야곱이 하나님과의 계약(언약)을 이어갈 것이며, 아브라함의 유산에 충실할 것이며, 자녀들에게 그 유산을 가르쳐 미래에도 그 이야기가 전해지도록 할 것이라고 짐작했던 것으로 보인다. 또한 그것은 사실로 판명되었다.

진짜 문제는 왜 이삭이 쌍둥이 아들 가운데 큰아들 에서를 사랑했는가 하는 점이다. 에서는 사냥꾼이며 집밖에 사는 아들이지, 깊이 성찰하는 사람이거나 하나님의 사람이 아니라는 것을 이삭이 몰랐는가? 그가 에서를 사랑한 이유가 단지 에서가 사냥해온 고기에 맛 들린 때문일 수도 있었다. 그가 좋아하는 음식이 정신과 가슴을 지배해버렸는가? 이삭은 에서가 어떻게 자신의 상속권을 죽 한 그릇에 팔아넘기고, 상속권 자체를 어떻게 "대수롭지 않게 여겼는지"(29-34절)를 몰랐는가? 에서에게 아브라함의 영적인 전통을 맡겨도 좋을까?

이삭은 분명히 큰아들이 순간의 감정에 휘둘리는 변덕스런 성질이라는 것을 알았다. 그래도 상관없다고 생각했을지라도, 에서의 그 다음 이야기는 분명히 그렇지 않았다. "에서는, 마흔 살이 되는 해에, 헷 사람 브에리의 딸 유딧과, 헷 사람 엘론의 딸 바스맛을 아내로 맞았다. 이 두 여자가 나중에 이삭과 리브가의 근심거리가 된다"(26:34-35). 에서는 헷 족속 가운데서 편안했으며, 그 족속의 여인 두 사람을 아내로 맞았던 것이다. 이것은 헷 족속과 가나안 족속, 그리고 그들의 종교, 문화, 도덕과 거리를 두어야만 했던 아브라함의 계약(언약)을 이어갈 사람이 취할 행동이 아니었다.

그러나 이삭은 분명히 에서를 사랑했다. 이번 주 본문의 시작에서만 그렇게 말하는 것이 아니다. 그의 사랑은 계속되었다. 창세기 27장에는 야곱이 어떻게 에서처럼 옷을 차려입고 에서가 받을 축복을 가로챘는지에 관한 이야기가 나오는데, 여기에는 에서를 향한 이삭의 깊은 사랑이 두드러지게 표현되어 있다. 우리가 이것을 느낄 수 있는 것은 그 시작 부분, 즉 이삭이 에서에게 "사냥해다가 별미를 만들어 오라 하시면서, 세상을 떠나기 전에 그것을 잡수시고 에서에게 복을 빌어주겠다고 하시더구나"(27:7)라고 한 부분에서다. 이것은 단순히 이삭의 육체적인 입맛이 말하는 것이 아니다. 그의 소망이 큰아들과 연관된 냄새와 맛으로 가득하기 때문에, 그가 마음에서 우러나온 사랑의 분위기 속에서 그를 축복할 수 있기를 바랐던 것이다.

그러나 이삭과 에서 사이의 감정의 깊이를 정말로 드러내는 곳은 이 이야기의 마지막 부분이다. 에서는 자신이 마련한 음식을 들고 들어간다. 처음에는 이삭이, 이어서 에서가 자신들의 소망과는 반대되는 속임수가 있었음을 알아차린다. 이삭은 "기가 막혀 부들부들 떨었다." 에서는 "소리 내어 통곡했다"(33-34절). 이런 묘사를 정확히 번역하는 것은 어렵다. 오경은 일반적으로 사람들의 감정에 관해 별로 말하지 않는다. 창세기 전체에서 가장 무서운 이야기 가운데 하나인, 이삭을 제물로 바치기 위해 결박했던 이야기 전체에서도 아브라함이나 이삭이 실제로 어떤 심정이었는지에 대해서 아무런 암시가 없다. 그 본문은 에릭 아우어바하가 말한 것처럼, "배경으로 가득 찬" 본문, 즉 말로 표현된 것보다는 표현되지 않은 것이 더 많은 본문이다.[1] 따라서 그 순간의 이삭과 에서의 감정을 깊이 있게 묘사한 것은 오경에서 드물고 거의 압도적이다. 아버지와 아들 두 사람은 배신감이 들었고, 에서는 간곡하게 아버지로부터 축복을 받고자 했으며, 이삭은 그를 축복하고 싶은 마음이 북받쳤다. 둘 사이의 사랑의 끈은 그토록 강렬했다. 따라서 더욱 의문이 생기는 것은 이삭이 에서의 야생성, 변덕스러움, 그의 족외혼인에도 불구하고 대체 왜 그토록 에서를 사랑했는가 하는 점이다.

현인들은 설명해주었다. 그들은 에서가 "날랜 사냥꾼"(25:27)이라는 말은 에서가 덫을 놓아 이삭을 속였다는 뜻이라고 설명한다. 그는 실제보다 더 종교적인 척했다는 것이다.[2] 그러나 이것과는 매우 다른 설명

---

[1] Erich Auerbach, *Mimesis: The Representation of Reality in Western Literature*, translated by Willard R. Trask (Princeton: Princeton UP, 1953).

[2] 에서는 "아버지, 소금과 짚단의 십일조는 어떻게 바칩니까?"라고 묻곤 했는데, 사실상 그런 것은 십일조에서 면제된다는 것을 알고 했던 질문이었다. 이삭은 에서가 엄격하게 계명을 지킨다고 생각했다(창세기 25:27에 대한 Rash

도 있는데, 본문의 단순한 의미에 더욱 가까운 설명으로 매우 감동적인 설명이다. 즉 이삭이 에서를 사랑한 것은 에서가 그의 아들이었기 때문이며, 그것이 아버지들의 모습이라는 설명이다. 아버지는 자식을 무조건 사랑한다. 이삭이 에서의 성격상 결점을 몰랐다는 말이 아니다. 이삭이 에서를 계약(언약)을 이어갈 수 있는 올곧은 사람이라고 생각했다는 뜻이 아니다. 또한 에서가 헷 족속 여인들과 혼인한 것 때문에 고통스러워하지 않았다는 의미도 아니다. 본문은 명백하게 그가 근심했다고 말한다. 그러나 그 본문은 이삭이, 아들이기 때문에 아버지는 아들을 사랑해야만 한다는 것을 알고 있었다는 뜻이다. 이것은 아들의 행동에 대해 비판적인 것과 양립할 수 없는 것이 아니다. 그러나 아버지는 자녀가 기대를 저버릴 때조차도 자녀와의 연을 끊지 않는다. 이삭은 우리에게 부모됨에 대한 근본적인 교훈을 가르치고 있다.

왜 이삭인가? 이삭은 아버지 아브라함이 그의 아들 이스마엘을 내쫓은 것을 알았기 때문이다. 이삭은 그 일이 아브라함에게 얼마나 큰 고통을 안겨주었으며, 또한 이스마엘에게 얼마나 큰 상처를 주었는지를 알았을 것이다. 여러 미드라쉬에서는 아브라함이 자기가 내쫓은 이스마엘을 방문했다고 주장하며, 또는 그들의 화해에 영향을 끼친 것은 이삭이었다고 주장한다.3) 이삭은 이스마엘과 똑같은 운명을 에서에게 물려주지 않기로 작정했던 것이다.

그뿐 아니라 이삭은 자신이 번제물로 희생되기 전에 결박당했던 사건이 아버지와 자신에게 끼친 심리적인 상처를 깊이 알고 있었다. 야곱,

---

의 주석; *Tanhuma, Toledot*, 8).

3) Jonathan Sacks, *Not in God's Name: Confronting Religious Violence* (New York: Schocken Books, 2017), 107-124.

에서, 축복에 관한 장들이 시작되는 부분에서 본문은 이삭이 눈이 멀었다고 말한다. 어느 미드라쉬에서는, 아브라함이 이삭을 결박하고 칼을 들어올리는 것을 본 천사들의 눈물이 이삭의 눈에 떨어져 나중에 이삭의 눈이 멀게 된 것이라고 한다.[4] 이런 시련은 분명히 필요했다. 시련이 불필요했다면 하나님이 그런 명령을 하실 이유가 없었다. 그러나 그 시련은 깊은 심리적 상처를 남겼으며, 이삭으로 하여금 자신의 큰아들 에서는 희생시키지 않겠다고 결심하게 했다. 따라서 어느 면에서 보면, 이삭이 에서를 무조건적으로 사랑한 것은, 이삭 자신이 아버지 아브라함에 의해 결박당했던 사건이 초래했던 부자간의 관계 단절을 치유하는 일(*tikkun*)이었다.

따라서 에서의 길은 비록 계약(언약)의 길이 아니었지만, 이삭이 보여준 부성애는 다음 세대를 위한 길을 마련하는 데 도움을 주었다. 다음 세대에서 야곱의 모든 자손들이 그 계약의 울타리 안에 머물렀다.

이것과 관련해서 미슈나의 두 현인들 사이의 흥미로운 논쟁이 있다. 신명기(14:1)는 유대 민족에 관해, "너희는 너희 하나님의 자녀이다"라고 말한다. 랍비 유다는 이 말씀은 유대인들이 오직 하나님의 자녀답게 행동할 때만 적용된다고 주장했다. 랍비 메이르는 그 신명기 말씀이 무조건적이라고 주장했다. 유대인들이 하나님의 자녀답게 행동하든 아니든, 그들은 여전히 하나님의 자녀라고 말이다.[5]

무조건적 사랑을 믿었던 랍비 메이르는 자신의 견해대로 행동했다. 그의 스승 엘리샤 벤 아부야가 마침내 믿음을 잃고 이단자가 되었을 때, 랍비 메이르는 계속 그와 더불어 공부하고 그를 존경했으며, 그의

---

4) Genesis Rabba 65:10.
5) Kiddushin 36a.

생애 마지막 순간에는 그가 회개하고 하나님께 귀의했다고 주장했다.[6)]

유다이즘의 핵심적인 사상, 즉 우리의 왕은 우리의 부모라는 사상(*Avinu Malkeinu*)을 진지하게 수용하는 일은 하나님과 우리의 관계에 우리의 가장 근본적인 감정들을 바치는 것이다. 하나님이 우리와 씨름하시는 것은 부모가 자녀와 씨름하는 것과 같다. 우리가 하나님과 씨름하는 것은 자녀가 그 부모와 씨름하는 것과 같다. 그 관계는 때로 격렬하게 갈등하며 심지어 고통스럽기도 하지만, 그 관계에 깊이를 주는 것은 그 연을 끊을 수 없다는 것을 아는 것이다. 무슨 일이 벌어지든 간에, 부모는 여전히 부모이며, 자녀는 여전히 자녀다. 그 결속이 크게 상처를 받을 수는 있지만, 수선하지 못할 정도로 깨어지는 법은 없다.

아마도 이것이 이삭이, 그 성격에서나 운명에서 자신과 너무 다른 에서였음에도 불구하고, 그를 결코 배척하지 않고 계속 사랑함으로써 모든 세대들에게 본을 보여주는 교훈일 것이다. 마치 미드라쉬가 아브라함이 결코 이스마엘을 배척하지 않았고 그의 사랑을 전할 방법을 찾았다고 말하는 것과 마찬가지로 말이다.

무조건적인 사랑은 무비판적인 것이 아니라 끊을래야 끊어질 수 없는 사랑이다. 이것이 우리가 우리 자녀들을 사랑해야 하는 방법이다. 그것이 하나님이 우리를 사랑하시는 방법이기 때문이다.

---

6) Y. Hagiga 2:1.

빛은 어떻게 스며드는가
Vayetzeh

도대체 왜 야곱인가? 이 질문은 우리가 창세기 이야기들을 읽으면서 계속 스스로에게 던지는 질문이다. 야곱은 노아처럼 그 세대에서 가장 의로운 사람도 아니었고, 하나님과 동행하는 사람도 아니었다. 그는 아브라함처럼 하나님의 부르심에 따라 고향, 친척, 아버지의 집을 떠난 사람도 아니었다. 그는 이삭처럼 자신을 번제물로 바친 사람도 아니었다. 또한 그는 젊은 모세처럼 불의에 대해 불타는 감수성을 갖고 기꺼이 개입한 사람도 아니었다. 그러나 유대인들은 언제나 야곱의 후손, 이스라엘의 자녀들이라고 정의된다. 따라서 도대체 왜 야곱인가 하는 질문은 우리에게 피할 수 없는 강력한 질문이다.

그 대답이 이번 주 오경 읽기 본문의 시작 부분에서 암시되고 있는 것처럼 보인다. 야곱은 집을 떠나 위험이 계속되는 가운데 있었다. 그가 집을 떠난 것은 아버지 이삭이 죽자 형 에서가 그를 죽이기로 맹세했기 때문이다. 그는 외삼촌 라반의 집으로 가던 중이었는데, 또 다른 위험들이 기다리고 있었다. 집에서 멀리 떠나 혼자가 된 그는 가장 취약한 상태였다. 해는 지고 밤이 찾아왔다. 누워 잠이 들었는데, 그때 야곱은 장엄한 비전을 보게 되었다.

꿈을 꾸었다. 보라(look), 그는 꿈에 땅에서 하늘에 닿는 층계가 있고, 보라(look), 그 층계를 하나님의 천사들이 오르락내리락 하는 것을 보고 있었는데, 보라(look), 주님께서 그의 옆에 나타나시더니 이렇게 말씀하시는 것이었다. "나는 주님, 네 할아버지 아브라함의 하나님이요, 네 아버지 이삭의 하나님이다. 나는 네가 지금 누워 있는 이 땅을 너와 네 후손에게 주리라. 네 후손은 땅의 티끌만큼 불어나서 동서남북으로 널리 퍼질 것이다. 땅에 사는 모든 종족이 너와 네 후손의 덕을 입을 것이다. 보라(look), 내가 너와 함께 있어 네가 어디로 가든지 너를 지켜주다가 기어이 이리로 다시 데려오리라. 너에게 약속한 것을 다 이루어줄 때까지 나는 네 곁을 떠나지 않으리라." 야곱은 잠에서 깨어나 "참말 주님께서 여기 계셨는데도 내가 모르고 있었구나!" 하며 두려움에 사로잡혀 외쳤다. "이 얼마나 두려운 곳인가. 여기가 바로 하나님의 집이요, 하늘 문이로구나." (창 28:12-17)

"보라"(and look)가 네 차례 나오는데, 그 히브리어 '베히네이'(*vehinei*)는 놀라움의 표현이다. 야곱은 이런 만남을 위해 아무것도 준비하지 못한 상태였는데, 이것은 그 자신의 말, "참말 주님께서 여기 계셨는데도 내가 모르고 있었구나"라는 표현으로 강조된다. 바로 이 본문 앞에 나오는 "한 곳에 이르렀다"는 구절의 히브리어 동사(*vayifga bamakom*) 역시 예상하지 못했음을 뜻한다. 후대에 랍비적 히브리어로 그 장소(the Place)를 뜻하는 '하마콤'(*haMakom*)은 '하나님'(God)을 뜻하게 되었다. 따라서 "한 곳에 이르렀다"는 구절은 시적으로 "야곱은 우연히 뜻밖에도 하나님을 만나게 되었다"라고 읽을 수 있다.

이번 주 오경 본문에 덧붙여 다음 주 오경 본문에서 야곱이 밤에 천사와 씨름한 이야기를 읽으면, "왜 야곱인가?" 하는 질문의 대답을 찾을 수 있다. 야곱은 집에서 멀리 떠나 밤에 혼자 위협에 처한 중에 그의 가장 깊은 영적 체험을 한 사람이다. 그는 전혀 뜻밖에 하나님을 만난 사람이다. 정신이 온통 다른 데에 쏠려 있고, 두려움에 사로잡혀 거의 절망에 사로잡혀 있을 때 하나님을 만난 사람이다. 야곱은 여정의 한가운데서 한계상황에 부딪혔을 때, "참말 주님께서 여기 계셨는데도 내가 모르고 있었구나!"라는 것을 깨달은 사람이다.

그래서 야곱은, 나중에 모세가 "스산한 울음소리만이 들려오는 광야"(신 32:10)라고 표현한 곳에서 하나님을 가장 가깝게 만났던 사람들의 아버지가 되었다. 독특하게도 유대인들은 온갖 유배생활에서 살아남았는데, 비록 처음에는 "우리 어찌 남의 나라 낯선 땅에서 주님의 노래를 부르랴!"(시 137:4)라고 했지만, 하나님의 현존인 쉐키나(Shekhina)가 여전히 자신들과 함께 하심을 발견했다. 비록 그들은 모든 것을 상실했어도, 하나님과의 접촉은 잃지 않았다. 그들은 여전히 "주님이 여기 계셨는데도 내가 모르고 있었구나!"라는 것을 발견할 수 있었다.

아브라함은 우리들에게 시대의 우상들에 도전할 용기를 주었다. 이삭은 우리에게 자기희생을 할 수 있는 능력을 주었다. 모세는 정의를 위해 열정적으로 싸우는 투사가 되도록 가르쳤다. 야곱은 우리가 가장 취약할 때 여전히 하나님이 우리와 함께 계시며, 희망의 용기를 주시며 꿈을 꿀 수 있는 힘을 주시는 분임을 알게 했다.

이것을 가장 심오하게 시적으로 표현한 사람은 시편의 다윗이다. 그는 어둠, 갈등, 외로움, 고통, 불안 속에서 하나님을 불렀다.

나를 구하소서, 하나님.
목에까지 물이 올라왔사옵니다.
깊은 수렁에 빠졌습니다.
발붙일 것 하나도 없사옵니다.
물 속 깊은 곳에 빠져 물결에 휩쓸렸습니다. (시 69:1-2)

주여, 깊은 구렁 속에서 당신을 부르오니,
주여, 이 부르는 소리 들어주소서.
애원하는 이 소리, 귀 기울여 들으소서. (시 130:1-2)

때때로 가장 깊은 영적 체험은 우리가 전혀 예상하지 않았던 때, 가장 절망에 빠져있을 때 찾아온다. 그때는 우리가 쓰고 있는 가면들이 벗겨지는 때이기 때문이다. 우리가 최고로 취약한 시점, 그래서 우리가 하나님에게 가장 완전히 열려 있는 상태일 때, 하나님은 가장 완전히 우리에게 여신다. "주님은 실망한 사람 옆에 함께 계시고 낙심한 사람들을 붙들어주신다"(시 34:18). "하나님, 내 제물은 찢어진 마음뿐, 찢어지고 터진 마음을 당신께서 얕보지 아니하십니다"(시 51:17). 하나님은 "상처 입은 마음을 고치시고 터진 상처를 싸매 주시는 분"(시 147:3)이다. 랍비 브라츨라브의 나만은 이렇게 말하곤 했다.

우리는 하늘 아버지께 가슴 깊은 곳에서 나오는 강한 목소리로 부르짖을 필요가 있다. 그러면 하나님은 우리의 부르짖음을 들으신다. 이런 행동 자체는 우리가 하나님을 참되게 섬기지 못하도록 만드는 온갖 의심과 장애물들을 벗겨내어 완전히 벌거벗게 한다.[1)]

우리가 하나님을 발견하는 것은 거룩하거나 친숙한 장소에서 뿐만이 아니라 우리의 여정 한복판에서, 캄캄한 밤에 혼자 있을 때에도 그렇다. "나 비록 음산한 죽음의 골짜기를 지날지라도 내 곁에 주님 계시오니 무서울 것 없어라"(시 23:4). 모든 영적 체험에서 가장 근원적인 것으로서 삶의 토대를 이뤄주는 힘은 우리가 혼자가 아니라는 인식이다. 하나님은 우리의 손을 잡고 계시며, 우리의 거처에 함께 계시며, 우리가 추락할 때 우리를 받쳐주시며, 우리가 잘못할 때 용서하시며, 그 사랑의 능력을 통해 우리 영혼의 상처들을 치유하신다.

작고하신 나의 선친은 배우지 못한 분이었다. 공부할 기회를 얻지 못하셨다. 아버지는 어렸을 때 난민으로 영국에 오셨다. 젊어서 학교를 중단해야 했고, 당시에는 유대인 교육을 받을 가능성도 많지 않았다. 우리 가족은 대부분 생존을 위해 시간을 보냈다. 그러나 나는 아버지가 두려움 없이, 때로는 도전적이기까지 했던 모습을 보았는데, 그 이유는 아버지가 기도하시거나 시편을 읽으실 때, 하나님이 함께 하심을 강하게 느끼셨기 때문이다. 그 단순한 믿음이 아버지에게 엄청난 존엄성과 강한 정신력을 주었던 것이다.

그와 같은 믿음은 아버지가 야곱에게서 물려받은 유산이며, 우리가 물려받은 유산이기도 하다. 우리는 추락할 수 있지만, 하나님의 팔 안으로 추락한다. 타인들이 우리에 대한 믿음을 잃어버릴 수 있고, 우리가 자신에 대한 믿음조차 잃을 수 있지만, 하나님은 결코 우리에 대한 믿음을 버리지 않으신다. 우리가 완전히 혼자라고 느낄 수 있지만, 우리는 혼자가 아니다. 하나님이 우리 곁에, 우리 안에 계셔서, 우리로 하여금

---

1) Rabbi Nahman of Bratslav, *Likkutei Maharan* 2:46.

일어나서 앞으로 나아가도록 촉구하신다. 아직 이루지 못했지만 그것을 성취하기 위해 우리가 창조된 과업이 있기 때문이다. 우리 시대의 어느 가수는 "모든 것에는 갈라진 틈이 있다. 그것이 빛이 스며드는 방식이다"라고 썼다.2) 우리의 찢어진 마음은 하나님의 빛이 스며들게 하여, 하늘의 문이 된다.3)

---

2) Leonard Cohen in "Anthem."

3) 역자주: 저자는 2020년 4월, 코로나19 팬데믹 현실 속에서 zoom으로 전한 하가돌 안식일(유월절 직전의 특별 안식일) 메시지를 통해, 사회적 거리두기로 인해 사람들이 고립되고 있지만 온 인류가 함께 고통을 겪고 있다는 점에서 우리가 나의 고통만이 아니라 다른 사람들의 고통을 줄일 수 있는 방법을 찾아야 한다고 역설했다. 그는 "고통을 나누는 것이 자유와 구원에 이르는 성서적인 방법"이라고 말하면서, 무교병을 나누는 것은 단지 조상들의 고통을 기억하기 위한 것이 아니라, 그 고통의 역사를 통해 "다시는 자유를 잃지 않기 위한 자유의 투사들이 되기 위한 것"이라고 말한다. 특히 출애굽 당시에 홍해에서 이집트인들이 빠져죽을 때, 천사들이 승리의 노래를 불렀지만, 하나님께서는 그런 천사들을 매우 꾸짖으시면서, 이집트인들의 고통도 하나님의 마음을 아프게 만든다는 사실을 기억하도록 하셨다는 점, 1945년 1월에 아우슈비츠에서 독일 군인들이 병자들만 남기고 도망친 후 열흘 동안 추위 속에 아무 식량도 없이 가장 어려웠던 시기에, 쁘리모 레비가 동료에게서 빵 한 조각을 받아 나누면서 "처음으로 죄수에서 인간이 되었음을 고백했다"는 점, 그리고 실수로 사람을 죽인 자가 도피성으로 피하였다가 대제사장이 죽으면 그 도피성에서 나오게 했던 것은 대제사장의 죽음으로 인해 모두가 큰 슬픔에 빠지게 되면, 그 피해자의 가족들이 마음에 품고 있었던 개인적 원한조차도 그 슬픔 속에 용해되어 버리기 때문이라고 해석했다. 이처럼 고통을 함께 나눌 때 치유와 자유, 구원이 시작되며, 특히 성서에서 가르치는 자유가 흔히 대다수 사람들이 오해하는 것처럼 "개인적 자유"가 아니라, 개인적 자유는 결국 무정부주의로 빠지는 것이기 때문에 "집단적 자유"라는 사실을 역설했다. https://www.rabbisacks.org/videos/inspiration-for-shabbat-hagadol-and-pesach-2020/

두려움을 느낄 때

Vayishlah

이번 주 본문은 오경에서 가장 수수께끼 같은 이야기 가운데 하나이지만 가장 중요한 본문 가운데 하나다. 왜냐하면 이 본문이 유대인들에게 이스라엘, 즉 "너는 하나님과도 겨루어 이겼고, 사람과도 겨루어 이긴 사람"(창 32:28)이라는 이름을 준 순간이었기 때문이다.

야곱은 형 에서가 400명의 부하들을 데리고 자기를 만나러 오고 있다는 이야기를 듣고 겁에 질렸다. 그는 "덜컥 겁이 나고 걱정이 되었다"(32:8). 그는 세 가지 형태로 대비했는데, 유화책, 기도, 그리고 전쟁이었다(9절에 대한 Rashi의 주석). 우선, 그는 에서에게 많은 양떼와 소떼를 선물로 보내 그의 마음을 달래려고 했다. 또한 그는 하나님께 "저를 형 에서의 손에서 건져주십시오"라고 기도했다(12절). 그리고 전쟁에 대비하여, 그의 식구들을 두 무리로 나누어, 적어도 한 무리만이라도 살아남게 했다.

그러나 그는 여전히 불안했다. 밤에 혼자서 그는 생판 모르는 이와 씨름을 하여, 동이 틀 때까지 계속했다. 그 낯선 이가 누구였는지는 분명하지 않다. 본문은 그를 남자라고 부른다. 호세아(12:4)는 그를 천사라고 불렀다. 현자들은 그가 에서의 수호천사들이었다고 했다.[1] 야곱은 자기가 하나님을 만났다고 확신한 것처럼 보인다. 그는 자기가 씨름했던 그 장소를 브니엘, 즉 "내가 하나님의 얼굴을 직접 뵙고도, 목숨이 이렇게 붙어 있구나!"(32:30)라고 불렀다.

이 본문에 관해서는 다양한 해석들이 있다. 그러나 한 해석이 특히 그 방식과 내용에서 흥미롭다. 그 해석은 라쉬의 손자 랍비 슈무엘 벤 메이르(라쉬밤, 프랑스, 1085-1158년경)의 해석이다. 그는 성서 주석에서 매우 독창적인 방법을 사용했다.[2] 그는 현자들이 이 본문의 할라카적 파급 효과를 찾기 위해 읽으려 했지만, 이 본문의 단순한 의미를 충분히 깊게 파고들지 못했다고 보았다.

라쉬밤은 자기 할아버지 라쉬가 때때로 본문을 "단순히" 읽기보다는 미드라쉬에 의존하는 잘못을 했다고 생각했다. 그는 할아버지와 종종 그것 때문에 논쟁을 벌였다고 한다. 할아버지는 시간이 더 있다면 오경에 대해 "매일" 떠오르는 단순한 의미를 새롭게 통찰하여 더 많은 주석을 쓸 것이라고 인정했다. 이것은 랍비 학문 전체 역사에서 가장 위대하고 유명한 주석가였던 라쉬의 정신세계를 들여다볼 수 있는 놀라운 통찰력이다.

이 모든 것은 라쉬밤이 그 밤중에 벌어진 씨름에 대한 해석의 전주곡이다. 그는 이것을 로버트 알터가 "유형 장면"(type-scene)[3]이라고 부른 것의 한 사례라고 본다. 유형 장면이란 히브리성서에 한 번 이상 나오는 독특한 스타일의 에피소드를 말한다. 하나의 분명한 사례는 젊은 이가 그의 배필을 우물에서 만나는 것인데, 이 장면은 오경에 세 차례

---

1) Genesis Rabba 77:3.
2) 그는 창세기 37:2에 관한 주석에서 이것에 관해 상술한다.
3) Robert Alter, *The Art of Biblical Narrative* (New York: Basic Books, 1981).

약간씩 변형되어 나온다. 즉 아브라함의 하인과 리브가의 만남, 야곱과 라헬의 만남, 그리고 모세와 십보라의 만남이다. 그 세 만남에 차이점이 있지만, 유사점이 충분하여 우리가 문학적 관습을 다루고 있음을 깨닫게 한다. 또 다른 사례는 성서에 여러 차례 나오는 것으로서, 오랫동안 임신하지 못했던 여인에게서 영웅이 출생하는 이야기다.

라쉬밤은 이것이 야곱의 씨름을 이해하는 단서라고 본다. 그는 씨름 이야기를 특히 두 가지 다른 이야기, 즉 요나 이야기와 모세의 불분명한 에피소드, 즉 모세가 이집트로 돌아가는 길에 "그들이 한 곳에 이르러 밤을 묵는데 주님께서 찾아오시어 그를 죽이려고 하셨다"(출 4:24)라는 에피소드와 연결시킨다. 십보라는 아들의 포경을 자름으로써 모세의 목숨을 구했다(출 4:25-26).[4]

요나 이야기는 다른 이야기들을 이해하는 열쇠를 마련해준다. 요나는 니느웨로 가서 그 도시 사람들이 회개하지 않으면 모두 파멸될 것이라고 경고하라는 사명을 피해 도망치려 했다. 요나는 다시스로 가는 배를 타고 도망쳤지만, 하나님이 폭풍으로 그 배를 침몰시키려 하셨다. 그러자 요나 예언자는 바다로 내던져졌고, 큰 물고기가 그를 삼켜 나중에 그를 산 채로 토해냈다. 이로써 요나는 도망치는 게 불가능함을 깨달았다.

똑같은 일이 모세에게도 적용된다고 라쉬밤은 말한다. 모세는 불타는 떨기나무 앞에서 하나님이 맡기시는 과업을 수행하기를 계속 꺼려했다. 분명히 모세는 그 여정을 시작한 후에도 여전히 발뺌할 궁리만 했고, 이로 인해 하나님은 매우 진노하시게 되었다.

---

[4] 창세기 32:29에 관한 라쉬밤의 주석. 라쉬밤은 이 유형 장면의 사례로서 발람, 나귀, 천사의 에피소드도 포함한다.

야곱도 마찬가지였다. 라쉬밤에 따르면, 하나님이 확신을 주셨음에도 불구하고 야곱은 여전히 에서를 만나는 게 두려웠다. 그는 용기를 얻지 못했고 도망치려 했다. 하나님은 천사를 보내어 그를 도망치지 못하게 하셨다는 해석이다.

독특한 해석이며 그 의미가 자못 진지하지 않은가. 위대한 세 사람, 즉 야곱, 모세, 요나 모두 두려워했다고 라쉬밤은 말한다. 어느 누구도 겁쟁이가 아니었다. 무엇을 두려워했는가?

그들이 두려워했던 것은 본질적으로 자신들의 사명이었다. 모세는 불타는 덤불에서 하나님께 계속 "제가 누구입니까? 사람들은 저를 믿지 않을 겁니다. 저는 말을 잘 하는 사람이 결코 아닙니다"라고 했다. 요나는 이스라엘의 원수들(니느웨 사람들)에게 하나님의 메시지를 전하는 게 마뜩치 않았다. 야곱은 방금 전에 하나님에게 "당신께서 이 종에게 베푸신 한결같으신 사랑을 저는 받을 자격이 없습니다"(창 32:11)라고 했다.

이들은 성서에서 이런 종류의 두려움을 느꼈던 유일한 사람들이 아니었다. 예언자 이사야 역시 하나님에게 "나는 입술이 더러운 사람"(사 6:5)이라고 했다. 예레미야 역시 "저는 아이라서 말을 잘 못합니다"(렘 1:6)라고 했다.

이것은 육체적 두려움이 아니다. 이것은 자신이 개인적으로 부족하다는 생각에서 기인한 두려움이다. 모세는 "제가 누구이기에 유대 백성을 인도합니까?"라고 물었다. 야곱은 "제가 누구이기에 나의 형 에서 앞에 설 수 있다는 말입니까? 저는 계약(언약)을 계속 이어갈 것이며 그는 하지 않을 것을 알고 있는데, 어쩌란 말입니까?" 하고 물었다. 때로는 가장 위대한 인물들도 자기 확신이 바닥날 때가 있다. 왜냐하면 그 책임이 얼마나 엄청난 것이며, 그에 비해 자신이 얼마나 하찮은 존재인지를 알기 때문이다. 용기는 두려움이 없다는 뜻이 아니다. 용기는 두려움을 극복하는 것을 뜻한다. 그것이 육체적 용기에서 진실하다면, 하물며 도덕적이며 영적인 용기에서는 더욱 진실하다.

이 주제에 관한 마리안 윌리엄슨의 지적은 매우 유명하다.

우리의 가장 깊은 두려움은 우리가 부적합하다는 것이 아니다. 우리의 가장 깊은 두려움은 우리가 측량할 수 없을 정도로 강력하다는 것이다. 우리를 가장 두렵게 만드는 것은 우리의 어둠이 아니라 우리의 빛이다. 우리는 스스로에게 묻는다. 내가 누구이기에 찬란하게 빛나며, 매력적이며, 재능이 있으며, 매우 멋진 존재가 된다는 말인가? 실제로 당신이 누구이기에 그렇게 되지 못하는가? 당신은 하나님의 자녀다. 당신이 하는 작은 일은 세상에 봉사하지 못한다. 당신이 움츠려 들어 타인들이 당신 주변에서 불안함을 느끼지 않는다고 유익할 게 무엇인가. 우리는 모두 어린이들처럼 빛나도록 창조되었다. 우리는 우리 안에 있는 하나님의 영광을 드러내도록 태어났다. 그 영광은 단지 몇몇 사람에게만 주어지는 것이 아니다. 모든 사람들 속에 있다. 우리 자신의 빛이 빛나도록 하면, 우리는 무의식적으로 다른 사람들도 똑같이 빛나게 만드는 것이다. 우리가 자신의 두려움에서 해방되면, 우리의 존재가 자동적으로 다른 사람들을 해방시킨다.[5]

셰익스피어는 이것을 가장 잘 표현했다. "위대함을 두려워하지 말라.

---

5) Mirianne Williamson, *A Return to Love* (New York: HarperCollins, 1992), 190.

어떤 사람들은 위대하게 태어났고, 어떤 사람들은 위대함을 성취하고, 또 어떤 사람들은 자신들에게 맡겨진 위대함을 갖고 있다."

나는 때때로 어떤 사람들이 유다이즘을 떠나는 이유가 의식적이든 무의식적이든 바로 이 이유 때문이라고 생각한다. 우리가 도대체 누구이기에 이 세상에 대한 하나님의 증인, 열방(민족들)의 빛, 타인들을 위한 역할 모델이 된다는 말인가? 심지어 야곱, 모세, 요나와 같은 영적인 거인들조차 도망치려 했는데, 하물며 당신이나 나와 같은 사람은 얼마나 더 심하겠는가? 이런 무가치하다는 두려움은 분명히 우리들 대부분이 언젠가 한번은 가졌던 두려움이다.

그 두려움이 잘못된 것이라고 생각하는 이유는 그것이 진실이 아니기 때문이 아니라, 당치 않기 때문이다. 물론 우리는 어떤 위대한 과업을 수행하기에 앞서 우리가 부적한 사람이라고 느낀다. 우리를 위대하게 만드는 것은 그 일을 수행할 용기를 갖는 것이다. 지도자들은 지도함으로써 성장한다. 작가들은 글을 씀으로써 성장한다. 교사들은 가르침으로써 성장한다. 우리가 부적합하다는 인식을 극복함으로써만 우리는 그 과업에 몰두할 수 있으며, 또한 그렇게 몰두함으로써 우리 스스로 성숙하고 성장할 수 있게 된다. 잘 알려진 책제목[6])처럼, 우리는 "두렵더라도 어쨌건 수행해야만 한다."

위대함을 두려워하지 말라. 바로 이런 이유 때문에 하나님은 야곱, 모세, 요나와 씨름하셨고, 그들이 도망치지 못하게 하셨다. 우리는 위대하게 태어나지 않을 수 있지만, 유대인으로 태어남으로써(혹은 개종함으로써) 위대함을 떠맡게 되었다. 마리안 윌리엄슨이 정확하게 말한 것

---

6) Susan Jeffers, *Feel the Fear and Do It Anyway* (New York: Random House, 2017).

처럼, 우리를 두려움으로부터 해방시킴으로써 우리는 다른 사람들도 해방하도록 돕는다. 이것이 우리들이 할 일이다. 다르게 될 용기를 갖는 것, 시대의 우상들에 도전하는 것, 우리의 신앙에 진실하면서 다른 신앙을 가진 사람들에게 축복이 되려고 애쓰는 것이다.

우리는 모두 하나님과 겨루어 이겼고 사람과도 겨루어 이긴 사람의 자손들이다. 우리의 과업은 쉬운 과업이 아니지만, 그보다 더 가치 있는 사명이 어디에 있었는가? 그 위대한 사명을 감당할 용기를 갖는 도전이 큰 것만큼 우리는 위대하다. 그리고 만일 때에 따라 우리가 도망치는 것처럼 느낀다면, 우리가 나쁜 사람이라고 느껴서는 안 된다. 가장 위대한 사람들조차 한때는 도망치려 했으니 말이다.7)

두려움을 느끼는 건 괜찮다. 두려움에 내맡기는 건 괜찮지 않다. 왜냐하면 하나님께서 우리를 믿고 계시기 때문이다. 심지어 최고의 사람들조차 스스로에 대한 믿음이 바닥났을 때, 하나님께서 그들을 믿으셨으니까 말이다.8)

---

7) 역자주: 저자는 아브라함, 이삭, 야곱의 믿음의 특징을 이렇게 요약한다. "아브라함이 상징하는 믿음은 사랑이다. 이삭이 보여주는 믿음은 두려움, 경의, 경외감이다. 그러나 야곱이 살아내는 믿음은 투쟁이다." Jonathan Sacks, *Genesis: The Book of Beginnings* (Maggid Books, 2009), 240.

8) 역자주: 저자는 이야기의 기능과 중요성을 이렇게 말한다. "오경은 본질적으로 율법 책이다. 그런데 왜 그 안에 이야기를 담고 있는가? 공감이 없는 율법은 함께 아파하는 자비심이 없는 정의와 같기 때문이다. 라쉬는 이렇게 말한다. '원래 하나님은 정의라는 속성을 통해 세상을 창조하려고 계획하셨지만, 정의만으로는 세상이 살아남을 수 없음을 보셨다. 그래서 하나님은 정의와 함께 자비라는 속성으로 시작하셨다.' 이것이 바로 하나님이 행동하시는 방식이며, 우리가 행동하기를 원하시는 방식이다. 이야기는 우리가 다른 사람들의 내면세계 속으로 상상력을 통해 들어가는 가장 강력한 방식이다." Jonathan Sacks, *Judaism's Life-Changing Ideas* (Maggid Books, 2020), 94.

세상을 어떻게 바꿀 것인가
Vayeshev

모세 마이모니데스(1135-1204)는 그의 ≪회개의 법≫에서, 종교 문학에서 가장 힘을 실어주는 선언 가운데 하나를 말한다. 대다수 사람들은 우리와 세계를 우리의 행동에 따라 판단한다고 설명한 후에, 그는 이어서 이렇게 말한다.

그러므로 우리는 마치 우리의 행동들과 세계의 행동들이 선과 악 사이에 대등하게 균형이 잡힌 것이기에, 우리의 다음 행동은 우리 인생의 균형과 세계의 균형 모두를 변화시킬 수 있는 것처럼 보아야 한다.[1)]

우리는 변화시킬 수 있으며, 우리의 변화시킬 수 있는 능력은 잠재적으로 엄청나다. 이 믿음이 항상 우리의 마음가짐이어야만 한다.

그러나 마이모니데스의 말은, 우리가 대부분 보는 세계의 모습과는 맞지 않는다. 우리는 이 세상에 70억 명이 넘는 사람들이 있으며, 우리는 그 중 하나에 불과하다는 걸 알고 있다. 그러니 우리가 무슨 변화를

---

1) Maimonides, *Mishneh Torah, Hilkhot Teshuva* 3:4.

일으킬 수 있단 말인가? 우리는 바다에 이는 물결 하나에 불과하며, 바닷가의 모래 한 알, 무한의 표면에 떠도는 먼지에 불과하다. 행동 하나로, 인류의 역사는 고사하고 우리 인생의 궤적조차 바꿀 수 있으리라 상상할 수 있는가? 이번 주 오경 읽기 본문은 바꿀 수 있다고 말한다.

야곱의 자녀들 이야기가 펼쳐지면서, 그들 사이에 긴장이 갑자기 높아져 폭력으로 나아갈 상황이 벌어진다. 열두 명의 자녀들 중 열한 번째 아들 요셉은 야곱이 가장 사랑한 아들이었다. 더구나 그는 야곱이 사랑한 아내 라헬이 낳은 첫 아들이었다. 그리고 본문은 요셉이 야곱이 늙어서 얻은 아들이라고 말한다. 야곱은 "어느 아들보다도 그를 더 사랑하였다"(창 37:3). 야곱의 다른 아들들은 이것을 알고 분개하였다. 그들은 아버지의 사랑을 시샘했다. 그들을 더 자극한 것은 요셉이 위대하게 될 것이라는 꿈 이야기였다. 야곱이 요셉에게 입힌 색동옷 역시 아버지의 사랑의 징표였기에 그들을 분개하도록 만들었다.

그러던 중 기회의 순간이 찾아왔다. 형들이 양떼를 돌보느라 집에서 멀리 떨어진 곳에 있었는데, 야곱이 요셉에게 형들이 잘 있는지 보고 오라고 해서 그곳에 나타난 것이다. 형들의 시기심과 분노가 끓어오르던 때였기에, 그들은 폭력적으로 복수하기로 마음을 먹었다. 그들은 서로에게 말했다. "야, 저기 꿈꾸는 녀석이 온다. 자, 저 녀석을 죽여서, 아무 구덩이에나 던져 넣고, 사나운 들짐승이 잡아먹었다고 하자. 그리고 그 녀석의 꿈이 어떻게 되나 보자"(19-20절).

형제들 가운데 르우벤만 반대했다. 그는 형제들이 하려는 것이 잘못된 것임을 알았기에 저항했다. 이 시점에서 오경은 놀라운 점을 보여준다. 문자적으로 사실일 리 없지만, 우리는 이 이야기를 읽으며 그것이 사실임을 알게 된다. 본문은 "르우벤은 그 말을 듣고 그들로부터 그[요셉를 구했다"(21절)라고 말한다.

  이 본문이 사실일 수 없다는 것은 그다음에 벌어진 일을 통해 알 수 있다. 르우벤은 자기만 반대한다는 것을 알고, 꾀를 낸다. 그는 죽이지는 말자고 한다. 그를 산 채로 구덩이에 처넣어 죽게 내버려두자는 것이었다. 그렇게 하면, 우리가 직접 살인죄를 저지르는 것은 아닐 것이다. 르우벤의 의도는 나중에 다른 형제들이 다른 곳에 있을 때, 혼자서 다시 그 구덩이에 돌아와 요셉을 구할 작정이었다. 본문이 "르우벤은 그 말을 듣고 그들로부터 그를 구했다"고 말할 때, 그것은 "하나님은 선한 의도를 행실로 간주하신다"[2]는 원칙을 사용한 것이다. 르우벤은 요셉을 구하고 싶었고 구하려고 노력했지만, 사실상 실패했다. 이미 시간이 지나, 그가 구출하려 했을 때는 이미 너무 늦어버렸다. 구덩이로 돌아왔을 때, 요셉은 이미 사라졌고, 노예로 팔려갔다는 것을 알았다. 이것에 관해 한 미드라쉬는 이렇게 말한다.

  복되시고 거룩하신 분이 르우벤에 대해 "르우벤은 그 말을 듣고 그들로부터 그를 구했다"라고 쓰실 것임을 르우벤이 만일 알았더라면, 그는 요셉을 자신의 어깨 위에 무등 태워 아버지께로 돌아갔을 것이다.[3]

이게 무슨 뜻인가?

  르우벤이 실제로 바로 그 순간에 행동했더라면 무슨 일이 벌어졌을 것인지 생각해보라. 요셉은 노예로 팔리지 않았을 것이다. 그는 이집트

---

2) Tosefta, *Pe'ah* 1:4.
3) *Tanhuma, Vayeshev*, 13.

로 끌려가지 않았을 것이다. 보디발의 집에서 일하지 않았을 것이다. 보디발의 아내를 매혹시키지도 않았을 것이다. 거짓된 고발로 인해 옥에 갇히지도 않았을 것이다. 간수장과 빵 굽는 시종장의 꿈을 해몽하지도 않았을 것이며, 2년 후 파라오의 꿈을 해몽하지도 않았을 것이다. 그는 이집트의 총리가 되지도 않았을 것이다. 그는 자신의 가족을 그곳에 데려와 머물게 하지도 않았을 것이다.

분명히 하나님께서는 오래 전에 이미 아브라함에게, "똑똑히 알아두어라. 네 자손이 남의 나라에 가서 그들의 종이 되어 얹혀살며 사백 년 동안 압제를 받을 것이다"(창 15:13)라고 말씀하셨다. 이스라엘 백성은 노예가 될 것이라는 말씀이었다. 그러나 적어도 이 일이 가족들 사이의 불화로 인해 벌어지도록 하지는 않았을 것이었다. 유대인들의 죄와 수치로 가득한 역사의 한 장을 온전히 피할 수도 있었을 것이다.

만일 르우벤이 우리가 아는 이 사실을 알고만 있었더라면, 만일 그가 (나중에 기록되어 우리가 읽는) 성서를 읽을 수만 있었더라면. 그러나 우리는 우리의 행동이 초래할 장기적인 결과를 말해주는 책을 결코 읽을 수 없다. 우리는 우리가 얼마나 타인들의 삶에 영향을 끼치는지를 결코 알 수 없다.

내가 매우 감동적으로 읽은 이야기 하나가 있다. 1966년에 열한 살 먹은 아프리카계 소년이 가족과 함께 워싱턴의 백인 동네로 새로 이사와서 벌어진 일이었다.[4] 그는 형제자매들과 집 앞 계단에 앉아서, 동네 사람들이 자기들을 반겨주기를 기다렸다. 그러나 아무도 반겨주지 않았다. 지나가는 사람들은 그들을 바라보았지만, 아무도 미소를 짓지 않았

---

4) Stephen Carter, *Civility* (New York: Basic Books, 1999), 61-75.

고 인사조차 하지 않았다. 백인들이 어떻게 흑인들을 대하는지에 관해 그가 들었던 모든 무서운 이야기들이 현실로 나타나는 듯했다. 세월이 지난 후, 그는 새 집에서 겪었던 그 첫날에 관해 이렇게 썼다. "나는 우리가 이 동네에서 환영받지 못한다는 걸 알았다. 여기서는 사람들이 우리를 좋아하지 않을 걸 알았다. 친구들도 없을 거라고 생각했다. 이리로 이사를 오지 말았어야 했다고 생각했다."

이런 생각을 하던 중에 한 여인이 길 건너편으로 지나갔다. 그녀는 다시 그 아이들에게 돌아와 빵을 주면서 미소를 지으며 말했다. "환영해!" 집으로 들어갔다가 잠시 뒤에 다시 나온 그녀는 접시에 음료수와 크림치즈와 젤리 샌드위치를 담아 아이들에게 가져와, 아이들이 고향처럼 느끼게 만들었다. 그 순간이 그의 인생을 바꾸었다고 나중에 그 젊은 이는 썼다. 그 순간은 그에게 전에 느껴보지 못했던 소속감을 주었다. 당시 미국은 인종관계가 여전히 위험했던 시절이었지만, 그 순간에 흑인 가족이 백인 구역에서 고향처럼 느낄 수 있었다는 것, 그리고 피부색과는 무관하게 관계를 맺을 수 있었다는 것을 그는 깨달았다. 오랜 세월에 걸쳐 그는 길 건너편 집에 사는 여인에 관해 많은 것을 존경하게 되었지만, 맨 처음 환영받던 순간이 그에게는 뚜렷한 기억으로 남았다. 그 순간은 분리장벽을 무너뜨렸고, 이방인들을 친구로 만들었다.

그때의 젊은이 스티븐 카터는 마침내 예일대학교 법대 교수가 되어, 그가 그날 배운 것에 관해 책을 썼다. 그 책제목이 《예의》다. 그 여인의 이름은 사라 케스텐바움이었는데 젊은 나이에 죽었다. 그는 그 여인의 종교가 유대교였다는 것이 우연이 아니었다고 덧붙였다. 그는 "유대인 전통에서는" 그런 예의를 "헤쎄드'(*hessed*)—친절한 행동을 하는 것—라고 부르는데, 그 말은 인간이 하나님의 형상으로 만들어졌다는 이해에서 유래한 것이다"라고 지적했다.

그는 덧붙여서 "예의 자체는 '헤쎄드'의 일부다. '헤쎄드'는 어려운 순간에도 낯선 사람들을 포함해서 우리의 동료 시민들에게 친절할 것을 요구한다"고 했다. 그는 이렇게 말한다.

나는 눈을 감고 그 여름날 오후에 급하게 먹었던 크림치즈와 젤리 샌드위치의 달콤한 맛을 지금까지 내 혀로 느낄 수 있다. 진심에서 우러난 하나의 행동과 당연하지 않은 예의가 어떻게 한 사람의 인생을 바꿀 수 있는지를 내가 발견한 날이었다.

한 사람의 인생은 우주와 같다고 미슈나는 말한다.[5] 한 사람의 인생을 바꾸면, 우주를 바꾸는 것이다. 이것이 우리가 변화를 일으키는 방법이다. 한 번에 한 사람, 하루에 한 번, 한 번에 하나의 행동을 바꾸는 것이다. 우리는 하나의 행동이 어떤 영향을 끼칠지 미리 알지 못한다. 우리는 전혀 그 영향을 알 수 없을 때가 있다. 사라 케스텐바움은 르우벤처럼, 그 순간이 초래할 장기적인 결과에 관한 이야기를 들려준 책을 읽을 기회가 없었다. 그러나 그녀는 행동했고 망설이지 않았다. 우리도 그래야 한다고 마이모니데스는 말했다. 우리의 다음 행동은 우리 자신의 인생뿐 아니라 다른 사람의 인생의 균형을 기울게 할 수 있다.

우리는 대수롭지 않은 평범한 존재들이 아니다. 우리는 세계를 바꿀 수 있다. 그럴 때 우리는 하나님의 구원 사역의 파트너가 되어, 마땅히 그렇게 되어야 할 세상에 조금 더 가까운 세상을 만들게 된다.

---

5) Mishna Sanhedrin 4:5.

절망하지 않고 기다리기
Miketz

지난 주 오경 읽기 본문과 이번 주 본문 사이에는 어떤 비상한 일이 벌어진다. 일주일을 기다린 것 자체가 그 이야기의 일부인 것 같다.

지난 주, 요셉의 어린 시절에 관한 본문에서 **무슨 일이 벌어졌는가**에 초점을 맞춘 것이 아니라 **누가 그 일이 벌어지도록 만들었는가**에 초점을 맞추었음을 기억하라. 요셉의 인생 전반부는 굴곡이 매우 심한 편이었지만, 그는 적극적이었다기보다 수동적이었고, 당하는 사람이었지 행하는 사람이 아니었으며, 동사의 객체였지 주체가 아니었다.

요셉을 사랑해서 장신구가 달린 옷을 지어 입힌 사람은 그의 아버지였다. 그를 시기해서 증오한 사람은 그의 형들이었다. 그는 꿈을 꾸었다. 그러나 꿈은 우리가 원해서 꾸는 것이 아니다. 꿈은 완전히 이해하지 못하는 신비한 방식으로, 우리의 잠든 마음속으로 그냥 들어온다.

요셉의 형들은 집에서 멀리 떨어진 들판에서 양들을 돌보던 중에 그 동생을 죽일 음모를 꾸몄다. 그 형들은 그를 구덩이 속에 던졌다. 그리고 노예로 팔려갔다. 보디발의 집에서 그는 높은 지위에 올랐으나 본문은 그것이 요셉 자신 때문이 아니라 하나님 때문이었다고 말한다.

주님께서 요셉과 함께 계셔서 앞길이 잘 열리도록 그를 돌보셨다.

그는 주인 이집트 사람의 집에서 살게 되었다. 그 주인은 **주님께서 요셉과 함께 계신** 것을 알았다. 요셉이 하는 일마다 잘 되도록 **주님께서 돌보신다는** 것을 알았다. (창 39:2-3)

보디발의 아내는 그를 유혹하려 했지만 실패했다. 그러나 여기서도 요셉은 수동적이었지 적극적이지 않았다. 그는 그녀를 탐하지 않았고, 그녀가 그를 탐했다. 마침내 "여인이 요셉의 옷을 붙잡고 '나하고 침실로 가요!' 하고 졸랐다. 그러나 요셉은, 붙잡힌 자기의 옷을 그녀의 손에 버려 둔 채, 뿌리치고 집 바깥으로 뛰어나갔다"(12절). 그녀는 요셉의 옷을 증거로 제시함으로써, 완전히 거짓 고발로 그를 감옥에 처넣었다. 요셉이 자신의 무죄를 입증할 수 있는 것은 아무것도 없었다.

감옥에서 요셉은 또 다시 관리자가 되었다. 그러나 여기서도 본문은 그것이 요셉 때문이 아니라 하나님의 개입 때문이라고 말한다.

주님께서는 그와 함께 계시면서 돌보아주시고, 그를 한결같이 사랑하셔서 간수장의 눈에 들게 해주셨다. … 거기서 무슨 일이 벌어지든지, 하나님께서 그 일을 하셨다. 간수장은 요셉에게 모든 일을 맡기고 아무것도 간섭하지 않았다. 그렇게 된 것은 **주님께서 요셉과 함께 계시기 때문이며, 주님께서 요셉을 돌보셔서, 그가 하는 일은 무엇이나 다 잘되게 해주셨기 때문이다.** (21-23절)

감옥에서 요셉은 왕의 술을 담당한 시종장과 빵을 담당한 시종장을 만났다. 그들이 꿈을 꾸었고, 요셉이 해몽했다. 그러나 본문은 이것이 요셉이 하는 일이 아니라 하나님이 하시는 일이라고 주장했다. "요셉은

'꿈을 푸는 것은 하나님만이 하실 수 있는 일이 아니겠습니까?' 하고 말하면서 자기에게 이야기해 달라고 청하였다"(40:8).

성서에서 이와 같은 것은 어디에도 나오지 않는다. 요셉에게 무슨 일이 벌어지건, 그것은 다른 누군가가 했던 행동의 결과였다. 아버지, 형들, 보디발의 아내, 간수장, 혹은 하나님 자신이 행한 행동의 결과였다. 요셉은 자기의 손이 아니라 타자의 손에 의해 던져진 공이었다.

그러다가 이 전체 이야기에서 처음으로 요셉이 자신의 손으로 운명을 맡기로 결정했다. 감옥에 있던 시종장이 다시 복권될 것을 알게 된 요셉은 자신의 사건을 파라오에게 알려주기를 간청했다.

> 시종장께서 잘 되시는 날에, 나를 기억하여 주시고, 나를 따로 생각해 주시기 바랍니다. 그리고 파라오에게 나의 사정을 말씀드려서, 나도 이 감옥에서 풀려나게 해주시기 바랍니다. 나는 히브리 사람이 사는 땅에서 강제로 끌려온 사람입니다. 그리고 여기에서도 내가 이런 구덩이 감옥에 들어올 만한 일은 하지 않았습니다.
> (14-15절)

억울한 일이 두 번이나 벌어졌고, 요셉은 이것이 다시 자유를 얻을 기회라고 보았다. 그러나 이번 주 본문의 마지막은 곤혹스러운 강타를 때린다. "그러나 술잔을 올리는 시종장은 요셉을 기억하지 못했고 까마득하게 잊어버렸다"(23절). 이 어처구니없는 사태는 너무 강렬해서 동사 두 개(기억하지 못했고 까마득하게 잊어버렸다)로 표현되고 있다. 요셉은 매일매일 애타게 소식을 기다리고 있었을 것이다. 그러나 소식은 없었다. 그의 마지막 희망이 사라졌다. 그는 결코 자유를 얻지 못할 것이다. 적어도 그렇게 보인다.

이 어처구니없는 사태의 위력을 이해하기 위해서는 인쇄술이 발명되고 책을 읽을 수 있게 된 이후에야 비로소 페이지를 넘김으로써 그 다음에 벌어질 일을 알 수 있게 되었다는 사실을 기억해야 한다. 오랜 세월 동안 인쇄된 책이 없었다. 사람들은 성서 이야기를 매주 들음으로써 알았다. 이 이야기를 처음 들은 사람들은 요셉의 운명이 어찌될 것인지를 알기 위해 꼬박 한 주간을 기다려야만 했다.

이처럼 매주 성서 읽기에 따라 본문이 끊어지는 것은 요셉이 감옥에서 경험했던 그 시간적 지체("그로부터 세월이 2년이나 흐른 뒤")에 해당되는 실제의 삶이다. 그때 파라오는 두 가지 꿈을 꾸었고, 궁정의 어느 누구도 꿈을 해몽하지 못하자, 그 시종장은 자신이 감옥에서 만났던 요셉을 기억하게 되었다. 요셉은 파라오 앞에 나오게 되었고, 몇 시간 내에 그의 운명이 완전히 바뀌었다. 희망이 없던 죄수에서부터 고대세계에서 가장 큰 제국의 총리가 되었던 것이다.

왜 이런 비상한 사건들이 이어졌는가? 우리에게 말해주는 중요한 요점은 이것이다. 하나님은 우리의 기도에 응답하시지만, 흔히 우리가 생각하지 못한 때에, 또는 우리가 전혀 생각하지 못한 방식으로 응답하신다. 요셉은 감옥에서 풀려나고 싶었고, 마침내 풀려났다. 그러나 즉시 풀려난 것이 아니었고, 그 시종장이 약속을 지켰기 때문도 아니었다.

이 이야기는 우리의 꿈과 우리의 성취 사이의 관계에 대해 근본적인 것을 말해준다. 요셉은 위대한 꿈쟁이였고, 그의 꿈은 대부분 이루어졌다. 그러나 그가 예상할 수 있었던 방식이 아니다. 지난 주 본문의 마지막에서―요셉이 아직 감옥에 있을 때―마치 그의 꿈은 수치스러운 실패로 끝날 것처럼 보였다. 그러나 그렇지 않다는 것을 발견하기까지 그가

2년을 기다려야 했던 것처럼, 우리는 한 주간을 기다려야만 한다.

노력 없이는 성취도 없다. 이것이 첫 번째 원리다. 하나님은 노아를 대홍수로부터 구하셨지만, 그러나 우선 노아는 방주를 만들어야만 했다. 하나님은 아브라함에게 땅을 약속하셨지만, 아브라함은 우선 사라를 묻기 위한 막벨라 동굴부터 사야만 했다. 하나님은 이스라엘 백성에게 땅을 약속하셨지만, 그들은 여러 전쟁에서 싸워야만 했다. 요셉은 자신이 꿈꾸었던 대로 지도자가 되었다. 그러나 우선 그는 실제적이며 행정적인 기술들을 연마해야만 했다. 보디발의 집에서, 그리고 감옥에서 말이다. 심지어 하나님께서 우리에게 무슨 일이 일어날 것이라고 확신시키실 때조차도, 우리의 노력 없이는 그 일이 일어나지 않는다. 하나님의 약속은 인간의 책임을 **대체하는** 것이 아니다. 그와는 반대로 하나님의 약속은 인간의 책임을 **요청하신다**.

그러나 노력만으로는 충분하지 않다. 우리는 "하늘의 도우심"(*siyata deShemaya*)을 필요로 한다. 우리는 우리가 통제할 수 없는 힘에 의존한다는 것을 인정할 겸손함이 필요하다. 창세기에서 요셉보다 더 자주 하나님을 불렀던 인물은 없다. 라쉬(창 39:3에 대한 주석)가 말한 것처럼, "하나님의 이름이 항상 그의 입 속에 있었다." 그는 자신의 모든 성공을 하나님께 돌렸다. 그는 하나님이 없었다면, 자신이 한 일을 결코 해낼 수 없었을 거라는 사실을 인정했다. 그런 겸손함에서 인내가 생긴다.

위대한 일을 성취한 사람들은 흔히 이런 비범한 특성들을 갖고 있다. 한편으로 그들은 열심히 일한다. 노력하고 연습하고 애를 쓴다. 다른 한편으로 그들은 그 대본을 쓰는 것이 자기 혼자의 손만이 아니라는 것을 안다. 그 결과를 결정하는 것은 우리의 노력만이 아니다. 그래서 우리는 기도하며, 하나님은 우리의 기도에 응답하신다. 그러나 그 응답이 항상 우리가 기대했던 때나 방식은 아니다. (그리고 물론 때로는 그 응답이 '노'[No]다).

탈무드(Nidda 70b)는 그것을 단순하게 말한다. 탈무드는 묻는다. 당신이 부자가 되기 위해 무엇을 해야 하는가? 그 대답은 열심히 일하고 정직하게 행동하라는 것이다. 그러나 탈무드는 많은 사람들이 이런 시도를 했지만 부자가 되지 못했다고 말한다. 다시 대답이 나온다. 당신은 모든 재물이 나오는 하나님께 기도해야만 한다. 그렇다면 도대체 왜 열심히 일해야 하는가 하고 탈무드는 묻는다. 탈무드의 대답은 다른 것 없이 그 하나만으로는 불충분하다는 것이다. 즉 우리는 인간의 노력과 하나님의 은총 모두를 필요로 한다. 우리는 어떤 의미에서 인내심을 가져야 하며 동시에 못 견딜 만큼 간절해야 한다. 우리들 자신에 대해서는 못 견딜 만큼 간절해야 하며, 우리의 노력에 대한 하나님의 축복을 기다리는 데는 인내해야 한다.

요셉이 감옥에서 벗어나려는 시도가 실패한 것과 마침내 벗어나는 데 성공한 것 사이에 한 주간의 지체가 있는 이유는 우리에게 이런 미묘한 균형을 가르치기 위한 것이다. 우리가 충분히 열심히 일하면, 하나님께서는 우리에게 성공을 허락하신다. 그러나 우리가 원하는 때가 아니라 오히려 그 때가 찰 때 허락하신다.[1]

---

1) 역자주: 저자는 요셉이 기근에 대비했던 정책이 토지, 노동, 가축의 국유화 정책이었고, 그로 인해 이집트인들이 "파라오의 노예들"(창 47:19)이 되었음을 인정한다. 그러나 유대인들에게 거룩함은 세상 현실을 운명으로 수용하는 것이 아니라 인간의 고통을 해결해야 할 문제로 보고 치유하고 극복하는 데 있다고 말한다. *Judaism's Life-Changing Ideas* (2020), 45-49.

틀을 새로 짜기

Vayigash

마이모니데스는 이상적인 인간, 즉 현자(*rofe nefashot*)를 "영혼의 치유자"라고 불렀다.[1] 오늘날 우리들은 그런 사람을 심리치료사(psychotherapist)라고 부르는데, 이것은 영혼을 뜻하는 그리스어 '프쉬케'(*psyche*)와 치유를 뜻하는 '테라페이아'(*therapeia*)를 결합한 말이다. 근대에 영혼 치유를 개척한 사람들 가운데 많은 사람들이 유대인들이었다는 것은 놀라운 일이다.

초창기 정신분석학자들은 거의 모두 유대인들이었다. 그들 중에는 지그문트 프로이트, 알프레드 아들러, 오토 랑크, 멜라니 클라인이 포함된다. 유대인들이 그렇게 많았기 때문에 나치 독일에서는 정신분석학이 "유대인 학문"이라고 알려졌다. 보다 최근에는 솔로몬 아쉬(순응성), 로렌스 콜버그(발달심리학), 브루노 베텔하임(아동심리학)이 기여했다. 레온 페스팅거(인지부조화), 하워드 가드너(다종지능), 피터 살로베이와 다니엘 골만(정서지능), 아브라함 매슬로(동기에 대한 새로운 통찰), 월터 미쉘("마쉬멜로우 검사"를 통한 자기통제), 대니얼 카너먼와 아모스 트버스키(행동경제학)도 새로운 관점을 제공했다. 보다 최근에는 조

---

1) Maimonides, *Shemona Perakim*, ch. 4.

너선 하이트와 조수아 그린이 도덕 정서들에 대한 경험적 연구를 개척했다. 이런 목록은 계속된다.

그러나 내 생각에 유대인들이 가장 중요하게 기여한 것 가운데 하나는 빅터 프랭클, 아론 벡, 마틴 셀리그만이 이룩한 업적들이다. 빅터 프랭클은 의미를 추구하는 것에 근거하여 의미치료(logotherapy)라고 알려진 방법을 창안했다. 아론 벡은 가장 성공적인 치료 형태인 인지행동치료의 공동 창시자였다. 마틴 셀리그만은 긍정심리학을 발전시켰는데, 이것은 심리학이 단지 우울증의 치료 수단뿐 아니라 낙관주의를 배워 행복을 성취하거나 번창하는 수단이라는 점도 뜻한다.

이런 것들은 서로 매우 다른 접근방법들이지만, 한 가지 공통된 것이 있다. 그것들은 **만일 우리가 생각하는 방법을 바꾸면 우리가 느끼는 방법도 변화시킨다**는 믿음에 근거해 있다. 이 믿음은 매우 초기에 카바드 하시디즘의 창시자 리아디의 랍비 슈네우르 잘만의 《타냐》(*Tanya*, 초기 하시디즘 신비주의 심리학과 신학, 1796년에 초판)에 제시된 믿음이다. 이것은 처음부터 인간 정신에 대한 다른 이론들과는 매우 대조되었던 혁명적 주장이었다. 어떤 사람들은 우리의 성격이 유전적 요인들에 의해 결정된다고 믿었다. 또 다른 사람들은 우리의 정서 생활이 초기 아동기의 경험과 무의식적 욕구에 의해 지배받는다고 생각했다. 이반 파블로프를 비롯한 또 다른 사람들은 인간의 행동이 그 조건에 의해 결정된다고 믿었다. 이런 모든 이론들에서는 우리의 내적인 자유가 엄격하게 제한된다. 우리가 누구이며, 또한 우리가 어떻게 느끼는가 하는 것은 주로 의식적인 정신 이외의 다른 요인들에 의해 지시를 받는다.

그러나 다른 길이 있다는 것을 보여준 사람이 빅터 프랭클이었다. 그는 인간이 겪었던 최악의 조건인 아우슈비츠에서 그 길을 보여주었다. 죽음의 수용소에 갇힌 상태에서, 프랭클은 나치가 인간이게 만드는 거의 모든 것, 즉 소유, 의복, 두발, 이름까지 빼앗아갔다는 걸 발견했다.2) 아우슈비츠에 끌려가기 전에 프랭클은 자살 경향이 있는 사람들을 치료하는 전문가였다. 수용소에서 그는 자신이 할 수 있는 만큼 최선을 다해서 동료 수용자들에게 생의 의지를 주었다. 사람들이 생을 향한 의지를 잃어버리면 조만간 죽게 된다는 것을 알았기 때문이다.

거기서 그는 근본적인 통찰을 발견했으며, 나중에 그는 이것으로 유명해졌다.

죽음의 수용소에서 지냈던 사람들은 그 막사들을 돌아다니면서 다른 사람들을 위로하며 자신의 마지막 빵조각을 나눠주던 사람들을 기억할 수 있다. 많은 사람은 아니었어도, 그들은 인간에게서 모든 것을 빼앗아갈 수 있어도 하나만은 빼앗을 수 없다는 것, **즉 어떤 상황에서도 자신의 태도를 선택할 수 있고 자기만의 삶의 방식을 선택할 수 있는 인간의 마지막 자유를 박탈할 수는 없다는** 충분한 증거를 제시한다.3)

차이를 만드는 것, 사람들에게 삶의 의지를 주는 것은 자신들에게

---

2) 역자주: 수용소에서는 식수가 부족해 도랑물을 마심으로써 설사가 심했고, 특히 화장지가 없어서 서로가 더럽고 냄새나는 동료를 똑바로 바라보지 못할 정도로 만들어 죽음에 대해 체념하도록 만들었다. Melissa Raphael, *The Female Face of God in Auschwitz* (London: Routledge, 2003).

3) Viktor Frankl, *Man's Search for Meaning: An Introduction to Logotherapy*, translated by Ilse Lasch (Boston: Beacon Press, 1992). 이시형 역, ≪삶의 의미를 찾아서≫(청아출판사, 2017).

수행할 과제가 있다는 믿음, 성취할 사명이 있다는 믿음, 자신들이 아직 끝내지 않았으며 미래에 끝내기를 기다리는 사명이 있다는 믿음이었다. 프랭클은 "우리가 인생에서 무엇을 기대했는가는 실제로 중요하지 않았다. 오히려 인생이 우리에게 무엇을 기대하고 있는지가 중요했다"[4]는 것을 발견했다. 수용소 안에는 희망을 완전히 잃어버려 더 이상 인생에서 기대할 것이 없던 사람들이 있었다. 프랭클은 그들로 하여금 "삶은 여전히 그들에게 무엇인가를 기대하고 있다는 것"을 깨닫게 해줄 수 있었다. 예를 들어, 외국에 살고 있는 자녀가 자기를 기다리는 사람이 있었다. 또 자기 말고는 어느 누구도 쓸 수 없는 책을 써야 하는 사람도 있었다. 이처럼 미래가 그들을 부르고 있다는 것을 깨닫게 함으로써, 프랭클은 그들에게 비록 사망의 음침한 골짜기에서조차 삶의 목적을 발견하도록 도와줄 수 있었다.

이런 정신적 변화는, 특히 인지행동치료에서 틀을 새로 짜기(re-framing)라고 알려진 것과 관련된다. 그림을 다른 틀 속에 넣으면 다르게 보이는 것과 마찬가지로 인생도 그럴 수 있다. 사실들은 변하지 않지만, 우리가 그것들을 인식하는 방법은 변할 수 있다. 프랭클은 자기가 아우슈비츠에서 살아남은 것은 매일 대학에 있는 것처럼, 수용소 안에서 심리학을 강의했기 때문이라고 한다. 그에게 일어나고 있었던 모든 것이 이처럼 마음의 행동 하나로 인해 변화되었다. 그가 강의에서 강조했던 요점들을 보여주는 사례들로 그 자신도 변화되었던 것이다. "이런 식으로 나는 그 상황 위로, 그 순간의 고난들 위로 올라서서, 그 상황이 마치 과거의 상황인 것처럼 극복하는 데 성공했다."[5] 틀을 새로 짤 수 있다면

---

4) Ibid., 85.
5) Ibid., 82.

비록 우리의 상황들을 항상 바꿀 수는 없다손 치더라도, 그 **상황을 보는 방식을 바꿀 수 있는데**, 바로 그 보는 방식이 느끼는 방식도 바꿔준다.

그러나 이 현대적 발견은 실제로 재발견이라 할 수 있다. 왜냐하면 역사에서 첫 번째로 틀을 새로 짠 가장 위대한 사람은, 이번 주 본문과 다음 주 본문에 묘사된 것처럼, 요셉이었기 때문이다. 사실들을 다시 되짚어보자. 그는 형들에 의해 노예로 팔렸다. 그는 13년 동안 자유를 잃었으며, 22년 동안이나 가족들과 헤어져 살아야 했다. 그가 형들에게 원한을 갖고 복수할 마음을 먹었다고 해도 이해할 만하다. 그러나 요셉이 그런 감정을 털고 일어설 수 있었던 것은 분명히 새로운 틀 속에 자신의 체험을 넣었기 때문이다. 여기서 그가 형들에게 처음으로 자기 정체성을 밝힐 때 그가 한 말을 들어보자.

내가 형님들의 아우 요셉입니다. 형님들이 나를 이집트로 팔아 넘겼지요. 그러나 이제는 나를 이곳으로 팔아 넘겼다고 해서 마음으로 괴로워할 것도 얼굴을 붉힐 것도 없습니다. **하나님께서 나를 형님들보다 앞서 보내셔서** 우리의 목숨을 살리시려고 … **하나님께서 나를 형님들보다 앞서 보내셔서** 형님들의 종족을 땅 위에 살아 남게 하시려는 것이었습니다. 그러니 **나를 이곳으로 보낸 것은 형님들이 아니라 바로 하나님이십니다**. (창 45:4-8)

나중에 아버지 야곱이 죽은 후, 그 형들이 복수당할 것을 두려워할 때, 요셉은 이렇게 말한다.

두려워하지들 마십시오. 내가 하나님 대신 벌이라도 내릴 듯 싶습니까? 나에게 못할 짓을 꾸민 것은 틀림없이 형들이오. 하지만 하나님께서는 도리어 그것을 좋게 꾸미시어 오늘날 이렇게 뭇 백성을 살리시지 않았습니까? 그러니 이제 두려워하지들 마십시오. 내가 형들과 형들의 어린것들을 돌봐 드리리다. (50:19-21)

요셉은 자신의 과거 전부를 새로운 틀로 짰다. 그는 더 이상 자신을 형들에게 억울하게 당했던 사람으로 보지 않았다. 그는 생명을 구하는 하나님의 사명을 맡은 사람으로 자신을 보게 되었다. 그에게 일어났던 모든 일은 요셉이 그의 인생의 목적을 성취하기 위해 필요한 일이었다. 그 목적은 그 지역 전체가 기근이 들었을 때 굶주림으로부터 구하고, 또한 그의 가족들에게 안식처를 마련하는 일이었다.

이처럼 새로운 틀을 짜는 단 하나의 행동을 통해 요셉은 분노와 불의에 대한 원한 감정 없이 살 수 있었다. 그러므로 그는 형들을 용서했고 형들과 화해할 수 있었다. 틀을 새로 짜는 단 하나의 행동은 과거에 대한 부정적 에너지에서 벗어나 미래에 초점을 맞출 수 있도록 바꾸어 주었다. 요셉은 스스로 미처 알지 못한 채, 근대세계의 심리치료에서의 위대한 운동을 이끈 선배가 되었다. 그는 새로운 틀 짜기의 위력을 보여 주었다. 우리는 과거를 바꿀 수 없다. 그러나 과거를 **생각하는 우리의 방식**을 바꿈으로써 미래를 바꿀 수 있다.

우리가 어떤 상황에 처해 있든지 간에, 그 상황을 새로운 틀 속에 넣음으로써 그 상황에 대한 우리의 반응 전체를 바꿀 수 있다. 이것은 우리에게 살아남을 힘을 주며, 끈질기게 존속할 용기를 주며, 그리고 어둠의 반대편에서 새롭고 보다 나은 날의 빛 속으로 다시 솟아날 회복력을 준다.

미래를 예측하지 않기

Vayeḥi

야곱은 임종이 가까워지자 자녀들을 불러 모았다. 죽기 전에 축복해 주고 싶었기 때문이다. 그런데 본문은 이상한 반복으로 시작된다.

모두들 모여라. 훗날 너희에게 일어날 일을 내가 일러주리라.
야곱의 아들들아, 모여와 들어라. 너희의 아비 이스라엘의 말을 들어라. (창 49:1-2)

이 문장은 한 군데만 빼놓고는 똑같은 말을 두 번 하는 것처럼 보인다. 첫 문장은 "훗날(문자적으로는 '마지막 날들에') 너희에게 일어날 일"을 언급하지만, 두 번째 문장에는 이에 대한 언급이 없다.

라쉬는 탈무드[1]를 따라서 "야곱은 미래에 무슨 일이 벌어질 것인지를 드러내고 싶었지만, 하나님의 현존이 그에게서 떠났다"고 말한다. 그는 미래를 내다보려 했지만, 그럴 수 없다는 걸 알았다.

이것은 사소한 세부사항이 아니다. 오히려 유대인 영성의 근본적인 특성이다. 우리는 인간의 미래를 예측할 수 없다고 믿는다. 우리는 우리

---

1) 창세기 49:1에 대한 라쉬의 주석; Pesaḥim 56a; Genesis Rabba 99:5.

의 선택으로 미래를 만든다. 대본은 아직 기록되지 않았다. 미래는 철저하게 열려 있다.

이것은 고대 이스라엘과 고대 그리스 사이의 중요한 차이점이었다. 그리스인들은 운명(*moira*), 심지어 맹목적 운명(*ananke*)을 믿었다. 델피의 신탁이 라이우스에게, 그가 아들을 얻게 될 텐데 그 아들이 그를 죽일 것이라고 말하자, 그는 그 일이 벌어지지 않도록 모든 조치를 강구했다. 아이가 태어나자 라이우스는 그의 발을 바위에 못 박아 죽게 내버려 두었다. 지나가던 목동이 아기를 발견하고 구해주었고, 그 아기는 마침내 코린트의 왕과 왕비에 의해 양육되었다. 그 발의 상처가 영원히 낫지 않게 되었기 때문에 그는 에디푸스("부어오른 발")로 알려지게 되었다.

그 나머지 이야기는 잘 알려져 있다. 신탁이 예측했던 모든 일이 그대로 일어났으며, 그 비극을 피하고자 했던 모든 행동이 실제로 그 비극을 초래하는 데 도움을 주었다. 일단 신탁이 선포되어 운명이 봉인된 다음에는, 그것을 피하려는 모든 시도들은 헛수고가 되었다. 운명에 대한 그리스인들의 이런 사고는 문명에 크게 기여한 그리스 비극의 중심에 자리잡고 있다.

놀랍게도 유대인들은 오랜 세월 고난을 겪었음에도 불구하고 성서 히브리어에는 비극을 뜻하는 단어가 없다. '아손'(*ason*)이라는 말은 고전적 의미에서 비극이 아니라 "재난, 사고, 재앙"을 뜻한다. 비극은 한 사람의 영웅이 성격적 결함이나 운명처럼 막강한 세력과의 충돌을 통해 추락이나 파멸을 경험하도록 운명지어진, 비극적 결말을 지닌 드라마다. 유다이즘에는 이런 것을 뜻하는 단어가 없다. 왜냐하면 우리는 불가피하거나 맹목적이거나, 변경할 수 없는 무엇으로서의 운명을 믿지 않기 때문이다. 우리는 자유롭다. 우리는 선택할 수 있다. 이삭 바쉐비스

싱거가 재치 있게 말한 것처럼, "우리는 자유로워야 한다. 다른 선택의 여지가 없다!"[2)]

이것을 가장 강력하게 주장하는 것이 우리가 신년축일과 대속죄일에 바치는 기도(UNetaneh Tokef, "그 경외로움에 대해 고백하자")에 나온다. 심지어 우리는 "신년축일에 쓰여 있고, 대속죄일에 봉인된 대로 … 누가 살 것이며 누가 죽을 것인지"라고 말한 후에도 계속해서 "그러나 회개, 기도, 자비는 그 선고의 악을 피해가게 한다"고 말한다. 우리가 항소할 수 없는 선고는 없으며, 우리가 회개했고 변화되었음을 보여줌으로써 경감시킬 수 없는 판결은 없다. 성서에는 이에 관한 고전적인 사례가 나온다.

그 무렵에 히스기야가 병이 들어 거의 죽게 되었는데, 아모스의 아들 이사야 예언자가 그에게 와서 말하였다. "주님께서 이렇게 말씀하십니다. '네가 죽게 되었으니 네 집안의 모든 일을 정리하여라. 네가 다시 회복되지 못할 것이다.'" 이 말을 듣고서, 히스기야는 그의 얼굴을 벽쪽으로 돌리고, 주님께 기도하여 아뢰었다. "주님, 주님께 빕니다. 제가 주님 앞에서 진실하게 살아온 것과, 온전한 마음으로 순종한 것과, 주님께서 보시기에 선한 일을 한 것을, 기억해 주십시오." 이렇게 기도하고 나서, 히스기야는 한참 동안 흐느껴 울었다. 이사야가 궁전 안뜰을 막 벗어나려 할 때에, 주님께서 이사야에게 말씀하셨다. "너는 되돌아가서 내 백성의 주권자

[2)] 약간 변형된 형태로 "우리는 자유의지를 믿어야 한다. 우리는 선택의 여지가 없다"라고 인용되는 이 말은 L. Tiger, *Optimism: The Biology of Hope* (New York: Simon & Schuster, 1979)의 말로 간주된다.

인 히스기야에게 전하여라. '네 조상 다윗을 돌본 나 주 하나님이 말한다. 네가 기도하는 소리를 내가 들었고, 네가 흘리는 눈물도 내가 보았다. 내가 너를 고쳐 주겠다. 사흘 뒤에는 네가 주의 성전으로 올라갈 수 있을 것이다.'" (왕하 20:1-5; 사 38:1-5).

예언자 이사야는 히스기야 왕에게 그가 회복하지 못할 것이며 죽을 것이라고 말했었다. 그러나 그는 15년을 더 살았다. 하나님께서는 그의 기도를 들으시고 계속 왕위에 머물도록 허락하셨다. 이것에 근거하여 탈무드는 "만일 날카로운 칼이 당신의 목에 닿았더라도, 기도를 중단하면 안 된다"[3]고 말한다. 우리는 좋은 운명을 위해 기도하지만, 운명론과 타협하지는 않는다.

여기서 예언과 예측 사이의 근본적 차이가 생긴다. 만일 예측한 대로 이루어지면 그것은 성공한 예측이다. 만일 예언한 대로 이루어지면, 그것은 실패한 예언이다. 예언자는 예측이 아니라 경고를 전달한다. 그는 단순히 "이런 일이 벌어질 것이다"라고 말하는 것이 아니라, "너희가 변하지 않으면, 이런 일이 벌어질 것이다"라고 말한다. 예언자는 인간의 자유에 대해 말하는 것이지, 운명의 불가피성에 대해 말하지 않는다.

나는 언젠가 이슬람의 위대한 학자 버나드 루이스의 강연에 참석했었다. 미국의 대외 개입 정책의 결과를 예측해달라는 질문을 받자, 그는 이렇게 멋지게 대답했다. "나는 역사가이기 때문에, 과거에 관해 예측할 뿐입니다. 더군다나 은퇴한 역사가이기 때문에, 나의 과거조차 한물 간 것이지요." 이것은 근본적으로 유대인적인 대답이었다.

---

3) Barakhot 10a.

21세기에 우리는 거시적 차원과 미시적 차원을 상당히 많이 알고 있다. 우리는 눈을 들어, 우주 안에 수천 억 개의 갤럭시가 있으며, 갤럭시마다 수십 억 개의 별들이 있음을 안다. 우리는 또한 인간의 몸에 세포들이 수천 조 개 있으며, 각 세포에는 인간 게놈의 이중 복사가 글자로 31억 개에 달해 도서관의 5천 권 분량이라는 것을 안다. 그러나 우리가 여전히 알지 못하고, 결코 알 수 없는 것은 내일 무슨 일이 벌어질 것인가에 관해서다. 과거는 하틀리가 말한 것처럼, 외국이다. 그러나 미래는 아직 발견되지 않은 나라다. 이 때문에 예측은 그렇게 자주 빗나가는 것이다.

이것이 자연과 인간의 본성 사이의 본질적 차이점이다. 고대 메소포타미아 사람들은 행성들의 움직임에 관해 정확한 예측을 할 수 있었다. 그러나 심지어 오늘날에도, 뇌 스캔과 신경과학에도 불구하고, 우리는 여전히 사람들이 무엇을 할지에 대해 예측할 수 없다. 흔히 사람들은 전혀 뜻밖의 일을 벌인다.

그 이유는 우리가 자유롭기 때문이다. 우리는 선택하며, 실수를 저지르며, 배우며, 변화하며, 성장한다. 학교에서 낙제한 사람이 노벨상을 받기도 한다. 우리를 실망시켰던 지도자가 갑자기 위기 속에 용기와 지혜를 보여준다. 맹렬했던 사업가가 자신의 죽음을 앞두고 나머지 인생을 가난한 사람들을 돕는 데 바치기로 결심한다. 내가 만났던 가장 성공한 사람들 가운데 몇몇은 학교 선생님들로부터 아무런 가망이 없는 학생들이라고 꾸중을 받았던 사람들이다. 우리는 계속해서 예측에 맞선다. 이것은 과학이 아직 설명하지 못했던 것이며 결코 못할 무엇이다. 어떤 사람들은 자유가 망상이라고 믿는다. 그러나 아니다. 자유는 우리를 인간이도록 만드는 것이다.

우리가 자유로운 이유는 우리가 단지 객체가 아니기 때문이다. 우리는 주체들이다. 우리는 물리적 사건들에 반응할 뿐 아니라 그런 사건들을 파악하는 방식에도 반응한다. 우리는 정신을 갖고 있지, 단지 뇌만 갖고 있는 게 아니다. 우리는 생각을 갖고 있지, 단지 감각능력만 갖고 있는 게 아니다. 우리는 반응하지만 또한 반응하지 않는 선택도 할 수 있다. 우리에게는 물질적, 물리적 원인들과 결과들로 환원시킬 수 없는 무엇인가가 있다.

이것에 관해 우리의 조상들이 말한 것은 여전히 진실이며 심오하다. 우리가 자유로운 것은 하나님이 자유로우시기 때문이며, 그분이 우리를 그분의 형상으로 만드셨기 때문이다. 이것이 바로 하나님께서 모세에게 불타는 떨기나무에서, 그가 하나님의 이름을 물었을 때 말씀하셨던 세 가지 단어의 뜻이다. 하나님은 "에흐예 아쉐르 에흐예"(*Ehyeh asher Ehyeh*)라고 대답하셨다. 이 말씀은 흔히 "나는 나다"라고 번역되지만, 실제로는 "나는 내가 선택해서 되고자 하는 존재가 될 것이다"라는 뜻이다. 나는 자유의 하나님이다. 나는 예측될 수 없다. 하나님께서 이 말씀을 하신 것이 모세가 백성들을 노예로부터 자유로 인도할 사명을 시작할 때라는 것을 주목하라. 그분은 이스라엘 백성들이 자유의 위력에 대한 살아있는 증거가 되기를 원하셨다.

미래가 이미 기록되었다고 믿지 말라. 그렇지 않다. 우리가 바꿀 수 없는 운명은 없다. 우리가 저항할 수 없는 예측은 없다. 우리는 실패하도록 예정되지 않았다. 또한 성공하도록 미리 예정되지도 않았다. 우리가 미래를 예측하지 않는 이유는 우리가 미래를 만들기 때문이다. 우리의 선택에 의해, 우리의 의지력에 의해, 우리의 끈질김에 의해, 그리고 살아남으려는 우리의 결심에 의해, 우리의 미래를 만들기 때문이다.

그 증거는 유대인들 자신이다. 성서 바깥에서 이스라엘을 최초로 언급한 것이 기원전 1225년경, 파라오 람세스 2세의 후계자인 파라오 메르네프타 4세에 의해 새겨진 메르네프타 비석이다. 거기에는 "이스라엘은 황폐해졌고 그 씨를 말렸다"라고 새겨져 있다. 그것은 한마디로 이스라엘의 사망 기록이었다. 유대인들은 그들의 원수들에 의해서 수없이 많이 지워졌지만, 그 후 3천 년이 지난 지금도 여전히 젊고 강한 채로 남아 있다.

바로 이런 이유 때문에, 임종이 가까웠을 때 야곱이 자녀들에게 미래에 일어날 일을 말해주고 싶었지만, 하나님의 영이 그에게서 떠났던 것이다. 우리의 자녀들은 계속 우리를 놀라게 하며, 우리들 역시 계속 다른 사람들을 놀라게 만들 것이다. 하나님의 형상으로 지음받은 우리는 자유롭다. 하나님의 축복으로 지탱되어왔던 우리는 어느 누가, 심지어 우리들 자신이 내다볼 수 있는 것보다 더 위대하게 될 수 있다.[4]

---

[4] 역자주: 저자는 이스라엘의 가장 위대한 왕이며 또 그로부터 메시아가 태어날 다윗 왕의 조상이 왜 요셉이 아니라, 하필이면 유다였는지를 묻는다. 창세기 37장에서 요셉을 죽이지 말고 노예로 팔자고 주장했던 유다가 나중에 요셉이 이집트 총리가 된 후, 창세기 44장에서 유다가 동생 베냐민을 위해 고난을 자처하는 모습을 통해서, 유다가 오경에 나오는 첫 번째 회개한 사람(*ba'al teshuva*)이라는 점에 주목한다. 즉 유다는 두 아들의 죽음과 다말의 용기를 통해 자신의 죄를 인식했는데, 이처럼 자신의 죄를 인식한 것은 오경에서 처음 나오는 사례로서, 유다가 '의인'(*haTzaddik*)으로 알려지게 된 이유라고 설명한다. 그래서 요셉은 "왕 다음 가는 사람"(*mishneh leMelekh*)이 되었지만, 유다는 이스라엘 왕들의 아버지가 된 것이라고 설명한다. 저자는 단적으로 이렇게 말한다. "회개한 유다가 선 곳에는 심지어 완벽하게 의로운 요셉조차 설 수 없다. 한 개인이 아무리 그의 성격 덕분에 위대하다 하더라도, 더 위대한 사람은 성장하고 변화할 수 있는 사람이다. 이것이 회개의 힘이며, 그것은 유다에게서 시작되었다." Jonathan Sacks, *Genesis* (Maggid Books, 2009), 314.

출애굽기

저주를 축복으로 바꾸기

Shemot

창세기는 거의 화창한 말로 끝났다. 야곱은 오랫동안 잃었던 아들을 찾았다. 가족들은 다시 하나로 뭉쳤다. 요셉은 그의 형들을 용서했다. 요셉의 보호와 영향력 아래 그 가족은 이집트의 가장 번성한 지역들 중 하나인 고센 땅에 정착했다. 그들은 이제 집, 재산, 식량, 요셉의 보호, 파라오의 은총을 얻게 되었다. 이것은 아브라함의 가족 역사에서 황금시대 중 하나로 보였음에 틀림없다.

그러나 좋은 일 다음에 흔히 그렇듯이 나쁜 일이 벌어졌다. "요셉을 알지 못하는 새 왕이 일어나서 이집트를 다스리게 되었다"(출 1:8). 정치적 기후가 바뀌었다. 그 가족은 왕의 은총을 더 이상 받지 못하게 되었다. 왕은 그의 대신들에게 "보아라, 이스라엘 백성이 이렇듯 무섭게 불어나고 강해지니 큰일이다"[1] 하고 말했다. 이 본문은 성서에서 처음으로 "백성"이라는 말이 이스라엘의 자녀들을 가리키는 말로 사용된 본문이다. "그들이 더 불어나지 못하게 기회를 보아 손을 써야겠다"(9-10절).

---

1) 이 말은 역사상 첫 번째 발표된 말로서 근대에는 러시아인들이 만든 ≪시온의 장로들에 대한 계획안≫ 형태로 나타났다. 디아스포라에서 유대인들은 힘이 없었지만, 흔히 전능한 것으로 간주되었다. 이것이 보통 뜻한 것을 번역하면 다음과 같다. 유대인들이 어떻게 우리가 그들에게 지정한 천민 지위를 벗어나는가?

그래서 전반적인 억압 구조가 작동하기 시작하였다. 강제노동을 통해 노예로 만들어버림으로써 종족학살을 꾀했던 것이다.

이 이야기는 우리의 기억 속에 새겨져 있다. 우리는 이 이야기를 매년 전하며, 매일 우리의 기도를 통해 이 이야기를 요약된 형태로 고백한다. 그것은 유대인의 정체성의 한 부분이다. 그러나 이 이야기에서 빛나는 구절이 있다. "그러나 그들은 억압을 받을수록 그 수가 더욱 불어나고, 그 자손이 번성하였다"(12절). 이것은 억압 자체만큼이나 유대인의 정체성의 한 부분이다. 사태가 악화될수록 더욱 강해지는 것이 유대인이다. 유대인들은 단지 생존할 뿐 아니라 역경 속에서 번성하는 사람들이기도 하다.

유대인 역사는, 덜 강인한 집단들이라면 끝장나게 만들었을 재난들을 단지 견딘 사람들의 이야기만이 아니다. 그것은 모든 재난 이후에 유대인들 자신이 다시 새로워진 역사다. 그들은 재난들을 겪으면서 그동안 감추어졌던 영적 저수지를 발견하고, 거기에서 세상에 대한 하나님의 메시지를 전달하는 도구로서의 집단적인 자기표현을 새로운 형태로 찾아냈다.

모든 비극은 새로운 창조성을 낳았다. 솔로몬 왕이 죽고 나라가 분열된 이후, 위대한 문서 예언자들인 아모스, 호세아, 이사야, 예레미야가 등장했다. 첫 번째 성전이 파괴되고 바빌로니아에 포로로 끌려간 재난으로부터 민족의 삶에서 오경을 새롭게 갱신했는데, 에스겔에서 시작해서 에스라와 느헤미야가 다시 실시한 방대한 교육 프로그램을 통해 그 절정을 이루었다. 두 번째 성전이 파괴된 후에는 미슈나, 미드라쉬, 게마라 등 랍비 유다이즘의 엄청난 문헌이 만들어졌는데, 그 이전까지는 대부분 구전형태로 보존되어왔던 것들이었다.

십자군 전쟁 이후에는 북유럽의 경건과 영성 학파인 아쉬케나즈의 하시딤(Hasidei Ashkenaz) 운동이 생겨났다. 스페인에서 유대인들이 추방된 이후에는 사페드(Safed)의 신비주의 집단이 태동하여, 시와 기도에 영감을 받은 루리아 카발라(Lurianic Kabbala)와 같은 집단이 생겨났다. 동부 유럽의 박해와 참담한 가난으로부터 하시디즘 운동이 생겨났고, 끝없이 흘러나오는 이야기와 노래를 통해 풀뿌리 유다이즘의 부흥운동이 일어났다. 그리고 인류 역사상 가장 끔찍한 비극이었던 홀로코스트로부터는 이스라엘 국가의 재탄생이 이루어져, 2천 년 이상 생명을 이어왔던 유대민족의 집단적 위대함을 확인할 수 있게 되었다.

한자로 '위기'가 '기회'를 뜻한다는 것은 잘 알려져 있다. 저주 안에서 축복을, 흑암의 중심에서 한 줄기 빛을 볼 수 있는 문명은 견딜 수 있는 능력을 지니고 있다. 히브리어는 한 발 더 나아간다. 위기를 뜻하는 말 '마슈버'(mashber)는 "출산 의자"를 뜻하기도 한다. 이 단어에 나타난 유대인들의 의식의 의미론에 기록된 개념은 고난의 시대가 바로 여인이 아기를 출산하는 해산의 수축에 대한 집단적 형태라는 것이다. 새로운 무엇이 지금 태어나고 있다. 이것이 바로 "그러나 그들은 억압을 받을수록 그 수가 더욱 불어나고, 자손이 번성하였다"고 말할 수 있는 사람들의 마음가짐이다.

이처럼 약해진 것을 강함으로, 역경을 유리한 기회로, 어둠을 빛으로 바꿀 수 있는 능력은 도대체 어디에서 온 것인가? 그것은 우리 민족이 이스라엘이라는 이름을 받은 순간으로 거슬러 올라간다. 야곱이 밤에 혼자서 천사와 씨름을 했던 바로 그때에 동이 터오기 시작하자 그의 대적자가 그에게 자기를 놓아달라고 애원했다. 야곱은 "나에게 복을 빌어주지 않으면 놓아드릴 수 없다"(창 32:26)고 했다. 그것이 우리의 유별

나며 독특한 완강함의 원천이다. 우리는 밤새 싸웠을 수도 있었다. 우리는 지쳐서 나가떨어질 지경에 이르렀을 수도 있었다. 우리는 야곱처럼 절름거릴 수도 있다. 그러나 우리는 우리의 적대자로부터 축복을 받아내기 전까지는 그를 떠나가도록 내버려두지 않는다. 이것은 사소하거나 일시적인 양보가 아닌 것으로 드러났다. 이것은 그의 새로운 이름과 우리의 정체성의 기초가 되었다. 이스라엘, 즉 "하나님과 겨루어 이겼고 사람과도 겨루어 이긴 사람"(28절)은 갈등과 재난을 겪을 때마다 더욱 강해진 백성이다.

나는 2015년 10월 영국 신문의 한 기사를 읽고 이런 비상한 민족적 특성을 되새겼다. 당시 이스라엘은 테러리스트 공격을 받아 팔레스타인 사람들이 길과 버스 정류소에서 무고한 시민들을 학살하고 있었다. 그 기사는 "이스라엘은 놀라운 국가로서 에너지와 확신이 넘치며 재능과 투자를 끌어당기는 혁신의 가마솥"이라는 말로 시작했다. 그 기사는 항공우주산업, 청정기술, 관개체계, 소프트웨어, 사이버 안전, 약학, 방어체계에서 보여준 세계적인 탁월성을 말했다.[2]

그 기사를 쓴 사람은 계속해서 "이 모든 것은 두뇌집단에서 나온다. 왜냐하면 이스라엘은 천연자원이 없고 적대적인 이웃들에 둘러싸여 있기 때문이다"라고 말했다. 그 나라는 "전문교육, 이민, 정당한 군복무의 힘"에 대한 산 증거다. 그러나 이것이 전부일 수는 없다. 왜냐하면 유대인들은 어디에 있든지 자신들에게 기회가 주어질 때마다 일관되게 기대 이상으로 좋은 성과를 올리기 때문이다. 그는 여러 가지로 설명을 제시했다. 즉 유대인 가족의 힘, 교육에 대한 열정, 자가 영업의 욕구, 모험

---

[2] Luke Johnson, "Animal Spirits: Israel and Its Tribe of Risk-Taking Entrepreneurs," *Sunday Times*, October 4, 2015.

을 감수하는 삶의 태도, 심지어 고대 역사로 설명했다. 지중해 동부의 레반트 지역은 세계 최초의 농업사회와 교역이 이루어졌던 곳이다. 아마도 수천 년 전 그때, 사업가 정신이 유대인 유전자에 기록되었을지도 모른다. 궁극적으로 그는 그것이 "문화와 공동체"와 관련된 것이라고 결론지었다.

그 문화의 핵심적 요소 하나는 위기에 대처하는 유대인들의 반응과 관련되어 있다. 모든 역경에 대해 야곱의 감수성을 물려받은 사람은 "당신이 나를 축복하기 전까지는 내가 당신을 놓아주지 않을 것이다"라고 주장한다. 이것이 바로 유대인들이 네게브 사막을 만나 그 사막을 꽃피게 만든 방식을 찾은 것이다. 다른 곳에서도 버려진 황무지를 보고 나무를 심고 숲을 만들었다. 모든 국경선에서 적대적인 군대에 직면하여 그들은 군사기술을 발전시켰고 그것을 평화적으로 이용하는 방법을 찾았다. 전쟁과 테러는 그들로 하여금 트라우마를 다루는 의학적 전문가들과 기술을 개발하도록 만들었다. 그들은 모든 저주를 축복으로 바꾸는 방법을 찾았다. 역사가 폴 존슨은 이것을 매우 멋지게 표현했다.

4천 년이 넘도록 유대인들은 자신들이 생존자들이었을 뿐 아니라 운명이 그들을 처박은 사회들에 적응하고 또한 그들이 서로에게 제공해야만 했던 인간적 위안을 한데 모으는 놀라운 기술을 발전시킨 사람들임을 입증했다. 가난을 풍요로 바꾸고 재물을 인간적인 것으로 만들거나 불운을 창조적인 계기로 바꾸는 데서 그들보다 더 풍요로웠던 민족은 없었다.[3]

---

3) Paul Johnson, *The History of the Jews* (London: Weidenfeld and Nicolson, 1987), 58.

이처럼 인생의 불운한 순간들을 창조성의 박차로 바꾸는 이런 능력에는 심오한 영적인 것뿐 아니라 강한 실제적인 무엇이 있다. 그것은 마치 우리 깊은 곳에서 어떤 음성이 이렇게 말하는 것 같다. "너는 지금 참담한 상황에 처해 있는데, 그것은 네가 수행할 과제가 있고, 배워야 할 기술이 있고, 개발해야 할 힘이 있고, 배워야 할 교훈이 있고, 구원해야 할 악이 있고, 틈을 벌려 들어오게 할 빛줄기가 있고, 발견해야 할 축복이 있기 때문이다. 내가 너를 선택한 것은 네가 충분히 오랫동안 흔들리지 않는 믿음을 갖고 씨름한다면 고난으로부터 축복을 얻을 수 있다는 것을 인류에게 증언하도록 하기 위해서였다."

폭력적인 사람들이 자비의 하나님의 이름으로 잔인한 짓들을 벌이는 시대에, 이스라엘 백성은 이것이 아브라함의 하나님, 모든 거룩한 생명의 하나님의 방식이 아니라는 것을 입증해야 하는 사람들이다. 또한 가슴이 찢어지는 세상에서 그 폭력이 언제 끝날 것인지 의문이 들 때마다, 우리는 "그들이 억압을 받을수록 그 수가 더욱 불어나고, 자손이 번성하였다"는 말씀을 기억해야 한다. 그런 평가를 받을 수 있었던 백성은 상처를 받을 수는 있지만, 결코 패배할 수는 없다. 하나님의 길은 생명의 길이기 때문이다.[4]

---

4) 역자주: 고대에 처음 철기문명을 사용해 막강했던 히타이트 족속 등 많은 족속들이 역사에서 사라졌지만, 항상 약소민족이었던 이스라엘 백성이 살아남고 번창한 민족이 된 이유 가운데 중요한 것이 이처럼 하나님에 대한 믿음 가운데 고난 속에서도 그 의미를 묻고, 주변 문화에 동화되지 않은 채 자유와 미래를 지향하는 집단적 정체성과 공동체적 믿음, 그리고 가족과 교육을 통한 연속성에 대한 확신을 지닌 때문이었다는 것이 저자의 강조점 가운데 하나다. "조상들이 살아남은 것은 평범한 사람들의 단순한 삶 속에서 영원을 발견한다는 믿음 때문이었다." Jonathan Sacks, *A Letter in the Scroll* (2000), 52.

물질과 정신

Va'era

오경에는 별로 중요하지 않은 것처럼 보이는 말 속에서 매우 근본적인 무엇인가를 말하는 경우들이 있다. 이번 주 오경 읽기 본문의 거의 시작 부분에 나오는 것도 그런 좋은 사례다.

지난 주 본문에서 우리는 어떻게 하나님께서 이스라엘 백성을 자유로 인도하시기 위해 모세를 보내셨는지, 그리고 모세의 처음 노력이 어떻게 실패했는지를 읽었다. 파라오는 이스라엘 백성이 가는 것에 동의하지 않았을 뿐 아니라, 그 백성들의 노동조건들을 더욱 나쁘게 만들었다. 이스라엘 백성은 이전과 똑같은 양의 벽돌을 만들어야 했지만, 벽돌 안에 넣을 짚을 스스로 모아야만 했다. 백성들은 파라오에게 불평했고, 다음에는 모세에게 불평했으며, 모세는 하나님께 불평했다. "주님, 어찌하여 주님께서는 이 백성에게 이렇게 괴로움을 겪게 하십니까? 정말, 왜 저를 이곳에 보내셨습니까?"(출 5:22).

이번 주 본문의 시작 부분에서, 하나님은 모세에게 그가 이스라엘 백성에게 자유를 가져다 줄 것이며, 백성들에게 그렇게 말하라고 명하신다. 그다음 이어지는 본문은 다음과 같다.

모세가 이스라엘 백성에게 그대로 전하였으나, 그들은 무거운 노동

에 지치고 기가 죽어서 모세의 말을 들으려고 하지 않았다.(6:9)

타이프체로 강조한 구절은 매우 단순하게 보인다. 백성들이 그의 말을 들으려 하지 않았던 것은 모세가 그들에게 하나님의 메시지를 전하기 전에 그들의 형편을 개선시킬 아무것도 하지 않았기 때문이다. 그들은 하루하루 살아남느라 분주했다. 그들은 현실과 동떨어진 것처럼 보였던 유토피아적인 약속을 들을 시간이 없었다. 모세는 과거에도 구출 작업에 실패했었다. 백성들은 그가 미래에 자기들을 구출할 것이라고 생각할 아무 이유가 없었다. 여기까지는 매우 간단하다.

그러나 그 표면 아래에서는 좀 더 미묘한 무엇인가가 진행되고 있었다. 모세가 불타는 떨기나무에서 처음 하나님을 만났을 때, 하나님은 그에게 백성을 인도하라고 말씀하셨고, 모세는 백성들이 자신의 말을 듣지 않을 거라고 계속 거절했다. 그는 말을 잘하는 사람이 아니었다. 말에 서툴렀다. "할례받지 않은 입술"(6:30)을 가진 사람이었다. 유창함과는 거리가 멀었다. 군중을 휘어잡을 수 있는 능력이 없었다. 영감을 불러일으키는 지도자가 아니었다.

모세는 어느 면에서는 옳았고 어느 면에서는 틀렸다. 백성들이 자기 말을 듣지 않을 거라는 점에서는 옳았다. 그러나 그 이유가 틀렸다. 그것은 지도자로서나 대중 연설가로서의 그의 실패와는 상관이 없었다. 사실상 그것은 모세와는 전혀 상관이 없었다. 그들이 듣지 않은 이유가 "그들은 무거운 노동에 지치고 기가 죽었기 때문이다." 다른 말로 해서, **만일 사람들의 정신적 상태를 개선하기를 원한다면, 먼저 사람들의 육체적 상태를 개선하라**. 이것은 유다이즘의 가장 인간주의적인 측면 가운데 하나다.

마이모니데스는 이것을 ≪방황하는 자들을 위한 안내서≫에서 강조한다.[1] 마이모니데스는 오경이 두 가지 목표를 갖고 있는데, 그것은 영혼의 평안과 육체의 평안이라고 말한다. 영혼의 평안은 내면적이며 영적이지만, 육체의 평안은 강력한 사회와 경제를 요구하며, 그 안에서 법의 지배, 노동 분업, 상업의 발전이 이루어져야 한다. 우리가 육체의 평안을 누리는 것은 우리의 육체적 필수품이 공급되어야 가능한 것이지만, 그 공급은 혼자 할 수 있는 게 아니다. 우리는 전문화하고 서로 교환한다. 이런 이유 때문에 선하고 강하며 정의로운 사회가 필요하다.

마이모니데스는 정신적 성취가 물질적 성취보다 높은 것이지만, 먼저 물질적 성취부터 확보할 필요가 있는 이유는 "굶주림, 목마름, 더위와 추위로 인해 고통받는 사람은 다른 사람이 전해주는 생각을 이해할 수 없으며, 스스로의 사고를 통해 그런 생각에 도달할 가능성은 더욱 없기 때문이다"라고 말한다. 기본적인 육체적 욕구가 채워지지 않으면, 정신적인 높이에 도달할 방법이 없다. 고된 노동으로 사람들의 정신이 지쳐있을 때는 모세의 말이 귀에 들어올 리가 없다. 사람들의 정신적 상태를 개선하고 싶다면, 먼저 그들의 육체적 조건을 개선하라.

이런 생각을 근대에 고전적으로 표현한 학자가 뉴욕의 유대인 심리학자 아브라함 매슬로(1908-1970)와 프레드릭 허즈버그(1923-2000)였다. 매슬로는 왜 많은 사람들이 자신들의 최대 잠재력을 실현할 수 없는지에 대해 깊은 관심을 가졌다. 그는 또 나중에 긍정심리학을 창시한 마틴 셀리그만처럼, 심리학은 질병의 치료에만 집중하기보다는 정신건강을 적극적으로 증진시키는 일에도 집중해야 한다고 믿었다. 인간의 정신에

---

1) Maimonides, *The Guide for the Perplexed*, III:27.

대한 그의 최대의 공헌은 "욕구의 위계설"(hierarchy of needs)이다.

우리는 단지 욕구와 욕망의 덩어리가 아니다. 우리의 관심사에는 분명한 질서가 있다. 매슬로는 그 질서를 다섯 단계로 나누었다. 첫째 단계는 **생리적** 욕구의 단계로서, 식량과 거처 등 생존에 기본적인 필수요건들이다. 둘째 단계는 **안전** 욕구의 단계로서, 타인들이 끼치는 상해로부터 보호받으려는 욕구다. 셋째 단계는 **사랑과 소속**의 욕구 단계다. 넷째 단계는 **인정과 존경**받으려는 욕망이다. 마지막 단계는 **자기실현**의 단계로서 우리의 잠재력을 완전히 발휘하여 자기 자신이 되고, 되어야 한다고 생각하는 사람이 되는 단계다. 매슬로는 말년에 더 높은 단계인 **자기초월**의 단계를 추가했는데, 이타주의와 영성을 통해 자기를 넘어서는 단계이다.

허즈버그는 이 모든 구조를 단순화시켜, 육체적 요인들과 심리적 요인들로 구분했다. 그는 육체적 요인들을 **아담의 욕구**, 심리적 욕구들을 **아브라함의 욕구**라고 불렀다. 허즈버그가 특히 관심을 기울였던 것은 무엇이 사람들로 하여금 노동에 동기를 부여하는가 하는 점이었다. 허즈바그가 1950년대 말기에 돈, 월급, 금전적 보상만이 유일한 동기가 아니라는 점을 깨달았는데, 이 사실은 보다 최근에 이스라엘계 미국인 경제학자 댄 애리얼리가 다시 확인한 사실이다. 사람들은 더 많은 월급을 받는다고 해서 반드시 더 열심히, 더 창조적으로 일하지는 않는다. 돈은 어느 단계까지는 동기를 부여하지만, 그 단계를 넘어서면 진정한 동기를 부여하는 것이 성장하고 창조하며 의미를 발견하려는 도전이며, 또한 대의를 위해 자신의 최대의 재능을 쏟아 붓고 싶은 마음이다. 돈은 아담의 욕구에 호소하지만, 의미는 아브라함의 욕구에 호소한다.

이런 점에서 다른 많은 문명들과 믿음보다 유대인들과 유다이즘은 인간의 욕구들에 훨씬 더 주목하고, 더욱 충실하게 그 욕구들을 살아내려고 했다. 대부분의 종교들은 **수용의 문화들**(cultures of acceptance)이다. 즉 빈곤, 굶주림, 질병은 세상의 당연한 현실이며, 하나님이 세상을 만들고 뜻하신 방식이라고 수용한다. 그렇다, 인간은 행복, 열반, 지복을 발견할 수 있지만, 그것을 얻기 위해서는 세상으로부터 도피해야만 하며, 그 방법은 묵상하기, 또는 수도원으로 은둔하기, 또는 마약, 황홀경, 또는 다음 세상에서 우리를 기다리는 환희를 참을성 있게 기다리는 방법이다. 종교는 우리의 고통을 잊게 하는 일종의 마취제다.

유다이즘은 그런 종교와 전혀 다르다. 세상과 가난과 고통의 문제에서 유다이즘은 수용의 종교가 아니라 **저항의 종교**(religion of protest)다. 하나님은 사람들이 가난하고 굶주리고 병들고 억압받고 교육을 받지 못하고 권리를 빼앗기고 학대에 유린되기를 원하지 않으신다. 하나님은 이런 대의로 우리를 당신의 대리인들로 만드셨다. 그분은 우리가 구원 사역에서 당신의 파트너들이 되기를 원하신다. 바로 이런 이유 때문에 그렇게 많은 유대인들이 의사가 되어 질병과 싸웠으며, 법률가가 되어 불의와 싸웠으며, 교육자가 되어 무지와 싸웠다. 바로 이런 이유 때문에 그들 가운데 그렇게 많은 경제학 개척자들(그리고 노벨 경제학상 수상자들)이 배출된 것이다. 마이클 노박은 이렇게 말한다.

유대인들은 항상 잘 조직된 이 세계에 대해 편안함을 느꼈지만, 기독교인들은 항상 저세상을 향했다. 유대인들은 사유재산을 솔직히 긍정했지만, 가톨릭은 초창기부터 주로 제사장들과 수도자들에 의해 그 신자들을 이 세상에서의 활동과 관심을 넘어 다음 세상으로 향하게 만들려고 노력했다. 그 결과, 일반 유대인들은 율법과 예언자들의 교육을 통해 이 세상을 더 고향처럼 느꼈지만, 일반 가톨릭 신자들은 이 세상을 유혹의 골짜기, 자신들의 본래 업무인 다가올 세상에 대한 준비로부터 정신을 다른 곳에 쏠리게 만드는 곳으로 간주했다.2)

하나님은 이 세상에서 찾고 구할 분이지, 오직 저세상에서만 찾을 분이 아니다. 그러나 영적인 계단을 올라가기 위해서는 물질적 욕구들이 우선적으로 충족되어야만 한다. 아브라함이 아담보다 위대했지만, 아담이 아브라함보다 먼저 왔다. 육체적 세계가 고달프면, 인간의 정신은 지치고, 사람들은 하나님의 말씀, 심지어 모세가 전하는 말씀조차 들을 수 없다.

버디체프의 의인 이차악이 탁월하게 표현한 것처럼, "다른 사람의 영혼의 상태와 당신의 몸의 욕구에 대해 염려하지 말라. 다른 사람의 몸의 욕구와 당신 자신의 영혼의 상태에 대해 염려하라."

가난을 경감시키고, 질병을 치유하며, 법의 지배를 확보하고, 인권을 존중하는 일은 영적인 과제이다. 기도와 오경 공부보다 결코 소홀히 여겨도 되는 과제들이 아니다. 분명히 기도와 성경공부가 더 고상한 과제이지만, 앞서 말한 것들이 더 일차적인 과제들이다. 사람들의 정신이 지치고 노동이 고되면, 하나님의 메시지를 들을 수 없다.

---

2) Michael Novak, *This Hemisphere of Liberty* (Washington, DC: American Enterprise Institute, 1990), 64.

영적인 자녀

Bo

미국인 작가 브루스 파일러는 《가족을 고쳐드립니다》[1]라는 베스트셀러를 썼다. 그 책은 주로 팀 만들기, 문제 해결하기, 갈등 해결하기 등의 분야에서 이루어진 연구들을 사용하여, 어떻게 경영관리 기술이 가족들에게 개인의 성장을 위한 공간을 만드는 친화적인 가족으로 만드는 데 도움을 줄 수 있는지를 보여준다.

그러나 저자는 결론적으로 매우 탁월하며 예상치 못했던 요점을 제시한다. "가족을 위해 당신이 할 수 있는 매우 중요한 일 한 가지는 가장 단순한 것으로서 강력한 가족 이야기(family narrative)를 발전시키는 일이다." 그는 에모리대학교에서 수행했던 연구를 인용하여, 자녀들이 가족의 이야기를 더 많이 알수록 "자신들의 삶을 통제할 더욱 강한 인식을 갖게 되며, 자존감도 더 높고, 가족의 기능을 믿는 데 더욱 성공한다"[2]

---

1) Bruce Feiler, *The Secrets of Happy Family* (New York: William Morrow, 2013). 이영아 역, 《가족을 고쳐드립니다》, 알에이치코리아, 2014.

2) Ibid., 274. 파일러는 그 자료를 명시하지 않지만, Jennifer G. Bohanek, Kelly A. Martin, Robyn Fivush, and Marshall P. Duke, "Family Narrative Interaction and Children's Sense of Self," *Family Process* 45.1 (2006): 39-54를 보라.

고 말한다.

가족 이야기는 자녀들을 자신들보다 더 큰 무엇에 연결시켜준다. 가족 이야기는 자녀들에게 자신들이 세상에 태어나기 이전부터 존재했던 세상에 자신들이 어떻게 맞출지에 대한 감각을 갖게 하는 데 도움을 준다. 가족 이야기가 자녀들의 자기 정체성의 출발점을 제공한다. 자기 정체성은 확신의 기초가 된다. 그것은 자녀들로 하여금 "나는 이런 사람이다. 이것이 내가 일부분을 이루는 이야기다. 이 사람들이 내 조상들이며, 나는 그들의 후손이다. 나는 이런 뿌리에서 태어나, 이제 태양을 향해 뻗어나간다"라고 말할 수 있게 한다.

이런 점을 이번 주 오경 읽기 본문은 모세를 통해 가장 극적으로 보여준다. 이제 열 번째 재앙이 벌어질 판국이다. 모세는 이것이 마지막임을 안다. 파라오는 이스라엘 백성들이 떠나가도록 그냥 내버려두지 않을 것이다. 그는 이스라엘 백성들이 어서 떠나도록 재촉할 것이다. 그래서 하나님의 명령에 따라, 모세는 매우 독특한 방법으로 백성들에게 자유를 위해 준비하도록 만든다. 그는 자유에 대해 말하지 않고, 속박의 사슬을 끊는 것에 대해서도 말하지 않는다. 그는 앞에 놓인 힘겨운 여정조차 언급하지 않는다. 또한 자기들의 목적지인 약속의 땅, 하나님이 아브라함과 이삭, 야곱에게 맹세하셨던 젖과 꿀이 흐르는 땅을 엿보아 백성들이 흥분하게 만들지도 않는다.

그는 자식들에 관해 말한다. 이번 주 본문에서 그는 세 차례에 걸쳐 자녀들에 관한 주제를 반복한다.

여러분의 아들딸이 여러분에게 "이 예식이 무엇을 뜻합니까" 하고 **물을 것입니다.** 그러면 여러분은 이렇게 일러주십시오. (출 12:26-27)

그날에 당신들은 당신 아들딸들에게 설명하여 주십시오. '이 예식은, 내가 이집트에서 나올 때에, 주님께서 나에게 해주신 일을 기억하고 지키는 것이다.' (13:8)

뒷날 당신 아들딸이 당신들에게 묻기를, 무엇 때문에 이런 일을 하느냐고 하거든, 이렇게 일러주십시오. (14절)

이것은 놀라울 만큼 우리의 직관과 반대된다. 모세는 내일에 대해 말하지 않고, 먼 미래에 대해 말한다. 그는 해방의 순간을 축하하지 않는다. 대신에 그는 그 해방의 순간이 마지막 날까지 백성들의 기억의 한 부분이 될 것임을 확실히 하기를 원한다. 그는 모든 세대가 이 이야기를 후대에 전해주기를 원한다. 그는 유대인 부모들이 교육자가 되고, 그들의 자녀들은 미래를 위해 과거의 수호자가 되기를 원한다. 모세가 백성들에게 가르친 교훈을 중국인들은 다른 방법으로 가르쳤다. 너희가 한 해를 계획한다면 볍씨를 뿌려라. 십년을 계획한다면 나무를 심어라. 백년을 계획한다면, 아이를 가르쳐라.

유대인들은 오랜 세월 동안 교육을 최우선시 하는 민족으로 유명해졌다. 다른 민족들이 성채와 궁전을 지을 때, 유대인들은 학교와 공부방을 만들었다. 그렇게 함으로써 집단적인 자부심을 갖게 되었다. 대중들이 문맹인 시대에도 우리는 경전을 배웠으며, 학문과 지성을 발전시켰다. 근대정신을 형성하는 데 크게 기여했으며, 정신적 민감성과 논쟁, 토론, 서로 불일치하는 모든 측면을 함께 볼 수 있는 능력 때문에 때로는 존경받고, 때로는 경원시되었으며, 때로는 조롱을 받았다.

그러나 모세의 요점은 단순히 이것만이 아니었다. 하나님은 우리에게 노벨상을 받으라고 명령하지 않으셨다. 하나님이 우리에게 원하셨던 것은 우리의 자녀들에게 하나의 이야기를 가르치는 것이었다. 하나님은 우리의 자녀들이 자신들이 누구이며, 어디에서 왔으며, 자신들이 독특한 민족이 되도록 하기 위해 조상들에게 무슨 일이 벌어졌으며, 조상들의 역사에서 자신들의 삶과 꿈을 형성했던 사건들이 무엇이었는지를 이해하기를 원하셨다. 우리의 자녀들이 역사를 기억으로 바꾸는 정체성, 기억 자체를 책임의식으로 바꾸는 정체성을 갖기를 원하셨다. 유대인들은 지성인들의 국가를 만들도록 부름받은 것이 아니었다. 그들이 부름받은 것은 구원의 드라마에서 주인공이 되기 위해, 하나님에게 초대받아 자신들의 삶의 방식과 거룩한 삶을 통해 이 세상에 축복을 가져오도록 하기 위한 것이었다.

세월이 흘러 이제 우리는 서양의 다른 많은 민족들과 더불어, 때때로 이처럼 교육에서의 깊은 영적 요소를 무시해버렸다. 이런 이유 때문에 리사 밀러는 최근에 ≪영적인 자녀≫3)라는 중요한 책을 통해 잃어버린 진실을 상기시켜주었다. 밀러 교수는 컬럼비아대학교에서 심리학과 교육학을 가르치며 ≪임상에서의 영성≫이라는 잡지를 공동편집하고 있다. 그녀가 쓴 책은 유다이즘이나 종교에 관한 것이 아니라, 구체적으로 부모들이 자녀의 영성을 고무시키는 것의 중요성에 관한 책이다.

어린이들은 자연히 영적이다. 아이들은 우주의 광대함과 그 안에서의 인간의 위치에 대해 매혹을 느낀다. 위대한 시편 기자들처럼 경이감을 느끼고, 이야기, 노래, 종교의식들을 사랑한다. 그들은 시간, 관계,

---

3) Lisa Miller, *The Spiritual Child: The New Science on Parenting for Health and Lifelong Thriving* (New York: St Martin's Press, 2015).

도덕적인 삶의 형태와 구조를 좋아한다. 분명한 것은 회의론자들과 무신론자들이 흔히 종교를 아이들의 유치한 실재관이라고 비웃지만, 그것은 단지 그 결론, 즉 아이의 실재관은 본능적으로, 직관적으로 종교적이라는 결론을 더욱 강화시켜줄 따름이다. 믿음을 조롱하거나 종교의식을 포기하게 하거나, 대신에 학문적 성취와 여타 다른 형태의 성공에 초점을 맞춤으로써 아이들로부터 그런 종교적 감수성을 빼앗아버리면, 우리는 아이들에게서 정서적이며 심리적인 평안의 가장 중요한 요소들 가운데 일부를 빼앗아버리는 것이다.

밀러 교수가 보여주듯이, 연구 결과는 명백하다. 일상적으로 영적인 분위기에서 자라난 어린이들은 우울증, 약물남용, 공격성, 육체적 위험 감수와 "친밀감 없는 섹슈얼리티"를 포함하여 위험한 행동들에 굴복할 가능성이 훨씬 낮다. 영성은 어린이의 회복력, 육체적 및 정신적 건강, 치유의 한 부분으로 작용한다. 영성은 청소년기와 정체성과 삶의 목적에 대한 탐구에서도 핵심적 차원이다. 십대는 흔히 영적 탐구의 형태를 취한다. 그리고 어린이들과 부모들이 세대를 넘어 더욱 큰 무엇에 연결되어 있다는 유대감을 공유할 때, 엄청난 내면의 힘이 생성된다. 실제로 부모-자녀 관계는 특히 유다이즘에서 하나님과 우리들 사이의 관계를 반영한다.

바로 이런 이유 때문에 모세는 교육과정에서 **질문**의 역할을 강조한다. "너희의 자녀들이 너희에게 이렇게 묻거든 …"은 유월절 식탁에서 (가장 나이 어린 아이가 묻는 네 가지 질문들인) "왜 오늘밤은 다른 밤들과 다릅니까?"(*Ma Nishtana*)로 의식화되었다. 유다이즘은 **질문하고 논증하는 신앙**으로서, 가장 위대한 사람들조차 하나님에 관해 질문하고, 미슈나와 미드라쉬의 랍비들이 줄곧 서로 다른 의견을 내는 신앙이다. 질문을 억제하고 맹목적인 순종과 복종만을 요구하는 엄격한 교리적 신앙은 심리적으로 해를 끼치며, 어린이가 현실의 복잡성에 대해 미리 준비하지 못하게 만든다. 더군다나 오경은 쉐마(*Shema*, 신 6:4)의 첫 문단에서 치밀하게, "이것을 너희 자손들에게 거듭거듭 들려주어라"(6:7) 하고 말하기 **전에**, "마음을 다 기울이고 정성을 다 바치고 힘을 다 쏟아 너의 하나님을 사랑하여라"(6:5)고 가르친다. 부모 역할이 작동하는 때는 우리의 자녀들이 배우기를 원하는 것을 부모가 정말로 사랑한다는 것을 자녀들이 직접 볼 때다.

이번 주 본문이 암시하듯이, 기적은 차치하고라도, 자유를 향한 긴 여정은 단지 역사와 정치의 문제만이 아니다. 그 여정은 부모와 자녀들의 관계와 연관된 문제다. 그것은 그 이야기를 가르치고 다음 세대들에게 전해주는 문제다. 그 일은 우리의 삶 속에 하나님이 현존하시는 것을 아는 감수성과 관련되어 있다. 종교의식, 노래, 기도로 장식하여, 초월, 경이, 감사, 겸손, 공감, 사랑, 용서, 자비를 위한 공간을 만드는 일과 관련된 문제다. 이 모든 일들이 아이에게 확신, 신뢰, 희망을 줄 뿐 아니라 우주 안에서 자신의 정체성, 소속감, 고향처럼 느끼는 감정을 준다.

정서적으로 건강하지 못한 가족, 분노, 빗나간 아이들로부터는 건강한 사회를 건설할 수 없다. 믿음은 가족 안에서 시작된다. 희망은 가정에서 태어난다.

새롭게 하는 에너지

Beshallaḥ

오경을 처음 다른 언어–그리스어–로 번역한 것은 기원전 2세기경 이집트의 프톨레마이오스 2세 치하에서였다. 그 번역본을 70인역(Septuagint)이라 부르는데(히브리어로는 '하쉬빔'*HaShivim*), 70명의 학자들이 팀을 이루어 번역했기 때문이다. 그러나 탈무드는 여러 군데에서 그 번역작업에 참여했던 학자들이 어떤 본문들을 의도적으로 다르게 번역한 이유는 문자적으로 번역할 경우 그리스인들이 이해할 수 없을 것이기 때문이라고 말한다. 그런 본문 중 하나가 "일곱째 날에 하나님은 그분이 하셨던 모든 작업을 끝마치셨다"는 본문이다. 번역자들은 이것을 "엿새째 날에 하나님은 끝마치셨다"라고 번역했다.[1]

도대체 이 본문에서 번역자들이 그리스인들이 이해하지 못할 것이라고 생각했던 것은 무엇인가? 하나님이 우주를 6일 동안 만드셨다는 생각이 7일 동안 만드셨다는 생각보다 어떻게 더 합리적인가? 수수께끼처럼 보이지만, 대답은 단순하다. 그리스인들은 제7일, 즉 안식일 자체를 창조 사역의 일부라고 이해할 수 없었다. 쉬는 일이 어떤 점에서 창조적인가? 만들지 않고, 일하지 않고, 발명하지 않는 것으로 우리가 얻을

---

1) Megilla 9a.

125

수 있는 게 무엇인가? 그런 생각은 전혀 말이 안 되는 것처럼 보인다.

실제로 우리는 당시 그리스인 작가들의 독립적인 증언을 볼 수 있는데, 그들이 유다이즘에 대해 조롱했던 것 가운데 하나가 안식일이었다. 그리스인들은 유대인들이 7일 중 하루는 일하지 않는 것이 게으르기 때문이라고 말했다. 그날 자체가 독자적인 가치를 가졌다는 생각은 분명히 그리스인들의 이해를 넘어서는 것이었다. 이상하게도 얼마 지나지 않아 알렉산더 대제의 제국이 붕괴하기 시작했는데, 그 이전에 역사상 가장 위대한 사상가들과 작가들을 배출했던 도시국가 아테네가 붕괴했던 것과 마찬가지였다. 개인들과 마찬가지로 문명 역시 탈진을 겪을 수 있다. 달력에 쉬는 날이 없다면 우리도 탈진하기 쉽다. 아하드 하암이 말한 것처럼, "유대 민족이 안식일을 지켰던 것보다 더 많이 안식일이 유대 민족을 지켰다." 7일 중 하루를 쉬면 탈진하지 않는다.

이번 주 오경 읽기 본문에서 처음 접하게 되는 안식일은 이제까지 세상의 가장 위대한 제도들 가운데 하나다. 안식일은 시간에 대한 세상의 생각을 바꾸었다. 유다이즘 이전에는 사람들이 태양을 기준으로 계절에 맞추어 365일로 정하거나, 달을 기준으로 한 달(month는 moon에서 온 말이다)을 대략 30일로 정해서 사용했다. 한 주간을 7일로 한 것—이것은 자연에 상응하는 것이 없다—은 오경에서 비롯되었으며, 기독교와 이슬람이 그 생각을 유다이즘으로부터 차용하여 세상에 두루 전파했는데, 단지 다른 날(일요일)을 쉬는 날로 바꾸었을 뿐이다. 우리는 태양 때문에 년 단위를 갖고, 달 때문에 월 단위를 갖고, 유대인들 때문에 주간 단위를 갖고 있다.

안식일이 이제까지 해왔고 여전히 하고 있는 기능은 삶과 사회 전체에 자유의 공간을 창조하는 일이다. 노동의 압박으로부터의 자유, 잔인한 고용주의 요구로부터의 자유, 소비사회에서 행복의 방식에 시간을 사용하라고 촉구하는 광고로부터의 자유, 우리가 사랑하는 사람들과 함께 할 자유의 공간을 창조하는 날이 안식일이다. 이 하루는, 가장 근본적인 경제적 변화와 산업의 변화에도 불구하고, 세대를 거쳐 그 의미를 새롭게 창출해왔다. 모세 당시에는 안식일이 파라오의 노예생활로부터의 자유를 뜻했다. 19세기와 20세기 초에는 안식일이, 장시간 노동하면서 쥐꼬리만큼 월급을 받던 착취공장으로부터의 자유를 뜻했다. 우리 시대에는 안식일이 이메일과 스마트폰, 그리고 일주일 내내 24시간 불러내는 요구로부터의 자유를 뜻한다.

이번 주 본문이 우리에게 알려주는 것은 이스라엘 백성이 이집트를 떠날 때 받았던 첫 명령들 가운데 안식일이 들어있다는 점이다. 음식이 부족하다고 불평하자 하나님은 그들에게 하늘로부터 만나를 보내주겠다고 하셨지만, 제7일에는 만나를 모으면 안 되었다. 그 대신에 제6일에는 두 배로 내려주실 것이다. 그러므로 오늘날까지 우리는 당시를 기억해서 안식일에는 식탁에 성별된 할라 빵을 두 개 올린다.

안식일은 문화적으로 선례가 없던 날이다. 개념상으로도 없었다. 전 인류 역사를 통틀어서 사람들은 이상적인 세계를 꿈꾸어왔다. 우리는 그런 비전을 유토피아라고 부르는데, 이 말은 "없다"를 뜻하는 그리스어 '우'(*ou*)와 "장소"를 뜻하는 '토포스'(*topos*)에서 유래했다.[2] 그렇게 부른 이유는 그런 꿈이 이루어졌던 적이 없었기 때문이다. 단 한 사례, 안식일을 빼놓고는 말이다. 안식일은 "현재의 유토피아"다. 왜냐하면 안식일에 우리는 한 주간에 25시간 동안, 위계질서도 없고, 고용주와 피고용인

---

2) 이 단어는 1516년 토마스 모어 경이 만든 말이며, 그는 이 말을 자신의 책제목으로 삼았다.

도 없고, 판매자와 구매자도 없고, 재산이나 권력의 불평등도 없고, 생산, 교통 체증, 공장의 소음이나 시간의 시끌벅적함도 없는 세상을 창조하기 때문이다. 안식일은 "돌아가는 세상이 정지된 순간," 교향곡 악장 사이의 쉼, 시간적으로 산들바람과 새소리를 들을 수 있는 도시들 사이의 확 트인 들판에 해당하는 것이다. 안식일이 유토피아라는 말은 안식일이 시간의 종말과 같은 것이 아니라, 오히려 그 시간의 종말을 시간 한복판에서 지금 경험하는 것과 같은 것이다.

하나님은 이스라엘 백성이 이집트를 거의 떠나면서부터 7일에 하루를 자유의 연습시간으로 시작하기를 원하셨다. 왜냐하면 7일에 7일 모두를 진정한 자유 시간으로 갖는 것은 시간이 걸리고, 몇 세기, 몇 천년 이 걸릴지도 모를 일이기 때문이다. 오경은 노예제도를 잘못된 제도로 간주하지만,[3] 그 제도를 즉각 철폐하지 않은 이유는 아직 백성들이 그런 준비가 되어 있지 않았기 때문이다. 영국이나 미국도 19세기까지는 철폐하지 않았으며, 그 당시에도 논쟁이 있었다. 그러나 안식일이 일단 제도화된 이후에는 그 결과가 불가피했다. 왜냐하면 일주일에 하루 동안 자유를 알게 된 노예들은 마침내 그 사슬에서 벗어나기 위해

---

[3] 오경의 관점에서 노예제도의 잘못됨에 관해서는 Rabbi N. L. Rabinovitch, *Mesilot BiLevavam* (Maaleh Adumim: Maaliyot, 2015), 38-45에 나오는 중요한 분석을 보라. 그 주장의 기초는 기록된 오경과 미슈나 모두에서 핵심적인 관점으로서, 모든 인간은 하나님의 형상과 닮음으로서 똑같은 존재론적 존엄성을 갖고 있다는 점이다. 이것은 예를 들어 플라톤과 아리스토텔레스의 관점과는 날카롭게 대조되는 관점이다. 랍비 라비노비취는 현인들과 마이모니데스, 메이리가 "그들은 영원히 너희의 노예가 될 것이다"(레 25:46)에 대한 견해들을 분석한다. 또한 그가 인용한 욥기 31:13-15, 즉 "내가 만일 남종의 인권을 짓밟았다든가 … 그들이 나에게 불만을 품고 있다면, 하나님께서 나를 심문하실 때 무엇이라고 답변하겠는가? 나를 모태에 생기게 하신 바로 그분이 그들도 내시지 않으셨던가?"도 주목하라.

들고 일어나기 마련이기 때문이다.

인간의 정신은 숨을 들이쉴 시간, 성장할 시간을 필요로 한다. 시간 관리의 첫째 법칙은 중요한 문제들과 긴박한 문제들 사이를 구분하는 것이다. 압박을 받으면 중요하지만 긴박하지 않은 것들은 뒤로 밀려나게 되기 쉽다. 그러나 이런 것들이 흔히 우리의 행복과 만족스러운 삶에서 가장 중요한 문제가 되는 것들이다. 안식일은 중요하지만 긴박하지 않은 일들, 즉 가족, 친구, 공동체, 성스러움에 대한 감각, 우리의 삶에 좋은 것들을 주신 하나님께 감사드리는 기도, 우리 민족과 우리의 역사에서 벌어졌던 극적인 이야기를 다시 들려주는 경전을 읽는 일에 온전히 바치는 시간이다. 안식일은 사랑으로부터 오는 평화(*shalom bayit*), 촛불, 포도주, 특별한 빵에서 느낄 수 있는 하나님의 현존(*Shekhina*)으로 축복받은 가정에 함께 하는 평화를 경축하는 날이다. 이것은 미켈란젤로나 레오나르도가 창조한 아름다움이 아니라 우리들 스스로가 창조하는 아름다움이다. 쉴 새 없이 요동치는 세상 한복판에서 시간의 평온한 외딴 섬에서 누리는 아름다움이다.

나는 언젠가 달라이 라마와 함께 북인도의 암리차르라는 시크교도 성지에서 열린 세미나(엘리야연구소 주최)에 참석했다. 시크교도 2천 명이 참석한 그 세미나에서 시크 지도자 한 사람이 청중들을 향해 "우리에게 필요한 것은 유대인들이 누리는 안식일이다"라고 했다. 그는 일주일에 하루를 가족과 집과 관계들에 바치는 날을 상상해보라고 말했다. 그는 안식일의 아름다움을 볼 수 있었던 사람이었다. 우리는 안식일의 실체를 살아낼 수 있다.

고대 그리스인들은 도대체 왜 안식하는 하루가 천지창조의 한 부분이었을 수 있는지를 이해할 수 없었다. 그러나 그 이유는 육체의 안식이 없으면, 정신의 평화, 영혼의 침묵, 정체성과 사랑의 유대관계를 새롭게 하는 일, 그리고 창조적인 과정이 마침내 시들어버리고 죽게 되기 때문이다. 그것은 엔트로피, 즉 모든 체계는 시간이 지나면 에너지를 잃게 된다는 엔트로피 법칙을 피하지 못한다. 유대인들은 세월이 흘러도 에너지를 잃지 않은 채 여전히 과거처럼 생동적이며 창조적으로 남아있다. 바로 안식일 덕분이다. 인류가 갖고 있는 새롭게 하는 에너지의 원천이며, 우리에게 창조를 지속시키는 능력을 주는 날이 안식일이다.[4]

---

4) 역자주: 홀로코스트가 "칸트, 헤겔, 바흐, 베토벤, 괴테, 쉴러의 나라"에서 발생했다는 점에서 "휴머니즘은 인간을 인도적인 존재로 만들지 못했다"는 사실을 강조하는 랍비 조너선 색스는 히브리성서가 인류에게 준 가장 큰 선물이며 세상을 바꾼 사상이 모든 인간이 하나님의 형상으로 지음받은 "평등한 존재"라는 사상과 안식일 개념이라고 밝힌다. 가톨릭 역사가들(Paul Johnson, Thomas Cahill, William Rees-Mogg)뿐 아니라, 유다이즘에 대한 가장 날카로운 비판자인 니체를 인용하면서, 인류가 "철저한 논리적 사고"와 "엄격한 추론"을 배운 것은 유대인들로부터였다는 점을 강조한다. 이것은 기원전 1세기부터 힐렐 학파(율법 준수에서 관용적 입장)와 샴마이 학파(율법 준수에서 극단파)의 완전한 반대 입장에도 불구하고, 반대 입장부터 철저히 배우고 토론해왔던 결과다. 저자는 특히 하나님이 천사들의 반대에도 불구하고 인간을 창조하시면서, "지상의 생명을 파괴할 능력을 지닌" 존재를 창조하는 것이 하나님 자신에게 얼마나 큰 모험이었는지를 지적한다. 이런 점에서 인간 창조를 설명할 수 있는 유일한 길은 "하나님이 인간에 대한 믿음을 갖고 계셨다"는 점이라고 말한다. 즉 "오경은 하나님에 대한 인간의 책이 아니다. 인간에 대한 하나님의 책이다. 하나님은 우주 창조에는 단지 34개 구절을 쓰시지만, 이스라엘 백성이 작고 일시적이며 들고 다닐 수 있는 성소인 회막(Mishkan)을 만드는 데는 무려 500 구절을 사용하신다. 하나님은 우리를 믿고, 사랑하시며, 우리에게서 최상의 것을 희망하는 일을 결코 중단하시지 않으신다... 우리는 절망할 수 있지만, 하나님은 우리에 대한 희망을 포기하지 않으신다... 하나님이 우리를 믿으신다는 것을 믿으면, 우리는 어둠에서 빛으로 가는 길을 발견한다"고 말한다. Jonathan Sacks, *Judaism's Life-Changing Ideas* (2020), xvii-xxi, 5-8.

생각하기 전에 감사하기
Yitro

십계명은 역사상 가장 유명한 종교적 및 도덕적 법전이다. 최근까지 십계명은 미국의 법정을 장식했다. 여전히 대부분의 회당 법궤를 장식하고 있다. 렘브란트는 모세가 금송아지를 보고, 그 십계명 석판들을 깨뜨리려는 그림에서 고전적인 예술적 기법으로 십계명을 표현했다. 존 로저스 허버트가 그린, 모세가 그 법이 기록된 석판들을 가져오는 매우 큰 그림은 영국 상원의 대위원회 방에서 매우 두드러진다. 십계명이 적힌 그 석판 두 개는 하나님의 주권 아래 있는 영원한 법에 대한 영원한 상징이다.

"십계명"은 물론 열 가지 명령이 아니라는 것을 기억할 필요가 있다. 오경은 그것을 '아세렛 하데바림'(*aseret hadevarim*, 출 34:28)이라고 부르며, 전통적 용어로 '아세렛 하디브롯'(*aseret hadibrot*)인데, "열 개의 말" 또는 "열 개의 선언"이라는 뜻이다. 20세기에 발견된 문서들, 특히 모세와 출애굽 시기와 비슷한 기원전 1400-1200년경의 히타이트족의 계약, 또는 "종주권 조약"에 비추어보면, 십계명을 더욱 잘 이해할 수 있다. 이런 조약들은 흔히 그 조약에 기록된 두 가지 법, 하나는 조약의 일반적 개요와 둘째는 그 조약의 구체적인 세부사항을 담고 있다. 그것은 정확히 "열 개의 선언"과 세부 명령들(출 22-23장) 사이의 관계를 보여준다. 전자는 일반적인 개요이며, 그 법의 기본 원칙들이다.

보통 그 열 가지 계명은 형태상으로나 내용상으로 다섯 개씩 두 세트로 새겨져 있는데, 처음 다섯 조항은 우리들과 하나님 사이의 관계(부모에 대한 공경을 포함하는데, 부모는 하나님처럼 우리를 존재하도록 만들었기 때문이다)를 다루고, 두 번째 다섯 조항은 우리들과 동료 인간들 사이의 관계를 다룬다.

그러나 십계명을 세 계명씩 세 그룹으로 보는 것도 일리가 있다. 처음 세 계명(한 분 하나님, 다른 하나님은 없다, 하나님 이름을 헛되게 부르지 말라)은 하나님, 즉 율법을 만드신 권위자인 분에 대한 것이며, 그 다음 세 계명(안식일 준수, 부모 공경, 살인 금지)은 피조성에 관한 것이다. 살인을 금지한 것은 우리 모두가 하나님의 형상으로 지음받았기 때문이다(창 9:6). 세 번째 세 계명(간음 금지, 도둑질 금지, 위증 금지)은 사회의 기초적 제도들, 즉 혼인의 신성함, 사유재산의 보전, 정의 구현에 관한 것이다. 이것들 가운데 어느 하나라도 없어지면, 자유는 무너지기 시작한다.

십계명의 구조는 열 번째 이상한 계명을 강조하는 구조다: "너희 이웃의 집을 탐내지 못한다. 너희 이웃의 아내나 남종이나 여종이나 소나 나귀나 할 것 없이, 너희 이웃의 소유는 어떤 것도 탐내지 못한다"(출 20:17). 적어도 표면상으로는 이것이 다른 모든 규칙들과 다르다. 다른 모든 규칙들은 말이나 행동과 관련되기 때문이다.[1] 질투, 탐내는 것,

---

1) 마이모니데스는 첫째 계명이 하나님을 믿어야 한다는 계명이라고 주장했다. 그러나 나마니데스는 ≪할라코트 게돌로트≫(*Halakhot Gedolot*, 유대 율법에 관한 저작, 8세기에 작성)에 근거하여 첫째 구절인 "나는 너희를 이집트 땅 종살이하던 집에서 이끌어낸 하나님이다"는 계명이 아니라 계명의 서문이라고 주장했다.

타인이 가진 것을 욕망하는 것은 감정이지, 생각하기, 말하기, 행동이 아니다. 분명히 우리는 우리의 감정을 다스리지 못한다. 감정은 "열정"이라고도 불렀는데, 감정들 앞에서 우리는 수동적이기 때문이다. 따라서 어떻게 질투를 금지할 수 있는가? 통제할 수 있는 것들을 명령하거나 금지하는 것은 말이 된다. 어쨌거나, 질투가 타인들에게 해로운 행동으로 이끌지 않는다면, 도대체 왜 가끔씩 솟구치는 질투가 문제가 되는가?

여기서 오경은 우리가 위험스럽게 잊고 있는 몇 가지 근본적 진리를 전달하고 있다고 나는 생각한다. 첫째로, 인지행동치료가 상기시켜준 것처럼, 우리가 믿는 것은 우리가 느끼는 감정에 영향을 끼친다.[2] 예를 들어, 나르시시스트는 쉽게 감정이 상하는데, 그들은 타인들이 자기에 관해 말하든가 아니면 자기를 존중하지 않는다고 생각하기 때문이다. 그러나 타인들은 흔히 우리에 관해 전혀 관심을 갖지 않는다. 따라서 나르시시스트의 믿음은 잘못된 것이지만, 그로 하여금 분노와 불쾌감을 막을 수 없다.

둘째로, 질투는 사회에서 폭력으로 이끄는 중요한 충동 가운데 하나다. 질투 때문에 이아고는 오셀로를 그릇된 길로 인도하여 비극적 결과를 초래한다. 가인이 동생 아벨을 살해한 것도 질투 때문이다.[3] 아브라

---

[2] 이것은 오랫동안 유대 사상의 일부였다. 이것은 리아디의 랍비 슈노이어 잘만의 대작인 ≪탄야≫(*Tanya*)에서 시작된 카바드(Chabad) 철학의 중심에 있다. 이븐 에즈라는 이 구절에 대한 주석에서 우리는 우리가 손에 넣을 수 있다고 느끼는 것에 대해서만 탐을 낸다고 말한다. 우리는 우리가 결코 될 수 없다고 생각하는 사람에 대해서는 질투하지 않는다.

[3] 역자주: 저자는 두 형제가 하나님께 예물 바친 것으로 인해 촉발된 살인을 종교가 폭력과 연관된 첫 사례로 본다. "예배행위에 대한 첫 기록이 살인, 형제살해로 이어졌다. 오경이 함축하는 것은 종교가 결코 안전하지 않다는 점이다. 예배는 최선의 경우 인간을 '천사들보다 조금 낮게' 만든다. 최악은 인간을 세상에서 가장 생명 파괴적인 형태로 이끈다." *Genesis* (2009), 30.

함과 이삭이 기근이 들어 일시적으로 고향을 떠날 수밖에 없었을 때, 자신들의 목숨에 대한 두려움을 갖게 만든 것도 (다른 왕들의) 질투였다. 그들은 매력적인 여인들과 혼인한 사람들로서, 그 지방의 왕들이 자신들을 죽이고 자기 아내를 후궁으로 삼을 것이라고 믿었다.

더욱 통렬한 것은 질투가 바로 요셉의 형들의 증오심의 중심에 있었다는 점이다. 아버지가 요셉을 특별대우하고, 장신구 달린 옷을 입히고, 그가 형들을 지배하게 될 것이라는 꿈을 꾼 것에 대해 형들이 분개한 것은 질투 때문이었다. 형들의 질투는 결국 그를 죽일 음모를 꾸미고, 노예로 팔아버리도록 만들었다.

르네 지라르는 그의 고전적인 책 ≪폭력과 성스러움≫[4]에서, 폭력의 근본적인 원인은 모방 욕망, 즉 다른 사람이 갖고 있는 것을 가지려는 욕망, 그래서 궁극적으로는 다른 사람이 되려는 욕망이라고 말한다. 질투는 다른 많은 계명들을 위반하도록 이끌 수 있다. 즉 질투는 사람들로 하여금 간음, 도둑질, 거짓 증언, 심지어 살인으로 이끌 수 있다.[5]

유대인들이 질투를 두려워하는 데는 특별한 이유가 있다. 질투는 오랜 세월 동안 반셈족주의가 존재하는 데 일정 부분 역할을 했기 때문이다. 비유대인들은 유대인들이 역경 속에서도 번창하는 능력을 질투했다. 이런 능력은 "그러나 그들은 억압을 받을수록 그 수가 더욱 불어났다"(출 1:12)는 본문에서 우리가 살펴보았던 기이한 현상이다. 비유대인들은 특

---

[4] René Girard, *Violence and the Sacred* (Baltimore: John Hopkins University Press, 1979), 박무호, 김진식 역, ≪폭력과 성스러움≫, 민음사, 2000.

[5] Helmut Schoeck의 고전적인 책 *Envy: A Theory of Social Behavior* (New York: Harcourt, Brace & World, 1969); Joseph Epstein, *Envy* (New York: New York Public Library, 2003)을 보라.

히 유대인들의 선민의식을 질투했다. (역사상 다른 민족들도 거의 모두 자신들이 선택받았다고 생각했음에도 불구하고 말이다).6) 따라서 유대인들은 더욱 비범하게 겸손하고, 온건하게 행동해야만 한다는 것은 절대적으로 중요하다.

이런 점에서 질투를 금지한 것은 전혀 이상하지 않다. 질투야말로 십계명 전체의 목표인 사회적 조화와 사회질서를 무너뜨리는 가장 근본적인 힘이기 때문이다. 십계명은 질투를 금지하는 동시에, 질투를 극복하도록 돕는다. 질투를 극복하도록 돕는 것은 첫 세 가지 계명을 통해 역사와 우리의 삶 속에 계신 하나님의 현존을 상기시켜주며, 그 다음 세 계명을 통해 우리가 피조물임을 상기시켜주기 때문이다.

우리가 지금 여기에 존재하는 것은 하나님께서 우리가 여기에 있기를 원하셨기 때문이다. 우리가 갖고 있는 것은 하나님께서 우리가 갖고 있기를 원하셨던 것이다. 그렇다면 도대체 왜 우리가 다른 사람들이 갖고 있는 것을 갖고 싶어한다는 말인가? 우리의 삶에서 가장 중요한 것이 우리가 하나님의 눈에 어떻게 보이는가 하는 점이라면, 도대체 왜 우리가 단순히 다른 사람이 어떤 것을 갖고 있다는 이유만으로 그것을 원한다는 말인가? 그런 일이 벌어지는 것은 우리가 스스로를 하나님과의 관계 속에서 정의하기를 중단하고, 타인과의 관계에서 자기를 정의하기 시작했기 때문이다. 그러면 경쟁, 싸움, 탐욕, 시샘이 우리의 마음에 들어올 때이며, 그런 것들은 우리를 불행으로 인도할 따름이다.

만일 내가 누군가의 새 차를 시샘한다면, 나는 애당초 필요 없는 더 고급차를 사고 싶어질 것이다. 며칠 동안은 새 차에 흡족할지 모르지만,

---

6) Anthony Smith, *Chosen People* (Oxford: Oxford University Press, 2003).

조만간 다른 이웃이 내 차보다 더 고급차를 산 것을 보게 될 것이며, 나는 끝도 없이 질투 때문에 시달릴 것이다. 나 자신의 질투를 충족시키는 데 성공하려면, 나는 누군가의 질투를 자극해야만 한다. 이처럼 사람들의 눈을 사로잡기 위한 소비주의의 악순환은 끝이 없다. 그래서 어떤 자동차는 범퍼스티커에 "죽을 때 가장 많은 장난감들을 가진 사람이 이긴다"고 붙이고 다닌다. 여기서 핵심 단어는 "장난감들"이다. 왜냐하면 이것은 유치원생들의 윤리이며, 성숙한 삶에서는 차지할 자리가 없기 때문이다.

질투의 해독제는 감사하는 마음이다. 벤 조마는 "누가 부자인가?"라고 묻고, "자신이 가진 것에 기뻐하는 사람"이라고 대답했다. 유대인들이 매일 실천하는 하나의 아름다운 것 행위는 삶을 변화시킨다. 아침에 눈을 뜨면 우리의 첫 마디는 "감사합니다. 살아계시고 영원하신 우리의 왕이시여" (*Modeh ani lefanekha*)이다. 우리는 생각하기 전에 감사한다.

유다이즘은 태도를 통해 감사하는 종교다. 타인의 행복이 우리 자신의 행복을 감소시키지 않도록 하는 치유를 받아, 우리는 적극적 에너지의 물결을 확산시킴으로써 타인의 소유를 생각하는 대신에 우리가 소유하고 있는 것을 경축하며, 또한 우리가 아닌 타인이 되기를 원하는 대신에 우리들 자신이 된 것을 스스로 경축한다.

행위와 듣기

Mishpatim

오경에서 가장 유명한 구절 가운데 하나가 이번 주 오경 읽기 본문에 나온다. 그 구절은 흔히 유대인들의 신앙 전체를 특징짓는 것으로 사용되었다. 그것은 두 단어, '나아쎄 베니슈마'(*naaseh venishma*)로 이루어져 있는데, 그 문자적 의미는 "우리가 행하고 또한 우리가 듣겠습니다"(출 24:7)이다. 이게 도대체 무슨 뜻이며, 왜 중요한가?

이 본문에 대해 두 가지 유명한 해석이 있는데, 하나는 고대의 해석이며, 다른 하나는 현대의 해석이다. 첫째 해석은 바빌로니아 탈무드[1]에 나오는데, 이스라엘 백성이 시나이 산에서 하나님과 맺은 계약을 받아들인 감격과 전심을 묘사하는 것으로 설명된다. 백성들이 모세에게 "주님께서 명하신 이 모든 말씀을 우리가 행하고 또한 우리가 듣겠습니다"라고 말한 것은 결과적으로, "하나님께서 우리에게 무엇을 요청하시든 우리가 행하겠습니다"라는 뜻이다. **백성들이 이 말을 한 것은 어떤 계명도 듣기 전이었다.** "우리가 듣겠습니다"라는 말은 그들이 아직 아무것도, 즉 오늘의 오경 본문에 나오는 십계명이나 그 뒤에 이어지는 세부적인 율법을 아직 듣지 않았다는 것을 함축한다. 그들이 이처럼 하나님

---

[1] Shabbat 88a-b.

께 동의하는 신호를 보내는 데 열심이었기 때문에, 그들은 하나님의 요구가 무엇인지를 듣기도 전에 그 요구에 동의했다는 해석이다.2)

이런 해석은 라쉬(1040-1105)가 오경에 대한 그의 주석에서 받아들인 해석이기도 하지만, 그 이야기를 시간적 순서("오경에는 이전과 이후가 없다"는 원칙을 사용하여)와는 상관없이 읽은 데서 근거한다는 점에서 문제가 있다. 이 해석에 따르면, 출애굽기 24장의 사건들은 20장, 즉 시나이 산에서의 십계명의 계시에 대한 이야기보다 먼저 일어났다. 이븐 에즈라, 라쉬밤, 나마니데스는 모두 이런 해석에 동의하지 않으며, 그 이야기들을 시간적 순서대로 읽는다. "우리는 행할 것이며 또한 들을 것입니다"라는 구절은 단순히 "우리가 행하고 또한 우리가 순종하겠습니다"라는 의미라는 해석이다.

두 번째 해석은 본문에 대한 명백한 의미는 아니지만 그럼에도 불구하고 중요한 해석으로서, 현대 유대인 사상에서 자주 나타난 해석이다. 그것은 '나아쎄 베니슈마'(naaseh venishma)에 대해, "우리가 행하고 또한 우리가 이해하겠습니다"3)라고 해석하는 것이다. 이런 해석으로부터 그들은 우리가 유다이즘을 이해할 수 있는 것은 오직 그것을 행함으로써만, 즉 그 계명들을 수행하고 유대인의 삶을 살아냄으로써만 가능하다는 결론을 도출한다. 처음에 행동이 있다.4) 그 다음에야 비로소 이해,

---

2) 이스라엘 백성의 동의에 대해 물론 매우 다르게 해석하는 사람들도 있다. 한 해석에 따르면, 하나님은 "시나이 산을 그들 위에 들어 올리셨다"고 말함으로써, 백성들이 동의하거나 아니면 (산 밑에 깔려) 죽거나 선택의 여지가 없었다고 말한다(Sabbat 88a).
3) '이해하다'는 말은 이미 바벨탑 이야기에 나오는 히브리어에서 이런 의미를 갖고 있는데, 그 이야기에서 하나님은 "우리가 그들의 언어를 혼잡하게 만들어 사람들이 그들의 이웃을 이해하지 못하게 만들자"고 말씀하신다.
4) 이것은 괴테의 ≪파우스트≫에 나오는 유명한 말이다.

인식, 통찰력이 생긴다는 해석이다.

이 해석은 그 내용이 중요한 요점이다. 현대 서양 정신은 반대로 생각하는 경향이 있다. 우리는 결정하거나 헌신하기 전에 먼저 그것을 이해하려고 한다. 계약서에 서명을 하는 문제나, 새로운 핸드폰을 구입하거나, 잡지를 구독하거나 하는 문제에서는 그래도 괜찮다. 그러나 실존적인 헌신을 할 때는 그렇지 않다. 지도력을 이해하는 유일한 길은 먼저 지도하는 행동이다. 혼인을 이해하는 유일한 길은 혼인을 해보는 것이다. 어떤 직업적 경력이 자신에게 맞는지를 이해하는 유일한 길은 실제로 그 직업을 오랫동안 시도해보는 일이다. 모든 사실을 파악하기 전까지 결정하기를 망설이는 사람은 결국 인생이 자기 곁을 스쳐지나가 버렸다는 것을 깨닫게 될 것이다.5) 인생길을 이해하는 유일한 방법은 그 길을 살아보는 위험을 감수하는 것이다.6) 따라서 '나아쎄 베니슈마' (*naaseh venishma*)는 "우리가 행할 것이며, 오랫동안 실천하고 장기적으로 그 길을 가면, 결국 우리가 이해하게 될 것입니다"라는 해석이다.

나는 이 책의 서론에서 그와는 매우 다른 세 번째 해석을 제시했는데, 그것은 오경이 이스라엘 백성이 그 계약을 세 차례 확증(재가)한 것으로 묘사하고 있다는 사실에 근거한 해석이다. 한 번은 그 백성들이

---

5) 이것은 버나드 윌리엄스가 그의 유명한 에세이 "도덕적 행운"에서 말한 요점과 비슷한데, 그는 고갱이 자기 직업과 가족을 떠나 그림을 그리기 위해 타히티 섬으로 가기로 결정한 사례처럼, 어떤 결정은 우리가 그 결정이 옳은 것인지를 알지 못하지만, 우리가 그 결정을 따라 실행하고 난 후에야 비로소 판단할 수 있는 결정들이 있다는 점을 지적했다. 그런 모든 실존적 결정들에는 위험이 따른다.
6) 이것은 베르슈테헨이 사회학과 인류학에 접근한 방식이다. 즉 문화는 그 바깥에서는 충분히 이해할 수 없다는 말이다. 문화는 그 안에서 경험할 필요가 있다. 이것이 사회과학과 자연과학의 핵심적인 차이점들 가운데 하나다.

계명을 듣기 전이었고, 두 번은 들은 이후였다. 오경이 백성들의 처음 두 차례 응답과 세 번째 응답을 서술한 방식에는 흥미로운 차이점이 있다.

백성들은 모두 **함께 대답하였다.** "주님께서 말씀하신 것을 우리는 모두 행하겠습니다[naaseh]." (출 19:8)

모세가 백성에게 와서 주님의 모든 말씀과 모든 법규를 자세히 일러주자 온 백성은 **한 목소리로 대답하였다.** "주님께서 말씀하신 것을 모두 우리가 행하겠습니다[naaseh]." (24:3)

그리고 나서 그는 계약서를 집어 들고 백성에게 읽어 들려주었다. 그들은 **대답하였다.** "주님께서 말씀하신 모든 것을 우리는 행하고 또한 듣겠습니다[naaseh venishma]." (24:7)

처음 두 응답에서는 행동(naaseh)만 언급한다는 점에서 일치한다. 백성들은 "함께" 대답하고, "한 목소리로" 대답한다. 그러나 세 번째 응답에서는 행동뿐 아니라 듣는 것(nishma)도 언급하는데, 이 구절에서만 그렇게 언급한다. 여기서 "듣는 것"은 귀를 기울임, 주목함, 이해함, 수용함, 내면화함, 응답함, 순종함 등 많은 것을 뜻한다. 다른 말로 해서, 이것은 **유다이즘의 영적이며 내면적인 차원**을 가리킨다.

이것으로부터 중요한 결과가 나온다. 유다이즘은 "듣기"보다는 **행동의 공동체**다. 유대인 율법규정은 권위적이다. 그것이 할라카, 즉 유대인들의 행동방식에 관한 문제가 되면, 우리는 합의를 찾는다.

이와는 대조적으로, 비록 유대인 신앙에서 분명한 원리들이 있기는 하지만, 영성의 문제에 관해서는 단 하나의 규범적인 유대적 접근방식이 없다. 유다이즘에는 그 제사장들과 예언자들, 합리주의자들과 신비가들, 철학자들과 시인들이 있었다. 히브리성서는 다양한 음성으로 말한다. 이사야는 에스겔이 아니었다. 잠언서는 아모스와 호세아와는 다른 정신구조에서 나왔다. 오경에는 법과 이야기, 역사와 신비가의 비전, 종교의식과 기도가 담겨 있다. 유대인으로서 어떻게 행동해야 할지에 대해서는 규범들이 있다. 그러나 유대인으로서 어떻게 생각하고 느낄지에 대해서는 규범들이 별로 없다.

우리는 하나님을 서로 다른 방식으로 경험한다. 어떤 사람들은 하나님을 자연 속에서, 즉 워즈워스가 표현한 것처럼, "장엄한 느낌 / 훨씬 더 깊이 스며들어 있는 것에 대한 느낌 / 그 머무는 것은 지는 햇살 / 그리고 둥근 바다와 생기 넘치는 공기"7) 속에서 경험한다. 다른 사람들은 그분을 서로 간의 감정 속에서, 사랑하고 사랑받는 경험 속에서 발견하는데, 이것은 랍비 아키바가 참다운 혼인생활을 남편과 아내 "사이에 하나님이 임재하시는 것"이라고 말한 경험이다.

어떤 사람들은 예언자적인 부르심 속에서 하나님을 발견한다. "너희는, 다만 공의가 물처럼 흐르게 하고, 정의가 마르지 않는 강처럼 흐르게 하여라"(암 5:24). 어떤 사람들은 하나님을 공부하는 중에 발견한다. "당신의 오경의 말씀 안에서 기뻐합니다. 그 말씀들은 우리의 생명이며 우리가 오래 사는 길이기 때문입니다. 우리는 밤낮으로 그 말씀들을 묵상하겠습니다."8) 또 어떤 사람들은 기도하는 중에 하나님을 발견하며,

---

7) William Wordsworth, "Lines Composed a Few Miles Above Tintern Abbey, on Revisiting the Banks of the Wye during a Tour, July 13, 1798."

하나님이 진정으로 그분을 부르는 모든 사람들에게 가까이 계심을 깨닫는다.

다윗 왕이 언약궤를 예루살렘에 가져왔을 때처럼, 춤추며 노래하는 환희 가운데 하나님을 발견하는 사람들도 있다. 어떤 사람들은 자기들 인생의 서로 다른 시기에, 깊은 곳에서, 눈물과 후회와 찢어지는 가슴 속에서 하나님을 발견한다. 아인슈타인은 우주의 "무서운 대칭"과 질서정연한 복잡성 속에서 하나님을 발견했다. 랍비 쿡은 다양성의 조화 속에서 그분을 발견했다. 랍비 솔로베이칙은 존재 자체의 영혼에까지 도달한 깊은 고독 속에서 하나님을 발견했다.

거룩한 행동을 하는 데는 규범적인 방식이 있지만, 거룩한 음성을 듣는 데는 다양한 방식들이 있다. 그 성스러운 현존을 만나는 방식 역시 다양하다. 우리가 살고 있는 우주가 얼마나 크고 반면에 우리는 얼마나 작은 존재인가를 동시에 느낄 때, 우주의 광대함과 별들이 얼마나 많은가에 비추어 볼 때 우리가 얼마나 사소한 존재처럼 보이는가를 느끼는 동시에 우리가 얼마나 중요한 존재인가를 느낄 때, 하나님께서 당신의 이미지와 닮음을 우리에게 부여하시고, 우리를 여기 이곳에, 이 시대에, 이런 선물들과 함께, 이런 상황 속에, 우리가 분별할 수 있다면 수행할 과제와 함께 존재하도록 하셨다는 것을 느낄 때, 우리는 그 성스러운 현존을 만난다. 우리는 높은 곳과 깊은 곳에서 하나님을 발견할 수 있고, 외로움 속에서 또한 함께함 속에서, 사랑과 두려움 속에서, 감사와 궁핍 속에서, 찬란한 빛과 짙은 암흑 한복판에서 하나님을 만날 수 있다. 우리는 하나님을 찾음으로써 그분을 발견할 수 있지만, 때로는 우리

---

8) 저녁기도 시간에 쉐마를 읽기 전의 축복문에서.

가 전혀 예상하지 않는 때에 그분이 우리를 발견하신다.

이것이 행위(naaseh)와 듣기(nishma) 사이의 차이점이다. 우리는 하나님께서 요청하시는 행위를 "함께" 행한다. 우리는 또 그분의 명령에 "한 목소리로" 응답한다. 그러나 우리는 하나님의 현존을 다양한 방식으로 듣는다. 왜냐하면 비록 하나님은 한 분이시지만, 우리는 모두 서로 다르며, 각자의 고유한 방식으로 하나님을 만나기 때문이다.[9]

---

9) 역자주: 저자는 하나님께서 이 땅의 모든 곳에 계시기 때문에 굳이 집(성소)을 필요로 하지 않으심에도 불구하고("하늘은 나의 보좌요, 땅은 나의 발 받침대다. 그러니 너희가 어떻게 내가 살 집을 짓겠느냐?"-사 66:1), 왜 이스라엘 백성에게 회막(Mishkan, 성소)을 건설하도록 명령하셨는지를 묻는다. 저자는 "회막은 이스라엘 백성이 광야에서 만든 첫 번째 물건이었으며, 회막은 출애굽 이야기의 전환점"이라고 말한다. 그 이유는 그 이전까지 모든 일은 하나님이 행하셨다. 이집트인들에게 재앙을 내리고, 이스라엘 백성들로 하여금 바다를 건너게 하시고, 하늘에서 만나를 내려주시고, 바위에서 물이 나오게 하셨지만, 백성들은 감사할 줄 모르고 불평했다. 그러나 백성들이 처음 자기들 손으로 회막을 만드는 데 모두가 참여하여 귀금속과 노동과 기술을 제공하도록 만드심으로써, 그들에게 존엄성과 긍지를 갖도록 하셨고, 단지 물리적인 것만이 아니라 영적이며 거룩한 것을 창조하는 기회를 갖게 하셨다는 설명이다. 그 이후 현자들이 "율법 둘레에 울타리"를 만들어, 율법의 정신을 보존하기 위해 많은 율법들과 규정들을 덧붙였으며, 거의 모든 세대가 하나의 새로운 노래, 또는 옛말을 위한 새로운 곡조를 덧붙임으로써, 안식일의 유산에 무엇인가를 기여했다고 설명한 후, 이렇게 말한다. "우리는 더 이상 공간 속에 성소를 갖고 있지 않지만, '시간 속의 성소'인 안식일(Shabbat)을 갖고 있다... 유대인들이 안식일의 거룩함을 창조하지는 않았지만, 그 거룩한 아름다움(hadrat kodesh)을 공동 창조했다... 무엇인가를 만들기 위해 우리가 들인 노력은 단지 그 물건만을 바꾸는 것이 아니라, 우리들을 바꾼다. 우리가 들인 노력이 클수록, 우리가 만든 것을 더욱 많이 사랑하게 된다"는 말이다. Jonathan Sacks, *Judaism's Life-Changing Ideas* (Maggid Books, 2020), 97-100.

줌으로써 받는 선물

Teruma

그것은 이스라엘 백성의 첫 번째 예배처소로서, 유대인들이 하나님을 위해 만든 첫 번째 집이었다. 그러나 이런 생각은 역설, 심지어 모순을 내포한다. 도대체 어떻게 우리가 하나님을 위한 집을 건설할 수 있는가? 하나님은 우리가 상상할 수 있는 어떤 것보다 크신 분이시다. 하물며 집보다 훨씬 크신 분이기 때문이다.

솔로몬 왕은 그가 하나님을 위한 또 다른 집, 첫 번째 성전의 낙성식을 할 때 이런 점을 밝혔다. "그러나 하나님께서 정말로 땅 위에 계시겠습니까? 저 하늘, 저 하늘 위의 하늘이라도 주님을 모시기에 부족할 터인데, 제가 지은 이 성전이야 더 말하여 무엇 하겠습니까?"(왕상 8:27). 이사야 역시 하나님의 이름으로 이렇게 말했다. "하늘은 나의 보좌요, 땅은 나의 발 받침대다. 그러니 너희가 어떻게 내가 살 집을 짓겠으며, 어느 곳에다가 나를 쉬게 하겠느냐?"(사 66:1).

하나님을 위한 집을 건설한다는 것은 단지 불가능하게 보이는 것만이 아니라 불필요하다. 모든 곳에 계시는 하나님은 사람들이 어디에서나 다가갈 수 있어서, 가장 깊은 구덩이 속에서나 가장 높은 산 위에서도, 대리석과 금으로 만든 궁전에서와 마찬가지로 도시의 빈민가에서도 쉽게 다가갈 수 있는 분이시기 때문에 하나님의 집은 불필요하다.

그 대답은 근본적인 것으로서 하나님은 건물 속에 살지 않으신다는 말이다. 하나님은 건설하는 사람들 속에 살아계신다. 그분은 돌로 만든 건물이 아니라 사람들의 마음속에 살아계신다. 유대인 현자들과 신비가들이 이번 주 오경 읽기 본문에서, 하나님께서 "내가 그들(them) 가운데 머물 수 있도록, 그들에게 내가 머물 성소를 지으라고 하여라"(출 25:8)고 말씀하셨지, "내가 그것(it) 안에 머물도록"이라고 하시지 않으셨다는 점을 지적했다.

그렇다면 도대체 왜 하나님께서는 백성들에게 성소를 만들라고 명령하셨는가? 대부분의 주석가들이 찾은 대답과 오경 자체가 힌트를 주는 대답은 하나님께서 그 명령을 주신 것이 구체적으로 금송아지를 만드는 죄를 저지른 다음이었다는 것이다.

백성들이 금송아지를 만든 것은 모세가 오경을 받기 위해 산 위에 올라간 지 40일이 지나서였다. 모세가 백성들과 함께 있었던 동안에는 백성들이 모세가 하나님과 소통하며, 하나님께서 그와 함께 하시며, 따라서 하나님은 가깝게 계시는 분으로서 다가갈 수 있다고 생각했다. 그러나 모세가 거의 6주 동안 곁에 없자, 백성들은 두려웠다. 어느 누가 자기들과 하나님 사이의 간격에 다리를 놓아줄 수 있겠는가? 하나님의 가르침을 어떻게 들을 수 있겠는가? 무엇을 매개로 자기들이 하나님의 현존과 접촉할 수 있겠는가?

이런 이유 때문에 하나님은 모세에게 "내가 그들(them) 가운데 머물 수 있도록, 그들에게 내가 머물 성소를 지으라고 하여라" 하고 말씀하셨다. 여기서 핵심 단어는 머문다는 뜻의 동사(SH-KH-N)다. 이 동사는 하나님과 연결지어 사용된 적이 없었다. 이 동사는 결국 유다이즘 자체의 핵심 단어가 되었다. 이 동사로부터 성소를 뜻하는 '미슈칸'(*Mishkan*)이라는 단어와 하나님의 현존을 뜻하는 '쉐키나'(Shekhina)라는 단어가 파생되었다.

그 의미의 핵심은 가까움이다. 히브리어로 '샤켄'(Shakhen)은 이웃집 사람을 뜻한다. 이스라엘 백성에게 필요했던 것, 그리고 하나님께서 그 백성에게 주신 선물은 하나님을 마치 우리의 이웃집 사람처럼 가깝게 느끼는 방식이었다.

그것이 바로 족장들과 그 여인들이 경험했던 것이다. 하나님은 아브라함, 이삭, 야곱, 사라, 리브가, 라헬, 레아에게 마치 친구처럼 친밀하게 말씀하셨다. 그분은 아브라함과 사라에게 그들이 아이를 낳을 것이라고 친히 말씀하셨다. 리브가가 왜 임신 중에 그처럼 심한 고통을 겪는지를 친히 설명해주셨다. 그분은 야곱이 인생의 기로에 섰을 때, 그에게 나타나셔서 두려워하지 말라고 하셨다.

그때까지 그런 일은 이스라엘 백성이 경험하지 못했던 것이었다. 백성들은 하나님이 이집트인들에게 재앙들을 내리시는 것을 보았고, 바다를 가르시는 것을 보았다. 하늘에서 만나를 내리시고, 바위에서 물을 내시는 것을 보았다. 시나이 산에서 하나님의 명령하시는 음성을 들었으며, 그 음성을 거의 감당할 수 없다는 것을 알아차렸다. 그들은 모세에게 "당신 자신이 우리에게 말하면, 우리가 듣겠습니다. 그러나 하나님께서 우리에게 말씀하시도록 하면 우리가 죽을 겁니다"라고 말했다. 하나님은 백성들에게 압도하는 임재/현존, 거역할 수 없는 힘, 너무 밝은 빛이라서 그것을 보면 눈이 멀게 되는 빛, 너무 강렬하여 귀를 멀게 만드는 음성으로 그들에게 나타나셨다.

그래서 하나님께서 사람들에게 다가갈 수 있게 되시는 것, 즉 믿음의 개척자들인 족장들과 그 여인들에게만이 아니라 백성들 각 사람에게 다가갈 수 있게 되시는 것은 하나님 자신에게도 도전이었다. 그래서 하나님은 유대인 신비주의자들이 말하는 '침춤'(tzimtzum), 즉 하나님 자신을 "수축시키셔야"(contract)만 했으며, 자신의 빛을 스크린으로 가리셔야만 했다. 또 당신의 음성을 부드럽게 하셔야만 했으며, 당신의 영광을 짙은 구름 속에 감추셔야 했으며, 무한성을 유한성의 차원들로 나타나도록 하셔야만 했다.

그러나 그런 일은 차라리 쉬운 일이었다. 오히려 더 어려운 일은 하나님과는 관련이 없고 우리들과 관련된다. 우리가 어떻게 하나님의 현존을 인식하게 되는가? 에베레스트 산 밑에 서거나 그랜드캐니언을 바라볼 때 하나님의 현존을 인식하는 것은 어렵지 않다. 장엄한 풍경 앞에서 경외심을 느끼는 데는 굳이 매우 종교적일 필요가 없으며, 심지어 종교적일 필요도 없다. 앞에서 언급한 심리학자 아브라함 매슬로는 "절정 경험"이야말로 영적인 만남의 본질이라고 본다.

그러나 우리가 일상생활 한복판에서는 어떻게 하나님의 현존을 느낄 수 있는가? 시나이 산 정상에서가 아니라 그 아래 평지에서 말이다. 그 위대한 계시를 받던 순간처럼 천둥과 번개로 둘러싸인 때가 아니라, 오늘, 평범한 오늘, 어떻게 하나님의 현존을 느낄 것인가?

이것이 이번 주 오경 읽기 본문의 이름 '테루마'(Teruma)가 지닌 변혁적 비밀이다. 그 말은 "예물/기부금"(contribution)을 뜻한다. 하나님께서는 모세에게 이렇게 말씀하셨다. "너는 이스라엘 자손에게 말하여, 나에게 예물을 바치게 하여라. 누가 바치든지, 마음에서 우러나 나에게 바치는 예물이면 받아라"(25:2). 하나님을 만나는 가장 좋은 길은 주는 일이다.

주는 행위는 우리가 주는 것이 우리가 받은 것의 한 부분이라는 이해에서 비롯되거나, 또는 그런 이해에 도달하도록 이끈다. 주는 행위는 감사를 표시하는 방식이다. 그것은 인간의 마음속에 하나님의 현존과 하나님의 부재 사이의 차이점을 드러낸다.

만일 하나님이 계시다면, 그것은 우리가 지닌 것이 모두 그분의 것이라는 뜻이다. 그분은 우주를 창조하셨다. 그분은 우리에게 생명을 주셨다. 그분은 우리가 숨 쉬는 바로 그 숨을 우리들 속에 불어넣으셨다. 우리들 주변에는 하나님의 관대하심이 장엄하며 매우 풍성하다. 햇빛, 금, 푸른 잎사귀들, 새들의 노래가 그렇다. 이것이 우리가 매일 아침기도에서 암송하는 위대한 창조 시편들을 읽을 때 느끼는 것이다. 세상은 하나님의 미술관이며, 그분의 걸작품들은 도처에 널려있다.

우리의 생명이 주어진 것임을 인식하는 방식은 돌려드리는 것이다. 그러나 주신 분이 없기 때문에 생명이 주어진 것이 아니라면, 만일 우주가 존재하게 된 것이 단지 양자들의 우연한 파동의 결과에 불과하다면, 만일 우주 안에 우리가 존재한다는 것을 아는 것이 아무것도 없다면, 만일 인간의 몸이 단지 유전부호들의 얽힘에 불과하며, 인간의 정신이 뇌 속의 전자파동에 불과하다면, 만일 우리의 도덕적 확신이 자기보존의 수단에 지나지 않고, 또한 우리의 영적인 열망이 망상에 불과하다면, 생명의 선물에 대한 감사를 느끼기 어려울 것이다. 주시는 분이 없다면 주는 선물도 없다. 오직 무의미한 우연들의 연속만 있을 뿐이며, 우연에 대한 감사를 느낄 수도 없다.

따라서 오경은 단순하며 실제적인 것을 우리에게 가르친다. 주어라, 그러면 우리는 생명이 선물임을 깨달을 것이다. 우리는 하나님이 존재하시는 것을 입증할 필요가 없다. 우리에게 필요한 것은 우리가 존재하는 것에 대해 감사하는 마음을 갖는 것이다. 그러면 나머지는 따라온다.

이것이 바로 하나님께서 이스라엘 백성에게 성소를 건설하도록 지시하심으로써 그 백성들에게 가까이 다가오신 방식이다. 그 방식은 목재와 금속과 커튼의 질이 아니었다. 그것은 대제사장들의 가슴에 붙인 보석들의 번쩍임이 아니었다. 건축물의 아름다움도 아니었고, 제물을 불살라 바치는 희생제사의 향기도 아니었다. 오직 "마음에서 우러나와 나에게 바치는"(25:2) 선물로 이루어져야 하는 것이다. 사람들이 자발적으로 서로에게 주며, 또한 거룩한 목적을 위해 바치는 곳이 바로 하나님의 현존이 머무시는 곳이다.

따라서 이번 주 오경 본문 읽기 제목을 '테루마'(Teruma)라고 부른 특별한 이유가 그것이다. 나는 그것을 "예물/기부금"이라고 번역했지만, 실제로는 미묘한 의미가 있어서 단순히 영어에서 그에 해당하는 단어를 찾기가 쉽지 않다. 그것은 거룩한 대의를 위해 기부함으로써 "우리가 높이 들어 올리는 무엇"을 뜻한다. 우리가 그것을 들어 올리면, 그것이 우리를 들어 올린다. 영적으로 높아지는 가장 좋은 방법은 단순히 우리가 주어진 존재라는 사실에 대해 감사하면서 주는 방법이다.

하나님은 돌로 만든 집에 머무르지 않으신다. 그분은 주는 사람들의 가슴 속에 머무신다.

영감과 수고

Tetzaveh

베토벤은 매일 새벽 일어나 스스로 커피를 내렸다. 그는 꼼꼼하게 정확히 커피콩 60개를 매번 세어서 한 잔을 만들었다. 그리고는 책상에 앉아 오후 두세 시까지 작곡을 했다. 그 이후에는 산책을 나가곤 했는데, 연필과 오선지를 갖고 다니면서 길에서 떠오르는 생각을 기록했다. 저녁식사 후에는 맥주와 담배를 즐기고 늦어도 열 시에는 침대로 갔다.

낮 동안에 우체국에서 일했던 앤서니 트롤로프는 매일 아침 다섯 시에 하인더러 자기를 깨우라고 했고, 다섯 시 반에는 책상에 앉아 정확히 세 시간 동안 글을 썼는데, 15분마다 250자를 쓰려고 했다. 이런 식으로 그는 47개의 소설을 썼는데, 그 중 많은 소설이 3권 분량이었다. 소설 이외에도 16권의 다른 책들을 썼다. 그가 소설 한 권을 마쳤는데도 아직 세 시간이 지나지 않았을 때는 즉시 새 종이를 꺼내 다음 소설을 쓰기 시작하곤 했다.

임마누엘 칸트는 근대철학의 가장 탁월한 인물로서 그 일과(routine)는 유명하다. 하인리히 하이네가 표현했듯이, "일어나, 커피를 마시고, 글을 쓰고, 강의하고, 식사하고, 산책하고, 그 모든 것이 정해진 시간이었기 때문에, 이웃들은 칸트가 회색 코트를 입고 손에 스페인 지팡이를 들고 문밖으로 나오면 정확히 오후 3시 30분인 걸 알았다."

이런 세부적 사실들은 150여 명의 위대한 철학자들, 예술가들, 작곡가들, 작가들의 사례에서 발췌한 메이슨 커리의 책 ≪매일의 의례: 위인들은 어떻게 시간을 내고 영감을 발견하고 작업했는가≫[1])에 나온다. 이 책의 요점은 단순하다. 대부분의 창조적인 사람들은 매일의 의례를 나름대로 갖고 있다는 점이다. 이런 것들이 토양을 형성하여 거기서 그들의 창작의 씨앗들이 성장해나간다.

어떤 경우에는 그들이 별로 할 필요가 없는 일들을 의도적으로 했는데, 단지 자신들의 삶에서 질서와 일과를 정립하기 위해서였다. 전형적인 사례가 시인 월리스 스티븐스의 경우인데, 그는 죽기까지 어느 손해보험회사 변호사로 일했다. 그는 직업을 가진 것이 자기에게 최고였던 이유는 "직업이 개인의 삶에 규칙성과 규율을 가져다주었기 때문"이라고 말했다.

그 역설을 주목하라. 그들은 모두 발명가들, 개척자들, 선구자들로서 새로운 생각을 찾아내고 새로운 표현형식을 만들어낸 사람들이었다. 그들은 전에 아무도 하지 못했던 방식으로 일을 했다. 그들은 틀을 깨어버렸다. 그들은 풍경을 바꾸었다. 미지의 세계 속으로 모험을 무릅쓴 사람들이었다.

그러나 그들의 일상은 그와 반대로 매일 일정한 의례를 행하고 틀에 박힌 일과였다. 그들은 지루한 일상을 살았다고 볼 수도 있다. 도대체 왜 그랬는가? 누가 처음 한 말인지는 모르지만 유명한 말처럼, 천재는 1%의 영감과 99%의 수고의 결과이기 때문이다. 패러다임을 바꾼 과학적 발견, 돌파구를 연 연구, 놀랄 만큼 성공적인 신상품, 탁월한 소설,

---

1) Mason Currey, *Daily Rituals* (New York: Knopf, 2013).

유명한 상을 받은 영화는 거의 언제나 오랫동안 세부적인 것들에 주목한 결과물이다. 창조적인 것은 힘든 수고와 관련된다.

힘든 수고를 뜻하는 고대 히브리어는 '아보다'(*avoda*)이다. 이 단어는 또한 "하나님을 섬긴다"는 것을 뜻하기도 한다. **예술, 과학, 사업, 산업에 적용되는 것은 똑같이 영적 생활에도 적용된다.** 어떤 형태로든 영적인 성장을 이루기 위해서는 지속적인 수고와 매일의 제의가 필요하다.

그래서 많은 현자들이 "오경의 위대한 원리"(*klal gadol ba'Torah*)라고 생각한 두드러진 구절이 있다. 벤 아짜이는 "사람의 역사는 이러하다. 하나님이 사람을 창조하실 때에, 하나님의 형상대로 사람을 만드셨다"(창 5:1)는 구절이 그렇다고 말한다. 벤 조마는 더욱 폭넓은 원리가 "이스라엘은 들으십시오. 주님은 우리의 하나님이시요, 주님은 오직 한 분뿐이십니다"(신 6:4)라는 구절이라고 한다. 벤 난나스는 그보다 더 폭넓은 원리는 "너는 너의 이웃을 네 몸처럼 사랑하여라"(레 19:18)는 구절이라고 말한다. 벤 파찌는 그보다 더 폭넓은 원리를 발견할 수 있다면서, 이번 주 오경 읽기 본문에 나오는 구절인 "숫양 한 마리는 아침에 바치고, 다른 한 마리 숫양은 저녁에 바쳐라"(출 29:39)를 인용한다. 오늘날에는 틀에 박힌 일과, 즉 아침기도(*Shaḥarit*), 오후기도(*Minḥa*), 저녁기도(*Maariv*)를 오경의 위대한 원리라고 말할 수도 있을 것이다. 그 구절의 결론은 율법이 벤 파찌를 따른다는 것이다.[2]

벤 파찌가 말하는 의미는 분명하다. 하나님의 형상으로 지음받은 인간, 하나님의 유일성에 대한 믿음, 이웃에 대한 사랑 등 세상의 모든

---

2) 이 구절은 탈무드의 아가다 구절들을 수집한 *Ein Yaakov*에 대한 주석 *HaKotev*의 서론에 인용되고 있다. 또한 *Netivot Olam, Ahavat Re'a* 1에서 마하랄이 인용하고 있다.

높은 이상들이 행동의 습관이 되고 그것이 마음의 습관이 되기 전까지는 이상 자체가 별다른 의미가 없다는 뜻이다. 우리는 모두 우리의 삶을 변화시킬 수 있는 위대한 생각, 놀라운 사상, 커다란 계획에 대한 단초를 가졌던 통찰의 순간들을 기억할 수 있다. 그러나 하루나 일주일, 또한 한 해가 지나고 나면 그 생각은 잊거나 먼 과거의 기억이 되어버리거나, 기껏해야 그럴 수도 있었을 것이 되어버리고 만다.

크든 작든 세상을 변화시킨 사람들은 절정 경험을 일상생활의 판에 박힌 일과로 만든 사람들이며, 세부적인 것들이 중요하다는 것을 아는 사람들이며, 힘든 수고를 오랜 시간 계속할 수 있는 규율을 발전시킨 사람들이다.

유다이즘의 위대함은 그것이 하나님의 형상, 하나님에 대한 믿음, 이웃에 대한 사랑 등의 높은 이상들과 고귀한 비전들을 행동의 패턴으로 바꾼다는 점이다. 할라카(유대 율법)는 위대한 창조적 정신처럼, 뇌를 재구성하고, 우리의 삶에 규율을 잡고, 우리가 느끼고 생각하고 행동하는 방식을 변화시키는 몇 가지 판에 박힌 일과들과 연관된다.

유다이즘의 상당부분은 외부인들에게, 때로는 내부인들에게도, 지루하고 단조롭고 평범하며 반복적이고 틀에 박혔으며, 세부적인 것들에 사로잡힌 채, 대부분이 극적인 요소나 영감이 없는 것처럼 보일 것임에 틀림없다. 그러나 그것이 바로 소설을 쓰고, 교향곡을 작곡하고, 영화를 제작하고, 수십억을 투자하여 사업을 시작하는 일에서 대부분의 시간 동안 하는 일이다. 그것은 힘든 수고, 초점을 맞추는 일, 그리고 매일의 제의 문제다. 거기에서 모든 지속가능한 위대함이 나온다.

서양에서 우리는 종교 경험에 대해 이상한 견해를 발전시켰는데, 그것은 종교 경험이라는 것이 완전히 정상적인 경험 바깥에서 일어나는 압도적인 경험이라는 견해다. 산에 올라가 아래를 내려다보라. 당신은 위험으로부터 기적적으로 구출되었다. 당신은 자신이 거대하며 박수치는 군중의 한 부분임을 발견한다. 그것이 독일 루터교 신학자 루돌프 오토(1869-1937)가 "거룩"(the holy)을, 두렵게 만들고(tremendum) 동시에 매혹시키는(fascinans) 신비(mysterium)라고 정의한 방법이다. 압도적인 신비 앞에서 우리는 경외감을 느낀다. 우리는 모두 그런 경험을 한 적이 있다.

그러나 그것은 경험일 뿐이다. 그 경험들은 기억 속에 남아 있지만, 우리 일상생활의 일부가 되지는 않는다. 그 경험들이 우리의 성격의 특질을 형성하지는 않는다. 우리의 행동이나 우리가 성취하는 것, 또는 우리가 되려는 것에 영향을 끼치지도 않는다. 유다이즘은 우리가 창조적인 예술가가 되어 자신의 인생을 가장 훌륭하게 창조하도록 우리들 자신을 변화시키도록 돕는 종교이다.[3] 그것을 위해 매일의 제의가 필요한데, 우리가 먹는 음식, 우리가 일터에서나 집에서 행동하는 방식, 유다이즘의 제사장적인 차원이 특히 기여하는 거룩함의 동작에 대한 매일의 제의는 이번 주 오경 읽기 본문과 레위기 전체에 설정되어 있다.

이런 일상적 제의들은 효과가 있다. 우리는 MRI나 PET 스캔을 통해, 반복적인 영적 훈련이 뇌를 재구조화한다는 것을 알고 있다. 그런 제의들은 우리를 더욱 감사하게 만든다. 우리 존재의 원천에 대해 신뢰하도록 해준다. 우리의 정체성, 우리가 행동하고 말하고 생각하는 방법을 형성해준다. 일상적 제의와 깊은 영성의 관계는 훈련과 테니스 선수의 관계와 같다. 매일 글쓰기 훈련과 소설가의 관계, 회사 장부를 검토

---

[3] Rabbi Joseph Soloveitchik이 그의 책 *Halakhic Man*에서 주장한 요점이다.

하는 일과 워렌 버펫의 관계와 같다. 그것은 높은 성취의 전제조건들이다. 하나님을 섬기는 일은 '아보다'(avoda), 즉 힘든 수고를 뜻한다.

갑작스러운 영감을 받기 원한다면, 일 년 내내, 아니면 평생 동안 매일 그 영감을 받기 위해 노력하라. 그것이 영감을 받는 유일한 방법이다. 어느 유명한 골프선수가 성공의 비결에 대한 질문을 받자 말했다는 것처럼, "나는 운이 좋았습니다. 그러나 재미있는 것은 내가 더 열심히 노력할수록, 내가 더 운이 좋아진다는 사실입니다." 영적인 성숙을 추구할수록, 하나님에 이르는 유대인들의 "길"인 그 할라카를 더욱 일상적인 일과로 만들고 의례로 만들 필요가 있다.[4]

---

4) 역자주: "너는 이스라엘 자손에게 명하여, 올리브를 찧어서 짜낸 깨끗한 기름을 가져다가 등불을 켜게 하되, 그 등불은 늘 켜 두어라"(출 27:20)는 말씀에 대해 저자는 현자들의 설명을 인용한다. "랍비 예호슈아 벤 레비는 왜 이스라엘을 올리브에 비유했는지를 물었다. 올리브가 처음에는 쓰고, 그 다음에는 달콤하듯이, 이스라엘이 지금은 고난을 겪지만, 장차 그들에게 많은 좋은 일들이 저장되어 있다. 또한 올리브가 기름을 내기 위해서는 찧어져야만 하듯이, 이스라엘이 고난으로 짓이겨질 때는 이스라엘이 [오경에 있는 그 잠재성을] 성취한다"(*Midrash Pitron Torah*, Num 13:2). 이어서 저자는 그 의미를 이렇게 설명한다. "고난이 우리에게 닥치거나 우리 가까운 사람에게 닥칠 때 우리는 절망할 수 있다. 그러나 다르게 반응할 수도 있다. 고난 속에서 더 강해지는 것이다. 그러나 세 번째 가능성도 있다. 자비심, 친절함, 사랑으로 반응하는 것이다. 우리는 올리브처럼 찧어져야만 거룩한 빛을 내는 깨끗한 기름을 만들 수 있다. 착한 사람들에게 나쁜 일이 벌어지면, 우리의 믿음이 도전을 받는다. 그것은 자연스러운 반응이지, 이단적인 반응이 아니다... 결국 잘못된 질문은 '왜 이런 일이 벌어졌는가?'라는 질문이다. 우리는 결코 알 수 없다... 올바른 질문은 '어차피 이런 일이 벌어진 마당에 나는 무엇을 할 것인가?'라는 질문이다. 그 대답은 생각이 아니라 행동이다. 육체의 문제인 경우 치유할 수 있는 것을 치유하고, 마음의 문제인 경우 심리학적으로 치유하고, 영혼의 문제인 경우에는 영적으로 치유하는 행동이다. 우리의 과제는 다른 사람들의 삶 속의 어두운 곳에 빛을 가져오는 일이다." Jonathan Sacks, *Judaism's Life-Changing Ideas* (Maggid Books, 2020), 105-06.

가까이 계신 하나님

Ki Tissa

나는 오경을 더 많이 연구할수록, 출애굽기 33장의 엄청난 불가사의 함에 대해 더 깊이 의식하게 된다. 33장은 금송아지 이야기의 중간에 있는데, 출애굽기 32장은 그 죄와 결과를 묘사하고, 34장은 하나님께서 모세에게 "자비의 열세 가지 특성들"을 계시한 것, 두 번째 석판, 계약의 갱신을 묘사한다. 이런 불가사의가 유대인 영성을 형성하는 틀이라고 나는 믿는다.

33장을 당혹스럽게 만드는 것은 첫째로 그 장이 무엇을 이야기하는지 분명하지 않다는 점 때문이다. 모세는 무엇을 하고 있었는가? 그 앞 장에서 그는 이미 두 차례나 백성들이 용서를 받도록 기도했다. 34장에서 그는 또 다시 용서를 위해 기도한다. 그렇다면 도대체 33장에서는 그가 무엇을 이루려고 하던 중이었는가?

둘째로, 모세의 요구는 좀 이상하다. 그는 "부디 저에게 주님의 계획을 가르쳐 주십시오"(33:13), 그리고 "저에게 주님의 영광을 보여 주십시오"(33:18)라고 말한다. 이런 요구들은 용서를 구하는 것이라기보다는 형이상학적 이해나 신비체험을 요구하는 것처럼 보인다. 그 요구들은 모세 개인과 관계된 것이지, 그가 대신 기도하고 있는 백성들과 관계된 것이 아니다. 민족적 위기의 순간이었다. 하나님은 화가 나셨다. 백성들은 트라우마에 사로잡혔다. 민족 전체가 혼란에 빠졌다. 당시는 모세가 신학 세미나를 개최하자고 요청할 때가 결코 아니었다.

셋째로, 33장의 이야기는 한 차례 이상 과거의 시간으로 돌아가는 것처럼 보인다. 4절에서 "아무도 장식품을 몸에 걸치지 않았다"고 말하는데, 그 다음절에서는 하나님께서 "이제 너희는 너희 몸에서 장식품을 떼어 버려라" 하고 말씀하신다. 14절에서는 하나님께서 "내가 친히 너와 함께 가겠다"고 말씀하시는데, 15절에서는 모세가 "주님께서 친히 우리와 함께 가지 않으시려면, 우리를 이곳에서 떠나보내지 마십시오"라고 말한다. 이 두 경우 모두에서, 시간이 거꾸로 흐르는 듯하다. 즉 두 번째 문장에 응답하는 것은 바로 앞 문장이다. 오경은 분명히 우리의 시선을 무엇인가에로 끌어당기고 있는데, 그것이 무엇인가?

여기에 금송아지 자체의 불가사의를 덧붙여보자. 금송아지는 우상이었는가, 아니었는가? 본문은 백성들이 "이스라엘아! 이것이 너희를 이집트 땅에서 이끌어 낸 너희의 하나님이다"라고 외쳤다고 말한다(32:4). 그러나 본문은 또한 백성들이 금송아지를 만든 이유는 그들이 **모세에게** 무슨 일이 벌어졌는지를 몰랐기 때문이라고 말한다. 백성들은 모세를 대신할 것을 찾았는가, 아니면 하나님을 대신할 것을 찾았는가? 백성들의 죄는 무엇이었는가?

이 모든 것을 둘러싸고 있는 큰 불가사의는 금송아지 사건 이전과 이후에, 하나님의 장막/회막/성막(*Mishkan*, tabernacle, the tent of meeting)에 관한 장황한 설명과 관계된 사건들의 정확한 순서에 관한 불가사의다. 그 성소와 금송아지 사이의 관계는 무엇이었는가?

그 불가사의의 중심에는 7-11절의 이해하기 어려운 세부사항이 있다. 본문은 모세가 그의 장막을 **진 바깥에**(outside the camp) 쳤다고 한다. 이것이 금송아지 사건 이후 하나님과 백성 사이의 관계와 무슨 상관이 있는가? 어쨌거나 그 행동은 분명히 모세가 당시 상황에서 취할 수 있었던 최악의 행동이었다. 왜냐하면 방금 전에 하나님께서는 "나는 너희와 함께 가지 않겠다"(33:3)라고 말씀하셨기 때문이다. 이에 대해 백성들은 매우 참담해졌고, "통곡하였다"(33:4). 그런 참담한 상황에서 모세가 진(camp)을 떠나 바깥으로 나가는 것은 백성들의 기를 더욱 꺾는 일이었음에 틀림없다. 집단적인 고통을 겪을 때는 지도자가 백성과 멀리 떨어질 것이 아니라 가까이 있어야만 하기 때문이다.

이처럼 이해하기 힘든 본문을 해석하는 많은 방식들이 있지만, 내 생각에 가장 강력하고 단순한 해석은 이것인 것 같다. 즉 모세는 매우 담대한 기도를 드리던 중이었는데, 너무나 담대해서 오경이 그것을 직접적으로 명백하게 진술하지 않고 있다는 해석이다. 우리는 본문 자체 안의 단서들과 이상한 점들로부터 당시 상황을 재구성해야만 한다.

그 앞장은 백성들이 지도자 모세가 곁에 없어 두려움에 빠졌음을 함축했다. 하나님 자신도 그만큼 함축된 것은 모세에게 "어서 내려가 보아라. **네가** 이집트 땅에서 이끌어 낸 **너의** 백성이 타락하였다"(32:7)라고 말씀하신 데서 드러난다. 여기서 암시하는 것은 모세의 부재, 또는 거리가 죄의 원인이었다는 점이다. 그는 백성들과 더 가까이 머물렀어야만 했다. 모세는 그 점을 파악했고, 산에서 내려갔다. 그는 죄를 처벌했고, 백성들을 용서해달라고 하나님께 기도했다. 이것이 32장의 주제였다. 그러나 33장에서는 백성들 사이에 질서를 회복시킨 다음, 모세는 이제 전혀 새로운 접근방법을 시작했다. 그는 결국 하나님께 "백성들에게 필요한 것은 **제가** 그들 곁에 있는 것이 아닙니다. 저는 인간에 불과하며, 오늘은 여기에 있지만, 내일은 사라질 겁니다. 그러나 당신은 영원하시며, 당신이 그들의 하나님이십니다. 백성들 곁에 가까이 계실 필요가 있는 분은 당신이십니다"라고 말씀드렸다.

그것은 마치 모세가 하나님께 "지금까지는 백성들이 당신을 무서운 분으로, 절대적 힘으로 경험했습니다. 이집트인들에게 계속 재앙들을 내리심으로써 세상의 가장 막강했던 제국을 무릎 꿇게 만드셨으며, 바다를 가르시고, 자연 자체의 질서를 뒤집으신 분으로 당신을 경험했습니다. 시나이 산에서 당신의 음성을 듣는 것만으로도 백성들은 너무나 압도당해, 만일 우리가 그 음성을 계속 들으면 '우리가 죽겠다'고 말했습니다. 백성들이 경험할 필요가 있는 것은 하나님의 위대하심(greatness)이 아니라, 하나님의 가까이 계심(closeness)이며, 산 위의 천둥과 번개 속에서 하나님을 듣는 것이 아니라, 산 아래 골짜기에서 영원히 현존하시는 분으로 경험하는 것입니다"라고 말씀드리는 것과 같다.

바로 이런 이유 때문에 모세는 자신의 장막을 옮겨서 진 바깥에 친 것이며, 그의 이런 행동은 하나님께 "백성들 한복판에 있어야 할 필요가 있는 것은 제가 아니라 당신입니다"라고 말한 셈이다. 바로 이것이 모세가 하나님 자신의 본성을 이해하려고 노력했던 것이다. 하나님께서 백성들이 있는 곳에 가까이 계시는 것이 가능한가? 초월이 내재가 될 수 있는가? 우주보다 크신 하나님이 우주 안에, 단지 기적적인 개입의 형태로만이 아니라 예측가능하며 이해할 수 있는 방식으로 계시는 것이 가능한가?

이런 질문에 대해 하나님께서는 매우 체계적으로 대답하셨다. 첫째로, 하나님은 우리가 하나님의 방식을 이해할 수 없다고 말씀하셨다. "나는 은혜를 베풀고 싶은 사람에게 은혜를 베풀고, 불쌍히 여기고 싶은 사람을 불쌍히 여긴다"(33:19). 하나님의 정의에는 항상 인간이 이해하기 어려운 요소가 있다. 우리는 다른 사람의 마음속으로도 완전히 들어갈 수 없는데, 하물며 창조주의 마음속에 들어간다는 것이 얼마나 어려운 일이겠는가!

둘째로, "내가 너에게 나의 얼굴은 보이지 않겠다. 나를 본 사람은 아무도 살 수 없기 때문이다"(33:20). 사람들은 기껏해야 "나의 등(My back)을 볼" 수 있을 뿐이다. 심지어 하나님께서 역사 속에 개입하실 때조차도, 우리는 나중에 뒤돌아 볼 때만 비로소 알 수 있다. 스티븐 호킹은 틀렸다.[1] 우리가 모든 과학적 비밀을 풀어낼 수 있다고 해도, 우리는 여전히 하나님의 마음을 알지 못할 것이다.

셋째로, 그러나 우리는 하나님의 "영광"은 볼 수 있다. 이것은 모세가 자신이 결코 하나님의 "방식"을 알 수 없으며, 그분의 "얼굴"을 볼 수 없다는 사실을 깨달은 다음에 요청했던 것이다. 이것이 바로 하나님께서 지나가실 때에 모세를 "바위틈에"(22절) 서 있도록 만드신 이유다. 우리는 이 단계에서 정확히 하나님의 영광이 무엇을 뜻하는지 알지 못하지만, 이것을 출애굽기의 마지막에서 발견한다. 35-40장은 이스라엘 백성이 어떻게 회막/성막(*Mishkan*)을 만들었는지를 기술한다. 그 작업이 끝나고 백성들이 모이자, 다음과 같은 일이 벌어진다.

> 그때에 구름이 회막을 덮고, **주님의 영광이 성막**에 가득 찼다. 모세는, 회막에 구름이 머물고, **주님의 영광이 성막**에 가득 찼으므로, 거기에 들어갈 수 없었다. (40:34-35)

---

1) Steven Hawking, *A Brief History of Time* (New York: Bantam Books, 1988). 그는 이 책 마지막에서, 만일 우리가 우주에 대해 완전한 과학적 이해에 도달한다면, 우리가 "하나님의 마음을 알게" 될 거라는 유명한 말을 했다.

우리는 이제 이 전체 드라마가 작동하기 시작한 것이 금송아지를 만든 때문임을 이해할 수 있다. 모세는 하나님께 백성들 가까이 오셔서, 백성들이 하나님을 만날 수 있게 되기를 간청했다. 즉 기적들의 형태로 되풀이 되지 않는 순간들뿐만 아니라, 정기적으로, 일상적으로도, 또한 그것을 만지면 모두를 말살할 것을 위협하는 힘으로서만이 아니라 그 진의 중심에서 느낄 수 있는 현존으로서 만날 수 있게 되기를 간청했다.

바로 이런 이유 때문에 하나님께서는 모세에게 백성들로 하여금 회막을 건설하도록 가르치라고 명령하셨던 것이다. 이것이 하나님께서 모세에게 "내가 그들 가운데 머물(*veshakhanti*) 수 있도록, 그들에게 내가 머물 성소를 지으라고 하여라"(25:8) 하고 말씀하신 뜻이다. 머문다는 뜻의 이 동사로부터 "장막/회막/성막"(*Mishkan*)이라는 말이 나왔고, 성서 이후 시대의 말인 '쉐키나'(*Shekhina*), 즉 하나님의 현존을 뜻하는 말이 나왔다. 이 말을 하나님께 적용하면, 3주 전 오경 읽기 본문에서 설명했던 것처럼, "가까이 있는 현존"을 뜻한다. 그렇다면, 유다 할레비가 이 본문을 이해했던 것처럼,[2] 회막(성소)을 제도화한 것은 모두 금송아지의 죄에 대한 하나님의 응답이었으며, 모세가 하나님께 백성들 가까이 오시도록 간청한 것을 하나님께서 받아들이신 것이었다. 우리는 하나님의 **얼굴**을 볼 수 없다. 우리는 하나님의 **방식**들을 이해할 수 없다. 그러나 우리는 이 땅위에 하나님의 현존을 위한 집을 건설할 때마다 하나님의 **영광**을 만날 수 있다.

이것이 유대 영성의 계속되는 기적이다. 유다이즘이 태어나기 이전에는 어느 누구도 하나님을 그처럼 추상적이며 경외심을 불러일으키는

---

2) Judah Halevi, *The Kuzari*, 1:97.

방식으로 상상하지 못했다. 즉 하나님은 가장 멀리 있는 별보다 더 멀리 계시며, 시간 자체보다 더 영원하시다. 그러나 어느 종교도 하나님을 가까이 계신 분으로 느끼지 못했다. 성서에서 예언자들은 하나님과 논쟁한다. 시편에서 다윗 왕은 하나님께 매우 친밀한 어조로 말씀드린다. 탈무드에서는 하나님이 현자들 사이의 논쟁에 귀를 기울이시며, 심지어 그들이 하늘의 음성과는 반대되는 결정을 내릴 때조차도 그들의 결정을 수용하신다. 하나님과 이스라엘의 관계는 부모와 자녀, 남편과 아내의 관계와 같다고 예언자들은 말했다. 아가서에서는 그 관계가 서로 넋을 잃은 두 연인들과 같다. 유대 신비주의 문서 조하르(Zohar)는 열정을 표현하는 가장 노골적인 단어를 사용하는데, 이것은 16세기 사페드 카발리스트였던 랍비 엘라자르 아지크리가 쓴 것으로 알려진 시(*Yedid Nefesh*)에서도 마찬가지다.

이것이 중세시대 대성당들과 회당 사이의 두드러진 차이점들 가운데 하나다. 대성당에서는 우리가 하나님의 광대하심과 인간의 왜소함을 느낀다. 그러나 프라하의 알트노이슐이나 라이의 회당들, 그리고 사페드의 랍비 요셉 카로에서는 우리가 하나님의 가까이 계심과 인간의 잠재적 위대함을 느낀다. 많은 민족들이 하나님을 섬기지만, 유대인들은 자신들이 그분의 가까운 친척들로 간주한다("이스라엘, 나의 자녀, 나의 맏아들"—출 4:22).

출애굽기 33장의 본문 행간을 우리가 충분히 주의 깊게 귀를 기울이면, 유대인 영성의 매우 특징적이면서도 역설적인 특성 가운데 하나가 등장하는 것을 볼 수 있다. 어느 종교도 하나님을 그보다 더 높은 분으로, 동시에 그렇게 가깝게 느꼈던 적이 없었다. 이런 친밀함이 모세가 33장에서 하나님과 가장 담대한 대화를 통해 추구했던 것이다.

사회적 동물
Vayak'hel

이번 주 오경 읽기 본문의 시작 부분에서 모세는 금송아지의 죄라는 과거를 수리하는 작업(*tikkun*)을 수행한다. 오경은 그 두 이야기들의 시작에서 본질적으로 똑같은 단어를 사용함으로써, 그 작업 수행을 알린다. 그 단어(K-H-L)는 결국 유대인 영성의 핵심 단어가 되었는데, "모이다, 소집하다, 집합하다"는 뜻이다. 이 단어로부터 "공동체"라는 뜻의 '카할'(*kahal*)과 '케힐라'(*kehilla*)라는 말이 나왔다. 공동체는 단지 고대의 관심으로 남아 있는 것이 아니라, 우리 인간성의 중심에 남아 있다. 우리가 보게 되겠지만, 최근의 과학적 연구는 공동체들과 사회적 네트워크가 우리의 인생을 형성하는 막강한 힘이라는 사실을 확증해준다.

첫째로, 성서 이야기를 보자. 금송아지 이야기는 이렇게 시작된다. "백성은, 모세가 산에서 오랫동안 내려오지 않으니, 아론에게로 몰려갔다(*vayikahel*)"(출 32:1). 이번 주 본문의 시작 부분에서, 모세는 하나님의 용서를 받고 두 번째 석판을 갖고 내려온 다음에, 백성들을 다시 헌신하게 만드는 일을 시작했다. "모세는 이스라엘 자손의 온 회중을 모아 놓았다(*yayak'hel*)"(출 35:1). 백성은 하나의 공동체로서 죄를 지었다. 이제 그들은 공동체로서 새롭게 태어나야 할 참이었다. 유대인 영성은 무엇보다도 공동체적 영성이다.

또한 이번 주 본문에서 모세가 정확히 무슨 일을 하는지를 주목해보라. 그는 유다이즘에서 공동체의 두 가지 중심에 백성들이 주목하도록 만드는데, 하나는 공간적인 것이며, 다른 하나는 시간적인 것이다. 시간적인 것은 안식일이다. 공간적인 것은 회막(*Mishkan*)으로서, 이것은 나중에 결국 성전, 그리고 그 다음에는 회당이 되었다. 그것들은 공동체가 가장 강력하게 살아있는 장소다. 즉 안식일에 우리는 사적인 욕망과 계획들을 내려놓고 하나의 공동체로 모인다. 그리고 회당은 공동체가 그 집으로 삼는 곳이다.

유다이즘은 개인에게 엄청난 중요성을 부여한다. 모든 생명은 우주와 같다. 우리들 각자는 비록 모두 하나님의 형상으로 지음받았지만, 서로 다르기 때문에 독특하고 대체불가능하다. 그러나 오경에서 처음으로 "좋지 않다"는 말이 나오는 것은 "남자가 혼자 있는 것이 좋지 않다"(창 2:18)는 본문에서다. 유다이즘의 상당부분은 우리가 함께 하는 형태와 구조에 관한 것이다. 유다이즘은 개인을 가치 있게 보지만, 개인주의를 승인하지는 않는다.

우리의 종교는 공동체의 종교다. 우리의 가장 거룩한 기도는 오직 공동체라고 정의할 수 있는 최소한의 인원(*minyan*)이 모여 있을 때만 할 수 있다. 우리는 기도할 때, 공동체로서 기도한다. 마틴 부버는 나와 당신(I-and-Thou)에 대해 말했지만, 유다이즘은 사실상 우리와 당신(We-and-Thou)의 문제다. 따라서 이스라엘 백성이 공동체로서 저지른 죄를 속죄받기 위해, 모세는 시간과 장소 안의 공동체를 거룩하게 성화시키려고 했다.

이것은 서양의 전통과 현대 문화 사이의 근본적 차이점 가운데 하나가 되었다. 우리는 미국 사회에 관한 세 권의 획기적인 책 제목들에서 이것을 찾아볼 수 있다. 1950년에 디에비드 리스먼, 나탄 글레이저, 류엘 데니는 미국인들의 변하는 성격에 관해 통찰력이 넘치는 책을 출판했는데, 그 책제목이 ≪고독한 군중≫이었다. 2000년에는 하버드대학교의 로버트 퍼트넘이 출판한 책이 ≪나 홀로 볼링≫인데, 이 책은 어느 때보다도 더 많은 미국인들이 볼링장에 가지만, 볼링 클럽과 볼링 리그에 가입하는 사람들은 별로 없다는 이야기다. 2011년에는 MIT의 쉐리 터클이 스마트폰과 소셜네트워킹 소프트웨어의 영향을 분석하여 발표한 책제목이 ≪혼자 함께≫다.

이 책제목들을 주의해서 보라. 이 책들은 각각 현대생활에서 공동체가 오랫동안 더욱 넓게 와해되는 과정과 고독의 경향이 더욱 다가온 것에 관한 책이다. 로버트 벨라는 이것을 웅변적으로 표현하여 "사회적 생태학은 단지 전쟁, 종족학살, 정치적 억압에 의해서만 피해를 입는 것이 아니다. 그것은 또한 인간을 서로에게 연결시켜주는 미묘한 유대가 파괴됨으로써 사람들이 두려워하고 혼자 남게 내버려두는 것에 의해서도 피해를 입는다"[1]라고 썼다.

바로 이런 이유 때문에 안식일과 성소(오늘날의 회당)라는 두 가지 주제가 오늘날까지 강력하게 남아있는 것이다. 그것들은 공동체가 쇠퇴하는 것에 대한 해독제다. 그것들은 "인간을 서로에게 연결시켜 주는 미묘한 유대"를 회복하는 데 도움을 준다. 그것들은 우리를 공동체로 다시 연결시켜준다.

안식일을 생각해보자. 프린스턴대학교의 정치철학자 마이클 월쩌는 공휴일과 거룩한 성일들(또는 그의 표현대로 휴가 기간과 안식일) 사이

---

[1] Robert Bellah et al., *Habits of the Heart: Individualism and Commitment in American Life* (Berkeley: University of California Press, 1985), 284.

의 차이점들에 주목하게 만든다.2) 휴가 기간을 개인적인 공휴일로 간주하는 것은 비교적 최근의 생각이다. 월쩌는 그것을 1870년대 이후부터라고 본다. 그 본질은 그 개인주의적 (또는 가족적) 성격이다. "누구나 자신의 휴가 기간 동안에 자기가 가고 싶은 곳에 가고, 하고 싶은 것을 할 계획을 세운다." 이와는 반대로 안식일은 본질적으로 집단적이다. "너나, 너의 아들이나 딸이나, 너희의 남종이나 여종뿐만 아니라, 너희의 소나 나귀나, 그 밖에 모든 집짐승이나, 너희의 집안에 머무르는 식객이라도, 일을 해서는 안 된다. 너희의 남종이나 여종도 너와 똑같이 쉬게 하여야 한다"(신 5:14). 안식일은 공적이며, 우리 모두의 재산도 함께 쉬는 날이다. 휴가는 상품이라 우리가 그것을 산다. 안식일은 우리가 살 수 있는 날이 아니다. 그날은 우리들 각자가 똑같이 "모두를 위해 모두가 누리는" 날이다. 휴가는 우리가 개인으로 또는 가족으로 누린다. 안식일은 우리가 공동체로서 경축한다.

회당도 이와 비슷하다. 회당은 유대인 기관으로서 당시에 독특한 것이었는데, 마침내 기독교와 이슬람이 받아들여 교회와 사원이 되었다. 우리는 앞에서 로버트 퍼트넘이 ≪나 홀로 볼링≫에서 주장한 것, 즉 미국인들이 더욱 개인주의화하고 있다는 주장을 보았다. 그는 "사회적 자본"의 상실을 말하는데, 이것은 공동선을 위한 모두의 책임감을 공유함으로써 우리를 서로 묶어주는 연대의 끈이 사라졌다는 말이다.

십 년 후에 퍼트넘은 자신의 주장을 수정했다.3) 그는 사회적 자본이 여전히 존재하며, 우리는 그것을 교회와 회당에서 볼 수 있다고 말한다.

---

2) Michael Walzer, *Spheres of Justice* (Oxford: Blackwell, 1983), 190-96.
3) Robert Putnam and David E. Campbell, *American Grace: How Religion Divided and Unites Us* (New York: Simon & Schuster, 2010).

그는 자신의 조사를 통해, 예배에 정기적으로 참석하는 사람들이 자선 단체에 기부금을 더 많이 내며, 자원봉사를 더 많이 하며, 헌혈을 더 많이 하고, 우울한 사람들을 더 많이 찾아가며, 낯선 이들에게 자리를 양보하며, 직장을 찾도록 도와주며, 그밖에 여러 가지 시민으로서 도덕적이며 박애주의적인 활동을 한다는 것을 보여주었다. 간단히 말해서, 그들이 타인들보다 더 공적인 정신을 갖고 있다. **이타주의에 대해 가장 정확하게 예보하는** 것은 성별, 교육, 수입, 인종, 지역, 혼인 여부, 이데올로기, 나이 등의 다른 어떤 요인보다, **예배에 정기적으로 참석하는가** 하는 요인이다.

그의 발견들 가운데 매우 흥미로운 것은 핵심 요인이 **종교 공동체의 회원**이라는 요인이라는 점이다. 별로 상관이 **없는** 것으로 밝혀진 것은 우리가 무엇을 믿는가 하는 것이다. 그가 연구를 통해 밝힌 것은 예배에 정기적으로 참석하는 무신론자(아마도 배우자나 자녀와 동행하느라 참석할 것이다)가 혼자 기도하는 열렬한 신자보다 사회봉사 활동에 자원할 가능성이 더 높다는 점이다. 핵심 요인은 역시 공동체다.

이것이 세속적 시대에 종교의 가장 중요한 기능 가운데 하나로서, 공동체를 살아있게 유지하는 것이다. 우리들 대부분은 공동체를 필요로 한다. 우리는 사회적 동물이다. 진화생물학자들이 최근에 주장한 것은 호모사피엔스가 뇌의 크기가 커짐으로써 구체적으로 달라진 것은 우리가 사회적 네트워크를 더욱 더 확대시킬 수 있게 되었다는 점이다. 큰 집단에서 서로 협동할 수 있는 인간의 능력이, 이성의 힘보다는, 오히려 인간을 다른 동물들과 차이가 나게 만든 것이다. 오경이 말하듯이, 혼자 있는 것은 좋지 않다.

최근의 연구는 또 다른 것도 밝혀주었다. 당신이 누구와 어울리는가

하는 것이 당신의 행동과 미래에 강력한 영향을 끼친다는 점이다. 2009년에 니콜라스 크리스타키스와 제임스 파울러는 5124명의 집단과 그들이 맺고 있는 친구관계, 가족관계, 직장동료들 관계 사이의 53,228개의 유대 관계를 통계적으로 분석했다. 그들은 한 친구가 흡연을 하면, 당신도 흡연할 확률은 36%나 높다는 것을 발견했다. 음주, 비만, 날씬함, 그밖에 행동 패턴들도 마찬가지다.[4] 우리는 우리와 가까운 사람들처럼 되어간다.

2000년에 다트머스대학 학생들을 대상으로 한 연구에서 밝혀진 것은 만일 당신이 좋은 공부 습관을 갖고 있는 사람과 같은 방에 기숙하면 당신의 성적이 올라갈 가능성이 높다는 점이다. 2006년에 프린스턴대학교에서 진행한 연구에서 밝혀진 것은 만일 당신의 형제가 자녀를 낳으면, 당신도 2년 안에 자녀를 낳게 될 가능성이 15% 더 높다는 점이다. 이런 것이 바로 "사회적 전염"이다. 친구들의 영향은 이처럼 매우 크다. 그래서 마이모니데스는 그것에 대해 자신의 율법서 ≪미슈네 토라≫[5]에서 진술한 것이다.

이것이 우리를 이번 주 본문에 돌아오게 한다. 공동체를 종교생활의 중심에 놓고, 회당과 안식일을 공간과 시간 속의 집으로 만들었기 때문에, 모세는 금송아지 사건이 공동체의 나쁜 힘을 보여준 것처럼, 공동체가 선한 힘을 지녔음을 보여주고 있다. 유대인 영성은 대부분 매우 공동체적이다. 믿음은 우리를 고독에서 구원하는 것이라고 나는 정의한다.

---

4) Nicholas Christakis and James H. Fowler, *Connected: The Surprising Power of Our Social Networks and How They Shape Our Lives* (New York: Little, Brown, 2009).

5) Maimonides, *Mishneh Torah*, *Hilkhot Deot* 6:1.

앉아 있지 말고 걸어라
Pekudei

앉아 있는 일은 또 다른 흡연이다. 이 말은 새로운 건강 만트라(주문)다. 책상에서, 또는 스크린 앞에서 너무 오랜 시간을 보내는 것은 건강에 매우 해롭다. 세계보건기구는 운동 부족이 오늘날 건강에 네 번째로 큰 위험이며, 비만보다 더 위험하다고 밝혔다. 이 문제의 세계적인 전문가 중 한 사람이며, 그 만트라를 만든 제임스 레빈 박사에 따르면, "우리는 앉아서 죽어가고 있다."

그 이유는 우리가 가만히 앉아 있도록 만들어지지 않았기 때문이다. 우리의 몸은 운동하고, 서 있고, 걷고, 달리라고 만들어졌다. 우리가 정기적인 운동을 하지 않으면, 몸은 쉽게 기능을 못하게 되고 심각한 병에 걸릴 위험이 있다. 우리의 질문은 "이와 똑같은 위험이 우리의 영혼, 정신, 마음에도 적용되는가?" 하는 것이다.

시편 1편 1절의 동사 순서를 살펴보는 것은 흥미롭다. "복 있는 사람은 악인의 꾀를 걷지 아니하며, 죄인의 길에 서지 아니하며, 오만한 자의 자리에 앉지 아니 한다"(시 1.1). 그런 행동들이 보여주는 것은 해로운 가치들을 추구한 잘못 산 인생의 모습이다. 나쁜 사람들이 어떻게 걷는 것으로 시작해서 서는 것, 앉는 것으로 끝나는지 주목하라. 그릇된 인생은 움직일 수 없게 만든다. 이것이 할렐 기도(시 113-118)에 나오는 유명한

169

구절의 요점이다.

> 이방 나라의 우상은 금과 은으로 된 것이며, 사람이 손으로 만든 것이다. 입이 있어도 말하지 못하고, 눈이 있어도 볼 수 없으며, 귀가 있어도 듣지 못하고, 코가 있어도 냄새를 맡지 못하고, 손이 있어도 만지지 못하고, 발이 있어도 걷지 못하고, 목구멍이 있어도 소리를 내지 못한다. 우상을 만드는 사람이나 우상을 의지하는 사람은 모두 우상과 같이 되고 만다. (시 115:4-8)

생명이 없는 것을 위해서 살면, 우리들도 생명을 잃게 된다.

유대인들은 앉지 않지만, 주님의 집에서만은 예외다. 유대인들의 삶은 두 가지 획기적인 여정으로 시작되었는데, 아브라함이 메소포타미아를 떠난 여정과 모세와 이스라엘 백성이 이집트를 떠난 여정이었다. 하나님은 아브라함에게 "**나보다 앞서 걷고**(Walk on ahead of Me) 흠 없이 살아라"(창 17:1) 하고 말씀하셨다.[1] 나이 아흔아홉에 할례를 받은 아브라함은 세 나그네가 지나가는 것을 보고 "그들을 맞이하기 위해 **달려갔다**"(창 18:2). "야곱은 자기 아버지가 몸붙여 살던 땅 곧 가나안 땅에서 살았다[dwelled, *yayeshev*, '앉다'를 뜻하기도 한다]"(창 37:1)는 구절에 대해 라쉬는 현자들을 인용하여 이렇게 주석했다. "야곱은 고요함 속에

---

1) 역자주: 랍비 예후다는 비유를 들어 설명한다. "왕에게 두 아들이 있었는데, 하나는 성년이고, 하나는 아이였다. 아이에게는 왕이 '함께 가자'고 말하지만, 성년 아들에게는 '앞서 가라'고 말했다. 마찬가지로 아브라함에게 하나님은 '너는 성심껏 행하니까 내 앞에 가라'(17:1)고 말씀하셨다. 그러나 노아는 '하나님과 동행했다'(6:9)고 오경은 말한다."(*Bereschit Raba* 30:10). Jonathan Sacks, *Genesis: The Book of Beginnings* (Maggid Books, 2009), 47.

살고자 했지만, 곧바로 요셉의 문제들에 부닥쳤다." 의로운 사람은 가만히 앉아 있지 않는다. 그들에게 조용한 삶이란 없다.

이 요점을 가장 잘 보여주는 것이 이번 주 오경 읽기 본문의 마지막과 출애굽기 전체의 마지막에 나온다. 성소인 회막/성막은 만들어졌고, 사람들도 모였다. 마지막 구절들은 회막을 가득 채운 "영광의 구름"과 회막의 관계에 대해 설명한다. 회막은 이동할 수 있도록 만들어졌다.2) 이스라엘 백성이 여정의 다음 단계로 이동할 때 그 회막은 해체될 수 있었고, 각 부분들을 들고 갈 수 있었다. 백성들이 이동할 때가 되면, 구름이 장막에서부터 이동하여 진 바깥으로 나가, 그 백성이 가야 할 방향을 지시했다. 오경이 이것을 지시한 방법은 다음과 같다.

> 이스라엘 자손은 구름이 성막에서 걷히면 진을 거두어 가지고 **그들의 모든 여정**에서 계속했다. 그러나 구름이 걷히지 않으면, 걷힐 때까지 떠나지 않았다. 그들이 길을 가는 동안에, 낮에는 주님의 구름이 성막 위에 있고, 밤에는 구름 가운데 불이 있어서, 이스라엘 온 자손의 **모든 여정**에서 눈앞을 밝혀 주었다. (출 40:36-38)

여기에서 "그들의 모든 여정에서"라는 말이 두 번 나오는데, 둘 사이에는 큰 차이점이 있다. 첫 번째에서는, 그 말이 문자적인 의미다. 구름이 걷히면, 이스라엘 백성은 자기들이 그 여정의 새로운 단계를 시작할

---

2) 이것은 언약궤도 마찬가지였다. 언약궤는 그 양편의 고리들을 연결한 채(막대기)들로 멜 수 있었다. 이스라엘 백성이 진을 치고 있을 때조차 그 채들을 제거하는 것은 금지되었다(출 25:15). 언약궤는 즉시 이동시킬 준비가 되어 있었다. S. R. Hirsch ad loc.의 주석을 보라.

것임을 알았다. 그러나 두 번째의 "모든 여정에서"는 문자적인 의미가 될 수 없다. 그들의 모든 여정에서 구름이 "성막 위에" 머물지는 않았기 때문이다. 그와는 반대로, 구름은 백성들이 여행을 멈추고 텐트를 칠 때만 성막을 덮었다. 여행하는 동안에는 구름이 앞서 갔다.

라쉬는 이것에 주목하여 다음과 같이 주석했다.

> 그들이 진을 친 곳 역시 '마싸'(*massa*), 즉 "여정"이라고 불렸는데, 그 이유는 그들이 진을 친 곳에서부터 항상 새로운 여정을 출발했기 때문이며, 따라서 진을 친 곳 역시 "여정"이라 불렀다.

이 요점은 언어학적이지만, 그 메시지는 뚜렷하다. 간단한 말로써 라쉬는 유대인 정체성에 관한 실존적 진리를 요약해주었다. 유대인이 된다는 것은 여행한다는 것이다. 유다이즘은 여정이지, 목적지가 아니다. 심지어 쉬는 장소, 진을 친 장소조차도 여전히 여정이라고 부른다. 족장들은 집이 아니라 텐트에서 살았다.3) 처음으로 족장이 집을 건설한 사실이 이를 증명한다. "야곱은 숙곳으로 갔다. 거기에서 야곱은 자기들이 살 집과 짐승이 바람을 피할 우리[*sukkot*]를 지었다. 그래서 그 곳 이름이 숙곳이 되었다"(창 33:17).

놀라운 구절이다. 야곱은 방금 집을 지은 첫 번째 계약 가족이 되었지만, 그는 그 장소를 "집"('벧엘'이나 '벧레헴'처럼)이라 부르지 않고, "헛간"이라고 부른다. 그것은 마치 야곱이 의식적으로든 무의식적으로든, 계약의 삶을 사는 것이 이동할 준비가 되는 것, 여행하고, 여정을 떠나고,

---

3) 롯은 소돔에서 집에 살았다(창 19:2). 라반도 마찬가지였다(창 24:23).

성장할 준비가 되는 것임을 뜻한다는 것을 이미 알고 있었다는 것과 같다.

우리는 이것이 모두 이스라엘 백성이 요르단 강을 건너 약속의 땅에 들어가기 이전 시대에만 적용된다고 생각했을지 모른다. 그러나 오경은 다르게 말한다. "땅을 아주 팔지는 못한다. 땅은 나의 것이다. 너희는 다만 나그네이며, 나에게 와서 사는 임시 거주자일 뿐이다"(레 25:23).

만일 우리가 그 땅이 영원히 우리 소유라고 생각하고 산다면, 우리가 그 땅에 머무는 것은 일시적인 순간이 될 것이다. 만일 우리가 오직 일시적으로 사는 듯이 산다면, 우리는 거기서 영원히 살 것이다. 시간과 변화, 성장과 쇠퇴의 세상에서는, 오직 하나님과 그분의 말씀만이 영원하다. 시편에서 가장 통절한 말씀 중 하나로서, 프랑스의 유대인 철학자 엠마누엘 레비나스가 소중히 여겼던 말씀은 "나는 땅 위를 잠시 동안 떠도는 나그네입니다. 주님의 계명을 나에게서 감추지 마십시오"(시 119:19)였다. 유대인이 된다는 것은 문자적인 의미에서든 은유적으로든, 우리의 발걸음을 가볍게 유지하여, 여정의 다음 단계를 시작할 준비를 갖추는 것이다. 영국인은 집을 흔히 성채라고 말하곤 했다. 그러나 유대인의 집은 텐트, 장막, 수카(sukka)다. 우리는 이 지상에서의 삶이 일시적으로 머무는 일이라는 것을 우리는 안다. 그 때문에 우리는 매 순간을 가치 있게 여기며, 매 순간의 새로움을 귀하게 여긴다.

탁월한 영국 유대인 조지 바이덴펠트(경)이 96세로 최근에 사망했다. 그는 성공한 출판인으로서, 유럽의 지도자들과 막역한 친구이며, 평화를 위한 완강한 투사였고, 열정적인 시온주의자였다. 1949-50년에 그는 이스라엘의 첫 번째 대통령 차임 바이즈만의 정치적 고문이었고 내각수반이었다. 그의 마지막 행동 중 하나는 시리아에서 2만 명의 기독교인 난민들을 ISIS로부터 구출한 것이었다. 그는 그의 독특한 인생의 마지막 순간까지 깨어 있었고 매우 활동적이었다.

92세 생일날 타임지와의 인터뷰에서 그가 받은 질문은 "90대에 접어든 대부분의 사람들은 삶의 속도를 줄입니다. 당신은 속도를 올리는 것처럼 보입니다. 이유가 무엇입니까?"였다. 그는 이렇게 대답했다. "당신이 92세가 되면, 당신은 문이 닫힐 것임을 보기 시작합니다. 나는 그 문이 닫히기 전에 해야 할 것들이 너무 많기 때문에, 내가 늙어갈수록 나는 더 열심히 일해야 합니다." 이것이 젊게 사는 좋은 방법이다.

우리의 몸처럼, 우리의 영혼도 가만히 앉아 있도록 지음받지 않았다. 우리는 이동하고, 걷고, 여행하고, 배우고, 탐구하고, 노력하고, 성장하도록 지음받았다. 우리가 그런 작업들을 완결시키는 것이 우리에게 달린 것이 아님을 알지만, 그렇다고 해서 우리가 그 작업으로부터 물러날 수 있는 것도 아니다. 유다이즘에서는, 출애굽기의 마지막 말씀들이 계속해서 우리를 상기시켜주는 것처럼, 진을 치는 것조차도 여정이라고 부른다. 육체적인 문제에서만이 아니라 영적인 문제에서도, 앉아만 있는 것은 새로운 흡연이다.

레위기

의미 찾기

Vayikra

　미국독립선언서는 생명, 자유, 행복의 추구라는 불가침의 권리를 말한다. 최근에는 긍정심리학의 개척자 마틴 셀리그만의 작업에 뒤이어, 행복에 관한 책들이 수백 권 출판되었다. 그러나 행복한 삶에 대한 인식에서 보다 근본적인 무엇이 여전히 있는데, 그것은 **삶의 의미**에 대한 인식이다. 행복과 의미는 비슷하게 보인다. 의미를 발견한 사람들은 행복하며, 행복한 사람들은 의미를 발견한 사람들이라고 생각하는 것은 쉬운 일이다. 그러나 그 둘은 똑같은 것이 아니며, 항상 겹치는 것도 아니다.

　행복은 주로 욕구와 필요를 충족시키는 문제다. 그와는 반대로, 의미는 삶의 목적에 대한 인식, 특히 다른 사람들의 인생에 적극적으로 기여하는 것에 관한 문제다. 행복은 주로 우리가 현재 어떻게 느끼는가 하는 문제다. 의미는 우리가 우리의 삶 전체, 즉 과거, 현재, 미래에 대해 어떻게 판단하는가에 관한 문제다.

　행복은 **소유**와 관련이 있고, 의미는 **기부하는** 것과 관련이 있다. 긴장, 불안, 염려로 고통받는 개인들은 행복하지 않지만, 큰 의미가 있는 삶을 살 수도 있다. 과거의 불행들은 현재의 행복을 감소시키지만, 사람들은 흔히 그런 순간들을 의미의 발견과 연결시킨다. 더 나아가, 행복은 인간에게만 독특한 것이 아니다. 동물들 역시 자신들의 욕구와 필요가 충족될 때 만족을 경험한다. 그러나 의미는 인간만의 독특한 현상이다. 의미는 본성과 연관된 것이 아니라 문화와 연관된 것이다. 의미는 우리에게 무슨 일이 벌어지는가에 관한 것이 아니라, 우리에게 벌어지는 일을 우리가 어떻게 해석하는가에 관한 것이다. 의미 없이도 행복할 수 있으며, 행복이 없어도, 어둠과 고통 한복판에서조차도 의미는 있을 수 있다.[1]

《애틀랜틱》 잡지에 실린 흥미로운 글 "행복 이상의 삶"[2]에서, 에밀리 스미스는 행복을 추구한 결과가 비교적 천박하며, 자기에게만 열중하며, 심지어 이기적인 삶일 수 있다고 주장했다. 의미를 추구하는 것이 다른 것은 그것이 자기보다 더 큰 무엇을 추구한다는 점이다.

의미의 문제를 오늘날의 담론 속에 들여오는 데 가장 크게 기여한 사람은 작고한 빅터 프랭클 박사인데, 그는 영성에 관해 내가 쓰고 있는 이 책에서 매우 두드러진 인물이다.[3] 아우슈비츠에서 보낸 3년 동안, 그는 그 지옥 한복판에서 살아남았을 뿐 아니라 다른 사람들도 그 속에서 삶의 목적을 발견하도록 영감을 불어넣어줌으로써 살아남도록 도와주었다. 그는 그 죽음의 수용소에서 삶의 의지를 잃어버린 사람들은 죽을 수밖에 없다는 걸 알았다. 바로 그곳에서 그는 나중에 "의미를 찾는

---

1) Roy F. Baumeister, Kathleen D. Vohs, Jennifer Aaker, and Emily N.Garbinsky, "Some Key Differences between a Happy Life and a Meaningful Life," *Journal of Positive Psychology*, vol, issue 6 (2013): 505-16을 보라.
2) Emily Smith, "There's More to Life Than Being Happy," *The Atlantic*, Jan. 9, 2013.
3) 특히 앞에 나오는 "틀을 새로 짜기"를 보라.

인간"이라고 부른 것에 근거한 새로운 심리치료 형태로 발전시킬 생각을 구체화했다. 그의 책 ≪삶의 의미를 찾아서≫는 1946년에 9일 동안 집필되었고, 출판된 후 전 세계에서 천만 권 이상 팔렸으며, 20세기의 가장 영향력 있는 책 가운데 하나가 되었다.

프랭클은 의미를 찾는 방법이 인생에서 무엇을 원하는가를 묻는 것이 아니라고 말하곤 했다. 대신에 인생이 우리에게 무엇을 원하는가를 물어야만 한다. 그는 우리가 독특하다고, 즉 우리의 재능, 능력, 기술, 삶의 정황에서 독특하다고 말했다. 따라서 우리들 각자에게는 오직 우리만 할 수 있는 과업이 있다. 이것은 우리가 다른 사람들보다 우수하다는 뜻이 아니다. 그러나 만일 우리가 여기에 사는 이유가 있다면, '티쿤' (*tikkun*), 즉 우리만 수행할 수 있는 수선(mending) 작업이 있다는 뜻이다. 우리만 비출 수 있는 빛의 파편이 있으며, 우리만 베풀 수 있는 친절함, 용기, 관대함, 환대가 있다. 우리가 지금 여기 이 장소에 존재하며, 내 눈앞에 이 사람을 그의 인생의 현재 순간에 직면하고 있기 때문에 그에게 우리만 줄 수 있는 격려의 말 한마디, 한 번의 미소를 띠는 것이 필요하다.

"인생은 과업이다"라고 프랭클 박사는 자주 말하곤 했으며, 덧붙여서 "종교적 인간이 분명히 비종교적 인간과 다른 것은 오직 자신의 존재를 단순히 과업이 아니라 사명으로 경험하는 것이다"라고 말했다. 그는 자신이 만물의 원천으로부터 호출받고 있다는 것, 부름받고 있음을 안다. "그 원천을 수천 년 동안 하나님이라고 불렀다."[4]

이것이 이번 주 오경 읽기 본문과 오경의 세 번째 책 레위기의 이름

---

4) Viktor Frankl, *The Doctor and the Soul: from Psychology to Logotherapy* (New York: A. A. Knopf, 1965), 13.

'바이크라'(*Vayikra*), 즉 "그리고 그분이 부르셨다"의 의미다. 이 첫 구절의 정확한 의미는 이해하기 어렵다. 문자적으로 번역하면, "그리고 그분께서 모세를 부르셨고, 그리고 하나님께서 회막으로부터 그에게 말씀하셨다. …"이다. 첫 문장은 중복되는 것처럼 보인다. 만일 하나님께서 모세에게 말씀하셨다는 뜻이라면, 왜 "그리고 그분께서 부르셨다"는 말을 덧붙여야 하는가? 라쉬(1040-1105)는 다음과 같이 설명한다.

> 그리고 그분께서 **모세를 부르셨다**. [하나님께서 모세와 소통하실 때, 그런 표현을 사용하든 안 하든] 매번 "그리고 그분께서 말씀하셨다," 또는 "그리고 그분이 말씀하셨다," 또는 "그가 명령하셨다"에는 항상 앞에 나오는 것이 [하나님께서] 부르심 [모세의 이름을] 이다.5)

"부르심"은 총애의 표현이다. 그것은 관리하는 천사들이 사용하는 표현으로서, "그리고 하나가 다른 하나를 불렀다"(사 6:3)와 같다.

라쉬는 '바이크라'(*Vayikra*)가 **사랑 안에서 과업으로 부름받다**는 뜻이라고 말한다. 이것은 서양 사상의 핵심 개념 가운데 하나, 즉 소명이라는 개념의 원천인데, 소명은 단지 우리가 그것을 하고 싶어서 경력이나 삶의 방식을 선택하는 것이 아니라, 또는 어떤 유익 때문에 선택하는 것이 아니라, 우리가 그것에로 호출받았다고 느끼기 때문에 선택하는 것이다. 우리는 이것이 우리의 인생의 의미이며 사명이라고 느낀다. 이 사명이 바로 우리가 이 지상에서 행하도록 보내진 과업이다.

---

5) 레위기 1:1에 대한 라쉬의 주석.

성서에는 그런 부르심이 많다. 아브라함은 땅과 가족을 떠나라는 부르심을 들었다(창 12:1). 모세는 불타는 떨기나무에서 부르심을 받았다(출 3:4). 이사야가 경험한 부르심은 그가, 보좌에 앉아 계시며 천사들이 에워싼 하나님에 대한 신비한 비전을 보았을 때였다.

그때에 나는 주님께서 말씀하시는 음성을 들었다. "내가 누구를 보낼까? 누가 우리를 대신하여 갈 것인가?" 내가 아뢰었다. "제가 여기에 있습니다. 저를 보내어 주십시오." (사 6:8)

가장 감동적인 이야기 중 하나는 어린 사무엘 이야기로서, 그의 어머니 한나가 사무엘을 제사장 엘리의 조수로 일하도록 실로의 성소에 바친 이야기다. 밤에 사무엘은 자기 이름을 부르는 소리를 들었다. 그는 제사장 엘리가 부르는 것으로 생각했다. 두 번째, 그리고 세 번째 그런 일이 벌어지자, 엘리는 하나님께서 어린 사무엘을 부르신다는 것을 깨달았다. 그는 사무엘에게 다음에 그의 이름을 부르는 소리를 들으면, "주님, 말씀하십시오. 당신의 종이 듣고 있습니다"라고 대답하라고 했다. 어린 사무엘은 그것이 하나님이 자신에게 사명을 맡기시기 위해 부르시는 것이라는 생각을 하지 못했지만, 바로 그것이었다. 그가 예언자, 사사(판관), 그리고 이스라엘의 처음 왕 두 사람인 사울과 다윗에게 기름부어 자로서의 경력은 그렇게 시작되었다(삼상 3장).

우리가 바로잡아야 할 잘못을 보거나, 치유해야 할 질병, 충족시켜야 할 궁핍함을 볼 때, 그리고 그런 일이 우리에게 말하고 있다고 느낄 때, 그때가 바로 우리가 예언자 이후 시대에 하나님의 부르심(*Vayikra*)을 들을 수 있는 가장 가까운 때다. 왜 그 단어가 여기에, 오경의 세 번째 책이며 한 가운데 나오는 책의 첫머리에 등장하는가? 왜냐하면 레위기는 희생제사에 관한 책이며, 희생에 관한 소명의 책이기 때문이다. 우리는 희생이 우리가 수행하도록 부름받은 과업의 일부라고 느낄 때 기꺼이 희생할 준비가 되기 때문이다.

영원의 관점에서 보면, 우리는 때때로 우리 자신이 매우 무의미하다는 인식으로 압도당할 수 있다. 우리는 바닷가의 모래 한 알, 바다의 한 물결, 무한의 표면을 떠다니는 먼지 하나에 불과하다. 그러나 우리가 지금 여기에 있는 것은 하나님께서 우리가 여기에 있기를 원하셨기 때문이며, 하나님께서 우리가 수행하기를 원하시는 과업이 있기 때문이다. 의미를 찾는 것은 이 과업을 찾는 일이다.

우리들 각자는 독특하다. 심지어 유전적으로 똑같은 쌍둥이조차도 서로 다르다. 우리만 할 수 있는 일이 있으며, 우리가 이 시간, 이 장소, 이 상황 속에 존재하는 이유가 있다. 우리들 각자에게 하나님께서는 수행할 과업, 타인에게 보여줄 친절함, 주어야 할 선물, 나누어야 할 사랑, 위로해야 할 고독, 치유해야 할 고통, 수선하도록 도와야 할 깨어진 삶을 주셨다. 그 과업을 분별하는 일, 하나님의 부르심을 듣는 일은 우리들 각자에게 주어진 가장 큰 영적인 도전들 가운데 하나다.

그것이 무엇인지 우리가 어떻게 아는가? 몇 해 전에, ≪깨어진 세상을 치유하기≫에서 나는 그것을 알기 위한 하나의 안내를 제시했는데, 여전히 일리가 있는 것처럼 보인다. 그것은 우리가 어떤 일을 하고 싶은 것이 그 일을 할 필요가 있음을 알 때, 바로 하나님께서 우리가 그곳에 있기를 원하시는 곳이다.

희생제사 이해하기

Tzav

오경의 가장 이해하기 어려운 요소들 중 하나는 오경이 지시한 동물 제사 현상인데, 그것이 어려운 이유는 명백하다. 첫째로, 유대인들과 유다이즘은 거의 2천 년 동안 희생제사를 드리지 않고도 살아남았기 때문이다. 둘째로, 거의 모든 예언자들이 희생제사에 대해 비판적이었으며, 이번 주 오경 읽기 본문에 대한 예레미야의 비판은 두말할 필요조차 없기 때문이다.[1] 예언자들 가운데 어느 누구도 희생제사를 철폐하려고 하지는 않았지만, 희생제물을 바치면서 동료 인간들을 억압하거나 착취하는 사람들에 대해 매우 신랄하게 비판했다. 그들의 마음을 괴롭힌 것, 그들이 대변한 하나님을 불편하시게 만든 것은 분명히 일부 사람들이 희생제사를 일종의 뇌물로 생각했기 때문이다. 즉 만일 우리가 하나님께 넉넉하게 바치면, 하나님께서 우리의 죄와 잘못들을 슬쩍 눈감아주실지 모른다는 생각이었다. 그러나 이런 생각은 유다이즘과는 완전히 동떨어진 생각이다.

---

1) "내가 너희 조상을 이집트 땅에서 데리고 나왔을 때에, 내가 그들에게 번제물이나 다른 어떤 희생제물을 바치라고 했더냐? 바치라고 명령이라도 했더냐?"(렘 7:22). 이것은 매우 두드러진 진술이다. 이 본문에 대한 라쉬와 라닥의 주석, 특히 마이모니데스의 *Guide for the Perplexed*, III: 32를 보라.

왕정체제와 더불어 희생제사는 고대세계에서 유다이즘에만 두드러진 특징이 아니었다. 고대의 모든 종교와 숭배와 종파는 그 나름의 제단과 희생제사를 갖고 있었다. 셋째로, 현자들이 얼마나 단순하고 유연하게 희생제사를 대체할 것들을 만들어냈는가 하는 점은 매우 놀라운데, 특히 세 가지, 즉 기도, 공부, 그리고 '쩨다카'(tzedaka)였기 때문이다. 기도, 특히 아침기도(Shaḥarit), 오후기도(Minḥa), 예배기도(Musaf)는 정기적인 희생제물 봉헌을 대신했다. 율법을 공부하는 사람은 마치 제물을 바치는 것과 같다. 그리고 자선 기부금을 내는 사람은 사실상 금전적인 제물을 바치는 것으로서, 우리가 가진 모든 것이 하나님 덕분임을 인정하는 것이다.

그래서 비록 우리가 성전 재건과 희생제사 회복을 위해 매일 기도하지만, 희생제사의 원리 자체는 여전히 이해하기 어렵다. 인류학자들, 심리학자들, 성서학자들은 희생제사가 무엇을 나타낸 것인지에 대해 많은 이론들을 전개했지만, 대부분 희생제사가 본질적으로 여러 문화들에서 똑같았다는 의심스러운 생각에 기초한 것들이다. 이것은 빈약한 이론이다. 항상 어떤 관습을 지키는 문화의 특징적 믿음의 관점에서 그 관습을 이해하려는 이론들이기 때문이다. 하나님을 창조주와 만물의 소유자로 믿는 종교에서 도대체 희생제사란 무슨 의미겠는가?

그렇다면 유다이즘에서 희생제사가 무엇이었고, 왜 그것이 여전히 오늘날까지 적어도 하나의 개념상 중요한 것으로 남아있는가? 가장 간단한 대답은, 비록 서로 다른 종교적 봉헌예물의 구체적인 것들을 설명하지는 않지만, 다음과 같다. **우리는 희생제물로 기꺼이 바치려 하는 것을 사랑한다**는 점이다. 바로 이런 이유 때문에, 이스라엘 백성이 농부들과 유목민들이었을 때, 자신들의 가축, 곡식과 열매, 즉 자신들의 생계를 상징하는 선물을 하나님께 바침으로써 하나님에 대한 자신들의 사랑을 드러냈던 것이다. 사랑하는 것은 감사하는 것이다. 사랑하는 것은 사랑하는 분에게 봉헌예물을 바치고 싶어하는 것이다. 사랑하는 것은 주는 것이다.2) 희생제물은 사랑의 안무 기법이다.

이것은 삶의 많은 측면에서도 마찬가지다. 행복하게 혼인생활을 유지하는 부부는 항상 서로를 위해 희생한다. 부모는 자녀들을 위해 큰 희생을 한다. 소명에 이끌리는 사람들, 즉 병자들을 치유하거나 가난한 사람들을 돌보거나, 강자들에 맞서서 약자들의 정의를 위해 투쟁하는 사람들은 자신들의 이상을 위해서 흔히 금전적으로 유리한 경력을 희생한다. 애국심의 시대에는 사람들이 조국을 위해 희생한다. 강한 공동체에서는 누군가 고통을 겪거나 도움이 필요할 때 서로를 위해 희생한다. 희생은 관계를 굳세게 만드는 최고 접착제다. 희생은 우리를 서로에게 묶어준다.

바로 이런 이유 때문에 성서시대에는 희생제사가 그토록 중요했다. 다른 종교와는 달리, 유다이즘의 심장박동이 사랑이었기 때문이다. "당신들은 마음을 다하고 뜻을 다하고 힘을 다하여, 주 당신들의 하나님을 사랑하십시오"(신 6:5). 다른 종교에서는 희생제사의 근본 동기가 두려움이었다. 신들의 분노와 능력에 대한 두려움이었다. 그러나 유다이즘에서는 희생제사의 근본 동기가 사랑이었다.

우리는 이것을 희생제사 자체를 뜻하는 히브리어에서 볼 수 있는데, 그 명사 '코르반'(*korban*)과 동사 '레하크리브'(*lehakriv*)는 "온다, 가까이

---

2) '사랑하다'는 히브리어 동사 A-H-V는 다른 동사들인 H-V-H, H-V-V, 그리고 Y-H-V와 관계되는데, 이 모든 동사들은 준다, 가져온다, 또는 바친다는 의미를 갖고 있다.

희생제사 이해하기 *185*

다가오다"는 뜻이다. 희생제사와 연결되어 항상 사용된 하나님 이름은 '하쉠'(Hashem), 즉 사랑과 자비의 하나님이지, 결코 '엘로힘'(Elokim), 즉 정의의 하나님, 먼 거리에 떨어져 계신 하나님이 아니다. 레위기 전체에서 '엘로힘'은 오직 다섯 차례 나올 뿐인데, 항상 다른 민족들과 관련된 맥락에서 나온다. 그러나 '하쉠'은 209회나 나온다. 우리가 지난 주 오경 읽기 본문에서 본 것처럼, 레위기라는 책이름 '바이크라'(Vayikra)는 사랑 안에서 호출하는 것이다. 사랑이 있는 곳에 희생이 있다.

일단 우리가 이것을 이해하면, 희생 개념이 21세기에 얼마나 깊이 상관성이 있는지를 이해하기 시작한다. 현대세계의 중요한 제도들인 자유민주주의 국가와 자유시장경제는 그 속성이 **합리적 행위자**를 모델로 삼아 기초한 것이다. 다시 말해서, 자신의 이익을 극대화하는 사람을 모델로 삼은 것이다.

홉스의 사회계약론은 우리가 법의 지배와 영역 방어를 확보할 책임을 진 중앙권력에 우리의 권리 일부를 양도하는 것이 우리 각자의 이익이라는 것이었다. 시장경제에 대한 아담 스미스의 통찰은 만일 우리들 각자가 자기이익을 극대화하기 위해 행동한다면, 그 결과는 공동이익의 성장이라는 것이었다. 현대의 정치와 경제는 자기이익을 합리적으로 추구하는 것에 기초해 있다.

여기에 잘못된 것은 없다. 그것은 동기의 극대화를 위한 것이었다. 그것은 오랜 세월 동안 전쟁으로 파괴된 유럽에서 평화를 만들기 위한 시도였다. 민주주의 국가와 시장경제는 폭력으로 이끄는 파괴적 열정과 싸우기 위해 자기이익의 힘을 동력으로 삼으려는 시도였다.[3] 정치와 경

---

3) 이에 대한 고전은 A. O. Hirschman, *The Passions and the Interests* (Princeton University Press, 1977)이다.

제가 자아이익에 기초한다는 사실은 가족들과 공동체들이 이타주의에 의해 지탱될 가능성을 부정하지는 않는다. 그것은 좋은 체제이지, 나쁜 체제가 아니었다.

그러나 수백 년이 지난 오늘날, 사랑이 희생이라는 생각은 삶의 많은 영역에서 매우 흐릿해졌다. 우리는 이런 현상을 구체적으로 인간관계 속에서 보고 있다. 서양 전체에서 점점 더 혼인하는 사람들이 줄어들고, 혼인하는 사람들도 점점 더 늦게 혼인하며, 혼인한 사람들의 거의 절반이 이혼한다. 유럽 전역에서 토착민들은 줄어들고 있다. 안정적 인구를 유지하기 위해서는 한 나라의 여성 1인당 평균 출산율이 2.1이 되어야 한다. 2015년에 유럽연합의 평균 출산율은 1.55였다. 스페인은 1.27이었고, 독일은 세계에서 가장 낮았다.[4] 이런 이유 때문에 유럽의 인구는 오늘날 전대미문의 이민자 비율에 의해서만 안정적으로 유지되고 있는 실정이다.

사회에서 희생 개념을 상실하면, 조만간 혼인이 줄어들고, 출산율도 줄어들어, 그 사회는 점차 노령화되고 죽어간다. 나의 전임자였던 자코보치츠 경은 이것을 멋지게 표현했다. 탈무드는 남자가 그의 첫 아내와 이혼할 때, "제단이 눈물을 쏟는다"(Gittin 90b)라고 말한다. 제단과 혼인 사이에 무슨 연관성이 있는가? 그는 그 둘 모두가 희생에 관한 것이라고 말했다. 혼인이 실패하는 것은 파트너들이 서로를 위해 희생하지 않으려 할 때다.

유대인들과 유다이즘은 사람들이 그것을 위해 많은 희생을 했음에도 불구하고 살아남았다. 11세기에 유다 할레비는, 유대인들이 다른 주

---

4) *The Observer*, August 23, 2015.

류 종교로 개종했다고 "가볍게 말 한마디를 하면" 비교적 쉬운 삶을 살 수 있었음에도 불구하고 유대인들로 남아 있었던 매우 경이로운 사실에 대해 지적했다.5) 그러나 유다이즘이 살아남은 것은 그런 희생들 **때문이 없다**는 주장도 똑같이 가능하다. 사람들이 자신의 이상을 위해 희생할 때, 그 이상은 더 강해진다. 희생은 사랑의 표현이기 때문이다.

모든 희생이 거룩한 것은 아니다. 오늘날 자살폭탄을 감행하는 사람들은 자신의 목숨과 그 희생자들의 목숨을 희생시키는데, 나는 그 방식이 신성모독이라고 주장한 바 있다.6) 사실상 오경 안에 동물 희생제사가 존재하는 것은 사람들이 폭력과 전쟁의 형태로 인간을 희생제물로 바치는 것을 금지하기 위한 방식이었을 수 있다.7) 그러나 희생의 원리는 여전히 남아 있다. 그것은 우리가 사랑하는 분에게 우리가 드리는 선물이다.

---

5) Judah Halevi, *The Kuzari*, 4:23.

6) Jonathan Sacks, *Not in God's Name: Confronting Religious Violence* (New York: Schocken Books, 2017).

7) 역자주: 저자는 창세기 1장의 창조 기사와 노아 홍수 이후 9장의 새 창조 기사의 차이점에 주목한다. (1) 창세기 1장과 9장에서 일곱 번씩 반복되는 단어가 1장에서는 "(보시기에) 좋았다"(*tov*)인 반면, 9장에서는 "계약(언약)"(*brit*)이다. (2) 1장에서는 **내가 하나님의 형상**인 반면에, 9장에서는 **다른 사람이 하나님의 형상**이다. 홍수 이후에 하나님은 더 이상 인간이 하나님의 형상으로서 보시기에 좋기(선하기)를 기대하지 않으신다(8:21). 그래서 "하나님은 홍수 후에 노아를 통해 우리에게, **우리 자신이 아니라 다른 사람을 하나님의 형상으로** 생각해야만 한다고 가르치셨다." 이것이 "차이의 존엄성(존중)"의 기초다. 즉 "하나님은 우리에게 나의 형상과 같지 않은 사람 안에서 하나님의 형상을 보기를 요청하신다." 이처럼 낯선 사람을 경계하고 위협으로 볼 것이 아니라 그 사람 안에서 "하나님의 흔적"을 보는 것이 폭력으로 가득한 세상(6:11-12)을 극복하는 길이라고 저자는 역설한다. Jonathan Sacks, *Judaism's Life-Changing Ideas* (2020), 9-12.

열광주의의 위험성

Shemini

단어들의 역사를 발굴하는 작업은 때때로 고대 도시의 유적지를 발굴하는 작업만큼이나 많은 것을 새롭게 밝혀준다. "열광주의"를 뜻하는 영어 단어 enthusiasm을 보자. 오늘날에는 이 단어를 적극적인 것으로 본다. 어떤 사전에는 그 단어가 "특정한 주제나 활동에 대해 에너지가 넘치는 흥미를 느끼며, 그것에 몰두하고 싶어하는 간절한 느낌"이라고 정의한다. 열광주의를 지닌 사람은 열정, 비상한 흥미, 흥분을 느끼며, 이것은 전염될 수 있다. 그것은 위대한 교사나 지도자의 재능 가운데 하나다. 사람들은 열정의 사람을 추종한다. 당신이 타인들에게 영향을 끼치기 원한다면, 열광주의를 계발할 필요가 있다.

그러나 이 단어가 언제나 호의적인 의미를 가졌던 것은 아니다. 원래 이 단어는 귀신이나 악령 들린 사람을 가리켰다. 17세기 영국에서는 이 단어가 극단적이며 혁명적인 개신교 종파를 가리켰으며, 보다 일반적으로는 영국의 시민혁명에서 싸웠던 청교도들을 가리켰다. 그래서 그 단어는 종교적 극단주의, 광신자들과 동의어가 되었다. 비합리적이며, 폭발하기 쉽고, 위험한 것으로 간주되었다.

스코틀랜드 철학자 데이비드 흄(1711-1776)은 이 주제에 관해 흥미로운 글을 썼다.[1] 그는 "최상의 것이 부패하면 최악을 낳는다"는 사실부터 지적하고, 이것은 특히 종교에서 그렇다고 말했다. 그는 종교가 잘못될 수 있는 두 가지 길이 있는데, 미신을 통한 길과 열광주의를 통한 길이라고 말했다. 그 둘은 서로 매우 다른 현상이다.

미신은 무지와 공포에 의해 추동된다. 우리는 때로 비합리적인 불안과 공포심을 느낄 때가 있으며, 그것들을 다루는 데서 똑같이 비합리적인 방법을 사용한다. 열광주의는 그와 반대다. 그것은 과잉 확신의 결과다. 열광주의자는 종교적 황홀경 상태에서, 자신이 하나님 자신에 의해 영감을 받았기 때문에 능력을 받아 이성과 절제를 무시해도 좋다고 믿게 된다.

열광주의는 "스스로 어떤 인간의 중보자 없이도 신에게 다가갈 수 있는 충분한 자격이 있다고 생각한다." 열광주의에 사로잡힌 사람은 자신이 거룩한 황홀경이라고 간주하는 것에 너무 충만해서 자신은, 제사장들의 행동을 정상적으로 지배하는 규칙들을 넘어설 수 있다고 느낀다. "광신자는 자신을 거룩하다고 간주하고, 또한 자신의 인격에 거룩한 성격을 부여함으로써, 격식을 차리는 기관들이 어느 누구에게 부여할 수 있는 자격보다 훨씬 우월하다고 믿는다." 규칙들과 규정들은 자신들을 위한 것이 아니라 평범한 사람들을 위한 것이라고 열광주의자들은 생각한다. 우리는 하나님의 영감을 받은 사람들이기 때문에 더 잘 안다는 주장이다. 흄은 이것이 정말로 매우 위험할 수 있다고 말했다.

우리는 지금 아론의 두 아들, 나답과 아비후가 죽게 된 죄를 정확히 묘사한 대목을 읽고 있다. 오경은 분명하게 그들의 죽음을 매우 중요한 것으로 간주하는데, 그 이유는 그 사건에 대해 네 차례나 언급하기 때문

---

1) David Hume, "Of Superstition and Enthusiasm," in *Essays Moral, Political, and Literary* (1742–1754).

이다(레 10:1-2; 16:1; 민 3:4; 26:61). 그것은 충격적인 비극이었다. 회막의 예배를 시작하는 날 벌어진 일로서, 그 순간은 유대인 역사에서 가장 경축할 날들 가운데 하나였어야만 했던 순간이었기 때문이다.

현자들은 이 에피소드로 인해 당혹감을 느꼈다. 본문 자체는 단순히 "그들이 승인받지 않은 불(unauthorized fire, [esh zara])을 주님께 바쳤다. 그러나 그 불은 주님께서 그들에게 명하신 것이 아니었다. 그래서 주님의 임재/현존으로부터 불이 나와서 그들을 삼키니, 그들은 주님 앞에서 죽고 말았다"(레 10:1-2)고 말한다. 현자들은 분명히 무엇인가 더 있었음에 틀림없다고 느꼈다. 즉 그밖에 다른 죄라든가, 아니면 성격상의 결함이라든가, 그들이 비참하고 철저하게 처벌받은 것을 정당화할 수 있는 무엇인가가 더 있었음에 틀림없다고 느꼈다.

성서 본문에 나오는 단서들을 한데 모아, 사람들은 그들이 지성소에 들어가는 죄를 지었다고 추측하거나,[2] 모세나 아론과 상의하지 않은 채 자기들 마음대로 불을 바쳤다거나, 그들이 취한 상태였다거나, 의복을 제대로 갖춰 입지 않았다거나, 놋대야의 물로 정결하게 씻지 않았다거나, 자기들은 너무 중요한 반면에 어떤 여자도 자기들에게 충분히 좋지 않다고 생각해서 혼인을 하지 않았다거나, 아니면 모세와 아론이 죽어야 자기들이 이스라엘의 지도자들이 될 수 있을 것임을 알고 기다리는 데 너무 성급했다고 추측했다.

어떤 사람들은 그들이 벌을 받은 죄가 그날 저질러진 것이 아니라고 추측했다. 그 몇 달 전에 이미 시나이 산에서 죄를 저질렀다는 것이다.

---

[2] 이것은 레위기 16:1의 진술에 근거한 것으로서, 아론의 두 아들이 죽은 것은 "그들이 주님 앞에 가까이 갔을" 때, 즉 그들이 너무 가까이 갔다는 것은 그들이 지성소에 들어갔음을 함축한다.

본문은 나답과 아비후가 70명의 장로들과 더불어 그 산에 올라갔고, "이스라엘의 하나님을 보았다"고 말한다. 하나님께서는 "이스라엘의 지도자들을 손으로 치지 않으셨으므로, 그들이 하나님을 뵈며 먹고 마셨다"(출 24:10-11). 이 본문이 함축하는 것은 그들이 당시 하나님 앞에서 눈길을 돌리지 않았거나, 그토록 성스러운 만남에서 먹고 마셨다는 점에서 이미 처벌받아 마땅한 죄를 저질렀다는 것이다. 그러나 하나님은 백성들과 계약을 맺으신 날에 초상을 치루지 않도록 하기 위해 그 처벌을 연기하셨다는 해석이다.[3]

이런 해석들은 모두 미드라쉬의 해석들로서, 참되며 타당하며 중요한 해석이지만, 그 구절의 명백한 의미는 아니다. 본문은 분명하다. 그들의 죽음이 언급된 세 차례 각각에서, 오경은 단지 그들이 "승인받지 않은 불"을 바쳤다고 말한다. 그 죄는 그들이 명령받지 않았던 무엇인가를 했던 것이다. 모세는 그들이 죽자 즉시 아론에게 하나님의 뜻은 "주님께서 '내게 가까이 있는 이들에게 나의 거룩함을 보이겠다'"(레 10:3)는 말씀이라고 말한다. 한 미드라쉬는 모세가 아론에게 "그들이 너나 나보다 더 하나님 가까이 있었다"고 말함으로써 아론을 위로했다고 말한다.[4]

"열광주의"라는 단어의 역사는 이 에피소드를 이해하도록 돕는다. 나답과 아비후는 "열광주의자"였다. 현대적 의미에서가 아니라, 17-18세기에 사용된 의미에서 그렇다. 열광주의자들은 종교적 열정에 충만해서, 자신들이 율법과 관습을 무시하는 행동들을 하도록 하나님께서 영감을 불어넣고 계신다고 믿었다. 그들은 매우 거룩했지만, 또한 잠재적

---

3) 70명의 장로들은 나중에 처벌받았다. 출 24:10에 대한 라쉬의 주석을 보라.
4) *Midrash Aggada* (Buber) ad loc.

으로 매우 위험했다. 데이비드 흄은 특히 열광주의가 이런 의미에서 제사장들의 마음가짐과 정반대라고 보았다. 흄은 "모든 열광주의자들이 교회의 멍에로부터 자유로웠으며, 매우 독자적인 헌신을 표명했으며, 형식들, 종교의식들, 전통들을 멸시했다"고 말한다.

제사장들은 권능을 이해하기 때문에, 성스러운 것의 잠재적 위험성을 이해한다. 바로 이런 이유 때문에 거룩한 장소, 시간, 제의들은 규칙들로 보호받아야만 한다. 핵발전소를 가장 치밀한 단열재로 보호해야 하는 것과 마찬가지다. 그것에 실패했을 때 벌어진 사고들을 생각해보라. 예를 들어, 체르노빌, 또는 2011년 일본의 후쿠시마 사고들처럼, 그 결과는 참혹하며 영구적일 수 있다.

승인받지 않은 불을 회막에 가져온 것은 작은 범죄처럼 보일 수 있지만, 거룩의 영역에서는 단 하나의 승인받지 않은 행동이 거룩과 연관된 율법들에 파열을 초래함으로써, 그것이 시간이 지나면 갈라지게 만드는 구멍으로 커질 수 있다. 열광주의는 비록 그 형태에 따라 해롭지 않은 것처럼 보일 수 있지만, 빠른 시간 안에 극단주의, 광신주의, 그리고 종교적인 동기에 의한 폭력으로 둔갑할 수 있다. 이것이 16세기와 17세기에 유럽에서 종교전쟁 기간 동안에 벌어진 것이었으며, 또한 어떤 종교들에서는 오늘날에도 벌어지고 있는 것이다. 데이비드 흄이 지적했듯이, "인간의 이성과 심지어 도덕조차도 [열광주의자들의] 거짓된 안내자라고 배척하며, 광신적인 광인은 맹목적으로 신적인 영감이라고 믿는 것에 자신을 맡긴다." 그러나 그것이 실제로는 신적인 영감이 아니라, 과열된 자기 아집이거나 격앙된 분노일 것이다.

우리는 이제 인간의 두뇌가 두 가지 서로 다른 체계를 갖고 있음을 이해하는데, 다니엘 카너먼은 그 두 체계를 "빠른 사고와 느린 사고"라고 불렀다. 빠른 뇌, 즉 대뇌변연계는 특히 공포에 대한 반응에서 감정들을 불러일으킨다. 반면에 느린 사고, 즉 전두엽피질은 합리적이며 신중하며, 다른 행동이 초래할 장기적인 결과를 고려할 수 있다. 우리가 그 두 가지 체계를 갖고 있는 것은 우연이 아니다. 위험이 촉발시키는 본능적 반응들이 없다면, 우리는 살아남지 못할 것이다. 그러나 느리며 신중한 뇌가 없다면, 우리는 계속해서 파괴적이며 자기파멸적인 행동에 몰두할 것이다. 개인의 행복과 문명의 생존은 그 둘 사이의 놀라운 균형에 달려 있다.

종교생활은 특히 그처럼 강렬한 열정을 불러일으키기 때문에, 법의 구속과 제의, 복잡한 예배형식을 필요로 한다. 그래야만 신앙의 불이 억제된 상태에서 하나님의 영광에 빛을 비추고, 또한 그 영광을 엿볼 수 있다. 그렇지 않다면, 그것은 마침내 사납게 날뛰는 지옥불이 되어, 파괴를 불러일으키고 사람들의 목숨을 앗아갈 수 있다. 서양에서 지난 몇 세기 동안의 경험을 통해, 우리는 열광주의를 길들여 그것을 긍정적 힘으로 생각할 수 있게 되었다. 그러나 우리가 결코 잊지 말아야 하는 것은 열광주의가 항상 그랬던 것은 아니라는 사실이다. 바로 이런 이유 때문에 유다이즘은 그토록 많은 율법을 갖고 있으며, 그토록 많은 세부사항들에 주의를 기울이는 것이다. 우리가 하나님께 가까이 다가갈수록, 그런 율법들과 세부사항들이 더욱 많이 필요하기 때문이다.

수치심의 힘

Tazria-Metzora

2013년 12월 20일, 저스틴 사코라는 젊은 여성이 런던의 히드로 공항에서 아프리카로 가는 비행기에 탑승하기 위해 기다리고 있었다. 시간 여유가 있어서, 그녀는 에이즈에 걸릴 위험성이 있는 의심스러운 행위를 트위트로 날렸다. 즉각적인 반응이 없어서, 그녀는 그것이 몰고 올 폭풍을 알지 못한 채 비행기에 탑승했다. 열한 시간 뒤에 착륙한 후, 그녀는 자신이 국제적인 관심의 초점이 된 것을 발견했다. 그녀의 트위트와 그에 대한 반응은 바이러스처럼 퍼져나갔다. 그 후 11일 동안 구글에서 그녀를 접속한 것이 백만 회가 넘었다. 그녀는 인종차별주의자로 낙인이 찍혔고 또 직장에서 해고되었다. 하루아침에 그녀는 사회적으로 매장당한 천민이 되었다.[1]

이처럼 새로운 소셜미디어는 공개적인 망신시키기라는 고대의 현상을 되살려냈다. 최근에 출판된 두 권의 책, 존 론슨의 ≪당신은 그렇게 공개적으로 망신당했다≫와 제니퍼 자켓의 ≪수치심은 필요한가≫[2]는

---

1) Jon Ronson, *So You've Been Publicly Shamed* (London: Picador, 2015), 63-86.
2) Jennifer Jacquet, *Is Shame Necessary? New Uses for an Old Tool* (London: Allen Lane, 2015).

그런 문제를 다루었다. 자켓은 공개적인 망신시키기가 좋은 것이라고 믿는다. 그것은 예를 들어, 공기업들이 보다 책임적으로 행동하도록 만드는 하나의 방법일 수 있기 때문이다. 그러나 론슨은 그 위험성을 강조한다. 우리가 속한 공동체에 의해 수치를 당하는 것과 우리에 대해 전혀 모르거나 우리의 행동이 어떤 상황에서 벌어진 것인지를 전혀 모르는 이방인들의 지구적 네트워크에 의해 수치를 당하는 것은 완전히 다른 문제이기 때문이다. 그것은 정의를 추구하는 것이라기보다는 린치를 가하는 군중들과 더 비슷하다.

어떤 쪽으로 이해를 하든지 간에, 이것은 지난 주 본문과 이번 주 본문에서 길게 다루는 '짜라앗'(tzaraat) 상태를 이해하는 데 도움을 준다. 공개적인 망신시키기가 아니라면, 그것은 어리둥절하게 만드는 현상이기 때문이다. '짜라앗'은 한센병(나병), 피부병, 피부가 비늘처럼 벗겨지는 전염병 등으로 다양하게 번역되었다. 그러나 그 단어를 인간이 알고 있는 어떤 질병과 동일시하는 데는 큰 문제가 있다. 첫째로, 그 증상은 한센병과 같지 않다. 둘째로, 오경에 묘사된 것처럼, 그것은 다른 사람들에게 전염될 뿐 아니라, 집의 벽, 가구, 옷에도 영향을 끼친다. 이런 특성을 가진 질병은 의학적으로 알려진 게 없다.

게다가, 오경은 거룩함과 올바른 행위에 관한 책이지, 의학책이 아니다. 의학책이라 할지라도, 랍비 데이비드 쯔비 호프만이 그의 주석에서 지적한 것처럼, 그 병에 대한 조치는 전염병에 대한 조치가 아니다. 끝으로, 오경에 묘사된 '짜라앗'(tzaraat)은 질병을 초래하는 것이 아니라 불결(tuma)을 초래하는 것이다. 건강과 정결은 전혀 다른 것이다.

현자들은 이 비밀을 풀기 위해 이번 주 오경 읽기 본문을 오경에서 실제로 '짜라앗'을 겪은 사례들과 연결시켰다. 미리암이 그의 오빠 모세에게 맞섰을 때 그 상태가 나타났다(민 12:1-15). 또 다른 경우는 모세가 불타는 떨기나무에서 이스라엘 백성이 자신을 믿지 않을 거라고 말했을 때 나타났다. 그의 손이 일시적으로 "마치 흰 눈이 덮인 것"처럼 변했다(출 4:7). 현자들은 '짜라앗'을 악한 말, 누군가에 대해 부정적으로 말하거나 모욕하는 것(lashon hara)에 대한 처벌로 간주한다.

이런 사례들은 그들로 하여금 '짜라앗'의 증상, 즉 혹이 생기거나 피부 색깔이 바뀌는 증상이 도대체 왜 벽, 가구, 옷, 인간의 피부에 영향을 끼칠 수 있는지를 설명하는 데 도움을 주었다. 이것들은 경고나 처벌의 순서였다. 처음에 하나님은 그 잘못을 저지르는 사람의 집 벽들을 부식시킴으로써 경고 신호를 보내셨다. 그가 잘못을 회개하면, 그 상태는 거기서 중단되었다. 그러나 회개하지 않으면, 그의 가구들이 영향을 받고, 그 다음에는 그의 옷, 마지막으로는 그의 피부가 영향을 받았다.

우리는 이것을 어떻게 이해해야 하는가? 왜 "악한 말"이 그토록 심각한 잘못으로 간주되어, 그것을 가리키기 위해 이런 이상한 현상들로 나타났는가? 왜 그것은 다른 방식이 아니라 이런 방식으로 처벌받았는가?

인류학자 루스 베네딕트가 일본 문화에 대해 쓴 《국화와 칼》은 두 종류의 사회, 즉 **죄의식 문화**와 **수치의 문화** 사이의 차이를 일반인들이 깨닫게 해준 책이다.3) 고대 그리스 역시 일본과 마찬가지로 수치의 문화였다. 유다이즘과 그에 영향을 받은 종교들(가장 분명하게는 칼빈주의)은 죄의식의 문화였다. 그 둘 사이의 차이는 상당히 크다.

수치심의 문화에서 중요한 것은 타인들의 판단이다. 도덕적으로 행동한다는 것은 공공의 역할, 규칙, 기대에 순응하는 것을 뜻한다. 당신

---

3) 수치의 문화와 죄의식의 문화라는 주제에 관해 자세한 것은 앞에 나왔던 "듣기의 기술"을 보라.

은 다른 사람들이 당신에게 기대하는 것을 행한다. 당신은 사회의 인습을 따른다. 그러지 않는 경우에는 사회가 당신에게 수치심, 조롱, 반대, 굴욕, 배척을 통해 처벌한다. 죄의식의 문화에서 중요한 것은 다른 사람들이 생각하는 것이 아니라, 양심의 소리가 당신에게 말하는 것이다. 도덕적으로 산다는 것은 내면화된 도덕적 명령들, 즉 마땅한 행위와 금지의 명령들에 따라 행동한다는 뜻이다. 중요한 것은 당신이 알고 있는 옳고 그름이다.

수치의 문화에서는 사람들이 **타인 지향적**이다. 그들은 타인들의 눈에 어떻게 보이는지, 오늘날 흔히 하는 말로, 자신들의 "이미지"에 관심을 기울인다. 죄의식의 문화에서는 사람들이 **내면 지향적**이다. 그들은 자신들이 절대적으로 정직한 순간에 자신들에 관해 정직하게 아는 것에 관심을 기울인다. 심지어 당신의 대중적 이미지가 손상되지 않았다 해도, 당신이 잘못한 줄 알고 있다면, 불편하게 느낀다. 당신은 밤에 깨어서 번민에 사로잡힌다. "오, 겁 많은 양심아, 네가 어찌 나를 괴롭히냐!"라고 셰익스피어의 리처드 3세는 말한다. "나의 양심은 혀가 수천 개 / 각각의 혀는 여러 이야기를 들려주네 / 그 모든 이야기가 나를 악당이라고 단죄하네."[4] 수치심은 공개적 굴욕이다. 죄의식은 내면의 고뇌다.

유다이즘에서 죄의식 문화가 등장한 것은 하나님과 인간 사이의 관계를 이해한 것에서부터 흘러나온 것이다. 유다이즘에서는 사회가 관객이며 심판관이고 우리는 무대 위의 배우들이 아니다. 우리가 사회를 농락할 수는 있지만, 하나님을 농락할 수는 없다. 모든 겉치레와 자만심, 모든 가면과 페르조나, 공개적 이미지라는 화장은 상관이 없다. "나는

---

4) William Shakespeare, *Richard III*, act 5, scene 3.

사람이 판단하는 것처럼 그렇게 판단하지는 않는다. 사람은 겉모습만을 따라 판단하지만, 나 주는 중심을 본다"(삼상 16:7). 수치심의 문화는 집단적이며 순응주의적이다. 그와 반대로, 유다이즘은 원형적인 죄의식 문화로서, 개인과 또한 그가 하나님과 맺는 관계를 강조한다. 중요한 것은 우리가 시대의 문화에 순응하는가 하는 문제가 아니라, 우리가 선하고 의롭고 옳은 일을 하는가 하는 문제다.

이것은 '짜라앗'의 율법을 흥미롭게 만드는데, 왜냐하면 현자들의 해석에 따르면, 그것이 오경에서 죄의식보다는 수치심으로 처벌한 드문 사례들 가운데 하나이기 때문이다. 혹이 생기거나 집 벽의 색깔이 변하는 것은 개인적인 잘못에 대한 공개적 신호였다. 그것은 그곳에 살거나 방문하는 사람들에게 "이 장소에서 나쁜 일들이 있었다"고 말하는 방식이었다. 점차 그 신호들은 그 죄인 곁으로 다가와, 그의 침대나 의자, 그의 옷, 그리고 그의 피부에 나타남으로써, 마침내 자신이 더럽혀진 존재로 진단되었음을 깨닫게 만든다.

> 그 더럽히는 병에 걸린 표시를 지닌 사람은 입은 옷을 찢고 이발하지 않은 채 다녀야 한다. 또한 그는 자기 머리를 입술까지 숙이고 '부정하다, 부정하다' 하고 외쳐야 한다. 그 표시를 지니고 있는 한, 부정한 상태에 머물러 있게 되므로, 그는 부정하다. 그는 진 바깥에서 혼자 따로 살아야 한다. (레 13:45-46)

이것은 전형적인 창피 주기의 표현이다. 첫째는 낙인찍기다. 불명예나 치욕의 공개적인 표시다(옷 찢기, 이발하지 않음 등). 그 다음에는 배척이다. 사회의 정상적인 일들에서 일시적으로 배제시키는 것이다.

이런 것들은 질병과 사회적 승인과 관계된 것들과는 아무런 관계가 없다. 이것이 바로 '짜라앗'의 법을 처음에 그처럼 이해하기 어렵게 만드는 것이다. 그것은 수치심의 문화가 아니라 죄의식의 문화에서 드물게 나타나는 공개적인 창피 주기의 하나이기 때문이다.5) 그런 일이 벌어진 것은 사회가 그것을 반대하기 때문이 아니라, 하나님께서 그렇게 해야만 한다고 신호를 보내시기 때문이었다.

왜 그것이 특별히 "악한 말"(lashon hara)의 경우인가? **말은 사회를 묶어주는 것이기 때문이다.** 인류학자들은 인간들 사이에서 언어가 발전된 것은 정확히 인간들 사이의 유대를 강화시킴으로써, 그들이 다른 동물보다 더 큰 집단을 이루는 데서 협동할 수 있도록 하기 위해서였다고 주장했다. 협동을 지탱시키는 것은 **신뢰**다. 이것은 나로 하여금 집단을 위해 희생할 용기를 주는데, 타인들도 마찬가지로 행동할 거라고 신뢰할 수 있음을 알기 때문이다. 바로 정확히 이런 이유 때문에, 악한 말은 그처럼 파괴적이다. 악한 말은 신뢰를 깨뜨린다. 그것은 사람들로 하여금 서로를 의심하도록 만든다. 집단을 하나로 유지시켜주는 유대감을 약화시킨다. 견제하지 않으면, 악한 말은 가족, 팀, 공동체, 심지어 민족을 파괴시킨다. 따라서 악한 말은 독특하게 악한 특성을 갖고 있다. 즉 그것은 언어의 힘을 사용해서 언어가 생겨난 목적, 곧 사회적 유대를 지탱시키는 신뢰를 창조하는 목적 자체를 약화시킨다.

바로 이런 이유 때문에, 악한 말에 대한 처벌은 사회로부터 일시적으로 배제시키는 것이다. 그 방법은 **공개적인 노출**(벽, 가구, 옷, 피부에

---

5) 라반 요하난 벤 자카이에 따르면, 6년 동안의 종살이가 끝난 다음에 자유롭게 가기를 원하지 않는 노예의 귀를 문설주에 대고 뚫어야 하는 조치는 또 다른 사례였다(출 21:6). Rashi ad loc., and Kiddushin 22b를 보라.

나타나는 신호들), 낙인찍기와 망신시키기(옷 찢기 등), 그리고 배척(진 바깥에서 살도록 강요하는 것)이다. 악한 말을 하는 사람에 대해, 법률, 법정, 죄의식의 확인 등의 정상적인 절차를 통해 처벌하는 것은 어려운 일이며, 아마도 불가능할 것이다. 그런 처벌을 할 수 있는 경우는 거짓말을 하는(motizi shem ra) 명예훼손, 비방 등의 경우다. 그러나 악한 말(lashon hara)은 보다 교활하다. 그것은 거짓말이 아니라 넌지시 말하는 것이다. 실제로 거짓말을 하지 않은 채 한 사람의 평판에 해를 끼치는 방법은 많이 있다. 악한 말을 한 사람으로 고발당한 사람은 "나는 그런 말을 하지 않았다. 내가 그런 말을 했더라도 나는 그런 뜻이 아니었다. 나는 사실이 아닌 것을 말하지 않았다"고 쉽게 말할 수 있다. 실제로 거짓말을 하지 않더라도 인간관계에 독을 집어넣는 사람을 다루는 최선의 방법은 그들의 이름을 부르고, 창피를 주고, 접촉을 피하는 것이다.

이것이 바로 '짜라앗'이 고대 시대에 기적처럼 벌어진 일이라고 현자들은 말했다. 오경에 묘사된 그런 형태로는 더 이상 그것이 존재하지 않는다. 그러나 인터넷과 소셜미디어를 사용해서 공개적인 망신시키기는 수치심의 문화의 힘과 그 위험 모두를 보여준다. 오경에는 매우 드물게 나오지만, 피부병(metzora)은 하나님만의 행동이지, 사회의 행동이 아니다. 그러나 피부병의 도덕은 남아 있다. 악한 험담은 관계를 파괴하고, 사회적 유대를 무너뜨리며, 신뢰를 해친다. 그것은 노출시키고 창피를 줄 만하다.

다른 사람들에 대해 결코 나쁜 말을 하지 말고, 그런 말을 하는 사람들로부터 멀리 떨어져 있어야 한다.

실수를 인정하는 용기
Aḥarei Mot

몇 년 전에, 당시 미국의 영국 대사였던 필립 레이더 씨가 나를 방문했다. 그는 자신과 그의 아내가 1981년에 시작한 흥미로운 프로젝트에 관해 말했다. 그들 부부는 많은 사람들이 조만간 권력과 영향력 있는 자리를 차지하려 한다는 것을 깨닫게 되었다. 그래서 사람들이 자주 모임을 갖고 자신들의 생각을 나누고, 전문가들의 말을 듣고, 친구관계를 형성하고, 자신들이 조만간 직면하게 될 도전들에 대해 집단적으로 사고할 수 있다면 매우 도움이 되고 창조적일 거라고 생각했다. 그래서 그들은 "르네상스 주말"이라고 부르는 것을 시작했다. 이 모임은 지금도 계속된다.

그가 나에게 말한 것 가운데 가장 흥미로웠던 것은 그 모임의 참여자들은 모두 특별한 재능을 지닌 사람들인데, 한 가지 특별히 어려워하는 것은 자신들의 실수를 받아들이는 일이라는 점이었다. 그 대사 부부는 이것이 그들이 배워야 하는 중요한 일임을 인식했다. 그래서 무엇보다 먼저 사람들이 언제 어떻게 실수하는지, 그리고 어떻게 바로잡을지에 대해 인식할 수 있어야만 했다. 그들에게 탁월한 생각이 떠올랐다. 그들은 매주 주말 모임에서 각 분야의 인정받는 스타가 "나의 가장 큰 낯뜨거운 실수"라는 주제로 말하는 시간을 마련했다. 그것은 당신이 저질러서는 안 되었던 실수이며, 받아들이기 창피스러운 실수다.

　이것이 본질적으로 유다이즘에서 대속죄일(Yom Kippur)의 의미다. 회막과 성전 시대에는 대속죄일이 이스라엘에서 가장 거룩한 사람인 대제사장이 자신의 죄와 그의 "집"의 죄, 그리고 모든 이스라엘의 죄를 속죄했다. 성전이 파괴된 날부터, 우리에게는 대제사장도 없었고 그가 거행할 의식도 없었다. 그러나 우리는 여전히 대속죄일을 지키면서, 죄를 고백하고 용서를 위해 기도한다. 우리의 죄, 잘못, 실수를 인정하는 것이 훨씬 쉬운 것은 다른 사람들도 마찬가지로 할 때다. 대제사장이나 회중 가운데 다른 사람들이 죄를 인정할 수 있다면, 우리도 인정할 수 있다.

　나는 다른 책에서(Koren Yom Kippur Maḥzor의 서문에서), 첫 번째 대속죄일에서부터 두 번째 대속죄일로 이동한 것이 유대인 영성의 가장 큰 변화 가운데 하나라고 주장했다. 첫 번째 대속죄일은 금송아지의 죄를 지은 이후에 모세가 백성들을 위한 용서를 확실히 하기 위한 노력의 절정이었다(출 32-34장). 담무스월[1] 17일에 시작된 그 과정은 티쉬리월[2] 10일에 끝났는데, 그 끝난 날이 나중에 대속죄일이 되었다. 그날은 모세가 두 번째 석판을 들고 산에서 내려온 날로서, 그 석판은 하나님께서 이스라엘 백성과의 계약(언약)을 확증하셨음을 보여주는 가시적 상징이었다. 1년 뒤 두 번째 대속죄일은 이번 주 오경 읽기 본문에 나오는 일련의 의식들(레 16장)로 시작되었는데, 그 의식들은 아론이 대제사장으로서 회막에서 거행했다.

　그 두 대속죄일 사이의 차이는 엄청났다. 모세는 예언자로서 행동했다. 아론은 제사장으로서 기능을 수행했다. 모세는 자신의 마음과 정신

---

1) 역자주: 유대인 달력의 네 번째 달로서, 우리의 달력으로는 6-7월경이다.
2) 역자주: 유대인 달력의 일곱 번째 달, 우리의 달력으로는 9-10월경이다.

을 따라, 자신의 말에 대한 하나님의 응답에 대해 즉석에서 대답했다. 아론은 정확하게 계획된 제의 순서를 따랐고, 그 모든 세부사항들은 미리 정해졌다. 모세의 만남은 하늘과 땅 사이의 임시적이며 독특하며 반복되지 않는 드라마였다. 아론의 만남은 그와 반대였다. 그가 따랐던 규칙들은 세대를 거치면서도, 성전이 파괴되기 전까지, 변하지 않았다.

모세가 백성들을 대신해서 한 기도는 대담한 말들로 가득해서, 현자들은 "하늘을 향한 대담함"(hutzpa kelapei shemaya)이라 불렀는데, 그 절정은 모세의 놀라운 선언, 즉 "이제 주님께서 그들의 죄를 용서하여 주십시오. 그렇게 하지 않으시려면, 주님께서 기록하신 책에서 저의 이름을 지워 주십시오"(출 32:32)였다. 이와는 대조적으로 아론의 행동은 순종, 겸손, 고백으로 특징지어졌다. 그는 정결의례들뿐 아니라 자신의 죄와 그의 "집"의 죄, 그리고 백성들의 죄를 위한 속건제와 속죄를 행했다.

첫 번째 대속죄일에서 두 번째 대속죄일로 이동한 것은 막스 베버가 말한 "카리스마의 일상화"(routinization of charisma)의 고전적 사례였다. 즉 역사의 독특한 순간을 제의로 바꾸고, "절정 경험"을 생활의 정기적인 한 부분으로 바꾼 것이었다. 오경에서 금송아지 사건 이후 모세와 하나님 사이의 대화보다 더 강렬했던 순간은 별로 없다. 그러나 문제는 그 이후였다. 즉 모세도 없고, 예언자들도 없고, 하나님과 직접 접촉할 수 없는 우리는 도대체 무슨 수로 용서를 받을 수 있는가? 위대한 순간들은 역사를 바꾼다. 그러나 우리를 바꾸는 것은 어떤 행동을 반복하는 진부한 습관을 들임으로써, 마침내 그 행동들이 우리의 뇌를 재구성하고, 우리의 마음의 습관을 바꿀 때까지 계속하는 것이다. 우리는 반복적으로 거행하는 제의들에 의해 형성된다.

그것과는 별도로, 모세가 하나님께 중보기도를 드린 것 자체는 백성들 사이에서 회개하는 분위기를 끌어내지 못했다. 그렇다. 그는 백성들의 죄를 드러내기 위해 일련의 극적인 행동들을 했다. 그러나 백성들이 자신들의 죄를 내면화했다는 증거는 찾아볼 수 없다. 아론의 행동들은 달랐다. 그의 행동들은 고백, 속죄, 그리고 영적인 정화를 추구하는 일과 연관되었다. 그 행동들은 백성들의 죄와 잘못들을 솔직히 인정하는 것과 연관되었고, 그런 행동들은 그가 대제사장 자신으로서 시작한 행동들이었다.

대속죄일의 결과, 즉 그해의 나머지 기간 동안, 탄원기도(*taḥanum*), 고백(*vidui*), 용서의 기도(*seliḥot*)를 통해 연장된 대속죄일의 결과는 백성들이 "나는 잘못했습니다. 나는 죄를 지었습니다. 나는 실수했습니다"라고 말하는 데 부끄러움을 느끼거나 당혹스러워 하지 않는 문화를 창조한 것이었다. 이것이 바로 우리가 대속죄일에 바치는 연속적인 기도, 즉 두 가지 알파벳 순서로 바치는 연도로서, 하나는 '아샴누 바가드누'(*Ashamnu, bagadnu*)로 시작하고, 다른 하나는 '알 헤트 쉐하타누'(*Al ḥet sheḥatanu*)로 시작하는 기도를 통해 하는 것이다.

필립 레이더 대사가 발견한 것처럼, 실수를 받아들일 능력은 대다수 사람들에게 쉽지 않은 일이다. 우리는 합리화하고, 정당화한다. 우리는 부인하고, 타인을 비난한다. 최근에 이 문제에 관해 탁월한 책들이 몇 권 출판되었다.[3]

정치인들은 실수를 인정하기가 어렵다. 의사들도 마찬가지다. 미국

---

3) Matthew Syed, *Black Box Thinking: The Surprising Truth About Success (and Why Some People Never Learn from Their Mistakes)*; Kathryn Schulz, *Being Wrong: Adventures in the Margins of Error*; Carol Tavris and Elliot Aronson, *Mistakes Were Made, But Not By Me*.

에서는 미리 막을 수 있었던 의사의 실수 때문에 매년 40만 명 이상이 죽는다. 은행가들과 경제학자들도 마찬가지다. 2008년의 금융 붕괴는 워렌 버펫이 이미 2002년에 예고했었다. 몇몇 전문가들이 주택담보대출 수준과 부채에 대한 투자는 지속불가능하다고 경고했음에도 불구하고 금융 붕괴가 발생했다. 사람들이 실수를 받아들이기 어려운 문제에 관해 책을 쓴 타브리스와 아론손은 경찰에 관해서도 비슷한 이야기를 들려준다. 경찰들이 일단 용의자를 지목한 후에는, 그 용의자의 결백함에 대한 증거를 받아들이기를 꺼려한다.

자신의 실수를 인정하지 않으려는 전략들은 끝도 없이 많다. 사람들은 그것이 실수가 아니었다고 말한다. 또는 그 상황에서는 그것이 자신들이 할 수 있었던 최선이었다. 아니면 그것은 작은 실수에 불과했다. 또는 우리가 당시에 알고 있었던 것들을 볼 때, 그것은 피할 수 없었다. 아니면 다른 사람이 비난받아야 한다. 우리가 전해들은 사실들이 틀렸다거나 우리가 받은 조언이 잘못된 것이었다는 식으로 사람들은 자신들의 실수를 인정하지 않거나, 아니면 자신들이 희생자라고 주장한다.

우리는 자신들의 정당함을 입증하기 위해 사실들을 해석하는 능력이 거의 무한하다. 현자들이 정결법의 맥락에서 말했던 것처럼, "아무도 자신의 결함이나 불결함을 볼 수 없다." 우리 자신은 자존감의 법정에서 최고의 변호인이다. 그 대제사장이 했던 것처럼, 또는 다윗 왕에게 예언자 나단이 우리아와 밧세바와 관련된 그의 죄를 직언했을 때 다윗 왕이 "내가 죄를 지었습니다"(*hatati*)라고 말했던 것처럼, 그렇게 말할 용기를 지닌 개인은 매우 드물다.

유다이즘은 우리가 실수를 받아들이는 것을 세 가지 방법으로 도와준다. 첫째는 하나님께서 용서하신다는 것을 아는 것이다. 하나님은 우리가 결코 죄를 짓지 않도록 요구하지 않으신다. 하나님은 선택의 자유라는 선물을 주심으로써, 사람들이 때때로 그 자유를 남용할 것임을 미리 알고 계셨다. 하나님이 우리에게 요구하시는 것은 우리가 실수를 인정하고, 그 실수들로부터 배우고, 고백하고, 다시 그런 실수를 반복하지 않도록 결심하는 것이다.

둘째로, 유다이즘은 죄인과 그 죄를 분명히 구분한다. 우리는 어떤 행동을 단죄하면서도 그 행위자에 대한 믿음을 잃지 않을 수 있다.

셋째로, 대속죄일의 광채는 한 해 동안 계속 펼쳐진다. 그날은 정직의 문화를 창조함으로써 우리가 저지른 잘못들을 인정하는 데 부끄러워하지 않도록 돕는다. 그리고 대속죄일이 우리들과 하나님 사이의 죄에 초점을 맞추고 있음에도 불구하고, 그날 바치는 연속적인 기도를 통한 고백은, 실제로 우리가 고백하는 죄들이 대부분 다른 사람들과의 관계에 관한 것임을 보여준다.

필립 레이더 대사가 오늘날 성공가도를 달리는 사람들에게서 발견한 것은 유다이즘이 오래 전에 내면화했던 것이다. 최고의 사람들조차 자신들이 실수했음을 인정한다는 사실은 우리들에게 큰 힘을 준다. 자신이 실수했다고 인정한 첫 번째 유대인은 유다였다. 그는 다말의 성적인 부정을 고발했지만, 결국에는 자신이 잘못했음을 깨닫고 "그 아이가 나보다 의롭다!"(창 38:26)고 말했다.

유다(Judah)라는 이름이 "고백"을 뜻하는 히브리어 '비두이'(vidui)와 같은 어근에서 유래했다는 것은 단순한 우연이 아니다. 다시 말해서, 우리를 유대인(Yehudim)이라고 부르는 것은 우리가 잘못을 인정하는 용기를 가진 백성이라는 뜻이다. 정직한 자기비판은 영적인 위대함의 틀림없는 표지들 가운데 하나다.

유대인의 정체성을 찾아서

Kedoshim

며칠 전에 나는 어느 유대인 지성인과 대화를 나누던 중에, 가끔 그렇듯이, 유대인의 정체성의 특성에 관한 질문을 받았다. 우리는 무엇인가? 무엇이 우리를 유대인으로 만드는가? 이런 질문은 19세기 이래로 유대인의 삶에 관해 계속되는 논쟁 가운데 하나가 되었다. 당시까지는 유대인들이 대체적으로 자신들이 누구이며, 무엇인지를 알고 있었다. 그들은 오래 전에 시나이 광야에서 하나님과 계약(언약)을 맺은 고대 민족의 후손들로서, 그 이후 그 계약에 따라 살려고 노력했으며, 크든 작든, 어느 정도 그런 노력에서 성공한 후손들이었다. 그들은 하나님의 백성이었다.

이런 주장이 타인들을 당혹스럽게 만들었다는 것은 말할 필요도 없다. 그리스인들은 자신들이 더 우월한 족속이라고 생각했다. 그들은 그리스인이 아닌 사람들을 "야만인들"이라고 불렀는데, 이 말은 양들이 내는 소리와 비슷한 말로 들리도록 한 말이었다. 로마인들 역시 자신들이 기독교인들과 무슬림들보다 더 훌륭하며, 또한 유대인들이 아니라 자신들이 하나님의 참된 선민이라고 간주했다. 그 결과는 오랜 세월 동안의 박해였다. 그래서 유대인들에게 유럽의 세속 민족국가의 시민들이 될 기회가 주어졌을 때, 그들은 적극적으로 그 기회를 잡았다. 많은 경우에 유대인들은 자신들의 신앙과 종교적 실천을 포기했다. 그러나 그들은 여전히 유대인들로 간주되었다.

이게 무슨 뜻인가? 그들이 하나님에게 헌신하는 사람들이었다는 뜻일 수는 없었다. 왜냐하면 그들 중 많은 사람들이 하나님을 믿지 않았으며, 믿는 것처럼 행동하지도 않았기 때문이다. 따라서 유대인은 종족(a race)을 뜻하게 되었다. 벤저민 디스레일리[1]는 어려서 아버지에 의해 기독교로 개종했지만, 자신의 정체성을 유대인이라고 밝혔다. 그는 한때 "모두가 종족이다. 다른 진실이 없다"고 쓰면서, 아일랜드 출신 정치인 대니얼 오코넬의 조롱에 대해, "그래, 나는 유대인이다. 명예로운 신사의 조상들이 미지의 섬에서 잔인한 야만인들이었을 때, 나의 조상들은 솔로몬 성전의 제사장들이었다"고 응수했다.

유럽의 모든 나라들이 계몽주의, 이성, 과학의 추구, 해방을 주장했음에도 불구하고, 유대인들에 대한 적개심이 사라지지 않았다는 것이 문제였다. 오늘날 유대인은 더 이상 종교에 의해 정의되지 않는다. 왜냐하면 유대인들도 유럽인들도 종교를 정체성의 기초로 사용하지 않기 때문이다. 유대인들을 증오하게 된 것은 그들의 종족 때문이었고, 1870년대에는 반셈족주의라는 말이 생겨났다. 이것은 위험했다. 유대인들이 종교에 의해 정의되는 한에서는, 기독교인들이 유대인들을 개종시키려고 노력할 수 있었다. 우리는 우리의 종교를 바꿀 수 있다. 그러나 우리가 자신의 종족을 바꿀 수는 없다. 따라서 반셈족주의는 오직 유대인들을 추방하는 방법과 말살하는 방법을 통해서만 작동할 수 있었다.

홀로코스트 이후 서양의 상류사회에서 "종족"이라는 말을 사용하는

---

[1] 벤저민 디스레일리는 두 차례 영국 수상을 역임했다: 1868, 1874-1880.

것은 금기가 되었다. 그러나 세속적인 유대인 정체성은 지속되고 있으며, 달리 그들을 가리킬 말이 없는 것처럼 보인다. 그래서 새로운 용어인 민족(ethnicity)을 대신 사용하게 되었는데, 민족이라는 말은 19세기에 사용된 "종족"의 의미였다. 위키피디아는 민족을 "공통의 조상, 사회적, 문화적, 민족적 경험에 근거해서 서로의 정체성을 주장하는 사람들의 한 범주"라고 정의한다.

문제는 민족 개념이 우리가 어디에서 왔는가 하는 것이지, 우리가 어디로 가고 있는가 하는 것이 아니라는 점이다. 민족은 문화와 요리법, 즉 부모들에게는 의미 있는 기억들이지만, 그 자녀들에게는 점차 의미가 별로 없어지는 기억들과 연관되어 있다. 어쨌거나, 유대 민족은 하나가 아니라 복수다. 바로 이런 이유 때문에 쉐파딕(이베리아 반도 출신) 유대인들과 아쉬케나즈(중부 유럽과 북동부 유럽 출신) 유대인들의 요리법이 서로 다르고, 또한 북아프리카와 중동 지역 출신의 쉐파딕 유대인들이 스페인과 포르투갈 출신의 유대인들과 서로 다른 것이다.

그뿐 아니라, 흔히 유대 민족의 것들로 간주되는 것이 유대인들에게서 비롯된 것이 아닌 것들이 흔하다. 유대인들이 살았던 지역의 문화에서 흡수한 것들이 남아 있는 흔적들이기 때문이다. 예를 들어, 폴란드 의복, 러시아 음악, 북아프리카 음식, 독일 유대인들의 방언 이디쉬어와 스페인 유대인들의 방언 라디노어가 그런 것들이다. 흔히 유대인들이 다른 민족들로부터 차용한 것들도 흔히 유대 민족의 것으로 간주되는 이유는 그 차용한 것들의 기원을 망각해버렸기 때문이다.

유다이즘은 하나의 민족이 아니며, 유대인들은 하나의 민족 집단이 아니다. 예루살렘의 "통곡의 벽"에 가보면, 모든 피부색과 문화의 유대인들을 볼 수 있다. 에티오피아 출신의 베타 이스라엘, 인도 출신의 베네 이스라엘, 중앙아시아 출신의 부카란 유대인, 이라크, 베르베르, 이집트, 쿠르드, 리비아 유대인, 예멘 출신의 테마님, 러시아 출신의 미국 유대인, 리투아니아 출신의 남아프리카 유대인, 독일어를 사용하는 폴란드 출신의 영국계 유대인 등등이다. 그들의 음식, 의복, 습관, 인습은 모두 서로 다르다. 유대인은 하나의 민족이 아니라, 많은 민족들의 브리콜라주다.

그뿐 아니라, 민족은 지속되지 않는다. 만일 유대인들이 하나의 민족 집단이라면, 다른 집단들의 운명처럼, 세월이 지나면 사라질 것이다. 아일랜드, 폴란드, 독일, 노르웨이 출신의 미국 이민자들의 손주들처럼, 용광로 속으로 흡수될 것이다. 민족은 3세대 동안 존속한다. 이민을 온 그 후손들이 할아버지 세대를 기억하고 그들의 독특한 생활방식을 기억하는 동안만 존속한다. 그 이후에는 사라지기 시작한다. 그러지 않을 이유가 없기 때문이다. 유대인들이 단지 한 민족에 불과했다면, 오래 전에 가나안족, 브리스족, 여부스족처럼, 서양 문명에 아무런 자국도 남기지 못한 채, 오직 고대 세계를 연구하는 학생들에게만 알려진 상태로, 사라져버리고 말았을 것이다.

그래서 2000년에 영국의 유대학연구소가 영국의 유대인들을 종교적 공동체가 아니라 민족적 집단으로 정의할 것을 제안했을 때, 비유대인 저널리스트 앤드류 마르는 "이 모든 것은 얕은 물이다. 당신이 더 나아갈수록, 물은 더 얕아진다"고 분명하게 진술했다. 그는 이어서 말했다.

유대인들은 항상 우리들을 위한 이야기들을 갖고 있었다. 그들이 가진 성서는 인간의 정신이 이룩한 매우 위대한 상상의 작품들 가운데 하나다. 그들은 근대세계가 가할 수 있었던 최악의 희생자였으며, 서양의 광기의 거울이었다. 무엇보다도 그들은 로마제국으로부터 2000년대까지 살아남은 문화적이며 유전적인 생존의 이야기를 갖고 있는데, 그것은 이해하지 못하며 적대적인 유럽의 부족들 한복판에서 엮어내며 번성한 이야기다.

성서 이후 시대의 이 이야기, 그들의 언어가 아니라 몸으로 쓴 서사시는 세대들을 거치면서 강렬하고 경쟁적인 단련을 통해, 마침내는 유럽과 미국에서 개인적인 천재들의 불꽃을 피워 올린 것과 관련되었다. 벽화, 모리스 댄싱과 랩 음악 등, 서양에서 유대인들이 두드러지게 성공하지 않은 분야를 생각하기가 어렵다. 하나님에게 선택받은 민족이라는 것을 믿지 않는 비유대인들에게 주는 교훈은, 보다 주류의 안락한 확실성의 바깥에서 그들의 해학과 수고로 살아온 민족의 세대들이 아인슈타인과 비트겐슈타인, 트로츠키와 세이프의 씨앗을 뿌리게 마련이라는 점이다. 문화는 중요하다. … 유대인들은 정말로 달랐다. 그들은 세상을 풍요하게 만들었고, 또한 세상에 도전했다.[2]

앤드류 마르 자신은 유대인도 아니었고 종교적 신자도 아니었다. 그러나 그의 통찰은 이번 주 오경 읽기 본문의 방향을 가리키는데, 그 본문은 유다이즘의 가장 중요한 문장 가운데 하나를 담고 있다. "이스라엘 자손 온 회중에게 말하여라. 너는 그들에게 이렇게 일러라. 너희의 하나님인 나 주가 거룩하니, 너희도 거룩해야 한다"(레 19:2)는 본문이 그것이다. 유대인들은 거룩함으로 소환된 백성이었고, 지금도 그렇다.

---

2) Andrew Marr, *The Observer*, Sunday, May 14, 2000.

이것이 무슨 뜻인가? 라쉬(1040-1105)는 이 본문을 그 맥락 속에서 읽는다. 그 앞장은 금지된 성관계에 관한 것이었다. 그 다음 장도 마찬가지다. 그래서 라쉬는 이 본문을 금지된 성관계의 유혹에 빠지지 않도록 조심하라는 뜻으로 이해한다. 나마니데스(1194-1270)는 이 본문을 보다 폭넓게 읽는다. 오경은 어떤 행위들은 금지하고, 또한 다른 행위들은 허락한다. 그래서 나마니데스에 따르면, "거룩하라"는 것은 심지어 허락된 영역에서조차 자제하라는 뜻이다. 심지어 허락된 코셔 음식을 먹을 때조차도 폭식하지 말아야 한다. 코셔 포도주를 마실 때조차도 알코올 중독자가 되어서는 안 된다. 그의 유명한 말처럼, "오경의 허가증을 지닌 악당"(a scoundrel with Torah licence)이 되지 말라.

이런 해석들은 좁게 해석한 것들이다. 레위기 19:2의 바로 앞뒤 문맥 속의 의미를 찾는 것이다. 그러나 그 구절은 분명히 보다 큰 무엇을 뜻하기도 하는데, 그 장 자체가 그것을 밝혀준다. 거룩하게 된다는 것은 이웃을 사랑하고 이방인을 사랑하는 것이다. 그것은 도둑질하지 않고, 거짓말하지 않고, 남을 속이지 않는 것이다. 그것은 누군가의 목숨이 위태로울 때 곁에서 빈둥거리지 않는다는 뜻이다. 그것은 맹인 앞에 걸림돌을 놓지 않고, 농인을 저주하지 않는 것, 즉 다른 사람들이 전혀 알지 못할 때라도 그들을 모욕하지 않고, 이용해먹지 않는 것이다. 왜냐하면 하나님은 그것을 모르시지 않기 때문이다.

거룩하게 된다는 것은 밭에 서로 다른 씨앗을 심지 않는 것, 가축을 종간 교배시키지 않는 것, 모직물과 면직물을 섞어서 짠 옷을 입지 않는 것3) ─ 오늘날에는 환경을 보전하는 것이다. 그것은 시대의 우상숭배에

---

3) 역자주: 저자는 레위기 19장에 나오는 율법들이 이웃 사랑과 낯선 사람들에 대한 사랑을 강조함으로써 "유다이즘이 사랑의 종교"임을 보여주는 양심과

순응하지 않는 것이다. 모든 시대마다 그 우상들이 있기 때문이다. 그것은 사업에서 정직하고, 정의를 실천하며, 고용인들을 잘 대우하고, 당신이 받은 복(당시에는 수확물의 일부)을 남들과 나누는 것이다.

거룩하게 된다는 것은 사람들을 혐오하지 않는 것, 원한을 품지 않는 것, 또는 복수하지 않는 것이다. 만일 누군가 당신에게 잘못하면, 그들을 미워하지 말라. 그들에게 간곡히 충고하라. 그들이 행한 것이 어떻게 당신에게 해를 끼쳤는지를 알게 하고, 그들로 하여금 사과하고 고칠 기회를 주며, 용서하라.

무엇보다도 "거룩하다"는 뜻은 다른 사람과 다르게 될 용기를 갖는 것이다. 그것이 히브리어 '카도쉬'(kadosh)의 근본 의미다. 그것은 특이하며 구별해놓은 것을 뜻한다. "너희의 하나님인 나 주가 거룩하니 너희도 거룩하라"는 말씀은 종교 문헌 전체에서 가장 반직관적인 문장 가운데 하나다. 우리가 어떻게 하나님처럼 될 수 있는가? 그분은 무한하시지만, 우리는 유한하다. 그분은 영원하시지만, 우리는 죽을 수밖에 없는 존재들이다. 그분은 우주보다 더 광대하시지만, 우리는 그 표면의 작은 점에 불과하다. 그러나 한 점에서는 우리가 거룩할 수 있다고 오경은

사회정의의 도덕적 율법들뿐 아니라, 서로 다른 종류를 섞지 않는 정결과 금기를 보여주는 율법들이 함께 나온다는 점에 주목한다. 저자는 그 율법들의 공통점이 "질서, 한계, **경계선들**"에 관한 것임을 강조한다. 즉 우주에는 도덕적 질서, 정치적 질서, 생태적 질서가 있으며, 그 질서를 위반하면 결국 혼돈이 온다는 주장이다. 문제는 왜 두 가지 가장 큰 계명, 즉 이웃 사랑과 낯선 사람들에 대한 사랑의 율법이 나오는 레위기 19장에 그런 정결과 금기의 율법들이 나오는가 하는 점이다. 이 질문에 대해 저자는 "(감정적인 사랑이 아니라 진정한) 사랑이 속한 곳은 질서가 잡힌 우주 안이기 때문"이라고 대답한다. 질서가 없으면, 사랑은 단지 혼돈을 가중시키는 것이 된다는 점에서, 오늘날 많은 부모들이 자녀들과의 관계를 깨뜨리지 않기 위해 훈육 없이 방치하는 태도를 비판한다. Jonathan Sacks, *Judaism's Life-Changing Ideas* (2020), 164–67.

말한다.

하나님은 세상 안에 계시지만, 세상에 속하지는 않으신다. 따라서 우리는 세상 안에 존재하지만, 세상에 속하지는 않도록 부름받았다. 우리는 자연을 예배하지 않는다. 우리는 패션을 따르지 않는다. 우리는 다른 사람들 모두가 그렇게 행동한다는 이유로 다른 사람들처럼 행동하지는 않는다. 우리는 순응하지 않는다. 우리는 다른 음악에 맞추어 춤을 춘다. 우리는 현재에 살지 않는다. 우리는 우리 민족의 과거를 기억하고, 우리 민족의 미래를 건설하는 것을 돕는다. '카도쉬'라는 말이 혼인을 뜻하는 '키두신'(kiddushin)의 의미도 갖고 있는 것은 우연이 아니다. 왜냐하면 혼인한다는 것은 서로에게 신실하다는 뜻으로서, 하나님께서 우리에게 신실하시기로 서약하신 것처럼, 우리도 아무리 어려운 시대라 할지라도 그분께 신실해야 하기 때문이다.

거룩하다는 것은 우리의 삶과 우리 백성의 삶 속에 하나님이 현존/임재하시는 것을 증언한다는 뜻이다. 이스라엘, 곧 유대 민족은 자신들 너머에 계신 그 한 분 하나님에 대해 증언하는 사람들이다. 유대인이 된다는 것은 하나님의 현존을 의식하면서 살아가는 것, 즉 우리가 볼 수는 없지만, 우리로 하여금 더욱 용기있고 정의로우며, 관대하도록 촉구하시는 우리들 안의 힘으로서 지각할 수 있는 하나님의 현존을 의식하면서 살아가는 것이다. 이것이 바로 유다이즘의 제의들이 갖는 의미로서, 하나님의 현존을 우리에게 상기시켜주는 것이다.

세상의 모든 개인들은 민족을 갖고 있다. 그러나 오직 한 민족만이 집단적으로 거룩하도록 요청을 받았다. 나에게는 그것이 바로 유대인의 정체성이다.

거룩한 시간들

Emor

이번 주 오경 읽기 본문의 한 장은 유대인 달력의 축제절기들에 관한 것이다. 오경에는 그런 절기들에 관한 구절들이 다섯 개 있다. 그 중의 둘은 출애굽기에 나오는데 매우 짧다(출 23:14-17; 34:18, 22-23). 그 본문들은 세 가지 순례하는 축제절기들, 곧 무교절(유월절, *Pesaḥ*), 오순절(맥추절, 칠칠절, *Shavuot*, 유월절 후 50일째), 초막절(*Sukkot*)을 언급하지만, 구체적인 날짜를 지시하지는 않고, 농사력에서의 대략적인 위치만 언급한다. 또한 그 절기들과 연관해서 구체적인 명령도 없다.

다른 세 가지 축제절기들이 남는데, 하나는 이번 주 오경 읽기 본문인 레위기 23장에 나오며, 다른 하나는 민수기 28-29장에, 마지막 하나는 신명기 16장에 나온다. 뚜렷한 것은 그 축제절기들이 얼마나 서로 다른가 하는 점이다. 이것은 비평가들이 주장하는 것처럼, 오경이 서로 다른 문서들이 혼합된 문서이기 때문이 아니라, 오히려 오경 전체의 정신구조의 특징인 여러 복합적 관점에서 보는 주제이기 때문에 그렇게 서로 다른 것이다.

민수기의 축제절기들에 관한 긴 대목은 전부 안식일과 음력 초하루를 포함해서 거룩한 절기들에 바치는 특별한 추가 제물들[the *musaf*]에 집중되어 있다. 이것에 관한 기억은 그 절기들의 추가[the *Musaf*] 기도들에 보전되어 있다. 이 절기들은 회막, 성전, 그리고 나중에 회당의 관점에서 볼 때 거룩한 시간들이다.

신명기의 이야기는 사회에 관한 것이다. 모세는 그의 생애 마지막에, 다음 세대에게 그들이 어디에서 왔는지, 어디로 가고 있는지, 그리고 그들이 건설하려는 사회는 어떤 종류의 사회인지를 말해주었다. 그것은 이집트 사회와 반대되는 사회여야만 했다. 정의, 자유, 인간의 존엄성을 위해 애를 쓰는 사회가 될 것이었다.

신명기의 매우 중요한 주제 가운데 하나는 예배를 "하나님께서 선택하실 장소에서" 중앙화해야 한다는 주장인데, 그 장소는 예루살렘으로 판명되었다. 하나님의 단일성은 민족의 단일성에 반영되어야 했는데, 각 부족(지파)마다 자기들 나름의 신전, 성소, 신당을 갖고 있다면, 민족의 단일성은 이루어질 수 없었다. 바로 이런 이유 때문에 축제절기의 문제에서 신명기는 예루살렘 성전 순례를 의무로 정한 세 축제절기, 즉 무교절(유월절, *Pesah*), 오순절(맥추절, *Shavuot*), 초막절(*Sukkot*)만 언급하지, 신년절기(*Rosh HaShana*)나 대속죄일(*Yom Kippur*)을 언급하지 않는다.

이와 마찬가지로 중요한 것은 신명기의 초점이, 다른 어디에서도 발견되지 않는, 사회적 포용성에 맞추어져 있다는 점이다. 즉 "당신들은 이 절기에 당신들과 당신들의 아들과 딸과 남종과 여종과 성 안에서 같이 사는 레위 사람과 떠돌이와 고아와 과부까지도 함께 즐거워해야 합니다." 신명기는 개인적 영성보다는 우리의 동료 인간들, 특히 사회의 변두리에 있는 사람들을 공경함으로써 하나님의 영광을 공경하는 사회에 관한 책이다. 우리가 하나님을 섬기면서도 동료 인간들에 무관심하거나 무시한다는 생각은 신명기의 비전과는 전혀 동떨어진 생각이다.

이제 남은 것은 이번 주 오경 읽기 본문이다. 이 본문 역시 매우 독특하다. 출애굽기와 신명기 본문들과는 달리, 이 레위기 23장 본문에는 신년절기와 대속죄일 절기가 포함되어 있다. 또한 그 절기들의 구체적 계명들(mitzvot)에 관해 말하는데, 특히 초막절의 경우에 그렇다. 이 본문은 토라에서 "네 종류"(arba minim)의 식물에 대해 언급한 유일한 곳이며, 또한 초막에서 살도록 명령한 곳이다.

이 본문은 여러 구조적인 이상함을 보여준다. 가장 두드러진 것 하나는 축제절기들 가운데 안식일을 포함하고 있다는 점이다. 그것 자체로는 이상한 것이 없을 것이다. 결국 안식일은 거룩한 날들 가운데 하나이기 때문이다. 이상한 것은 본문이 안식일에 관해 말하는 방식이다.

주님께서 모세에게 말씀하셨다. "너는 이스라엘 자손에게 말하여라. 너희가 거룩한 모임[mikra'ei kodesh]을 선포해야[tikre'u] 할 주의 정해진 시간들[mo'adei]이다. 이 시간들은 내가 정한 축제절기들[mo'adai]이다. 엿새 동안은 일을 하여라. 그러나 이렛날은 안식일들의 안식일이다. 거룩한 모임[mikra kodesh]을 열어야 하고, 어떤 일도 해서는 안 된다. 이날은 너희가 살고 있는 모든 곳에서 지킬 주의 안식일이다. (레 23:1-3)

이어서 문단이 잠시 멈추고, 그 이후 전체 구절이 다시 시작하는 것처럼 보인다.

주님께서 정하신 축제절기 시간들[mo'adei]이 있으며, 너희가 그 정해진 시간들[bemo'adam]에 거룩한 모임들[mikra'ei]을 선포해야[tikre'u] 한다. (4절)

이처럼 시작하는 말이 두 차례 반복해서 나오는 것이 주석가들을 어리둥절하게 만들었다. 더군다나 이 본문에서는 안식일을 "정해진 시간"(*moed*)이라고 부르며, "거룩한 모임"(*mikra kodesh*)이라고 부르는데, 이렇게 부르는 것은 여기뿐이다. 라쉬는 "안식일이 축제절기들과 무슨 상관이 있는가?"라고 질문했다. 축제절기들은 연중행사들인 반면에, 안식일은 주간행사이기 때문이다. 축제절기들은 법정의 결정(*beit din*)을 통해 달력에 정해졌다. 이것이 "그 정해진 시간들에 **너희가 선포해야 할 거룩한 모임들**"의 뜻이다. 그러나 안식일은 법정의 결정 행위에 달린 것이 아니라, 양력과 음력 모두에서 독자적인 별도의 날이다. 안식일의 거룩함은 하나님으로부터 직접, 창조의 새벽으로부터 온다. 따라서 안식일과 축제절기 두 가지를 하나의 제목 아래 함께 놓은 것은 말이 되지 않는다. 안식일과 축제절기는 별개다. 그렇다면 무엇이 이 둘을 연결시키는가?

라쉬는 이것이 축제절기들의 거룩함을 강조하기 위한 것이라고 말한다. "누구든 축제절기들을 모독하는 자는 안식일을 모독한 것과 같고, 축제절기들을 지키는 사람들은 안식일을 지킨 것과 같다." 라쉬의 요점은 어떤 사람이 안식일은 하나님께서 주신 것이니까 존중하지만, 축제절기들은 덜 성스러운 이유가 첫째로, 그 절기들 중에는 우리가 음식을 만드는 일과 짐을 나르는 일과 같은 노동을 허락하기 때문이며, 둘째로 그 절기들은 사람이 달력에 정하는 것에 달려 있기 때문이라고 말하는 것을 상상할 수 있다는 점이다. 따라서 안식일을 축제절기들에 포함시킨 것은 그런 식의 논리를 부정하기 위한 것이라는 말이다.

나마니데스는 매우 다른 설명을 한다. 본문에서 안식일을 축제절기들보다 먼저 말한 것은, 모세가 백성들에게 성소 건축을 시작하라고 지시하기 이전에 그 말을 한 것처럼, 성소를 건축하라는 명령이 안식일을 무효로 하지 않는 것처럼, 축제절기들을 경축하라는 명령이 안식일을 무효로 하지 않는다는 것을 우리에게 알려주는 것이라는 설명이다. 따라서 우리가 축제절기들에 비록 음식을 만들 수는 있지만, 그 축제가 안식일과 겹칠 경우에는 우리가 음식을 만들 수 없을 것이다.

현재까지 이에 대한 가장 급진적인 설명은 빌나 가온의 설명이다. 그에 따르면, "엿새 동안은 일을 하여라. 그러나 이렛날은 안식일들의 안식일이다"라는 말은 한 주간의 날들에 적용하지 말고, 한 해의 날들에 적용하라는 뜻이다. 이번 주 오경 읽기 본문에는 일곱 가지의 거룩한 절기들이 명시되어 있는데, 무교절의 첫째 날과 일곱째 날, 맥추절, 신년절, 대속죄일, 초막절의 첫 날, 그리고 7월 초하루(Shemini Atzeret)이다. 그 일곱 가지 축제절기 가운데 여섯 절기에는 우리가 음식을 만들고 짐을 나르는 것이 허용되지만, 일곱 번째 대속죄일에는 그런 노동이 허락되지 않는다. "안식일들의 안식일"(32절)이기 때문이다. 오경은 축제절기들과 그 "이렛날"에 노동을 금지하는 것에 대해 두 가지 서로 다른 표현을 사용한다. 축제절기들에 금지된 것은 "힘든 일이거나 노예의 일"(*melekhet avoda*)인 반면에, 이렛날에 금지된 것은 "모든 노동"(*melakha*)이다. 이처럼 대속죄일이 한 해에서 갖는 의미는 안식일이 약자들에게 갖는 의미와 같다.

빌나 가온의 해석은 우리로 하여금 또 다른 것을 보게 하는데, 거룩한 시간은 내가 "차원분열 도형"(fractal)이라고 부른 것[1]의 패턴을 갖고 있다는 점이다. 즉 똑같은 패턴이 서로 다른 크기의 차원에서 나타난다

---

1) "Understanding Jewish Prayer," in *The Koren Shalem Siddur* (Jerusalem: Koren Publishers, 2017).

는 말이다. 한 주간의 구조—엿새 동안 노동하고 이렛날은 거룩하다—는 한 해의 구조—덜 거룩한 6일과 이렛날인 대속죄일의 가장 거룩한 날—에 반영된다. 이것은 우리가 레위기 25장에서도, 똑같은 패턴이 더 큰 규모로 나타나는 것을 볼 수 있다. 즉 6년의 평범한 해에 뒤이어 땅을 "쉬게 하는" 안식년(Shemitta)이 나온다.

오경은 거룩함의 차원을 강조하는 곳마다('코데쉬'라는 말이 레위기에 최소한 열두 번 나온다), 7이라는 숫자와 개념을 조직적으로 사용한다. 그래서 1년에 거룩한 날들이 일곱 번 있을 뿐 아니라, 그 장에는 문단이 일곱 개 나온다. "일곱" 또는 "일곱 번째"라는 말이 반복적으로 나오는 것(8회)은 이렛날을 뜻하는 안식일이 반복적으로 나오는 것(15회)과 같다. "수확하다"는 말도 일곱 번 나온다.

그러나 레위기 23장은 또 다른 이야기, 매우 영적인 이야기도 말하는 것처럼 보인다. 회막을 만든 것은 모세가 백성들에게 **하나님이 더욱 가까이 계실 필요가 있다**고 주장한 때문이었다는 것을 상기해보라(앞에 나온 "가까이 계신 하나님"에 관한 글). 백성들은 하나님을 산 위에서만이 아니라, 진(camp)의 한복판에서 만나기를 원했으며, 제국을 뒤엎고 바다를 가르는 무서운 권능의 하나님으로서만이 아니라, 자신들의 삶 속에서 항상 현존하시는 하나님으로도 만나기를 원했다. 그 방법으로 하나님은 이스라엘 백성에게 성소(출 25-40장)와 그 예배를 주셨다(레위기 전체).

바로 이런 이유 때문에 레위기에 나오는 축제절기들의 목록이 신명기에서 보는 **사회적** 차원만 강조하는 것이 아니라, 또는 민수기에서 보는 **희생제사** 차원만 강조하는 것이 아니라, **인간과 하나님의 만남의 영적인** 차원, 가까이 계심을 오히려 강조하는 것이다. 이것은 우리가 다

른 어느 곳보다도 레위기 23장에서, 두 가지 핵심 단어를 보게 되는 이
유다. 하나는 "정해진 시간"(*moed*)이며 다른 하나는 "거룩한 모임"
(*mikra kodesh*)이다. 이 두 단어는 겉보기보다 깊은 의미를 갖고 있다.

'모에드'는 단지 "정해진 시간"만 뜻하는 게 아니다. 우리는 그 단어
를 "회막"을 뜻하는 '오헬 모에드'(*ohel moed*)에서도 본다. 만일 '오헬 모
에드'가 인간과 하나님이 만나는 장소였다면, 레위기 23장에 나오는 '모
아딤'(*mo'adim*)은 우리가 하나님을 만나는 시간들이다. 이 생각을 아름답
게 표현한 것이 우리가 안식일에 부르는 신비한 노래(*Yedid Nefesh*)의
마지막에 나온다. "서둘러라, 사랑하는 이여, 그 정해진 시간*moed*이 왔
다." 여기서 '모에드'는 서로 사랑하는 연인들이 특정한 시간과 장소에서
만나기로 했던 약속을 뜻한다.

거룩한 모임을 뜻하는 '미크라 코데쉬'(*mikra kodesh*)라는 말은 이 레
위기 전체의 이름인 '바이크라'(*vayikra*), 즉 "사랑 안에서 소환된다"는 말
과 같은 어근에서 파생된 말이다. '미크라 코데쉬'는 단순히 거룩한 날이
아니다. 그것은 우리를 가까이 붙들고 계신 한 분 하나님의 사랑 안에서
부름받은 우리가 하나님을 만나는 날이다.

레위기의 상당 부분은 성소라는 장소의 거룩함에 관한 책이다. 그
일부는 백성들의 거룩함인 제사장들(*kohanim*), 그리고 "제사장들의 나
라"로서 이스라엘 전체의 거룩함에 관한 것이다. 레위기 23장에서 오경
은 시간의 거룩함과 거룩함의 시간들에 집중한다.

우리는 영적인 존재들이지만 동시에 육체적인 존재들이다. 우리가
언제나 하나님께 가까이 있는 영적인 존재일 수는 없다. 바로 이런 이유
때문에 거룩한 시간뿐 아니라 세속적 시간도 있는 것이다. 그러나 7일
가운데 하루는 우리가 노동을 중단하고, 창조의 하나님의 현존에 들어

간다. 한 해의 특정한 날들인 축제절기들에, 우리는 역사의 하나님을 경축한다. 안식일의 거룩함을 하나님 혼자 결정하신 것은 하나님께서 혼자 우주를 창조하셨기 때문이다. 축제절기들의 거룩함을 부분적으로 우리가 결정하는 것(달력에 날짜를 정함으로써)은 역사가 우리와 하나님의 파트너쉽이기 때문이다. 그러나 두 가지 측면에서 그것들은 똑같다. 그날들은 모두 만남(*moed*)의 시간들이며, 우리가 하나님의 손님들(*mikra kodesh*)로서 부름받고, 소환되고, 초대되었다고 느끼는 시간들이기 때문이다.

우리가 언제나 영적일 수는 없다. 하나님께서는 우리에게 열심히 일하도록 물질적인 세상을 주셨다. 그러나 한 주의 이렛날에는, 그리고 (원래) 한 해의 7일 동안은 하나님께서 우리에게 봉헌된 시간, 즉 우리가 하나님의 가까운 현존(*Shekhina*)을 느끼고, 하나님의 사랑의 광채 안에서 목욕할 시간을 주신다.[2]

---

[2] 역자주: 유다이즘의 특성 가운데 하나는 "하나님이 당신과 논쟁하는 사람들을 사랑하신다"는 믿음이다. 하나님께 따지고 도전한 대표적 인물은 아브라함(창 18:25), 모세(출 3:1-4:7; 5:22-23), 예레미야(렘 12:1); 하박국(1:13), 욥(42:7-8) 등이다. 이런 논쟁의 전통은 랍비들에게도 이어져서 유다이즘은 독특하게 "논증들의 선집"을 정경 본문으로 갖고 있는 문명을 이루었다. 미드라쉬는 오경에 "70개의 얼굴"이 있다는 원리에 근거하여, 모든 구절은 다양한 해석이 가능한 것으로 보았다. 미슈나 역시 랍비들의 서로 다른 견해들로 가득하다. 탈무드는 힐렐 학파와 샴마이 학파의 서로 상충되는 견해들을 "살아계신 하나님의 말씀들"로 간주한다. 그 이유는 (1) 오직 하나님만이 진리 전체를 보실 수 있으며, 인간은 오직 진리의 단편만을 볼 수 있기 때문이다. 그래서 오경은 여러 목소리들의 대화 기록이다. (2) 정의는 "상대방의 입장을 듣는 것"이라는 로마법의 원리를 전제하기 때문이다. 진실과 정의를 추구하기 위해서는 다른 의견을 낼 자유를 요청한다는 점에서, 우리는 다른 의견을 존중해야 하며, "하늘을 위한 이런 논증"은 우리의 관점을 위협하는 것이 아니라 오히려 확장시켜준다. Jonathan Sacks, *Judaism's Life-Changing Ideas* (Maggid Books, 2020), 66-69.

가족의식

Behar

나는 "유대인의 정체성을 찾아서"라는 글에서 유다이즘은 민족 그 이상이라는 점을 주장했다. 그것은 거룩함으로 부르는 것이다. 그러나 어떤 점에서는 유다이즘에 중요한 민족적 차원이 있다.

그것을 잘 포착한 것이 1980년대 뉴욕에서 광고 캠페인에 관한 농담이었다. 뉴욕 곳곳에 "당신의 친구가 체이스 맨해튼 은행에 있습니다"라는 커다란 포스터가 걸렸다. 한 포스터 아래, 어느 이스라엘 사람이 "그러나 류미 은행에는 당신의 가족(*mishpoha*)이 있다!"라고 써넣었다. 유대인들은 하나의 대가족이며, 그것을 알고 있다.

이것이 이번 주 오경 읽기 본문에서 특히 명백하다. 우리는 가족의 언어로 표현된 사회적인 법령들을 반복해서 읽는다.

> 너희가 너희 이웃에게 무엇을 팔거나, 또는 무엇을 살 때에는, 그의 **형제**에게 부당한 일을 해서는 안 된다. (레 25:14)

> 네 형제 가운데 누가 가난하여, 그의 재산의 일부를 팔면, 가까운 친척이 그의 **형제**가 판 것을 무를 수 있게 하여야 한다. (25절)

너희 형제가 아주 가난해서, 너에게 빚을 지면, 너희는 그를 돌보아 주어야 한다. 너희는 그를, 나그네나 임시 거주자처럼, 너희와 함께 살도록 하여야 한다. 그에게서는 이자를 받아도 안 되고, 어떤 이익을 남기려고 해서도 안 된다. 너희가 하나님 두려운 줄을 안다면, **너희의 형제**를 너희가 데리고 함께 살아야 한다.(35-36절)

너희 형제가 가난하게 되어서 너희에게 종으로 팔려 왔어도, 너희는 그를 종 부리듯 해서는 안 된다. (39절)

이 구절들에서 "너희의 형제"는 문자적 의미가 아니다. 때로 그것은 너희의 친척을 뜻하지만, 대부분은 너희의 동료 유대인을 뜻한다. 이것은 사회에 관해, 그리고 타인들에 대한 우리의 의무에 대해 생각하는 독특한 방식이다. 유대인들은 단지 같은 나라의 시민들이거나, 같은 신앙의 신봉자들만이 아니다. 우리는 같은 대가족의 일원들이다. 우리는 생물학적으로 또는 선택적으로, 아브라함과 사라의 자손들이다. 대부분의 경우에, 우리는 똑같은 역사를 공유한다. 축제절기들에는 우리가 똑같은 기억들을 되살려낸다. 우리는 모진 시련을 함께 겪을 수밖에 없었다. 우리는 친구들 이상이다. 우리는 가족(*mishpoḥa*)이다.

가족이라는 개념은 유다이즘에서 절대적으로 근본적이다. 오경의 시작점인 창세기를 보라. 그것은 일차적으로 신학, 교리, 도그마에 관한 책이 아니다. 그것은 우상숭배에 대한 논박이 아니다. 그것은 남편과 아내, 부모와 자녀, 형제와 자매 등 가족에 관한 책이다.

오경의 핵심 순간들에서, 하나님 자신은 이스라엘과 자신의 관계를 가족의 용어로 정의하신다. 하나님은 모세에게 파라오 앞에서 당신 자신의 이름으로 "이스라엘은 나의 맏아들"(출 4:22)이라고 말하라고 하신다. 모세가 이스라엘 백성에게 왜 거룩해야 할 의무가 있는지 설명하기를 원할 때, 하나님은 "너희들은 주 너희들의 하나님의 자녀다"(신 14:1)라고 말씀하신다. 하나님이 우리의 부모이시면, 우리는 모두 형제자매들이다. 이처럼 우리를 서로 연결하고 있는 결속은 우리의 존재 중심에 자리잡고 있다.

예언자들은 이런 가족 은유를 계속 사용했다. 호세아서에는 아름다운 구절이 있는데, 거기서 예언자 호세아는 어린 자녀에게 비틀거리는 첫걸음을 가르치는 부모로 하나님을 묘사한다. "이스라엘이 어린 아이일 때에, 내가 그를 사랑하여 내 아들을 이집트에서 불러냈다. … 나는 에브라임에게 걸음마를 가르쳐 주었고, 내 품에 안아서 길렀다. … 나는 인정의 끈과 사랑의 띠로 그들을 묶어서 업고 다녔으며, 그들의 목에서 멍에를 벗기고 가슴을 헤쳐 젖을 물렸다"(호 11:1-4).

이런 가족 이미지는 랍비적 유다이즘에서도 계속되었다. 가장 유명한 기도문 가운데 하나에서, 랍비 아키바는 "우리의 아버지, 우리의 왕"(*Avinu Malkeinu*)이라는 말을 사용한다. 그것은 정확하며 의도적인 표현이다. 하나님은 정말로 우리의 주권자, 우리에게 법을 주신 분, 우리의 재판장이시지만, 이 모든 것 이전에, 그분은 우리의 부모이며, 우리는 그분의 자녀들이다. 바로 이런 이유 때문에, 우리는 하나님의 함께 아파하시는 자비하심이 항상 엄격한 정의를 뒤집는다는 것을 믿는다.

유대인들을 이처럼 하나의 확대가족으로 보는 개념은 마이모니데스의 자비의 법에 매우 강력하게 표현되어 있다.

유대 백성 전체와 그들에게 속한 모든 사람들은 형제들과 같은데 그것은 "당신들은 주 당신들의 하나님의 자녀이다"(신 14:1)는 말씀 그대로다. 형제가 형제에게 자비를 베풀지 않는다면, 누가 그들에게 자비를 베풀겠는가? 이스라엘의 가난한 사람들이 누구를 올려다보겠는가? 그들을 미워하고 그들을 뒤쫓는 이방인들을 올려다보겠는가? 그들은 눈을 오직 형제들에게만 향한다.1)

이런 친족의식, 형제의식, 그리고 가족 유대감이 "모든 유대인은 서로에게 책임이 있다"(kol Yisrael zeh bazeh)는 생각의 중심에 있다. 또는 랍비 시몬 바 요하이가 표현한 것처럼, "유대인 한 사람이 상처를 입으면, 모든 유대인들이 고통을 느낀다."2)

왜 유다이즘은 이처럼 가족을 모델로 하여 세워졌는가? 부분적으로는 하나님이 의로운 엘리트 집단이나 같은 마음을 지닌 종파를 선택하신 것이 아님을 우리에게 말해주기 위해서다. 하나님은 한 가족―아브라함과 사라의 후손들―을 선택하셔서 세월이 지나면서 그 가족이 확대되게 하셨다. 가족은 연속성의 가장 강력한 수단이며, 또한 유대인들이 변화시킬 것으로 기대되었던 세상의 변화는 한 세대에 성취될 수 없는 것이었다. 그래서 가족은 교육의 장소로서 중요하다("너희는 이런 것들을 너희 자녀들에게 부지런히 가르치라"[신 6:7]). 또한 특히 유월절 예배를 통해 그 조상 이야기를 전해주는 장소 역시 가족이다.

또 다른 이유는 가족의식이 가장 일차적이며 강력한 도덕적 결속이기 때문이다. 과학자 J. B. S. 할데인은 만일 그의 형제가 강물에 빠졌다면, 목숨을 걸고 강에 뛰어들 것인지를 질문받자, "아닙니다. 그러나 나

---

1) Maimonides, *Mishneh, Torah, Hilkhot Matnot Aniyim* 10:2.
2) *Mekhilta DeRabbi Shimon bar Yohai* on Exodus 19:6.

는 형제 두 명이나 사촌 여덟 명을 구하기 위해서 그렇게 할 것입니다"라고 대답한 것으로 유명하다. 그가 말한 요점은 우리가 우리의 형제자매들과 유전자의 50%를 공유하며, 사촌들과는 유전자의 1/8을 공유한다는 점이다. 그들을 구하기 위해 모험하는 것은 우리의 유전자를 다음 세대에게 확실하게 전하는 한 방법이다. "친족선택"이라고 알려진 이런 원리는 인간의 이타주의의 가장 기본적 형태다. 바로 여기에서 도덕적 의식이 생겨난다.

이것은 단지 생물학만이 아니라 정치이론에서도 핵심적 통찰이다. 에드먼드 버크(1729-1797)는 "우리가 작은 집단에 소속감을 느끼는 것, 사회에서 우리가 속한 작은 소대를 사랑하는 것이 공적인 애정의 첫 번째 원리(기원)다. 그 첫 번째 연결로부터 우리는 조국에 대한 사랑과 인류에 대한 사랑으로 나아간다"[3]고 유명한 말을 했다. 마찬가지로 알렉시스 드 토크빌 역시 "가족의식이 생생하게 살아 있는 한, 억압에 대한 반대는 결코 혼자가 아니었다"[4]고 말했다.

강한 가족들은 자유 사회들에서 본질적이다. 가족들이 강한 곳에서는 이타주의가 외부로, 즉 가족에서 친구로, 이웃으로, 공동체로, 그리고 거기에서부터 민족 전체로 확장될 수 있다.

유대인들이 세계 전역에 흩어졌음에도 불구하고, 상호적 의무의 그 물망으로 서로 연결될 수 있도록 해준 것이 바로 가족의식이었다. 지금은 어떤가? 때때로 유대인 세계의 분열이 너무 깊고, 한 집단이 다른

---

[3] Edmund Burke, *Reflections on the French Revolution* (The Harvard Classics, 1909-14).

[4] Alexis de Tocqueville, "Principal Causes Which Tend to Maintain the Democratic Republic in the United States."

집단에게 가하는 모욕이 너무 잔인해서, 더 이상 가족의식은 존재하지 않는다고 거의 설득시킬 수 있는 형편이 되었다. 1950년대에 마틴 부버는 전통적 의미의 유대 민족에 대한 믿음은 존재하지 않는다고 말했다. 하나님 앞에서의 계약 백성(Knesset Yisrael)이라는 하나의 실체는 더 이상 존재하지 않았다. 유대인들 사이의 분열, 종교적이며 세속적인 분열, 즉 정통파와 비정통파, 시온주의자와 비시온주의자 사이의 분열은 더 이상 회복할 수 없게 유대 민족을 파편화시켰다고 부버는 생각했다.

그러나 그런 결론이 미숙한 이유는 가족을 가장 기초적 결속으로 만드는 바로 그 이유 때문이다. 친구와 다투면, 내일 그 친구는 더 이상 우리의 친구가 아닐 수 있지만, 형제와 다투면, 내일도 그는 여전히 형제다. 창세기는 형제간의 경쟁으로 가득하지만, 그러나 그 경쟁이 모두 똑같은 방식으로 끝나지는 않는다. 가인과 아벨 이야기는 아벨의 죽음으로 끝난다. 이삭과 이스마엘 이야기는 그들이 아브라함의 무덤 앞에 함께 서는 것으로 끝난다. 에서와 야곱의 이야기는 오랜 세월 떨어져 지낸 후에, 함께 만나, 얼싸안고, 각자의 길을 가는 것으로 절정을 이룬다. 요셉과 그 형제들 이야기는 증오심으로 시작하지만, 용서와 화해로 끝난다. 가장 싸움이 많았던 가족들도 마침내 하나가 될 수 있다.

유대 민족은 가족으로 남아 있다. 흔히 분열되고, 항상 다투지만, 그럼에도 불구하고 공통의 운명으로 결속되어 있다. 이번 주 오경 읽기 본문이 우리에게 상기시켜주는 것처럼, 넘어진 사람은 우리의 형제나 자매들이며, 그들이 다시 일어나도록 도와야 하는 손길은 우리의 손길이어야만 한다.

방향감각
Beḥukkotai

스마트폰은 놀라운 일을 할 수 있다. 그것은 이스라엘 사람이 디자인한 위성내비게이션 장치로서 2013년에 구글이 매입한 놀라운 웨이즈만큼 놀라운 일을 할 수 있다. 그러나 웨이즈 내비게이션조차 할 수 없는 일이 있다. 그것은 우리가 어떻게 특정 장소에 도달할 수 있을지를 말해 줄 수 있지만, 우리가 어디로 가야 할 것인지를 말해주지는 못한다. 그것은 우리가 결정할 사항이다.

우리가 인생에서 결정하는 가장 중요한 것은 우리가 결국 어디로 갈 것인지를 결정하는 일이다. 목표에 대한 인식이 없으면, 우리의 인생은 방향을 못 찾는다. 우리가 가고 싶은 곳을 알지 못하면, 아무리 빨리 여행한다 해도 결코 그곳에 도달하지 못한다. 그럼에도 불구하고, 휴가를 미리 계획하느라 몇 달을 보내면서도 인생을 계획하는 데는 하루조차 쓰지 않는 사람들이 있다. 그들은 인생이 흘러가는 대로 내버려둔다.

이것이 이번 주 오경 읽기 본문이 말하는 것으로서, 개인에게 적용되는 게 아니라 백성에게 적용되는 것이다. 하나님은 모세를 통해 엄중한 선택을 하게 하신다.

너희가, 내가 세운 규례를 따르고, 내가 명한 계명을 그대로 받들어 지키면, 나는 철 따라 너희에게 비를 내리겠다. 땅은 소출을 내고, 들의 나무들은 열매를 맺을 것이다. … 내가 땅을 평화롭게 하겠다. 너희는 두 다리를 쭉 뻗고 잘 것이며, 아무도 너희를 위협하지 못할 것이다. (레 26:3-6)

그와 반대로 "너희가, 내가 하는 말을 듣지 않고, 이 모든 명령을 지키지 않으면"(14절), 재난이 따를 것이다. 여기서 길게 나열된 저주들은 성서 본문 전체에서 가장 두려운 것 가운데 하나다. 그것은 끔찍한 민족적 재앙이다.

이처럼 축복과 저주 모두의 전체 구절은 초자연주의적인 것으로 읽을 수도 있고, 자연주의적인 것으로 읽을 수도 있다. 초자연주의적인 것으로 읽으면, 적어도 성서 시대에 이스라엘의 운명은 그 백성이 오경의 가르침에 대한 신실함이나 또는 신실하지 않음의 직접적 결과였다. 하나님은 역사 속에 계속 개입하셔서, 선한 사람들을 상주시고 악한 사람들을 벌하셨다. 가뭄과 기근, 흉작이나 전쟁에서의 패배는 모두 죄의 결과였다. 모든 평화롭고 생산적인 해는 하나님께 순종한 결과였다. 이것이 바로 이스라엘의 예언자들이 역사를 이해한 방식이었다.

그러나 또한 보다 자연주의적인 관점에서 읽을 수도 있는데, 그것은 하나님의 섭리가, 외적이라기보다는 내적으로, 우리를 통해서 작동하신다고 말한다. 당신이 이스라엘 땅에 사는 이스라엘 사람이라면, 당신은 항상 당신보다 더 크고 막강한 제국들과 원수들에 둘러싸여 있다. 당신은 또한 가뭄과 폭우에 항상 큰 영향을 받는 취약한 상태인데, 이스라엘은 나일 강 삼각주나 티그리스-유프라테스 계곡과 달리, 자연적이며 안정적인 물 공급원이 없기 때문이다. 따라서 당신은 항상 하늘을 올려다

볼 수밖에 없다. 심지어 매우 세속적인 유대인들조차 흔히 이런 현실을 이해한다. 데이비드 벤구리온은 "이스라엘에서 현실주의자가 되기 위해서는 기적들을 믿을 수밖에 없다"는 유명한 말을 했다.

이런 읽기에 따르면, 오경 안에 설정된 생활방식은 초자연주의적이라기보다는 오히려 자연주의적이다. 그 생활방식은 정말로 하나님의 말씀이지만, 역사 속에 계속해서 전략적으로 개입하시는 하나님이 아니라, 그런 생활방식을 통해 어떻게 축복받을 수 있는지를 안내하시는 하나님의 말씀이다. 오경은 생명의 디자이너께서 가르쳐주신 생명을 위한 가르침이다. 바로 이런 의미에서 현자들은 태초에 "하나님께서 오경을 들여다보시고 나서 세상을 창조하셨다"고 말했다. 오경에 따라서 산다는 것은 이런 점에서, 특히 당신이 원수들에 에워싸인 작은 민족이라면, 인간을 번창하게 만드는 힘들에 당신 자신을 맞춘다는 뜻이다.

오경이 구상하는 사회에서 독특한 것은 모든 개인이 중요하다는 점이었다. 정의가 최고로 우선하는 것이었다. 부자라고 해서 특별대우를 받을 수 없고, 가난하다고 해서 궁핍하게 내버려두지 않았다. 공동체가 경축할 때는 모두가, 특히 고아와 과부와 낯선 이방인들 모두가 포함되어야 했다.

곡식과 과일을 수확할 때는 모두가 최소한 자기 몫을 가졌다. 고용주는 고용인들을 공정하고 민감성을 갖고 대하곤 했다. 여전히 노예들이 있었지만, 일주일에 하루는 노예들도 주인들과 똑같은 자유를 누리곤 했다. 이것은 모두가 사회에서 자기 나름의 권리를 가졌다는 뜻이다. 그래서 그들은 목숨을 걸고 그 사회를 방어하려 했다. 이스라엘은 통치자가 자기 욕심을 위한 목적으로 군대를 징집하지 않았다. 이런 이유 때문에 그들은 자기들보다 몇 배 큰 군대와 민족들을 물리칠 수 있었다.

무엇보다도 그들은 목표와 방향감각을 갖고 있어야 했다. 이것이 바로 본문에서 저주를 통해 반복되는 핵심 단어 '케리'(keri)의 의미다. 이 단어는 이번 주 오경 읽기 본문에서 일곱 차례 나올 뿐, 성서 전체 어디에서도 찾아볼 수 없는 단어다. "너희가 '케리'를 갖고 나와 함께 걸으면, … 나도 '케리'를 갖고 너희와 함께 걸을 것이다"(레 26:23-24).

'케리'(keri)를 해석하는 방법은 다양하다. 타르굼 온켈로스는 "완악한 마음"으로 읽고, 사디아 가온은 "반항적으로," 라쉬는 "건성으로 대하면"으로 읽는다. 다른 사람들은 그 말을 "눈에 거슬리게," 또는 "적개심을 갖고"라고 이해한다. 그러나 마이모니데스는 (부분적으로 라쉬, 라쉬밤, 이븐 에즈라, 히즈쿠니 등을 반영하여) 그 단어가 "우연"을 뜻하는 '미크레'(mikreh)와 연관된 것으로 이해한다. 따라서 마이모니데스에 따르면, 이 문장의 의미는 "만일 너희가 너희에게 일어난 일들이 단지 우연이라고 믿는다면, 하나님께서는 나도 너희를 우연에 맡겨 둘 것이라고 말씀하신다"이다.[1]

이런 읽기에 의하면, 레위기는 그 시작과 마찬가지로 끝난다. 즉 '미크라'(mikra, 모임)와 '미크레'(mikreh, 우연) 사이의 결정적인 선택, 곧 인생을 부르심, 소환, 소명, 하나님의 뜻으로 보는 것[2]과 인생을 아무런

---

[1] 역자주: 마이모니데스가 이처럼 '케리'를 '미크레'(우연)와 연관시킨 것은 결국 주변의 적대세력들에 둘러싸인 약소민족 이스라엘이 패배하고 파멸당하게 된다는 뜻이다. 저자는 마이모니데스의 이런 해석이 우리가 때때로 잊고 있는 것, 즉 하나님이 징벌하시는 것과 하나님이 섭리를 걷어 들이시는 것("하나님이 얼굴을 숨기시는 것"-신 31:18) 사이의 차이점을 가리킨다고 본다. 하나님이 징벌하실 때는 죄인들을 징벌하신다. 그러나 하나님이 "얼굴을 숨기실" 때는, 무고한 사람들도 고난을 겪을 수 있다. "하나님이 사람들에게 얼굴을 숨기시는 것은 사람들이 하나님 앞에서 자신들의 얼굴을 숨기는 때이다." Jonathan Sacks, *Judaism's Life-Changing Ideas* (2020), 182-84.

[2] 앞에 나오는 "의미 찾기"(*Vayikra*)를 보라.

궁극적 의미가 없는 우연으로 보는 것 사이의 결정적 선택으로 시작해서, 그것으로 끝난다.

개인의 인생뿐 아니라 민족들의 삶도 이와 마찬가지다. 당신에게 일어나는 일이 단지 우연이라고 본다면, 당신의 운명은 단지 우연에 의해 지배받게 마련이다. 그것이 바로 현자들이 "[오경이] '그것이 지나갔다'고 말할 때마다, 그것은 항상 비극의 전주곡이다"(Megilla 10a)라고 말한 뜻이다. 만일 당신이 인생을 그냥 흘러가는 대로 내버려둔다면, 당신 자신이 변덕스러운 행운과 타인들의 변덕에 내맡겨진 것을 알게 될 것이다. 그러나 만일 당신이 여기에 있는 것에 어떤 목적이 있다고 믿는다면, 당신의 인생은 그 목적을 향해 가고 있게 마련이다. 당신의 에너지가 집중될 것이다. 사명감이 당신에게 힘을 주게 마련이다. 당신은 놀라운 일들을 할 것이다.

이것이 바로 유대인들이 세상에 가져온 특별한 통찰이다. 그들은, 고대인들과 오늘날 무신론자들이 믿는 것처럼 우주가 단순한 우연에 의해 지배된다고 믿지 않았다. 양자장(quantum field)에서 임의적인 파동이 우주를 생성시킨 빅뱅을 만들었다는 것이 단지 우연이었는가? 아니면 우주가 별들과 행성들과 생명의 창발에 반드시 필요한 화학적 원소들을 생성시키기 위해 필수적인 정확히 여섯 개의 수학적 상수들에 의해 규제되도록 된 것이 그냥 우연이었는가? 생명이 사실상 생명 없는 물질로부터 창발된 것이 단지 우연이었는가? 또는 지구상에 존재했던 수억 개 생명체 형태들 중에서, 단지 호모사피엔스만 "왜?"라고 질문할 수 있었던 것이 그냥 단지 우연이었는가?

그런 견해에는 자기모순적인 것이 없다. 그런 견해는 우리가 알고 있는 모든 과학과 양립할 수 있으며, 앞으로 과학이 발전해도 마찬가지

일 것이다. 그것은 '케리'(ken)로서의 우주다. 많은 사람들이 이런 식으로 생각한다. 옛날에도 그랬다. 이런 견해에서는 개인을 위해서나 민족을 위해서도 "왜?"라는 질문이 없다. 생명은 그냥 발생하며, 우리가 여기에 있는 것은 우연이기 때문이다.

유대인들은 다르게 믿는다. 이것을 가장 잘 지적한 사람은 가톨릭 역사가 폴 존슨이다.

> 역사에는 목적이 있고 인류에게는 목표점이 있다는 것을 유대인들보다 더 확고하게 주장한 민족은 이제까지 없었다. 그들은 집단생활의 매우 초기부터 자신들이 인류를 위한 하나님의 계획을 탐지했으며, 또한 자신들의 사회는 그 계획의 안내자가 되어야 한다고 믿었다. 그들은 자신들의 역할을 매우 자세하게 설정했다. 그들은 야만적인 고난에 직면해서도 자신들의 역할에 대해 영웅적인 끈질김으로 고수했다. 그들 중 많은 사람들은 여전히 그것을 믿고 있다. 다른 사람들은 그것을 프로메테우스적 노력으로 변형시켜 순전히 인간적인 수단들로 우리의 삶의 조건을 향상시켰다. 그런 유대인들의 비전은 인류를 위한 많은 비슷한 큰 기획들—신적인 기획과 인간이 만든 기획—의 원형이 되었다. 따라서 유대인들은 인간의 삶에 목적이라는 존엄성을 주려는 영원한 시도의 중심에 서 있다.[3]

세상을 변화시키는 사람들은 인생에 목적, 방향, 목표점이 있다고

---

3) Paul Johnson, "Prologue" to *A History of the Jews* (london: Weidenfeld and Nicolson, 1987).

믿는 사람들이다. 그들은 자신들이 어디로 가기를 원하며, 자신들이 무엇을 성취하고 싶은지를 안다. 유다이즘의 경우, 그 목적은 분명하다. 그것은 인류의 광야에서 작은 개척지를 창조하여, 자유와 질서가 공존하며, 정의가 승리하고, 약한 사람들이 돌봄을 받고 궁핍한 사람들이 도움을 받고, 우리의 성공을 하나님께 돌리며 또한 우리의 실패를 우리 자신에게 돌리는 겸손함을 지니며, 우리의 삶을 하나님의 선물로 귀하게 여기며, 우리가 할 수 있는 최선을 다해서 우리의 삶을 거룩하게 만드는 것이다. 다른 말로 해서, 오늘날 일부 종교적인 극단주의자들이 하나님 이름으로 자행하는 폭력과 잔인성과 정확히 반대되는 것이다.

이것을 성취하기 위해 우리는 집단적 목적의식을 갖고 있다. 이것이 바로 모세가 선택한 것으로서, 이스라엘 백성 앞에서 하나님의 이름으로 말한 것이다. '미크라'(*Mikra*, 의도적 모임)이냐 '미크레'(*mikreh*, 우연)이냐? 인생은 그냥 우연히 생겨나는 것인가? 아니면 인생이란, 잔인한 권력 추구로부터 인류를 구원하는 도덕적 및 영적 아름다움의 순간들을 창조하도록 하나님으로부터 부름받은 것인가? "인간의 삶에 목적이라는 존엄성을 주라." 유대인들은 바로 이것을 세상에 보여주기 위해 부름받은 것이다.[4]

---

4) 역자주: "믿음은 대답이 아니라 질문에서, 의견 일치가 아니라 불일치 속에서 태어난다"고 역설하는 저자는 유대인들이 아브라함, 이삭, 야곱의 하나님에 대한 믿음을 통해 삶의 의미뿐 아니라 "역사의 의미를 처음 발견하고" 또한 "하나님의 증인들"이 된 것은 "그들이 왜(why)를 발견한" 때문으로 본다. J. H. Plumb이 말한 것처럼, 유대인들에게 역사는 (고대세계에서) "별이나 신탁이 보여줄 수 있었던 점성술보다 더 친밀한 운명의 한 부분, 미래에 대한 한 해석, 더 분명하고, 더 절대적이며, 더 포괄적인 것이 되었다"는 점에 동의한다. Jonathan Sacks, *A Letter in the Scroll* (Free Press, 2000), 56; *Judaism's Life-Changing Ideas* (Maggid Books, 2020), 182.

민수기

침묵의 소리

Bemidbar

이번 주 오경 읽기 본문은 보통 오순절(맥추절, *Shavuot*, 유월절 후 50일째) 전 안식일에 읽는 본문이다. 그래서 현자들은 그 둘을 연결시켰다. 오순절은 오경을 받은 것을 경축하는 날이다. '베미드바'(*Bemidbar*)는 "광야에서"라는 뜻이다. 그렇다면 광야와 오경, 황무지와 하나님의 말씀 사이에는 무슨 연관성이 있는가?

현자들은 몇 가지 해석을 제시했다. ≪메킬타≫(*Mekhilta*, 여러 학자들의 해석을 모은 책)에 따르면, 오경은 공개적으로, 어느 누구도 소유하지 않은 장소에서 주어졌는데, 그 이유는 만일 오경이 이스라엘 땅에서 주어졌다면, 유대인들이 세상의 다른 민족들에게 "너희들은 오경에서 차지할 몫이 없다"라고 말했을 것이기 때문이다. 그래서 누구든 와서 오경을 받아들이기를 원한다면, 와서 오경을 받아들이도록 허락한 것이라는 해석이다.[1]

또 다른 설명은 이렇다. 만일 오경이 이스라엘에서 주어졌다면, 세상의 다른 민족들은 오경을 받아들이지 않을 핑계를 갖게 되었을 것이다. 이런 관점에서 랍비 전통은 하나님께서 오경을 이스라엘 백성에게 주시

---

1) *Mekhilta, Yitro, Baḥodesh*, 1.

기 전에, 다른 모든 민족들에게 오경을 제공하셨지만, 각각의 민족은 오경을 거절할 이유를 댔다고 말한다.2)

또 다른 해석은 이렇다. 황무지에 들어가는 데는 돈을 내지 않고 공짜인 것처럼, 오경도 공짜다. 오경은 하나님이 우리에게 주신 선물이라는 설명이다.3)

그러나 또 다른 해석은 보다 영적인 이유를 제시한다. 광야는 침묵의 장소이기 때문이라는 해석이다. 광야에는 우리의 정신을 분산시키는 볼거리가 없고, 소리를 잠재우는 소음이 없다. 분명히 이스라엘 백성이 오경을 받을 때, 천둥과 번개와 뿔 나팔 소리가 있었다. 땅은 그 기초가 흔들리는 것처럼 느꼈다. 그러나 후대에 예언자 엘리야가 바알의 예언자들과 맞선 후에 바로 그 산에 섰을 때, 그는 하나님을 회오리바람이나 불, 지진 속에서 만난 것이 아니라, 작고 여린 소리, 문자적으로는 "약한 침묵의 소리"(*kol demama daka*, 왕상 19:9-12) 속에서 만났다. 나는 이 말을 **우리가 귀를 기울일 때만 들을 수 있는 소리**라고 정의한다. 광야(*midbar*)의 침묵 속에서 우리는 말씀하시는 분(the *Medaber*)과 그 말씀(*medubar*)을 들을 수 있다. 하나님의 음성을 듣기 위해서는 우리가 영혼의 침묵에 귀를 기울일 필요가 있다.

오래 전에 영국텔레비전방송국은 세계의 위대한 종교들에 관해서 "오랜 탐구"(*The Long Search*)라는 다큐멘터리를 제작했다.4) 유다이즘을 소개할 차례가 되었을 때, 그 담당자 로널드 에이어는 유다이즘의 그 왁자지껄한 혼란, 특히 유대인들의 '베이트 미드라쉬'(*beit midrash*), 즉

---

2) Ibid., 5.
3) Ibid.
4) BBC 텔레비전, 1977년에 첫 방송.

공부하는 집에서 들리는 떠들썩하고 논쟁하는 소리에 놀란 것처럼 보였다. 그는 자신의 이런 경험을 엘리 위젤에게 들려주면서, "유다이즘에는 침묵과 같은 것이 있나요?" 하고 물었다. 위젤은 대답했다. "유다이즘은 침묵으로 가득합니다. … 그러나 우리는 침묵에 관해 말하지 않습니다."

유다이즘은 말의 문화이며, 거룩한 말씀의 종교다. 말을 통해 하나님은 우주를 창조하셨다. "하나님께서 … 생겨나라 하시니 …이 생겨났다." 타르굼에 따르면, 우리를 인간으로 만드는 것은 우리의 언어 능력이다. 그것은 "사람이 살아있는 영혼이 되었다"(창 2:7)는 구절을 "사람이 말하는 영혼이 되었다"라고 번역한다. 말은 창조한다. 말은 소통한다. 우리의 관계를 형성하는 것은 좋든 나쁘든 말을 통해서다. 유다이즘의 상당 부분은 세상을 창조하는 말의 힘, 또는 세상을 파괴하는 말의 힘에 관한 것이다.

그래서 성서에서 침묵은 흔히 부정적 의미를 갖는다. 오경은 아론이 그의 두 아들 나답과 아비후의 죽음 이후에 "아무 말이 없었다"(레 10:3)고 말한다. 시편 115편은 "죽은 사람은 주님을 찬양하지 못한다. [무덤의] 침묵으로 내려간 사람은 어느 누구도 주님을 찬양하지 못한다"(17절)고 말한다. 욥이 자녀들을 잃고 그밖에 여러 고통을 겪고 있을 때, 그의 친구들이 위로하기 위해 찾아왔는데, "그들은 밤낮 이레 동안을 욥과 함께 땅바닥에 앉아 있으면서도, 욥이 겪는 고통이 너무도 처참하여, 입을 열어 한 마디 말도 할 수 없었다"(욥 2:13).

그러나 모든 침묵이 슬픈 것은 아니다. 시편들은 우리에게 "당신께는 침묵이 찬양입니다"(시 65:2)라고 가르쳐준다. 우리가 하나님의 위대하심, 우주의 광대함, 그리고 시간의 거의 무한대에 대해 정말로 경외감을 느낄 때, 우리의 가장 깊은 감정은 말로 표현하기에는 너무 깊다. 우리는 침묵 속의 친교를 경험한다.

현자들은 침묵을 가치 있게 여겼다. 그들은 침묵을 "지혜의 울타리"(Mishna Avot 3:13)라고 불렀다. 말이 동전 한 개의 가치라면, 침묵은 두 개의 가치다(Megilla 18a). 랍비 시몬 벤 감리엘이 말한 것처럼, "나는 평생 동안 현명한 사람들 가운데서 성장했지만, 침묵보다 나은 것은 아무 것도 없음을 깨달았다"(Mishna Avot 1:17).

성전에서 제사장들의 업무는 침묵으로 행해졌다. 레위인들은 성전 뜰에서 노래했지만, 제사장은, 고대 다른 종교 제사장들과 달리, 희생 제물을 바치는 동안 노래도 하지 않았고, 말도 하지 않았다. 그래서 이스라엘 크놀이라는 학자는 "성소의 침묵"에 관해 말했다. 조할(22)은 하늘 위의 성소와 하늘 아래의 성소 모두를 만든 매개물이 침묵이라고 말한다.

침묵을 영적 훈련으로 발전시킨 유대인들이 있었다. 브라츨라브 하시딤은 들판에서 명상을 한다. "묵언으로 금식하기"를 수행하는 유대인들도 있다. 우리의 매우 뿌리 깊은 기도는 "침묵기도"다. 그것은 아기를 간절히 원했던 한나가 "마음속으로만 기도를 드리고 있었으므로, 입술만 움직이고 소리는 내지 않았다"(삼상 1:13)는 선례에 근거한 기도다.

하나님은 우리의 침묵의 기도를 들으신다. 사라가 아브라함에게 하갈과 그의 아들을 내쫓으라고 했던 듣기 괴로운 이야기에서, 오경은 그들이 가져간 물이 바닥나고 어린 이스마엘이 죽어갈 지경에 이르자 하갈이 소리내어 울었지만, 하나님은 "그 아기가 우는 소리"를 들으셨다(창 21:16-17)고 말한다. 그 이전에 천사들이 아브라함을 찾아와 사라가 아기를 낳을 것이라고 말하자, 사라는 혼자 조용히 속으로 웃었지만, 그러나 하나님은 그 소리를 들으셨다(창 18:12-13). 하나님은 심지어 우리가 생각을 말로 표현하지 않더라도 들으신다.

따라서 유다이즘에서 중요하게 생각하는 침묵은 귀를 기울이는 침묵이다. 귀를 기울이는 것은 최고의 종교적 기술이다. 귀를 기울이는 것은 다른 사람들이 말하고 그의 말이 들리도록 공간을 만든다는 뜻이다. 내가 매일 기도(siddur)에 대한 주석5)에서 지적한 것처럼, 히브리어 동사 SH-M-A의 폭넓은 의미들에 상응하는 정확한 영어는 없다. 그 뜻은 귀를 기울이다, 듣다, 주목하다, 이해하다, 내면화하다, 행동으로 응답하다 등 매우 폭넓은 의미를 지닌다.

이것이 시나이 계약에서의 핵심 요소들 가운데 하나로서, 이스라엘 백성은 이미 두 번이나 "하나님께서 말씀하신 것을 우리가 모두 실천하겠습니다"라고 말한 후에, 또다시 "하나님께서 말씀하신 것을 모두 우리가 실천할 것이며 또한 우리가 듣겠습니다(venishma)"라고 말한 것이다. '니쉬마'(nishma), 즉 귀를 기울이고, 듣고, 주목하고, 응답하는 것이야말로 핵심적인 종교 활동이다.

이처럼 유다이즘은 행동과 말하기의 종교일 뿐 아니라, 귀 기울임의 종교이기도 하다. 믿음은 소음 아래에서 들려오는 음악을 들을 수 있는 능력이다. 침묵의 음악에 관해 시편 19편은 이렇게 말한다.

> 하늘은 하나님의 영광을 드러내고,
> 창공은 그의 솜씨를 알려 준다.
> 낮마다 그것들은 말씀을 쏟아내고,
> 밤마다 그것들은 지식을 전해 준다.

---

5) *Koren Shalem Siddur*.

이야기도 없고 말소리도 없어,
그것들의 소리가 들리지 않아도
그것들의 음악은 세상 끝까지 번져 간다.

역사의 소리를 들은 것은 예언자들이었고, 시나이 산에서의 명령하는 음성은 여전히 시간의 심연을 건너 우리에게 말하고 있다. 나는 때때로 현대인들이 "하늘로부터 주어진 오경"이라는 개념에 문제가 있다고 느끼는 이유가 새로운 고고학적 발견 때문이 아니라, 우리가 단순히 인간의 소리 너머에서 들리는 초월의 소리에 귀를 기울이는 습관을 잃어버렸기 때문이라고 생각한다.6)

지그문트 프로이트가 종종 유다이즘과 불화를 겪었음에도 불구하고, 그가 만든 정신분석학이 깊은 차원에서 유대인들의 치유 형태라는 점은 매우 흥미롭다. 그는 그것을 "말하는 치료"라고 불렀지만, 그것은 사실상 귀를 기울이는 치료다. 심리치료의 거의 모든 효과적인 형태는 깊이 귀를 기울이는 것과 연관된다.

---

6) 역자주: 저자는 출애굽기와 민수기가 모두 이스라엘 백성의 광야 여정에 관한 것이며, 식량과 물 부족에 대해 불평한 죄, 모세의 중재를 통한 하나님의 용서 등 비슷한 점들이 많지만, 그 두 책이 서로 다른 점들에 주목한다. 출애굽기는 이집트로부터의(from) 탈출인 반면에 민수기는 약속의 땅을 향한(to) 여정이다. 그러나 민수기의 분위기는 출애굽기보다 훨씬 어둡다. 백성들의 반역이 더 심각하고, 모세는 때로 화를 내며 절망에 빠진다. 저자는 이처럼 "탈출(from)이 목적지를 향한(to) 여정보다 항상 쉽다"면서, 이것은 개인에게서나 정치에서도 마찬가지로서, 탈출할 때는 의지와 아드레날린이 치솟지만, 향할 때는 미지의 세계로 들어가는 것이라 더 어렵다고 말한다. 저자는 이스라엘 백성이 어려움을 만났을 때 잘못을 저지른 근본 이유는 현재의 어려움(식량, 물)에 너무 초점을 맞추어 과거를 돌아보고 불평하였으며, 미래를 꿈꾸는 데 실패한 때문이라고 지적한다. Jonathan Sacks, *Judaism's Life-Changing Ideas* (Maggid Books, 2020), 187-91.

오늘날 유대인 세계에 충분히 귀를 기울임이 있는가? 우리는 혼인생활에서 정말로 우리의 배우자에게 귀를 기울이는가? 우리는 부모로서 진실로 우리 자녀들에게 귀를 기울이는가? 우리는 지도자들로서 우리가 이끌고자 하는 사람들의 무언의 두려움을 듣고 있는가? 공동체로부터 배제되었다고 느끼는 사람들의 상처를 우리가 내면화하는가? 우리가 동료 인간의 목소리에 귀를 기울이지 않는다면 우리가 정말로 하나님의 음성에 귀를 기울인다고 말할 수 있는가?

"W. B. 예이츠를 기억하며"라는 시에서, W. H. 오든은 이렇게 썼다.

가슴의 광야들에서
치유의 샘이 시작되게 하라.

시시때때로 우리는 사회적 세계의 소음과 함성으로부터 한 걸음 뒤로 물러나, 우리의 가슴 속에 광야의 적막을 만들 필요가 있다. 그 적막 속에서 우리는 하나님께서 우리를 사랑하시며, 우리를 들으시며, 당신의 영원하신 팔로 우리를 감싸시며, 우리가 혼자가 아니라고 말씀하시는 작고 고요한 하나님의 음성을 들을 수 있기 때문이다.[7]

---

[7] 이 주제에 관해서는 이 책에 나오는 "듣기의 기술"과 "귀 기울임의 영성"을 보라.

사랑의 축복
Naso

매주 오경 읽기 본문들 가운데 가장 긴 것이 이번 주 본문으로서 그 길이가 176절에 달한다. 그러나 그 중 가장 감동적인 구절이며 역사적으로 가장 큰 영향을 끼친 구절은 매우 짧고, 거의 모든 유대인들이 잘 알고 있는 제사장의 축복이다.

주님께서 모세에게 말씀하셨다.
"너는 아론과 그 아들들에게 말하여라. 그들이 이스라엘 자손에게 복을 빌 때에는 다음과 같이 빌라고 하여라.

'주께서 너에게 복을 주시고, 너를 지켜 주시며,
주께서 너를 밝은 얼굴로 대하시고, 너에게 은혜를 베푸시며,
주께서 너를 향해 얼굴을 돌리시어, 너에게 평화를 주시기를 빈다.'

그들이 나의 이름으로 이스라엘 자손에게 이렇게 축복하면, 내가 친히 이스라엘 자손에게 복을 주겠다." (민 6:23-27)

이것은 가장 오래된 기도문에 속한다. 이 축복은 제사장들이 성전에서 사용했다. 오늘날에는 이스라엘에서 '코하님'(*kohanim*, 제사장들)이 매일같이, 대부분의 디아스포라에서는 축제절기들에 반복하는 예배의 '중심기도'(*Amida*)에 나온다. 또한 이 축복은 부모가 금요일 밤에 자녀들을 축복할 때 사용한다. 신랑과 신부가 혼인식 캐노피(*huppa*) 아래 서 있을 때도 종종 이 기도로 축복한다. 이것은 모든 축복들 가운데 가장 단순하고 가장 아름다운 것이다.

이것은 또한 오늘날까지 남아 있는 모든 성서 본문들 가운데 가장 오래된 본문에도 나타난다. 1979년에 고고학자 가브리엘 바케이가 예루살렘 성벽 바깥에서, 오늘날 "므나헴 베긴 유산 센터"가 자리잡고 있는 지역에서 고대 무덤 동굴들을 조사하고 있었다. 그를 도와주던 열세 살 먹은 소년이 한 동굴 바닥 밑에서 숨겨진 방을 발견했다. 그곳에서 그 발굴자들은 길이가 1인치가 넘지 않는 두 개의 작은 은(silver) 두루마리를 포함해서 거의 천여 개의 고대 유물을 발견했다.

그 은 두루마리들은 너무 부서지기 쉬워서 그것들이 해체되지 않도록 두루마리를 펼치는 작업에 3년이 걸렸다. 마침내 그 두루마리들은 다른 본문들과 함께 이 제사장의 축복이 포함된 부적들(*kemayot*)로 밝혀졌다. 과학적으로 연대를 측정한 결과, 기원전 6세기, 즉 예레미야의 시대와 첫 번째 성전의 마지막 시대로 거슬러 올라가는 것으로서, 그때까지 알려졌던 가장 오래된 성서 본문이었던 사해두루마리보다 4세기나 더 오래된 것이었다. 그 부적들은 "이스라엘 박물관"에서 볼 수 있는데, 고대에 유대인들과 그 땅, 그리고 유대인들의 믿음의 공동체와의 연결성을 증언해주는 역사적 유물이다.

이 제사장의 축복을 강력하게 만드는 것은 그 단순함과 아름다움이다. 그 본문에는 강한 리듬의 구조가 있다. 그 본문의 행들은 각각 단어 3개, 5개, 7개로 이루어져 있다. 각각의 행에서 두 번째 단어는 "주께서"다. 그 세 구절 모두에서 첫 번째 부분은 하나님의 활동을 가리킨다. 즉 "복을 주시고," "밝은 얼굴로 대하시고," 그리고 "얼굴을 돌리시어"다. 두 번째 부분은 그 축복이 우리에게 주는 영향, 즉 우리를 보호하고, 은총과 평화를 주시는 것이다.

그 축복은 또한 사실상 우리의 내면을 여행한다. 첫 절에서 "주께서 너에게 복을 주시고, 너를 지켜 주시며"라고 말한 것은 주석자들이 지적한 것처럼, **물질적** 축복을 가리키는 것으로서, 생계와 육체적 건강 등을 뜻한다. 둘째로 "주께서 너를 밝은 얼굴로 대하시고, 너에게 은혜를 베푸시며"는 도덕적 축복을 가리킨다. 은혜(*hen*)는 우리가 다른 사람들에게 보여주는 것과 그들이 우리에게 보여주는 것이다. 그것은 상호적이다. 그래서 여기서 우리는 하나님께 당신의 은혜의 일부를 우리와 또한 타인들에게 베풀어주시기를 요청함으로써, 인간관계를 쉽게 망칠 수 있는 갈등과 시샘 없이 함께 살 수 있기를 바라는 것이다.

세 번째는 가장 내면적이다. 군중들이 바닷가 언덕에 모여 큰 배가 지나가는 것을 보려 했던 것에 관한 아름다운 이야기가 있다. 한 어린 아이가 열심히 손을 흔들었다. 군중 가운데 한 사람이 그에게 왜 그러는지를 물었다. 그 아이는 "제가 열심히 손을 흔드는 것은 배의 선장이 저를 보고 손을 흔들어주기를 바라기 때문입니다"라고 대답했다. 그러자 그 사람은 "배가 저렇게 멀리 떨어져 있고, 여기 우리들은 많은 군중이잖아! 도대체 선장이 너를 볼 수 있으리라 생각하도록 만든 게 뭐냐?"라고 말했다. 그러자 그 소년은 "저 배의 선장은 저의 아버지이걸랑요. 아버지는 군중 속에서 저를 찾고 계시니까요!" 하고 말했다.

이것이 바로 우리가 "주께서 너를 향해 얼굴을 돌리시어, 너에게 평화를 주시기를 빈다"라고 말하는 것의 의미다. 지금 지구상에는 70억이 넘는 사람들이 살고 있다. 무엇이 우리를 그 군중 가운데 한 얼굴, 대양의 한 물결, 바닷가 모래들의 한 알 그 이상으로 만드는가? 우리가 하나님의 자녀라는 사실이다. 하나님은 우리의 부모이시다. 우리를 향해 당신의 얼굴을 돌리시는 분이시다. 우리를 염려하시기 때문이다.

아브라함의 하나님은 단지 자연의 힘만이 아니며, 심지어 자연의 모든 세력들의 총합만도 아니다. 쓰나미는 잠시 멈춰서 누가 그 희생자가 될 것인지를 묻지 않는다. 지진이나 토네이도에는 개인적인 것이 없다. 하나님을 가리키는 '엘로힘'(*Elokim*)이라는 말은 "세력들 중의 세력, 원인들 중의 원인, 과학적으로 발견할 수 있는 모든 법칙들의 총합"과 같은 무엇을 뜻한다. 그 말은 비인격적인 하나님의 측면을 가리킨다. 그것은 또한 그분의 정의라는 속성도 가리키는데, 정의는 본질적으로 비인격적이기 때문이다.

그러나 우리가 부르는 하나님의 이름은 '하쉠'(*Hashem*)이다. 이 이름은 제사장의 축복뿐 아니라 거의 모든 제사장 문서들에서 사용된 이름으로서, 우리들을 개인적으로 관계 맺으시는 하나님이며, 우리들 각자의 독특한 희망과 공포, 은사와 가능성들과 관계를 맺으시는 하나님이다. '하쉠'은 우리로 하여금 하나님에 대해 "당신"이라고 말할 수 있게 하는 하나님의 측면이다. 그분은 우리에게 말씀하시는 하나님이시며, 우리가 그분께 말씀드리면 귀를 기울이시는 하나님이시다. 어떻게 이런 일이 일어나는지 우리는 모르지만, 그런 일이 일어난다는 사실은 유대인의 믿음에서 핵심적이다.

우리가 하나님을 '하쉠'이라고 부르는 것은 만물 속에서 우리의 중요성에 대한 초월적 확인이다. 우리가 개인적으로 중요한 존재인 이유는 하나님께서 우리를 돌보시는 것이 부모가 자녀를 돌보는 것과 같기 때문이다. 이것이 바로 이 제사장의 축복이 모두 단수로 되어, 하나님께서 우리를 집단적으로 축복하실 뿐 아니라 개인적으로도 축복하신다는 것을 강조하는 이유다. 현자들은 한 생명이 우주와 같다고 말했다.[1]

이것이 바로 이 제사장의 축복의 마지막 말의 의미다. 하나님께서 당신의 얼굴을 우리에게로 향하신다는 것, 즉 우리가 군중 속에서 알아볼 수 없는 존재가 아니라 우리의 독특성과 유일성에서 우리와 관계를 맺으시는 하나님이라는 것은 가장 근본적이며 궁극적인 평화의 원천이다. 경쟁, 갈등, 불법, 폭력은 **우리가 중요하다**는 것을 증명하기 위한 심리적 욕구에서 생겨난다. 우리는 내가 너보다 더 힘이 세고, 더 부자이며, 더 성공했다는 것을 증명하기 위해 일을 한다. 나는 너를 두렵게 만들 수 있다. 나는 너를 내 뜻대로 부릴 수 있다. 나는 너를 나의 희생자, 나의 부하, 나의 노예로 만들 수 있다. 이 모든 것은 믿음을 증언하는 것이 아니라 믿음의 근본적인 실패를 증언한다.

믿음은 내가 믿는 하나님이 나를 돌보신다는 것을 믿는다는 뜻이다. 내가 여기에 있는 것은 하나님께서 내가 여기에 있기를 원하셨기 때문이다. 하나님께서 나에게 주신 영혼은 순수하다. 비록 내가 그 배가 지나가는 것을 바라보는 언덕 위의 어린 아이와 같지만, 나는 하나님께서 나를 찾고 계시며, 또한 내가 그분에게 손을 흔들면 그분이 나에게 손을 흔드신다는 것을 안다. 이것이 가장 심오한 내적인 평화의 원천이다. 우리는 하나님으로부터 축복을 받기 위해 우리 자신을 증명할 필요가

---

1) Mishna Sanhedrin 4:5를 보라.

없다. 우리가 알 필요가 있는 것 전부는 그분의 얼굴이 우리를 향해 있다는 것이다. 우리가 자신과 평화를 유지할 때, 우리는 세상과 평화를 이룰 수 있다

그래서 그 축복은 더 길어지고 더 깊어진다. 즉 물질적인 외적 축복으로부터 우리들과 다른 사람들 사이의 인간관계의 은혜를 거쳐, 가장 내면적인 축복, 즉 하나님께서 우리를 보고 계시며, 우리를 듣고 계시며, 그분의 영원하신 팔로 우리를 안고 계신다는 것을 느낄 때 오는 마음의 평화로 나아간다.

이 제사장의 축복에서 한 가지 더 세부적인 것은 독특한데, 그것은 현자들이 '코하님'(kohanim, 제사장들)으로 하여금 계명에 대해 축복하도록 제정한 말씀, 즉 "당신은 복 받으실 분, … 아론의 거룩함으로 우리를 거룩하게 만드시고, 당신의 백성 이스라엘을 **사랑**으로 축복하도록 우리에게 명령하신 분이십니다"에 나타나 있다.

여기서 "사랑으로"(be'ahava)라는 말이 독특하다. 이 말은 계명을 수행하는 것에 대한 다른 어느 축복에도 나타나지 않는다. 이 말은 전혀 말이 되지 않은 것처럼 보인다. 이상적으로 볼 때, 우리는 **모든** 계명을 사랑으로 완수해야만 한다. 그러나 사랑이 없다고 해서 다른 명령들을 무효로 만드는 것은 아니다. 어떤 경우든 간에, 계명을 수행하는 것에 대한 축복은 우리가 의도적으로 행동한다는 것을 보여주는 방법이다. 현자들 사이에는 일반적인 계명이 의도(kavana)를 요구하는지 아닌지에 대한 논쟁이 있었다.[2] 그러나 의도를 요구하든지 아니든지 간에, 우리가 먼저 축복을 하는 것은 우리가 그 계명을 성취할 의도를 보여주는

---

2) Rosh HaShana 28a를 보라.

것이다. 그러나 의도와 감정은 별개다. 분명히 중요한 것은 '코하님'이 그 축복을 암송하면, 나머지는 하나님께서 행하실 것이라는 점이다. 따라서 사람들이 사랑으로 계명을 수행하든, 아니든, 무슨 차이가 있겠는가?

주석자들은 이 질문과 씨름하였다. 어떤 주석자는 '코하님'이 사람들 앞에서 축복할 때는 그들이 회막의 그룹(cherubim)과 같다는 뜻이라고, 즉 그들의 얼굴이 사랑의 표시로 "서로를 향했다"는 뜻이라고 말한다. 다른 주석자들은 그 단어의 순서를 바꾸어서, 그 축복이 정말로 뜻하는 것은 "그분은 우리를 아론의 거룩함으로 우리를 거룩하게 만드셨으며, **사랑으로** 우리에게 그분의 백성 이스라엘을 축복하도록 명령하셨다"라고 말한다. 여기서 "사랑"은 코하님의 사랑이 아니라, 이스라엘을 향한 **하나님의** 사랑을 가리킨다.

그러나 내 생각에 그 설명은 다음과 같다. 즉 오경이 명시적으로 말하는 것은, 비록 '코하님'이 그 말을 하지만, 축복을 주시는 분은 하나님이시라는 점이다. "그들이 나의 이름으로 이스라엘 자손에게 이렇게 축복하면, 내가 친히 이스라엘 자손에게 복을 주겠다"는 말씀의 뜻이 그것이다. 보통 우리가 어떤 계명을 완수할 때는, **우리가** 무엇인가를 한다. 그러나 **코하님**이 백성들을 축복할 때는, 그들이 스스로 혼자서 무엇인가를 **행하는 것이 아니다. 대신에 그들은 통로로서, 즉 하나님의 축복이 세상 속으로, 그리고 우리의 삶 속으로 흘러들어오는 통로로서 행동하는 것이다.** 오직 사랑만이 이것을 행한다. 사랑은 우리가 우리 자신에게 초점을 맞추는 것이 아니라 다른 사람에게 초점을 맞춘다는 뜻이다. 사랑은 자기를 주장하지 않는 것이다. 이처럼 이기심이 없는 무욕의 상태만이 우리를 통로가 되게 만들어, 그 통로를 통해 우리들 자신보다 더 큰 힘이 흐르도록 한다. 그런 상태에서 우리를 통해 흐르는 사랑은 단테가 말했듯이, "태양과 그밖에 다른 별들을 움직이는"3) 사랑이며, 이 세상에 새로운 생명을 가져오는 사랑이다.

축복하기 위해서는 우리가 사랑해야만 하며, 또한 축복을 받기 위해서는 우리가 우주보다 더 크신 한 분 하나님이심에도 불구하고, 부모가 사랑하는 아이에게 하듯이 우리를 향해 그분의 얼굴을 돌리시는 하나님의 사랑을 받고 있음을 알아야만 한다. 이것을 아는 것이 진정한 영적 평화를 발견하는 것이다.4)

---

3) Dante Alighieri, *Divina Commedia*, Paradiso 33.
4) 역자주: 이번 주 오경 읽기 본문 제목인 '나소'(*Naso*)는 "들어 올리다, 들고 가다, 용서하다" 등 매우 폭넓은 의미를 지닌 동사인데, 광야시절에는 이 동사가 "머리"를 뜻하는 '엣 로쉬'(*et rosh*)와 결합되어 사용된다. 성서에서 "숫자를 세다"를 뜻하는 다른 동사들(*limnot, lispor, lifkod*)이 많이 있는데, 왜 간단히 사람 숫자를 "세다/계수하다"고 말하지 않고 "머리를 들어 올리다"라고 표현했는가? 저자는 이것이 "유대인들의 믿음의 매우 혁명적인 것 가운데 하나"라고 말한다. 즉 "우리들 각자가 하나님의 형상이라면, 우리들 각자는 무한한 가치를 갖고 있다. 우리 각자는 독특하다… 어느 누구도 다른 사람을 대체할 수 없다"는 뜻이라고 설명한다. 고대세계에서는 "중요한 것이 전체 숫자였지, 각 개인의 목숨, 그들의 희망과 두려움, 그들의 사랑과 꿈이 아니었다"는 말이다. 노동자 한 사람이 죽는 것에 대해 아무도 주목하지 않았다. 20세기에도 러시아, 중국, 캄보디아에서 수백 만, 수천 만 명이 죽임을 당했다. 이처럼 각각의 개인을 생각하는 대신에 사람들을 "단지 전체 숫자"로 간주하기를 거부하는 것이 "오경의 최고 종교적 원리"라는 것이다. 저자는 오경의 인간 이해가 **독자적인** 인간인 동시에 **상호의존적인** 인간 이해라는 점에서, 개인에 대한 전대미문의 가치를 강조하면서 동시에 공동체적 믿음이라고 설명한다. '우리'가 없으면 '나'도 없기 때문이다. "누가 공경을 받는가? 다른 사람들을 공경하는 사람이다"라는 것이 벤 조마의 격언이다(Mishna Avot 4:1). Jonathan Sacks, *Judaism's Life-Changing Ideas* (Maggid Books, 2020), 193-96.

절망에서 희망으로

Behaalotekha

이번 주 오경 읽기 본문의 한 구절이 나에게 생명을 구해주는 것 같았던 때들이 있었다. 지도자의 위치는 쉽지 않다. 유대인들을 지도하는 것은 더 어렵다. 영적인 지도력은 가장 어려운 것이다. 지도자들의 공적인 얼굴은 보통 침착하고 명랑하며 낙관적이며 편안한 모습이다. 그러나 그런 겉모습 배후에서 우리는 사람들 사이의 분열이 얼마나 깊은지, 우리가 직면한 문제가 얼마나 어려운지, 우리가 서 있는 곳이 얼마나 얇은 얼음 같은지를 인식하게 될 때, 온갖 감정의 소용돌이를 겪을 수 있다. 아마도 우리 모든 인생의 어떤 지점에서 그런 순간들을 경험할 것인데, 그것은 우리가 어디에 있고 어디로 가고 싶은지를 알지만, 그곳에 가는 길을 찾을 수 없는 순간들이다. 그것은 절망의 전주곡이다.

그런 느낌이 들 때마다, 나는 이번 주 오경 본문에서 모세가 최악의 순간에 도달했을 때의 고통스런 순간으로 돌아가곤 했다. 그 원인은 별다른 것이 아닌 듯 보였다. 백성들은 음식에 대해 불평을 했던 것이다. 자기를 기만하는 향수에 젖어, 그들은 이집트에서 먹었던 생선, 오이, 수박, 부추, 양파, 마늘을 먹고 싶어했다. 노예의 기억은 사라졌다. 그들이 기억하는 건 고작 음식들이었다. 이런 사태에 대해 하나님은 매우 분노하셨다(민 11:10). 그러나 모세는 분노 이상이었다. 그는 완전히 감정적인 파국을 겪었다. 그는 하나님께 이렇게 말했다.

> 어찌하여 주께서는 주의 종을 이렇게도 괴롭게 하십니까? 어찌하여 저를 주님의 눈 밖에 벗어나게 하시어, 이 모든 백성을 저에게 짊어지우십니까? 이 모든 백성을 제가 잉태하기라도 했습니까? 제가 그들을 낳기라도 했습니까? 어찌하여 저더러, 주께서 그들의 조상에게 맹세하신 땅으로, 마치 유모가 젖먹이를 품듯이, 그들을 품에 품고 가라고 하십니까? 백성은 저를 보고 울면서 "우리가 먹을 수 있는 고기를 달라!" 하고 외치는데, 이 모든 백성에게 줄 고기를, 제가 어디서 구할 수 있습니까? 저 혼자서는 도저히 이 모든 백성을 짊어질 수 없습니다. 저에게는 너무 무겁습니다. 주께서 저에게 정말로 이렇게 하셔야 하겠다면, 그리고 제가 주님의 눈 밖에 나지 않았다면, 제발 저를 죽이셔서, 제가 이 곤경을 당하지 않게 해주십시오. (민 11:11-15)

이것은 나에게 절망의 표준이다. 내가 더 이상 계속할 수 없다고 느낄 때마다, 나는 이 구절을 읽으면서 생각했다. "만일 내가 아직 이 지점에 도달하지 않았다면, 나는 괜찮다." 유대인의 역사상 가장 위대한 지도자조차도 이런 깊은 어둠을 경험했다는 사실을 아는 것이 어떤 식으로든 나에게 새로운 힘을 불어넣어주었다. 실패했다는 느낌은 반드시 당신이 실패했다는 뜻은 아니라고들 말한다. 그것은 당신이 아직 성공하지 못했다는 뜻일 따름이다. **당신이 실패자**라는 뜻은 더더욱 아니다. 그와는 반대로, 실패는 위험을 무릅쓰는 사람들에게 찾아온다. 그리고 당신이 아무리 미미한 방식으로라도 세상을 좀 더 낫게 바꾸려 한다면,

기꺼이 모험을 무릅쓰는 것은 절대적으로 필요하다.

성서에서 두드러진 것은 가장 위대한 영적 영웅들의 삶에서 이처럼 영혼의 깊은 밤을 사실적으로 드러낸 방식이다. 모세는 죽게 해달라고 기도했던 유일한 예언자가 아니었다. 세 사람이 더 있다. 엘리야(왕상 19:4), 예레미야(렘 20:7-18), 요나(욘 4:3)다.[1] 시편, 특히 다윗 왕이 쓴 것으로 된 시편들은 절망의 순간들을 거친 것들이 여럿이다. "나의 하나님, 나의 하나님, 어찌하여 나를 버리십니까?"(시 22:1), "내가 깊은 구렁 속에서 주님을 불렀습니다"(시 130:1), "이 몸은 또한 죽은 자들 가운데 버림을 받아서 … 주께서는 나를 구덩이의 밑바닥, 어둡고 깊은 곳에 던져 버리셨습니다"(시 88:5-6).

성서가 이런 이야기들을 들려줌으로써 우리를 근본적으로 해방시킨다. 유다이즘은 넘치는 축복이나 희열을 위한 비법이 아니다. 그것은 당신에게 고통과 두통이 없을 것이라고 보장하는 것이 아니다. 스토아학파가 추구했던 무정념(*apatheia*), 즉 정념에서 해방된 상태를 구하는 것이 아니다. 자아를 소멸시킴으로써 감정의 불을 고요하게 만드는 열반(*nirvana*)의 길도 아니다. 그런 것들은 그 나름대로 영적인 아름다움이 있으며, 그에 상응하는 것은 유다이즘의 보다 신비주의적 분파들에서 찾아볼 수 있다. 그러나 그런 것은 성서의 영웅들의 세계가 아니다.

왜 그런가? 유다이즘은 세상을 바꾸기를 추구하는 사람들을 위한 신앙이기 때문이다. 이것은 종교의 역사에서 유별난 것이다. 대부분의 종

---

[1] 물론 욥도 그렇게 기도했지만, 욥은 예언자가 아니었다. 많은 주석들에 따르면 그는 유대인도 아니었다. 욥기는 전혀 다른 주제에 관한 책으로서, 왜 선한 사람들에게 나쁜 일이 벌어지는가 하는 문제다. 그것은 하나님에 관한 질문이지, 인간에 관한 질문이 아니다.

교는 세상을 현실 그대로 받아들인다. 유다이즘은 마땅히 그래야 하는 세상의 이름으로, 현실 세상에 맞서는 저항이다. 유대인이 된다는 것은 차이를 만드는 것, 삶을 보다 낫게 바꾸는 것, 우리의 깨어진 세상의 상태들 가운데 일부를 치유하려고 노력하는 것이다. 그러나 **사람들은 변화를 싫어한다**. 바로 이런 이유 때문에 모세, 다윗, 엘리야, 예레미야는 인생이 그처럼 고달픈 것을 깨달았다.

우리는 정확히 무엇이 모세를 절망에 빠뜨렸는지를 말할 수 있다. 그는 전에도 비슷한 도전에 직면했었다. 출애굽기에서 백성들은 똑같은 불평을 했다.

> 차라리, 우리가 이집트 땅, 거기 고기 가마 곁에 앉아 배불리 음식을 먹던 그 때에, 누가 우리를 주의 손에 넘겨주어서 죽게 했더라면 더 좋을 뻔하였다. 그런데 너희들은 지금, 우리를 이 광야로 끌고 나와서, 이 모든 회중을 다 굶어 죽게 하고 있다.(출 16:3)

그때는 모세가 정신적 위기를 겪지 않았다. 백성들은 굶주렸고 음식이 필요했다. 그것은 당연한 요구였다.

그 후에 백성들은 시나이 산에서 계시를 받고, 또한 회막을 건설하는 놀라운 경험을 두 차례나 했다. 그들은 어느 민족이 경험했던 것보다 더 가까이 하나님께 다가갔다. 그들은 굶지도 않았다. 그들의 불평은 음식이 없다는 것이 아니었다. 만나가 있었다. 그들이 불평한 것은 만나가 지겹다는 것이었다. "이제 우리 눈에 보이는 것이라고는 이 만나밖에 없으니, 입맛마저 떨어졌다(문자적으로는, 우리의 영혼이 말라붙었다)"(민 11:6). 그들은 영적인 높이를 경험했지만, 여전히 예전처럼 고집스럽

절망에서 희망으로 *257*

고, 감사할 줄 모르고, 자기중심적이었다.[2]

이것이 모세로 하여금 자신의 전체 사명이 실패했고, 또한 계속 실패할 거라고 느끼게 만들었다. 그의 사명은 이스라엘 백성이 이집트 사회와는 정반대되는 사회, 즉 억압하는 대신 해방하고, 노예로 삼는 것이 아니라 존엄성을 인정하는 사회를 만들도록 돕는 것이었다. 그러나 백성들은 변하지 않았다. 더 끔찍한 것은 그들이 떠난 이집트에 대한 가장 얼빠진 향수, 즉 생선, 오이, 마늘 등에 관한 기억에 사로잡혀 있다는 점이었다. 모세는 이스라엘 백성들에게서 이집트를 빼어내는 것보다도 이집트에서 그들을 빼내는 것이 더 쉬울 것이라는 사실을 발견했다. 그 백성들이 아직까지 바뀌지 않았다면, 그들은 결코 바뀌지 않을 거라고 생각하는 것이 합리적이었다. 모세는 자기 자신의 패배를 바라보고 있었다. 더 계속할 이유가 없었다.

그때 하나님께서 모세를 위로하셨다. 우선, 하나님은 모세로 하여금 70명의 장로를 모아 함께 지도력의 짐을 나누어지도록 하셨고, 음식에 관해 염려하지 말도록 하셨다. 백성들은 조만간 고기를 충분히 먹게 될 것이었다. 그것은 엄청난 메추라기 형태로 나타났다.

이 이야기에서 가장 두드러지는 것은 그 이후 모세가 변화된 사람으로 나타난다는 점이다. 그의 지도력에 대한 도전이 있을 것이라는 말을 여호수아로부터 듣자, 그는 "네가 나를 두고 질투하느냐? 나는 오히려 주께서 주의 백성 모두에게 그의 영을 주셔서, 그들 모두가 예언자가 되었으면 좋겠다"(민 11:29)라고 말한다. 그 다음 장에서, 모세 자신의 형

---

[2] 본문은 그 불평을 한 자들이 '아사프수프'(*asafsuf*), 즉 천민, 하층민이라고 말하는데, 일부 주석가들은 이스라엘 백성의 출애굽에 가담한 "혼합된 군중"을 뜻한다고 본다.

제와 자매가 그를 비판하기 시작하자, 그는 침착하게 대응한다. 하나님께서 미리암을 벌하실 때, 모세는 그를 위해서 기도한다. 모세의 생애에 대한 긴 이야기에서 바로 이 시점에서 오경은 "모세로 말하자면, 땅 위에 사는 모든 사람 가운데서 가장 겸손한 사람이다"(민 12:3)라고 말한다.

오경은 감정적 위기의 심리적 역학에 대해 우리에게 놀라운 이야기를 들려준다. 오경이 우리에게 들려주는 첫 번째 것은 절망의 한복판에서 우리가 혼자가 아니라는 것이 중요하다는 점이다. 하나님은 위로자의 역할을 수행하신다. 모세를 절망의 구렁텅이로부터 건져내신 분은 하나님이시다. 하나님은 직접적으로 모세의 관심에 대해 말씀하신다. 그분은 모세에게 미래에는 혼자 지도할 필요가 없다고 말씀하신다. 다른 사람들이 그를 도울 것이다. 이어서 하나님은 모세에게 백성들의 불평에 대해 염려하지 말라고 하신다. 그들은 조만간 고기를 싫증나도록 먹게 될 것이며, 음식에 대해 두 번 다시 불평하지 않을 것이다.

여기서 본질적인 원리는 현자들이 "죄수는 스스로 감옥에서 놓여날 수 없다"(Berakhot 5b)라고 말한 의미였다. 당신을 우울증에서 벗어나게 하기 위해서는 누군가를 필요로 한다. 바로 이런 이유 때문에 유다이즘은 사람들이 극도로 취약한 때에 결코 혼자 남겨두지 말라고 그렇게 강조하는 것이다. 따라서 축제 기간 동안에 병자들을 방문하고, 외로운 사람들을 비롯해서 슬퍼하는 사람들을 위로하며, 환대하라는 것("'쉐키나'를 영접하는 것보다 더 위대한 행동"[Shabbat 127a])이 원리인 것이다. 우울증은 당신을 다른 사람들로부터 고립시킨다는 바로 그 이유 때문에, 혼자 있는 것은 절망을 더욱 강렬하게 만든다. 그 70명의 장로들이 실제로 어떻게 모세를 도왔는지는 분명하지 않다. 그러나 **단순히 그와 함께 있는 것 자체가** 치료의 한 부분이었다.

오경이 우리에게 들려주는 또 다른 것은 절망에서 살아남는 것이 성격을 변화시키는 경험이라는 점이다. 당신의 자기 존중감이 바닥을 쳤을 바로 그 순간에 당신은 문득 인생은 당신을 위한 것이 아니라는 사실을 깨닫게 된다. 인생은 다른 사람들, 이상을 위한 것이라는 사실은 당신에게 사명감 또는 소명의식을 준다. 중요한 것은 그 대의이지, 사람이 아니다. 이것이 바로 참된 겸손이다. 사람들이 C. S. 루이스가 말한 것으로 알고 있는 현명한 말처럼, 겸손은 당신 자신을 더 하찮게 생각하는 것(thinking less of yourself)이 아니라, 당신 자신에 관해 덜 생각하는 것(thinking of yourself less)이다.

당신이 이 지점에 도달하면, 심지어 당신이 가장 혹독한 경험을 거쳤다 하더라도, 당신은 스스로 자신에 대해 믿을 수 있었던 것보다 더 강하게 된다. 당신은 자신의 자기 이미지를 제쳐놓는 방법을 배운 것이다. 당신은 스스로를 전혀 자기 이미지의 관점에서 생각하지 않는 것을 배운 것이다. 이것이 랍비 요하난이 "위대함은 겸손함이다"[3]라고 말했을 때 뜻했던 것이다. 위대함은 삶을 바깥으로 향함으로써, 다른 사람들의 고난이 당신 자신의 고난보다 더 큰 문제가 되는 삶이다. 이런 위대함의 표지는 힘과 부드러움이 결합된 것인데, 이것은 인간의 삶에서 가장 치유하는 힘에 속한다.

모세는 자기가 실패자라고 믿었다. 이것은 우리가 실패자라고 생각할 때마다 기억할 가치가 있다. 그가 절망에서 벗어나 자기를 지우는 힘으로 나아간 것은 오경의 위대한 심리적 이야기 가운데 하나로서, 희망에 대한 영원한 교훈이다.

---

3) *Pesikta Zutrata, Ekev.*

두 종류의 두려움
Shelaḥ

내가 이제까지 들었던 가장 강력한 강의 가운데 하나는 루바비치의 의인 랍비 므나헴 멘델 슈니어슨이 이번 주 오경 읽기 본문에 나오는 첩자들의 이야기에 관해 강의한 것이었다. 나에게 그 강의는 삶을 변화시킨 것이었다.

그는 명백한 질문들을 물었다. 도대체 어떻게 열 명의 첩자들이 사기를 저하시키는 패배주의적인 보고를 갖고 돌아올 수 있었는가? 그들은 어떻게 우리가 이길 수 없다고, 그곳 사람들이 우리보다 더 강하며, 그 도시들은 잘 요새화되었고, 그들은 거인들인 반면에 우리는 메뚜기들에 불과하다고 말할 수 있었는가?

그 첩자들은 자기들의 눈으로 하나님께서 어떻게 이집트에 재앙들을 내리셨는지, 어떻게 고대세계의 가장 막강하고 가장 오래 지속된 제국을 무릎 꿇게 하셨는지를 보았다. 그들은 이집트 군대의 최신 무기들, 말이 끄는 전차들이 홍해에 빠지고, 이스라엘 백성들은 맨 땅을 걸어서 홍해를 건넌 것을 보았던 사람들이다. 이집트는 가나안 족속, 브리스 족속, 여부스 족속, 그리고 그 땅을 정복하는 데서 맞서야만 할 작은 왕국들보다 훨씬 막강했다. 이것은 옛날의 기억이 아니었다. 고작 1년 전에 벌어졌던 일들이다.

더군다나 그들은 그 땅의 백성들이, 메뚜기들에 맞서는 거인들과는 딴판으로, 이스라엘 백성들을 두려워하고 있다는 것을 이미 알고 있었다. 그들은 바다의 노래를 부르면서 스스로에게 이렇게 말했었다.

이 이야기를 듣고, 여러 민족이 두려워서 떱니다.
블레셋 주민이 겁에 질려 있습니다.
에돔의 지도자들이 놀라고,
모압의 권력자들도 무서워서 떨며,
가나안의 모든 주민도 낙담합니다.
그들이 모두 공포와 두려움에 사로잡혀 있습니다.
주님, 주의 권능의 팔 때문에 … 그들은 돌처럼 잠잠하였습니다.
(출 15:14-16)

가나안 땅의 백성들은 이스라엘 백성들을 두려워했다. 그렇다면 왜 그 첩자들은 그들을 두려워했는가?

더군다나 그 첩자들은 백성들 가운데서 임의로 뽑은 사람들이 아니었다고 그 랍비는 이어갔다. 오경은 그들이 "모두 이스라엘 자손의 우두머리들이었다"(민 13:3)고 말한다. 그들은 지도자들이었다. 쉽게 두려움에 사로잡힐 사람들이 아니었다.

이 문제에 대한 질문은 직설적이지만, 그 랍비의 대답은 전혀 예상하지 못했던 것이었다. 그 첩자들은 실패를 두려워했던 게 아니라, 성공을 두려워했다는 게 그 랍비의 대답이었다.

백성들의 당시 상황은 어땠는가? 그들은 하늘로부터 내려주는 만나를 먹고 지냈다. 기적적인 샘물에서 나오는 물을 마시고 있었다. 그들은 영광의 구름에 둘러싸여 있었다. 그들은 성소를 중심으로 진을 쳤다. 그들은 '쉐키나'(Shekhina)와 계속해서 접촉하고 있었다. 백성들이 하나님과 그렇게 가까이서 살았던 적은 없었다.

그들이 그 땅에 들어가면 그들의 상황은 어떻게 될 것인가? 그들은 전투를 치러야 할 것이며, 군대를 유지하고, 경제를 창조하고, 땅을 경작하고, 곡식을 생산하기에 충분한 비가 내릴 것인지 염려하게 될 것이며, 그 세상에서 사느라 정신을 분산시켜야 할 것들이 수천 가지에 이를 것이다. 그들이 하나님과 그렇게 가깝던 상태는 어떻게 될 것인가? 그들은 세상의 물질적 추구에 사로잡힐 것이다. 여기서는 그들이 하나님의 광채 가운데서 오경을 배우는 일에만 전념할 수 있었다. 그러나 거기에 들어가면 수많은 민족들 가운데 한 민족에 불과하게 될 것이며, 모든 민족이 다루어야만 하는 똑같은 경제, 사회, 정치 문제들에 휩싸이게 될 것이다.

그 첩자들은 실패를 두려워하지 않았다. 그들은 성공(가나안 진입 성공)을 두려워했다. 그들의 실수는 모든 거룩한 사람들의 실수였다. 그들은 자신들의 삶을 가능한 한 하나님과 가깝게 유지하기를 원했다. 그들이 이해하지 못했던 것은 하나님은, 하시디즘의 표현으로, "더 아래 세상에서 거처"를 찾으신다는 점이다. 유다이즘과 다른 종교들 사이의 큰 차이점 가운데 하나는 다른 종교들이 사람들을 하늘로 들어 올리는 것을 추구한다면, 유다이즘은 하늘을 땅으로 가지고 내려오는 일을 추구한다는 점이다.

오경의 많은 부분은 전혀 종교적이라 볼 수 없는 것에 관한 것들이다. 즉 노동관계, 농업, 복지제도, 융자와 빚, 토지소유권 등에 관한 것이다. 광야나 수도원 피정, 또는 아슈람에서는 강렬한 종교적 경험을

두 종류의 두려움 *263*

갖는 것이 어렵지 않다. 대부분의 종교들에는 일상생활의 긴장과 피로에서 멀리 떨어진 채 살아가는 거룩한 사람들과 거룩한 장소가 있다. 유대인 종파들 가운데도 사해두루마리를 통해 우리에게 알려진 쿰란 종파 등이 그런 집단이었다. 여기에는 전혀 이상한 것이 없다.

그러나 그것은 유대인의 사명, 유대인의 프로젝트가 아니다. 하나님께서는 이스라엘 백성이 모델 사회를 창조하기를 원하셨다. 즉 인간이 노예취급을 당하지 않고, 통치자들을 마치 신처럼 숭배하지 않고, 인간의 존엄성이 존중되고, 아무도 극빈상태에 처하지 않고, 아무도 고립되게 방치되지 않고, 아무도 법 위에 있지 않고, 삶의 어느 영역도 도덕과 무관한 영역이 없는 모델 사회를 창조하기를 원하셨다. 그것은 사회를 필요로 하며, 사회는 땅을 필요로 한다. 그것은 경제, 군대, 들판과 가축, 노동, 기업을 필요로 한다. 이 모든 것이 유다이즘에서는 '쉐키나'를 우리의 집단생활의 공유한 공간 속에 모셔 들이는 방법들이 되었다.

그 첩자들은 성공을 두려워했지, 실패를 두려워하지 않았다. 그것은 매우 종교적인 사람들의 실수였다. 그러나 그것은 실수였다.

그것이 유대인 역사 2천 년에서 가장 큰 사건, 즉 유대인들이 다시 그 땅으로 귀환하여 이스라엘 국가를 세운 사건이 주는 영적인 도전이다. 아마도 시온주의자들의 그토록 많은 꿈들과 동반된 정치적 운동들은 역사상 없었을 것이며 또한 앞으로도 없을 것이다. 어떤 사람들에게는 그것이 예언자적 비전의 성취였고, 또 어떤 사람들에게는 역사를 자기들 손으로 결정하게 된 민족의 세속적 성취였다. 어떤 사람들은 그것을 톨스토이처럼 그 땅과 연계된 것으로 보았고, 또 다른 사람들은 그것을 니체 식의 의지와 권력의 주장으로 보았다. 어떤 사람들은 그것을 유럽의 반셈족주의로부터의 피난으로 보았고, 또 다른 사람들은 메시아적인 구원이 처음 꽃피운 것으로 보았다. 모든 시온주의 사상가들은 유토피아에 대한 나름의 비전을 갖고 있었고, 상당한 정도까지 그 모든 비전이 실현되었다.

그러나 이스라엘은 항상 보다 단순하고 보다 기본적인 무엇이었다. 유대인들을 자신들의 거의 4천 년에 이르는 역사에서 비극과 승리 사이의 거의 모든 운명과 상황을 알았으며, 지상의 거의 모든 땅에서 살았던 경험이 있었다. 그러나 그 모든 시간 속에서, 역사가 시작된 이래로 자신들이 부름받은 것을 행할 수 있는 유일한 환경이 있었다. 즉 자신들의 사회를 자신들의 가장 높은 이상에 따라 건설하는 것, 자신들의 이웃 사회와는 다른 사회로서, 사회, 경제, 교육체제, 복지 행정이 하나님의 현존을 이 땅 위에 가지고 내려올 수 있는 도구가 되는 사회를 건설하는 것이 그들이 부름받은 것이다.

하나님을 광야에서 발견하는 것은 어렵지 않다. 당신이 손으로 노동해서 먹지 않고, 하나님이 당신을 위해 대신 싸우시는 것에 의존한다면 말이다. 그 랍비에 따르면, 열 명의 첩자들은 그런 생활방식으로 영원히 살게 되기를 원했다. 그러나 그것은 하나님이 우리에게 원하시는 것이 아니라고 그 랍비는 주장했다. 하나님이 우리에게 원하시는 것은 세상과 씨름하는 것이다. 그분은 우리가 병자를 치유하고, 굶주린 사람들을 먹이고, 법의 모든 능력으로 불의와 싸우고, 보편적 교육을 통해 무지와 싸우기를 원하신다. 그분은 우리가 이웃과 낯선 사람을 사랑하는 것이 무엇인지를 보여주기를 원하신다. 랍비 아키바의 말처럼, "우리 각자는 모두 하나님의 형상으로 지음받았기에 인간은 사랑스럽다"(Mishna Avot 3:14).

유대인 영성은 삶 자체의 한복판에서, 사회생활과 그 제도들 한복판에서 살아간다. 그것을 창조하기 위해 우리는 두 종류의 두려움과 싸워야 한다. 실패의 두려움과 성공의 두려움이다. 실패의 두려움은 일반적이다. 성공의 두려움은 드물지만, 마찬가지로 사람을 약하게 만든다. 그 둘 모두 위험을 무릅쓰기를 주저하기 때문에 생긴다. 믿음은 위험을 무릅쓰는 것이다. 믿음은 확실성이 아니다. 믿음은 불확실성과 더불어 살아가는 능력이다. 믿음은 하나님께서 아브라함에게 "나보다 앞서 가라" (Walk on ahead of me, 창 17:1)고 말씀하신 것처럼, 우리에게 그렇게 말씀하시는 것을 듣는 능력이다.

그 랍비는 자신이 가르친 대로 살았다. 그는 세상에서 유대인들이 사는 거의 모든 곳에 책임자들을 보냈다. 그렇게 함으로써 그는 유대인의 생활을 변혁시켰다. 그는 자기의 추종자들에게 위험을 무릅쓸 것을 요청하고 있음을 알았다. 왜냐하면 그들은 많은 점에서 도전적인 장소들에 가야만 했기 때문이다. 그러나 그 랍비는 그들에 대한 믿음, 하나님에 대한 믿음, 그리고 유대인들의 사명에 대한 믿음을 갖고 있었다. 즉 유대인들이 서야만 하는 장소는 공개적인 광장이며 거기에서 우리의 믿음을 다른 사람들과 나누고, 매우 실제적인 방식들로 우리의 믿음을 나누어야 한다는 사명에 대한 믿음을 갖고 있었다.

광야를 떠나서 세상 속으로 들어가 그 모든 시험과 유혹에 맞선다는 것은 큰 도전이다. 그러나 그곳이 바로 하나님께서 우리가 있기를 원하시는 장소이며, 그분의 영을 우리의 경제운영 방식, 복지체제, 사법체제, 건강서비스, 군대에 가져오기를 원하시는 것이다. 또한 세상의 상처난 부분을 치유하고, 흔히 어둠 속에 감추어진 장소들에 하나님의 작은 빛을 가져오기를 원하시는 것이다.

위계질서와 정치: 끝나지 않는 이야기
Koraḥ

그것은 전형적인 권력투쟁이었다. 왕궁, 의회, 또는 권력의 통로에서 보통 벌어지는 권력투쟁과 다른 유일한 점은 그것이 네덜란드 아른헴 시의 버거 동물원에서 발생했다는 점이며, 그 핵심 주인공들이 수컷 침팬지들이었다는 점이다.

프란스 드 발이 쓴 《침팬지 정치학》[1]은 고전이 되었다. 그 책에서 저자는 우두머리 수컷 예론이 어떻게 한동안 지배적인 위치에 있다가 점차 젊은 수컷 루이의 도전을 받게 되었는지를 묘사한다. 루이는 혼자 힘으로는 예론을 물리칠 수 없기 때문에, 다른 젊은 수컷 니키와 동맹을 맺었다. 결국 루이는 예론을 물리치는 데 성공했다.

루이는 그의 역할을 잘 수행했다. 그는 집단 내에 평화를 유지하는 기술이 있었다. 그는 약자들을 위해 싸웠고, 결과적으로 폭넓은 존경을 받았다. 암컷들은 그의 지도력을 인정했고, 항상 그를 돌볼 준비가 되어 있었으며, 새끼들과 놀도록 허락했다. 예론은 그에 맞서서 얻을 게 없었다. 그는 다시 우두머리가 되기에는 너무 늙었다. 그럼에도 불구하고 예론은 젊은 수컷 니키의 세력에 합류했다. 어느 날 밤에 그들은 루이가

---

1) Frans de Waal, *Chimpanzee Politics* (London: Cape, 1982).

방심한 틈을 타서 그를 죽였다. 쫓겨났던 우두머리 수컷이 복수를 한 것이다.

이 이야기를 읽으면서 나는 ≪미슈나 아봇≫(2:6)에 나오는 힐렐의 이야기를 생각했다. "그는 물에 해골에 떠 있는 것을 보고 말했다. 당신이 다른 사람들을 익사시켰기 때문에 당신도 익사당한 것이다. 당신을 익사시킨 사람도 익사당할 것이다." 사실상 침팬지의 권력투쟁은 매우 인간과 비슷하기 때문에, 1995년에 미국 공화당 하원의장 뉴트 깅그리치는 젊은 공화당 의원들이 읽어야 할 추천도서 스물다섯 권에 드 발의 책을 포함시켰다.2)

고라는 똑같은 마키아벨리 정치학교 졸업생이었다. 그는 세 가지 기본 규칙을 이해하고 있었다. 첫째로 당신은 포퓰리스트가 되어야 한다. 사람들의 불만을 이용하고, 당신이 현재의 지도자에 맞서서 그들 편에 서 있는 것처럼 보이게 만들어야 한다. 고라는 모세와 아론에게 "당신들은 너무 분에 넘치게 멀리 나갔소!"라고 말했다. "온 회중 각자가 다 거룩하고, 그들 가운데 주께서 계시는데, 어찌하여 당신들은 주의 회중 위에 군림하려 하오?"(민 16:3).

둘째로, 지지자들을 모은다. 고라 자신은 레위인이었다. 그의 불만은 모세가 그의 형 아론을 대제사장에 임명한 것이었다. 고라는 분명히 모세의 사촌, 즉 모세와 아론의 아버지 아므람의 동생 이스할의 아들(고라 자신, 민 3:19; 16:1—옮긴이)이 대제사장이 되어야만 했다고 느꼈다. 그는

---

2) 나는 이 글을 영국에서 브렉시트 투표가 있었던 직후에 썼다. 그 투표에서는 영국의 양당 모두의 지도력에 대한 싸움이 벌어지고 있었다. 그 싸움을 유인원의 정치와 비교할지, 아니면 고라의 이야기와 비교할지는 독자들에게 맡긴다.

두 지도력(정치와 종교) 모두를 한 씨족의 한 집안이 장악하는 것은 옳지 않다고 생각했다.

고라는 자신의 부족(지파) 안에서는 별다른 지원을 기대할 수 없었다. 다른 레위인들은 아론을 쫓아내는 것으로 얻을 게 없었다. 그래서 그는 르우벤 부족의 다단과 아비함과 연합했고, "이스라엘 자손 가운데서 이백오십 명의 남자들이 합세하였는데, 그들은 회중의 대표들로 총회에서 뽑힌 이들이었으며, 잘 알려진 사람들이었다"(민 16:2). 그 르우벤 부족 사람들은 자신들이 야곱의 첫 아들의 후손으로서 특별한 지도자 역할을 맡지 못한 것 때문에 마음이 상해 있었다. 이븐 에즈라에 따르면, 그 250명의 "회중의 대표들"이 분개한 이유는 금송아지 사건 이후, 지도력이 각 부족의 장남으로부터 레위 부족에게로만 넘어간 때문이다.

그 반란이 실패할 수밖에 없었던 이유는 그들의 불만이 이처럼 서로 달랐고, 모두 충족될 수 없었기 때문이다. 그렇다고 해서 비열한 동맹을 멈추게 하지는 못했다. 원한을 품은 사람들은 자신들 나름대로 건설적인 행동을 계획하기보다는 현재의 지도자를 내쫓는 일에 더 몰두한다. "증오는 합리성을 이긴다"고 현자들은 말했다.3) 자존심에 상처를 입고, 명예는 그가 아니라 당신이 차지했어야 한다는 생각은 인간이 지상에 존재하는 동안 파괴적이며 또한 자기 파괴적인 행동으로 이끈다.

셋째로, 당신이 쫓아내려고 하는 사람이 취약한 순간을 선택하라. 나마니데스는 고라의 반란이 첩자들의 이야기 직후, 그 결과로서 이스라엘 백성이 다음 세대까지는 가나안 땅에 들어가지 않을 거라는 결정 직후에 일어났다는 점을 주목한다. 백성들의 불평이 무엇이든지 간에

---

3) Bereishit Rabba 55:8.

그들이 자신들의 목적지를 향해 가고 있다고 느끼는 한, 백성들에게 반란을 부추길 현실적 기회는 없었다. 그들이 요르단 강을 건너지 않게 되었다는 사실을 인식했을 때만 반란이 가능했다. 백성들은 잃을 게 없는 것처럼 보였기 때문이다.

인간의 정치와 침팬지의 정치를 비교하는 것은 가볍게 볼 일이 아니다. 유다이즘은 오랫동안 호모사피엔스가 조하르가 부르는 것처럼, 동물의 영혼(*nefesh habehamit*)과 신적인 영혼(*nefesh haElokit*)의 혼합이라고 이해했다. 우리는 육체와 분리된 정신들이 아니다. 우리는 육체적 욕망을 갖고 있으며, 그 욕망들은 우리의 유전자 속에 새겨져 있다. 오늘날 과학자들은 세 가지 체계를 말한다. 즉 "파충류" 뇌는 싸우거나 도망치거나 하는 가장 기초적 반응을 낳는다. "원숭이" 뇌는 사회적이며, 감정적이고, 위계질서에 민감하다. 그리고 인간의 뇌, 전두엽피질은 느리며 반사적이고, 다른 행동의 결과를 통해 생각할 수 있다. 이것은 유대인들과 플라톤, 아리스토텔레스 등 다른 사람들이 오랫동안 알고 있었던 것이다. 바로 이런 체계들 사이의 긴장과 상호작용 속에서 인간의 자유의 드라마가 펼쳐지는 것이다.

프란스 드 발은 최근의 책에서 "침팬지들 사이에서는 위계질서가 모든 것 속에 스며있다"고 지적한다. 암컷들은 위계질서를 당연한 것으로 받아들이고, 서로 충돌하지 않는다. 그러나 수컷들 사이에서는 "항상 권력을 잡으려 올라간다." 권력은 "그것을 위해 싸워야 하고, 또한 대적자들에 맞서 지켜야만 하는 것이다." 수컷 침팬지들은 "수다를 떨며 음모를 꾸미는 마키아벨리안들"이다.[4] 우리는 어떤가?

---

4) Frans de Waal, *Are We Smart Enough to Know How Smart Animals Are?* (New York: Norton, 2016), 168.

이것은 사소한 질문이 아니다. 이 질문은 인류에게 희망이 있는지에 대한 가장 중요한 질문일 수 있다. 인류학자들은 최초의 인간들인 수렵·채집자들이 일반적으로 평등주의자들이었다는 데 동의한다. 모두가 집단 안에서 수행할 역할이 있었다. 그들의 주된 과업은 살아남고 음식을 찾고, 약탈자를 피하는 것이었다. 당시에는 부의 축적 같은 것이 없었다. 농업과 도시, 상업이 발전한 후에야 비로소 위계질서가 인간 사회를 지배하게 되었다. 보통 절대적 지도자 한 사람과 지배계급이 있고, 대다수 사람들은 기념비적인 건축공사에 노동자로, 제국 군대의 군인들로 이용되었다. 유다이즘은 이런 구조에 맞서는 저항으로서 세상에 들어왔다.

이런 점은 오경의 첫 장에서 볼 수 있다. 하나님께서는 인간을 당신의 형상과 닮은 모습으로 지으신다. 즉 우리는 모두 똑같이 신의 형상을 지닌 조각들이다. 현자들은 왜 사람을 하나씩 지으셨는가 하고 물었다. "아무도 내 조상이 네 조상보다 위대하다고 말할 수 없도록 하기 위해서다"(Mishna Sanhedrin 4:5). 이런 평등주의는 모세가 여호수아에게 한 말, 즉 "나는 오히려 주께서 주의 백성 모두에게 그의 영을 주셔서, 그들 모두가 예언자가 되었으면 좋겠다"(민 11:29)에도 나타나 있다.

그러나 오경의 많은 이상들—그중에는 채식주의, 노예제 철폐, 일부일처체가 포함되어 있다—처럼, 평등주의는 하루아침에 이루어지지 않는다. 그것은 수백 년, 수천 년 걸릴 것이며, 많은 측면에서 아직도 완전히 이루어지지 않았다.

성서 시대 이스라엘에는 두 가지의 위계적 구조가 있었다. 왕들과 제사장들(대제사장)이다. 그 모두는 위기 이후에 시작되었다. 즉 "사사들"(판관들)의 통치가 실패한 후 왕정체제가 시작되었고, 금송아지 사건 이후 레위인들과 아론 계열이 제사장직을 맡게 되었다. 왕권과 제사장직은 부득이하게 긴장과 분열로 이끌었다.

성서 시대의 이스라엘이 통일왕국을 유지한 것은 왕이 고작 3대를 지날 때까지였으며,5) 그 후 두 왕국으로 분열되었다. 제사장 직책은 제2성전 기간 말기에 분열의 중요한 원천이 되어, 사두개파, 보에투시아파와 그 나머지 종파들 사이의 분열로 나타났다. 고라의 이야기는 그 이유를 설명해준다. 위계질서가 있는 곳에는 누가 우두머리 수컷이 될 것인지를 놓고 경쟁이 있게 마련이다.

위계질서는 모든 문명의 발전에서 불가피한 특징인가? 마이모니데스(1135-1204)는 그렇게 보는 것 같다. 그에게 왕정체제는 적극적 제도였지 단순한 양보가 아니었다. 아브라바넬(1437-1508)은 반대한 것 같다. 그는 유토피아적인 무정부주의자로서, 이상적인 세계에서는 아무도 다른 누구를 지배하지 않는다고 주장했다. 우리는 각자 오직 하나님의 통치권만을 인정해왔다.

고라의 이야기와 프란스 드 발의 침팬지 판 ≪하우스 오브 카드≫6)를 함께 놓고 보면, 결론은 위계질서가 있는 곳에는 우두머리 수컷이 되기 위한 투쟁이 있게 마련이라는 점이다. 그 결과는 토마스 홉스가 말한 "항구적이며 끊임없는 권력 추구로서 오직 죽음으로만 끝나는 것"7)이다.

---

5) 영국에서 브렉시트 투표 이후, 영국이 연합 왕국으로 남을 것인지에 대한 질문이 있었다.

6) Michael Dobbs, *House of Card* (New York: Harper Collins, 1989), 박산호 역, ≪하우스 오브 카드≫(푸른숲, 2016).

7) Thomas Hobbs, *Leviathan* (1951) pt.1, ch. 11. 진석용 역, ≪리바이어던≫ (나남출판, 2008).

바로 이런 이유 때문에 랍비들은 왕권이나 제사장직의 위계질서에 주목하지 않고, 모두가 추구할 수 있게 개방된 오경의 위계질서가 없는 통치에 초점을 맞추었다. 여기서는 경쟁이 충돌로 이끌지 않고, 지혜의 증가로 이끌며,[8] 또한 하늘 자체가, 현자들이 서로 의견의 일치를 보지 못하는 것을 보고, "이것들과 저것들이 살아계신 하나님의 말씀들이다"[9]라고 말한다.

고라 이야기는 모든 세대마다 반복된다. 그 해독제는 권력이 아니라 진리를 추구하는 오경 연구라는 다른 세계에 매일 침잠하고, 또한 모든 주장을 거룩한 대화 속의 목소리로 똑같이 귀하게 여기는 일이다.[10]

---

8) Bava Batra 21a.

9) Eruvin 13b; Gittin 6b.

10) 역자주: 저자는 고라의 반란 사건을 통해 포퓰리즘의 특성과 전략, 그리고 랍비들의 대책을 이렇게 설명한다. "포퓰리즘은 분노의 정치학"이다. 정치 지도자들이 대중의 이익보다 자신들의 이익에 복무한다고 느끼는 광범위한 불만 때문에, 그리고 전통적 가치가 훼손되거나 대규모 이민 때문에 국가 형편이 악화된다는 느낌 때문에 엘리트 지도자들을 배척하게 된다. 그래서 반체제적인 포퓰리스트는 대중의 불만을 불러일으켜, 강한 지도력으로 대중이 빼앗긴 것을 되찾아주겠다고 약속한다. 1930년대 프랑코, 히틀러, 무솔리니가 그랬던 것처럼, 2017년에는 유럽 전역에서 극우파가 큰 지지를 얻었다. 포퓰리스트의 전략은 (1) 기존체제는 자신들의 특권만을 지키는 타락한 집단이다. (2) 자신들이 대중의 이익을 수호하는 선봉장이다. (3) 가짜뉴스를 통해 대중의 불만을 고조시킨다. (4) 다른 목소리를 불법화한다. 고라 일당을 땅이 삼켜버렸음에도 불구하고, 힘(무력, 기적)을 사용한 것은 완전히 실패했다(민 17:6). 랍비들은 갈등 상황에서 흑백논리 대신, "공적인 영역에서 논쟁의 타당성"을 주장했다. "하늘을 위한 논쟁이 아닌 것은 승리를 목표로 한 것이다. 하늘을 위한 논쟁은 진리를 목표로 한 것이다. 고라 일당의 경우처럼 승리를 목표로 할 경우, 쌍방 모두 잃게 된다. 고라는 죽었고, 모세의 권위는 떨어졌다." 저자는 특히 대학의 언론 자유를 제한시키는 것은 "자유의 적들"이 하는 조치라고 비판한다. Jonathan Sacks, *Judaism's Life-Changing Ideas* (2020), 209-13.

사별의 트라우마를 치유하기

Ḥukkat

나는 아버지의 죽음, 그 복 받은 기억으로부터 회복되는 데 2년 걸렸다. 거의 20년이 지난 지금까지도 나는 그 이유를 정확히 모르고 있다. 아버지는 80대에 접어들어서도 건강하셨다. 마침내 다섯 차례 수술을 받으셨는데, 그때마다 기운을 조금씩 잃으셨다. 나는 랍비로서 장례식을 주관해야 했고, 유족들을 위로해야 했다. 나는 애도가 어떤 것인지 잘 알고 있었다.

현자들은 지나치게 오랫동안 슬퍼하는 사람들에 대해 비판적이었다.[1] 그들은 하나님께서 그런 사람에게 "너는 나보다 더 아파하는 마음이 크냐?" 하고 말씀하신다고 했다. 마이모니데스의 규칙은 이렇다.

사람이 죽었다고 해서 지나치게 마음 아파하면 안 된다. "너희는 죽은 왕 때문에 울지 말며, 그의 죽음을 슬퍼하지 말아라"(렘 22:10)는 말씀처럼 말이다. 이것은 지나치게 울지 말라는 뜻이다. 왜냐하면 죽음은 세상의 이치이며, 세상의 이치에 대해 지나치게 슬퍼하는 사람은 바보이기 때문이다.[2]

---

1) Moed Katan 27b.
2) Maimonides, *Mishneh Torah, Hilkhot Avel* 13:11.

예외가 있기는 하지만, 유대인 율법에서 외적인 애도 기간은 1년이며, 그 이상은 안 된다.

그러나 이런 걸 안다고 해서 도움이 되지는 않는다. 우리가 항상 우리의 감정의 지배자는 아니기 때문이다. 당신이 다른 사람들을 위로한다고 해서 당신 자신의 상실 경험을 준비시켜 주는 것도 아니다. 유대인 율법은 외적인 행동을 규정하는 것이지, 내적인 감정을 규정하는 것이 아니며, 율법이 사랑하며 증오하지 말라는 명령처럼 감정을 말할 때는, 할라카가 보통 이것을 행동의 용어로 표현하는데, 그 이유는 ≪세페르 하히누크≫(613개의 계명을 체계적으로 논의한 책)의 표현대로 "가슴은 행동을 따른다"3)고 생각하기 때문이다.

나는 실존적인 블랙홀을 느꼈다. 내 존재의 중심이 텅 빈 것 같았다. 그것은 나의 감각을 무디게 했고, 잠을 자거나 초점을 맞출 수 없게 만들었으며, 마치 삶이 멀리 떨어진 곳에서 진행되는 것처럼 느꼈으며, 내가 마치 소리가 나오지 않고 초점도 맞지 않은 영화를 보는 관객처럼 느껴졌다. 그런 상태가 마침내 사라졌지만, 그런 상태가 지속되는 동안 나는 내 생애 최악의 실수들을 몇 가지 저질렀다.

내가 이런 말을 하는 이유는 그런 것이 이번 주 오경 읽기 본문에서 연결시켜주는 끈이기 때문이다. 가장 두드러진 에피소드는 백성들이 물이 없다고 불평한 순간이다. 모세가 무엇인가 잘못했고, 비록 하나님은 바위에서 물이 나오게 해주셨지만, 모세에게 거의 감당할 수 없는 벌을 내리셨다. "너희는 이스라엘 자손이 보는 앞에서 나의 거룩함을 나타낼 만큼 나를 신뢰하지 않았다. 그러므로 너희는, 내가 이 총회에게 주기로

---

3) *Sefer HaḤinukh*, command 16.

한 그 땅으로 그들을 데리고 가지 못할 것이다"(민 20:12).

주석가들은 모세가 정확히 무슨 잘못을 했는지에 대해 논쟁했다. 모세가 백성들에게 화를 참지 못한 것인가?("너희 반역자들은 들어라"[10절]). 그가 물이 나오도록 말로 하는 대신에 바위를 친 게 잘못인가? 그가 바위를 친 것은 물에 대한 책임이 마치 하나님에게 있는 것이 아니라 모세 자신과 아론에게 있는 것처럼 보이게 만들었다("우리가 이 바위에서, 너희가 마실 물을 나오게 하랴?"[10절]).

더 어리둥절하게 만드는 것은 도대체 왜 모세가 그 순간에 자신을 통제하지 못했는가 하는 점이다. 그는 전에도 똑같은 문제에 직면했었지만, 그가 결코 화를 참지 못하지는 않았다. 출애굽기 15장에서 이스라엘 백성들은 마라에서 물이 써서 먹을 수 없다고 불평했다. 출애굽기 17장에서는 맛사와 므리바에서 백성들이 물이 없다고 불평했다. 그때 하나님은 모세에게 지팡이를 들어 바위를 **치라**고 하셨고, 바위에서 물이 흘러나왔다. 따라서 이번 주 오경 읽기 본문에서 하나님이 모세에게 "너는 지팡이를 잡아라. … 저 바위에게 **말하여라**"(8절)고 하실 때, 모세가 이번에도 바위를 치라는 뜻으로 생각했다는 것은 분명히 용서받을 수 있는 실수였다. 그것이 바로 하나님께서 지난 번에 말씀하셨던 것이기 때문이다. 모세는 선례를 따랐던 것이다. 만일 하나님께서 바위를 치라는 뜻이 아니셨다면, 도대체 왜 모세에게 지팡이를 잡으라고 명령하셨는가?

더욱 이해하기 어려운 것은 사건들의 순서다. **하나님께서는 이미 모세에게 정확히 무엇을 해야 할지를 말씀하셨다.** 백성들을 모이게 하라. 바위에게 말하면, 물이 흘러나올 것이다. 하나님께서 이 말씀을 하신 것은 모세가 백성들에게 화를 내면서 "너희 반역자들은 들어라"로 시작하는 말을 하기 이전이었다. 해결할 수 없는 것처럼 보이는 문제에 직면할 때 우리가 침착함을 잃는 것은 이해할 만하다. 이런 일이 벌어진 것은 전에 백성들이 고기가 없다고 불평할 때였다. 그러나 이번에는 하나님께서 "저 바위에게 명령하여라. 그러면 그 바위가 그 속에 있는 물을 밖으로 흘릴 것이다. 너는 바위에서 물을 내어, 회중과 그들의 가축떼가 마시게 하여라"(8절) 하고 이미 말씀하셨는데도 불구하고 모세가 침착함을 잃었다는 것은 전혀 이해가 되지 않는다. 모세는 그 해결책을 이미 받았다. 그렇다면 도대체 왜 그 문제로 인해 모세가 그토록 감정이 격해졌는가?

내가 아버지를 잃은 후에야 비로소 나는 이 구절을 이해하게 되었다. 이 사건 직전에 무슨 일이 벌어졌는가? 민수기 20장의 첫 구절은 "백성은 가데스에 머물렀다. 미리암이 거기서 죽어 그곳에 묻혔다"고 말한다. 그 이후에야 비로소 백성들에게 물이 없었다는 말이 나온다. 고대 전통은 백성들이 그때까지 미리암 덕분에 기적적인 물을 마시는 축복을 받았다고 설명한다. 미리암이 죽자, 물이 끊어졌다.

그러나 보다 깊은 연관성은 미리암의 죽음과 물 부족 사태 사이의 연관성이 아니라, 미리암의 죽음과 모세의 감정적 평형상태가 깨진 것 사이의 연관성이라는 게 내 생각이다. 미리암은 그의 누나였다. 미리암은 모세가 아기였을 때 바구니에 담겨 나일 강을 떠내려갈 때, 그의 운명을 지켜보았다. 미리암은 파라오의 딸에게 자신이 그 히브리인 아기의 유모가 되겠다고 말할 용기와 계획을 갖고 있었고, 그래서 모세가 그의 어머니와 다시 만나게 했으며, 모세가 자신이 누구이며 어느 민족에 속한 사람인지를 알면서 성장하도록 했다. 모세의 정체성은 누나 덕분이었다. 미리암이 없었다면, 모세는 이스라엘 백성에게 나타난 하나님의 인간적 얼굴, 율법 수여자, 해방자, 예언자가 결코 될 수 없었다. 그런 미리암을 잃는 것은 단지 누나를 잃는 것만이 아니었다. 자신의 삶의 인간적 기초를 잃어버린 것이었다.

사별을 하면, 당신은 감정의 통제력도 상실한다. 당신은 상황이 침착함을 요청할 때도 화를 낸다. 당신은 말해야 할 때 손으로 치며, 조용해야 할 때 말한다. 심지어 하나님께서 당신에게 무엇을 해야 하는지를 말씀하셨어도, 당신은 한쪽 귀로 듣고 한쪽 귀로 흘린다. 듣기는 들었지만, 마음에 새겨지지는 않는다. 마이모니데스는 예언자 야곱이 자기 아들 요셉이 여전히 살아 있는지를 알지 못해 애태운 심정이 어떠했겠느냐고 묻는다. 그는 야곱이 슬픔에 빠져 있었기 때문에, '쉐키나'는 우리가 슬픔에 빠져 있는 동안에는 우리 속에 들어오시지 않는다고 대답한다.[4] 그 바위 곁에 있었던 모세는 예언자였다기보다는 누나를 잃은 사람이었다. 그는 위로를 받을 수 없었고, 또한 자기를 통제할 수 없는 상태였다. 모세는 가장 위대한 예언자였다. 그러나 그는 또한 인간이었고, 다른 어느 때보다 여기에서 그랬다.

이번 주 오경 읽기 본문은 죽을 수밖에 없는 우리의 운명에 관한 것이다. 그것이 요점이다. 하나님은 영원하시지만, 우리는 덧없는 운명이다. 우리가 신년축제나 대속죄일에 기도하는 것처럼, 우리는 "질그릇 조각, 풀잎 하나, 시드는 꽃 한 송이, 그림자, 구름, 한 줌 바람"이다. 우리는 먼지이며 먼지로 돌아갈 존재들이지만, 하나님은 영원한 생명이시다.

또 다른 차원에서는 바위 곁의 모세 이야기가 죄와 벌에 관한 이야기다. "너희는 이스라엘 자손이 보는 앞에서 나의 거룩함을 나타낼 만큼

---

4) Maimonides, *Shemona Perakim* 7, based on Pesahim 117a.

나를 신뢰하지 않았다. 그러므로 너희는, 내가 이 총회에게 주기로 한 그 땅으로 그들을 데리고 가지 못할 것이다"(민 20:12). 우리는 그 죄가 정확히 무엇이었는지, 또는 그렇게 엄한 벌을 받아야 할 것이었는지에 대해 확신하지 못할 수 있지만, 적어도 우리는 그 이야기가 속한 영역은 알고 있다.

그럼에도 불구하고, 오경의 많은 다른 곳에서와 마찬가지로 여기서도, 이야기 밑에 또 하나의 이야기가 있는 것처럼 보이며, 그것은 전혀 다른 이야기라는 것이 내 생각이다. 이번 주 오경 본문은 죽음, 상실, 사별에 관한 것이다. 미리암이 죽는다. 아론과 모세는 자신들이 살아생전에 약속의 땅에 들어가지 못할 것이라는 말을 듣는다. 아론도 죽고, 백성들은 30일 동안 그를 위해 애도한다. 그 세 사람은 유대 백성이 이제까지 알고 있는 가장 위대한 지도자들 팀이었다. 즉 모세는 최고 예언자였고, 아론은 첫 번째 대제사장이었으며, 미리암은 아마도 그들 가운데 가장 위대했을 것이다.5) 이번 주 오경 읽기 본문이 우리에게 들려주는 것은 우리들 각자에게는 우리가 건너지 못할 요르단 강이 있다는 점, 우리가 들어가지 못할 약속의 땅이 있다는 점이다. "그 과업을 완성하는 일은 당신이 아니다"(Mishna Avot 2:16). 심지어 가장 위대한 인물조차도 죽을 수밖에 없다.

바로 이런 이유 때문에 이번 주 오경 본문이 어린 암소를 제물로 바치는 의식으로 시작한다. 그 제물을 불사른 후 그 재 가루는 삼목의 재 가루, 우슬초, 주홍색 양털과 섞고 "생수"에 풀어, 죽은 자와 접촉했던 사람들 위에 뿌림으로써, 그들이 성소에 들어갈 수 있게 한다.6)

---

5) 미리암의 믿음, 용기, 통찰력에 관해서는 많은 미드라쉬 이야기들이 있다.
6) 역자주: 저자는 이 종교의식이 가장 이해하기 어려운 것이라는 점을 인정하

유다이즘의 가장 근본적인 원칙들 가운데 하나는 **죽음이 더럽힌다**는 점이다. 역사상 대부분의 종교들은 죽음 이후의 삶이 인생 자체보다 더 실재하는 것임을 주장했다. 그곳이 신들이 사는 곳이라고 이집트인들은 믿었다. 우리의 조상들이 살아 있는 곳도 그곳이라고 그리스인들과 로마인들, 그리고 많은 원시 부족들은 믿었다. 그곳에서 정의를 발견한다고 많은 기독교인들은 생각했다. 그곳에서 낙원을 발견한다고 많은 무슬림들은 생각했다.

고, 랍비들의 주장들, 즉 "하나님의 명령이니까 무조건 따라야 한다"는 주장과 "본래적인 논리가 없다"는 주장, 그리고 "그 의식의 원래 맥락을 잊게 된 때문"(마이모니데스)이라는 주장을 인용한다. 이어서 저자는 "우리가 완전히 이성적인 존재가 아니"며, "정서적 지능이 결핍되어 있다"는 사실에 근거하여, 그 명령은 "의도적으로 이성적인 뇌를 우회하도록" 한 명령이라고 본다. 오경이 율법과 이야기로 짜여진 이유는 율법이 합리적 정신에 호소하지만, 이야기는 감정에 호소하기 때문이다. 출애굽 이야기는 우리를 감동시키지만, 이어지는 율법은 대부분 정의로운 사회를 창조하기 위한 율법으로서 "단순한 율법이 아니라 그 이야기의 정점이며, 그 이야기가 불러일으킨 감정의 결심"이라고 설명한다. 여기서 저자는 기후변화에 대한 위험성을 대다수 사람들이 알고 있으면서도, 필요한 희생을 하지 않으려는 것은 그것이 이성적 뇌를 우회하기 때문이라고 본다. 저자는 특히 "죽음이 우리와 하나님 사이의 심연을 연다"는 점에서 "죽음은 사람을 더럽힌다"고 본다. 따라서 이 제의에 사용되는 어린 송아지는 "순수한 동물의 생명"을 상징하며, 주홍색은 피의 색깔로서 "생명 자체"를 상징한다. 삼목은 가장 큰 나무로서 "식물의 생명"을 상징하며, 우슬초는 "순수성"을 상징한다. 그 재를 물에 타는 것은 "생명의 연속성과 재생의 잠재성"을 상징한다. 이런 제의를 뜻하는 말의 어근(H-K-K)은 "새긴다"는 뜻으로서, "제의는 정신의 표면 아래로 깊이 들어감으로써, 그 제의에 참여하는 사람은 그 제의를 통해 죽음의 더럽힘이 제거되고, 생명의 하나님의 거룩한 현존에 들어가도록 허락받는다는 것을 알았다"고 설명한다. 저자는 톨스토이가 소설가로서 성공한 뒤에 삶의 무의미성을 절감하고 전도서를 읽으면서, 자신에게 필요한 것은 합리적 지식이 아니라 "신앙이 생명력이다"라고 고백한 것을 예로 들면서, "우리가 사망의 골짜기에서 나올 수 있는 것은 우리의 이성적 뇌를 우회하여 생명의 하나님에 의해 치유되는 것"이라고 설명한다. Jonathan Sacks, *Judaism's Life-Changing Ideas* (Maggid Books, 2020), 215-21.

죽음 이후의 삶과 죽은 자의 부활은 유대인의 믿음에서 근본적이며, 타협할 수 없는 원칙들이다. 그러나 성서는 그것에 관해 유독 침묵한다. 성서가 초점을 맞추는 것은 이 인생에서, 이 행성 위에서 하나님을 발견한다는 점이다. 우리가 죽을 수밖에 없음에도 불구하고 말이다. "죽은 사람은 주님을 찬양하지 못한다"고 시편은 말한다(시 115:17). 하나님은 인생의 모든 위험, 모험, 사별과 애도와 더불어, 이생에서 발견되어야 하는 분이다. 우리는 아브라함이 말한 것처럼 "티끌이나 재"(창 18:27)에 불과할 것이지만, 생명은 결코 끝나지 않는 개울물, "생수"이며, 또한 이것이 바로 작은 암소를 제물로 바치는 의식이 상징하는 것이다.

오경은 매우 미묘하게 율법과 이야기를 함께 섞어놓는데, 이야기 앞에 율법이 나오는 이유는 하나님께서 그 질병 이전에 치료책을 마련해 주시기 때문이다. 미리암이 죽는다. 모세와 아론은 슬픔에 압도당한다. 모세는 잠시 동안 통제력을 잃는다. 모세와 아론은 자기들도 죽을 수밖에 없는 존재이며, 또한 가나안 땅에 들어가기 전에 죽을 것임을 다시 깨닫는다. 그러나 이것은 마이모니데스가 말한 것처럼, "세상의 이치"다. 우리는 육체를 가진 영혼이다. 우리는 살과 피로 되어 있다. 우리는 늙는다. 사랑하는 사람들과 사별한다. 밖으로는 우리의 침착함을 유지하려고 애쓰지만, 속으로는 운다. 그러나 삶은 계속되고, 또한 우리가 시작했던 일은 다른 사람들이 계속할 것이다.

우리가 사랑했고 또한 사별한 사람들은 우리 안에 계속 살아 있다. 우리가 사랑하는 사람들 속에 계속 살아 있을 것과 마찬가지다. 사랑은 죽음만큼 강하며(아가 8:6), 또한 선한 사람들은 결코 죽지 않기 때문이다(잠 10:2; 11:4).

무엇이 하나님을 웃으시게 만드는가

Balak

하나님을 웃으시게 만드는 것은 우리가 미래에 대해 세운 계획을 하나님께서 보실 때라는 옛 말이 있다.[1] 그러나 성서가 우리의 안내자라면, 하나님을 웃으시게 만드는 것은 인간의 위대함이라는 망상이다. 하늘의 관점에서 보면, 가장 어리석은 것은 인간이 스스로를 신처럼 생각하기 시작할 때다.

그런 사례들이 오경에 여러 개 나온다. 최근에야 그 중요성이 분명하게 드러난 것은 바벨탑 이야기에 나온다. 사람들이 시날 평원에 모여 도시를 건설하고 "그 꼭대기가 하늘에 닿을" 탑을 건설하기로 결정한다(창 11:4). 그래서 사람들은 그런 탑을 쌓았고, 우리는 이런 사실을 고고학적으로 확인할 수 있다. 바빌론의 마르둑 신전을 비롯해서 메소포타미아의 지구라트들에는 하늘에 닿았다는 기록이 새겨져 있다.[2]

---

1) 이에 대한 존 레넌의 버전은 "인생은 우리가 다른 계획들을 만드는 동안에 벌어지는 것이다."

2) 바벨탑은 에누마 엘리쉬에 "에사길라"로 언급되는데, 그 뜻은 "고개를 들어 올리는 집"이다. 나보폴라사르와 느부갓네살은 모두 이 건물을 수리했는데, 그것에 대해 그들이 "하늘에 버금가도록" 그 탑의 "머리를 높이 들어올렸다"고 새겨져 있다. Nahum Sarna, *Understanding Genesis* (New York: Schocken Books, 1970), 73.

높은 건물들—인간이 만든 산들—은 신들이 사는 곳에 사람들이 올라가서 신들과 소통할 수 있게 만든다는 게 그런 탑을 쌓은 기본 생각이었다. 메소포타미아의 도시국가들은 문명이 발생한 첫 장소들에 속하며, 그 자체가 인간의 역사에서 하나의 전환점이었다. 농업이 시작되기 전에는 고대인들이 자연에 대한 두려움 속에서 살았다. 맹수들, 다른 부족들, 더위와 추위, 가뭄과 홍수에 대한 두려움이었다. 그들의 운명은 자신들이 통제할 수 없는 문제들에 달려 있었다.

가축들과 농업이 확산되고서야 비로소 사람들은 성읍, 도시, 그리고 제국에 모여 살게 되었다. 자연과 문화 사이의 힘의 균형에 임계점이 나타났다. 처음으로 인간이 자신들의 환경에 적응하는 것에 국한되지 않게 된 것이다. 그들은 환경을 자신들에게 맞도록 바꿀 수 있었다. 이 시점에서 특히 통치자들은 자신들을 신, 반신반인, 또는 신들에게 영향력을 끼칠 능력이 있는 사람들로 간주하기 시작했다.

이것을 가장 눈에 띄는 상징으로 보여주는 것이 거대한 크기의 건축물들로서, 바빌론과 기타 메소포타미아 도시들의 지구라트와 이집트의 피라미드였다. 티그리스-유프라테스 강 계곡과 나일 삼각주의 평지에 세워진 이런 건축물들은 주변을 압도하는 높이였다. 아브라함이 태어나기도 전에 건설된 기자의 대 피라미드는 너무나 기념비적이라서, 인간이 지상에서 4천 년 동안 만든 가장 높은 건축물로 남아 있다.

이런 건축물들이 인간의 손으로 만든 인공적인 산이라는 사실은 그 건축자들에게 인간이 신과 같은 능력을 가졌다고 암시했다. 그들은 하늘에 이르는 계단을 건설한 것이다. 그래서 오경의 바벨탑 이야기에서, "주께서는, 사람들이 짓고 있는 도시와 탑을 **보려고 내려오셨다**"(창 11:5)는 구절이 의미가 있다. 이것이 하나님을 웃으시게 만드는 것이다. 땅에서 사람들은 자기들이 하늘에 닿았다고 생각했지만, 하나님께는 그 건축물들이 너무 작은 것이기 때문에 그것을 보시기 위해 내려오셔야만 했다. 오직 비행기를 발명함으로써만 우리는 이제 만Km 상공에서 내려다 볼 때, 가장 높은 빌딩조차 얼마나 작은지를 알 수 있다.

사람들의 교만을 끝장내시기 위해 하나님께서는 단순히 "사람들의 말을 뒤섞으셨다"(7절). 그들은 더 이상 서로를 이해하지 못하게 되었다. 사람들의 그 프로젝트는 어릿광대극이 되어버렸다. 우리는 그 장면을 눈앞에 상상할 수 있다. 십장이 벽돌 한 장을 달라고 요청하지만, 망치를 전달받는다. 그는 일꾼에게 오른쪽으로 가라고 말하는데, 그 일꾼은 왼쪽으로 간다. 그 프로젝트는 서로 말을 알아듣지 못하는 혼란 상태에서 틀어져버렸다. 사람들은 자신들이 하늘까지 올라갈 수 있다고 생각했지만, 결국에는 바로 옆에 있는 사람이 하는 말조차 이해할 수 없게 되었다. 이 미완성의 탑은 큰소리치는 야심이 실패할 수밖에 없음을 상징하는 것이 되었다. 그 건축자들은 자신들이 추구했던 것을 이루었지만, 자신들이 의도했던 방식이 아니었다. 그들은 자신들의 "이름을 날리기"(4절)를 원했고, 그에 성공했지만, 하늘에 닿는 인간의 능력에 대한 본보기가 되는 대신에 바벨은 혼돈의 상징이 되었다. 교만은 인과응보가 되었다.

두 번째 사례는 처음 재앙들이 내릴 동안의 이집트였다. 모세와 아론은 나일 강물을 피로 바꾸었고, 이집트 전역에 개구리가 넘치도록 만들었다. 그 당시 이집트의 마술사들도 똑같은 능력을 갖고 있음을 보여주기 위해 같은 일을 했다고 한다. 그들은 히브리인들이 할 수 있는 것을 자신들도 할 수 있다는 것을 보여주는 데만 너무 몰두하여, 자신들이 사태를 더 악화시키고 있다는 사실조차 깨닫지 못했다. 진짜 기술은 피를 다시 물로 바꾸고, 개구리들이 나타나게 만드는 것이 아니라 사라지게 만드는 일이었다.

우리는 특히 셋째 재앙인 이 재앙에서 하나님의 웃음소리를 듣게 된다. 처음으로 그 마술사들이 자신들도 똑같은 행동을 반복하는 데 실패했다. 패배한 그들은 파라오에게 "그것은 하나님의 손가락입니다"라고 말했다. 이집트인들에게 권능의 상징은 피라미드, 신전, 왕궁, 거대한 크기의 조각상들처럼, 기념비적인 건축물이었다. 하나님께서는 그들에게 가장 작은 곤충, 눈에 잘 보이지 않지만 고통을 주는 곤충을 통해 당신의 권능을 보여주셨다. 여기서도 교만은 인과응보가 되었다. 사람들이 자신들이 크다고 생각하면, 하나님은 그들이 작다는 것을 보여주시며, 반대로 사람들이 자신들이 작다고 생각하면, 하나님은 그들이 크다는 것을 보여주신다. 정말로 위대한 사람은 스스로 작다고 생각하는 사람이다. 가장 겸손한 사람이었던 모세가 바로 그렇게 자신을 가장 작은 사람이라고 생각했다.

이것이 발람의 말하는 나귀 에피소드를 설명해준다. 이것이 없다면, 그 이야기는 별난 이야기다. 그 이야기는 괴상한 이야기가 아니며, 단순히 기적도 아니다. 그 이야기가 생긴 것은 모압과 미디안 사람들이 발람을 생각한 방식, 그리고 아마도 그 연장선상에서 발람이 스스로를 생각한 방식 때문이었다. 모압 왕 발락은 미디안 족속의 지도자들과 더불어, 발람에게 대표단을 보내 이스라엘 백성을 저주해달라고 이렇게 요청한다. "이제 오셔서, 나를 보아서 이 백성을 저주하여 주시기 바랍니다. 그들은 너무 강해서, 나로서는 도저히 감당할 수 없습니다. … 그대가 복을 비는 이는 복을 받고, 그대가 저주하는 이는 저주를 받는다는 것을, 나는 알고 있습니다"(민 22:6).

이것은 이방인들이 거룩한 사람을 이해한 방식으로서, 샤먼, 마술사, 기적을 일으키는 사람, 초자연적 능력에 다가갈 수 있는 사람을 거룩한 사람으로 간주한 것이다. 그러나 오경의 입장은 그와 정반대다. 축복하고 저주하는 것은 인간이 아니라 하나님이시다. 하나님께서는 아브라함에게 "너를 축복하는 사람에게는 내가 복을 베풀고, 너를 저주하는 사람에게는 내가 저주를 내릴 것이다"(창 12:3)라고 말씀하셨다. 하나님께서는 제사장들에게 관해, "그들이 나의 이름으로 이스라엘 자손에게 이렇게 축복하면, 내가 친히 이스라엘 자손에게 복을 주겠다"(민 6:27)라고 말씀하셨다. 누군가를 저주하기 위해 거룩한 사람을 고용한다는 생각은 본질적으로 하나님에게 뇌물을 줄 수 있다는 것을 전제로 한다.

발람 이야기는 애매한 구석이 있다. 하나님은 발람에게 가지 말라고 말씀하신다. 발락은 더 유혹적인 선물들과 함께 두 번째 대표단을 보낸다. 이번에는 하나님께서 발람에게 그들과 함께 가라고 하시지만, 오직 하나님께서 그에게 지시하시는 것만 말하라고 말씀하신다. 다음날 아침 발람이 모압 사람들과 함께 출발하지만, 본문은 발람이 길을 나선 것 때문에 하나님께서 "크게 노하셨다"(22:22)고 진술한다. 바로 이때, 나귀 에피소드가 등장한다.

그 나귀는 천사가 길을 가로막고 있는 것을 본다. 나귀는 길옆의 밭으로 들어가지만, 발람은 나귀를 때려 다시 길로 들어서도록 만든다. 천사가 여전히 길을 가로막고 있어서, 나귀는 몸을 벽에 바짝 붙임으로써 발람의 발에 상처를 낸다. 발람이 다시 나귀를 때리자, 이번에는 나귀가 주저앉아 움직이기를 거부한다. 이때 나귀가 말하기 시작한다. 그러자 발람은 눈을 들어 천사를 보는데, 그때까지는 천사가 발람의 눈에 보이지 않았다.

왜 하나님께서 처음에는 발람에게 가지 **말라**고 하시고, 그 다음에는 **가야 한다**고 말씀하시고, 마침내 그가 길을 나서자 화를 내셨는가? 분명히 하나님께서는 발람의 마음을 읽으시고, 그가 정말로 이스라엘 백성을 저주하기를 원한다는 것을 아셨다. 나중에, 이스라엘 백성을 저주하려는 시도가 실패한 후에, 발람이 미디안 사람들에게 그들의 여인들로 하여금 이스라엘 남자들을 유혹하도록 충고함으로써 결국 이스라엘 백성에게 해를 끼치는 데 성공했다는 것이 하나님의 진노를 불러일으켰기 때문이다(31:16). 발람은 이스라엘 백성의 친구가 아니었다.

그러나 말하는 나귀 이야기는 하나님이 웃으신 또 다른 사례다. 여기에는 초자연적인 힘을 능수능란하게 조종하는 사람이라는 평판을 받고 있는 한 사람이 나온다. 사람들은 그가 누구든 축복하거나 저주할 능력이 있다고 생각했다. 오경이 우리에게 가르쳐주는 것은 하나님은 전혀 그런 분이 아니시라는 점이다. 하나님은 두 가지 메시지를 갖고 계셨는데, 하나는 모압과 미디안 사람들을 위한 것이며, 다른 하나는 발람 자신을 위한 것이었다.

하나님께서는 모압과 미디안 사람들에게 이스라엘은 저주가 아니라 축복받았음을 보여주셨다. 너희들이 이스라엘을 저주하려고 시도할수록, 그들은 더욱 복을 받을 것이며, 너희들 자신이 저주를 받게 될 것이다. 이것은 당시뿐 아니라 지금도 사실이다. 세계에는 이스라엘 국가와 민족을 저주하려는 운동이 있다. 이스라엘의 적들의 악의가 클수록, 이스라엘은 더 강해지며, 그 적들은 자기 민족에게 더 큰 재앙을 불러온다.

하나님은 발람 자신을 위해서는 다른 메시지를 갖고 계셨는데, 그것은 매우 통렬스러웠다. 하나님께서는 발람에게, 네가 하나님을 통제할 수 있다고 생각한다면, 나는 너에게 나귀를 예언자로 둔갑시킬 수 있으며, 예언자를 나귀로 둔갑시킬 수 있음을 보여주겠다고 말씀하신다. 너의 짐승은 네가 보지 못하는 천사를 볼 것이다. 발람은 다음과 같이 인정할 수밖에 없었다.

> 하나님이 저주하지 않으시는데, 내가 어떻게 저주하며, 주께서 꾸짖지 않으시는데, 내가 어떻게 꾸짖으랴! (23:8)

교만은 항상 결국에는 인과응보가 된다. 통치자들이 자기의 영광을 드러내기 위해 끝없는 프로젝트에 몰두하는 세상에서, 이스라엘만은 자신들의 성공을 하나님께 돌리며, 자신들의 실패를 자신들에게 돌리는 문학을 낳았다. 이것은 그들을 약하게 만든 것이 아니라, 특별히 강하게 만들었다.

그래서 그것은 우리들 개인들과 함께 있다. 내가 사랑했지만 세상을 떠난 한 친구에 대해 사람들은, "그는 하나님을 너무 심각하게 생각했기 때문에 자기 자신을 전혀 심각하게 생각할 필요가 없었던 사람"이라고 말했다. 발람과 같은 이방인 예언자들은 우리 모두가 언젠가는 배워야 하는 교훈을 아직 배우지 못했는데, 그것은 중요한 것은 하나님께서 우리가 원하는 것을 행하신다는 것이 아니라, 하나님께서 원하시는 것을 우리가 행한다는 교훈이다. 하나님께서는 자기가 신과 같은 권능을 갖고 있다고 생각하는 사람들에 대해 웃으신다. 그 반대가 진실이다. 우리가 자신을 작게 볼수록, 우리는 더욱 커진다.

모세의 실망

Pinḥas

현자들은 이번 주 오경 읽기 본문 아래 감추어져 있는 매우 가슴 아픈 이야기를 찾아냈다. 모세는 누나와 형의 죽음을 목격한 후, 자신의 시간도 끝날 때가 다가오고 있음을 알았다. 그는 하나님께 자신의 후계자를 임명해주실 것을 기도했다.

모든 사람에게 영을 주시는 주 하나님, 이 회중 위에 한 사람을 임명하여 주시기를 바랍니다. 그가 백성 앞에서 나가기도 하고, 백성 앞에서 들어오기도 할 것입니다. 백성을 데리고 나가기도 하고, 데리고 들어오기도 할 것입니다. 주의 회중이 목자 없는 양 떼처럼 되지 않도록 하여 주십시오. (민 27:16-17)

여기에서 명백한 의문이 떠오른다. 왜 이 이야기가 여기에 나오는가? 이것은 일곱 장 앞에서, 하나님께서 모세와 아론에게 그들이 약속의 땅에 들어가지 못하고 죽을 거라고 말씀하셨을 때, 아니면 아론의 죽음 직후에 나와야만 하는 이야기가 아닌가?

현자들은 이 이야기 아래에 감추어져 있는 이야기에 대해 두 가지 단서를 찾았다. 첫 번째 단서는 이 이야기가 슬로브핫의 딸들이 자기 아버지의 땅을 유산으로 받으려 했다는 이야기 직후에 나온다는 점이다. 이것이 모세의 요청을 촉발시켰다는 것이다. 미드라쉬에는 이런 설명이 있다.

> 모세가 상속의 순서를 선포한 후에 이런 요청을 한 이유는 무엇이었는가? 슬로브핫의 딸들이 자기들의 아버지로부터 상속받게 되었을 때, 모세는 자기도 요청할 때가 되었다고 생각했다. 만일에 딸들도 상속을 받는다면, 나의 아들들도 나의 영광을 상속받는 것이 마땅하다고 말이다. (Numbers Rabba 21:14)

두 번째 단서는 모세가 자기의 후계자를 임명해달라고 요청하기 직전에 하나님께서 모세에게 하신 말씀 속에 들어있다.

> 주께서 모세에게 말씀하셨다. "너는 여기 아바림 산줄기를 타고 올라가서, 내가 이스라엘 자손에게 준 땅을 바라보아라. 그 땅을 본 다음에는, **너의 형 아론이 간 것같이**, 너 또한 너의 조상에게로 돌아갈 것이다." (민 27:12-13)

여기서 **타이프체**로 된 말씀은 없어도 좋을 것처럼 보인다. 하나님께서는 모세에게 그가 조만간 죽을 거라고 말씀하신다. 왜 "너의 형 아론이 간 것같이"라는 말씀을 덧붙일 필요가 있으셨는가? 이에 대해 미드라쉬는 이것이 우리에게 가르치는 것은 모세가 아론처럼 죽기를 원했다는 것이라고 말한다. ≪서기관의 문서≫(*Ktav Sofer*, 19세기 후반 헝가리의 지도적 랍비 아브라함 사무엘 벤저민의 작품)에서는, 아론이 자기 자녀들이 자기의 발자국을 따를 것임을 아는 은혜를 입었다고 설명한다. 아론이 죽기 전에 그의 아들 엘르아살이 대제사장으로 임명되었기 때문이다. 오늘날까지 '코하님'(kohanim), 즉 제사장들은 아론의 직계 자손들이다. 모세 역시 자기 아들들, 즉 게르솜이나 엘리에셀 가운데 하나가 백성의 지도자로서의 자기의 위치를 맡게 되기를 열망했다. 그러나 그렇게 되지 않았다. 이것이 바로 이 이야기 아래에 감춰진 이야기다.

그것은 여파가 있었다. 사사기에는 미가라는 사람이 에브라임 지파 영역에서 우상을 섬기는 제의를 시작하고 그 성소를 담당할 레위인을 한 사람 고용한 이야기가 나온다. 단 지파 사람들 일부가 좀 더 좋은 땅을 찾기 위해 북쪽으로 가서 미가의 집에 이르러, 우상들을 챙기고 그 레위인을 만나, 자신들의 제사장이 되어줄 것을 설득하면서 이렇게 말한다. "아무 말 말고 우리를 따라 나서시오. 우리의 어른과 제사장이 되어 주시오. 이 집에서 한 가정의 제사장이 되는 것보다야 이스라엘의 한 지파와 한 가문의 제사장이 되는 것이 더 낫지 않겠소?"(삿 18:19).

그 이야기의 끝(30절)에 이르러서야 비로소 그 우상숭배한 제사장의 이름이 나온다. 그는 모세의 아들 게르솜의 아들 요나단이었다. 여기서 히브리어 알파벳 '눈'(nun)이 모세라는 이름에 삽입되어 모세라기보다는 마나세로 읽을 수 있게 되었다. 그러나 그 알파벳 '눈'이 이상하게도 그 줄 위에 윗첨자로 기록되어 있다. 탈무드는 그 알파벳이 첨가된 것은 모세의 손자가 우상을 숭배하는 제사장이 되었다는 것을 폭로함으로써 모세 자신의 이름을 더럽히지 않도록 하기 위한 것이었다고 말한다.

우리는 모세 자신의 자녀들과 손주들에 대한 분명한 실패를 어떻게 설명할 수 있는가? 현자들이 제시한 하나의 설명은 모세가 한동안 그의 장인 이드로와 함께 미디안 광야에서 살았는데, 그 장인이 당시에 우상

모세의 실망　*291*

을 숭배하는 제사장이었다는 사실과 연관이 있다는 주장이다. 미디안 족속의 영향이 3세대 후에 요나단에게 다시 나타났다는 설명이다.

또 다른 설명은 모세 자신이 백성들을 인도하는 데 너무 골몰하여 자녀들의 영적인 욕구를 돌볼 시간이 없었다는 점이 여기저기 나타난다는 설명이다. 예를 들어, 홍해가 갈라진 후 그의 장인 이드로가 그를 방문했을 때, 그는 모세의 아내 십보라와 그들의 두 아들과 함께 왔다. 그들이 그때까지는 모세와 함께 있지 않았다.

랍비들은 더 나아가, 그 이유를 모세의 누나 미리암과 형 아론이 모세에 대해 부정적으로 말한 때문이라고 추측하기도 했다. 현자들이 지적한 것은 모세가 그의 아내와 떨어져 있었다는 점에 대해 모세의 누나와 형이 부정적으로 말했다는 추측이다. 모세가 그래야만 했던 이유는 그가 맡은 역할이 그로 하여금 항상 정결한 상태에 있어야만 하나님께 말씀을 드리거나, 아니면 하나님의 말씀을 들을 수 있기 때문이었다. 간단히 말해서, 모세의 누나와 형은 모세가 자기 가족을 돌보지 않았다고 불평했다는 말이다.

세 번째 설명은 지도력 자체의 성격과 관련된다. 관료적인 권위, 즉 직책 덕분에 생기는 권위는 부모로부터 자녀에게 이양될 수 있다. 왕권이 그렇다. 귀족도 그렇다. 제사장 직책처럼 종교적 지도력의 어떤 형태도 그렇다. 그러나 개인적인 특성 덕분에 생기는 카리스마적인 권위는 결코 자동적으로 다음 세대에게 넘겨줄 수 있는 것이 아니다. 모세는 예언자였고, 예언은 거의 전적으로 개인적 특성에 달려있다. 따라서 바로 이런 이유 때문에 유다이즘에서 비록 왕권과 제사장직은 남자들의 특권이었지만, 예언은 그렇지 않았다. 남자 예언자들뿐 아니라 여자 예언자들도 있었기 때문이다. 이런 점에서 모세는 유별난 경우가 아니었다. 카리스마적인 지도자의 자녀들도 카리스마적인 지도자들이 된 경우는 드물다.

현자들이 제시한 네 번째 설명은 매우 다른 것이다. 원칙적으로, 하나님께서는 오경의 왕관(crown of Torah)이 왕조의 계승처럼 부모에게서 자녀에게로 넘어가는 것을 원하지 않으셨다는 설명이다. 왕권과 제사장직은 그렇게 넘어갔다. 그러나 오경의 왕관은 그것을 맡기를 선택하고 또한 그 책임을 감당할 사람에게 속한다고 현자들은 설명했다. "우리는 모세가 전하여 준 오경을 지킨다. 이 오경은 야곱의 자손이 가진 소유 가운데서, 가장 으뜸가는 보물이다"(신 33:4)라는 말씀은 오경이 단지 엘리트 한 사람에게만 속한 것이 아니라 우리들 모두에게 속한 것이라는 뜻이다. 탈무드는 이를 더 자세히 설명한다.

가난한 사람들의 자녀들을 [무시하지 않도록] 조심해라. 왜냐하면 그들로부터 오경이 나오기 때문이다. … 학자들이 낳은 아들들이 학자가 되는 것이 왜 유별난 것이 아닌가?
랍비 요셉은 말했다. 그래야만 오경이 그들의 유산이라고 말하지 못하기 때문이다.
랍비 이디의 아들 랍비 쉬샤는 말했다. 그래야만 그들이 공동체를 향해 오만하지 않기 때문이다.
마르 주트라는 말했다. 왜냐하면 그들이 공동체에 맞서서 고압적으로 행동하기 때문이다.
랍비 아쉬는 말했다. 그들이 백성들을 바보들이라고 부르기 때문이다.
라비나는 말했다. 그들이 처음에 오경에 대해 축복의 말을 하지

않기 때문이다. (Nedarim 81a)

다시 말해서, "오경의 왕관"을 의도적으로 세습하지 못하게 한 이유는 그것이 부자들의 특권이 되지 않도록 하기 위해서였다. 또는 위대한 학자들의 자녀들이 자신들의 유산을 당연한 것으로 받아들이지 않도록 하기 위해서였다. 또는 그것이 교만과 타인들에 대한 멸시로 이어질 수 있기 때문이었다. 또는 배움 자체가 영적인 훈련보다는 단지 지적인 만족에 그칠 수 있기 때문이었다("그들이 처음에 오경에 대해 축복의 말을 하지 않기 때문이다").

그러나 다섯 번째 요인은 고려할 가치가 있다. 유대인 역사에서 가장 위대한 몇몇 인물들은 자기 자녀들 모두를 훌륭하게 키우는 데 성공하지는 못했다. 아브라함은 이스마엘의 아버지였다. 이삭과 리브가는 에서를 낳았다. 야곱의 열두 자녀들 모두는 울타리 안에 머물렀지만, 그중 르우벤, 시므온, 레위는 아버지를 실망시켰다. 시므온과 레위에 대해 야곱은 "나는 그들의 비밀 회담에 들어가지 않으며, 그들의 회의에 끼어들지 않을 것이다. 그들은 화가 난다고, 사람을 죽이고, 장난삼아 소의 발목 힘줄을 끊었다"(창 49:6)고 말했다. 그런 짓을 보고, 야곱은 그들과 관계를 끊었다.1) 그럼에도 불구하고, 출애굽 전체를 통해 이스라엘 백성의 위대한 지도자 세 사람, 즉 모세, 아론, 미리암은 모두 레위의 자녀들이었다.

솔로몬은 르호보암을 낳았는데, 그의 형편없는 지도력은 왕국을 분열시켰다. 유다 왕국의 위대한 왕 가운데 한 사람이었던 히스기야는 최

---

1) 그러나 라쉬가 시므온의 후손 시므리와 레위의 후손 고라에게만 그 저주가 국한된 것으로 해석한 것을 주목하라.

악의 왕 가운데 한 사람이었던 므낫세의 아버지였다. **모든 부모가 항상 자녀들 모두를 훌륭하게 키우는 데 성공하지는 못한다.** 달리 어쩔 수 있겠는가? 우리들 각자에게는 자유가 있기 때문이다. 우리 각자는 어느 정도까지 우리가 되려고 선택하는 사람이 된다. 유전자나 양육이 우리로 하여금 우리의 부모가 원하는 사람이 되는 것을 보장할 수는 없다. 또한 부모가 자기의 의지를 나이 든 자녀들에게 강요하는 것도 옳지 않다.

흔히 최선은 이것이다. 아브라함은 아버지 데라처럼 우상숭배자가 되지 않았다. 전형적인 악한 왕 므낫세는 최상의 왕 가운데 한 사람인 요시아 왕의 할아버지였다. 이런 것이 중요한 사실들이다. 유다이즘은 부모 역할, 교육, 가정을 그 가치의 중심에 놓는다. 우리의 첫 번째 의무 가운데 하나는 우리의 자녀들이 우리의 종교적 유산을 알고 또한 사랑하게 되도록 만드는 것이다. 그러나 때때로 우리는 실패한다. 자녀들은 자기 길을 가기도 하는데, 그 길은 우리의 길이 아니다. **우리에게 이런 일이 벌어지면 우리는 죄의식으로 마비되지 말아야 한다.** 모두가 자녀 양육에서 성공한 것이 아니며, 심지어 아브라함, 모세, 다윗, 솔로몬조차 그랬다. 심지어 하나님 자신조차 그러하시다. "내가 자식이라고 기르고 키웠는데, 그들이 나를 거역하였다"(사 1:2).

모세와 그 자녀들의 이야기를 비극으로부터 구해낸 것은 두 가지였다. 역대지상(23:16; 24:20)은 게르솜의 아들이 요나단이 아니라 스브엘, 또는 수바엘이라고 말하는데, 랍비들은 그 뜻이 "하나님께 돌아온다"라는 말이라고 번역했다. 다시 말해서, 요나단은 마침내 자기의 우상숭배를 회개하고 다시 신실한 유대인이 되었다. 자녀가 아무리 멀리 벗어난다 해도, 그는 시간이 지나면, 돌아올 수 있다.

또 다른 하나는 민수기 3장의 족보에 그 힌트가 들어있다. "아론과 모세에게 아들들이 있었다"로 시작하지만, 아론의 자녀들 목록만 나온다. 이것에 대해 랍비들은 모세가 아론의 자녀들에게 자기 자녀들처럼 생각하도록 가르쳤기 때문이라고 말한다. 일반적으로는 "제자들"을 "자녀들"이라고 부른다.2)

우리들 모두에게 자녀들이 있는 것은 아니다. 자녀들이 있다 하더라도, 우리가 최선의 노력을 기울인다 해도, 그들이 일시적으로 다른 길로 가는 것을 볼 수 있다. 그러나 우리는 선한 것들을 우리 후손들에게 남겨줄 수 있다. 사람들이 그렇게 하는 것은 모세의 본보기를 따르기 때문이다. 즉 다음 세대를 가르치고, 그들이 나아갈 길을 돕거나 격려하는 방법이다. 어떤 사람들은 "의인의 진짜 자녀들은 선한 행실들이다"3)라는 랍비들의 가르침을 따라서 그렇게 한다.

우리의 자녀들이 우리의 길을 따를 때는 우리가 감사해야 한다. 그들이 우리를 넘어갈 때, 우리는 하나님께 특별히 감사해야 한다. 그들이 다른 길을 선택할 때, 우리는 인내해야 한다. 왜냐하면 가장 위대한 유대인이었던 모세조차도 손자를 통해 똑같은 경험을 했기 때문이다. 결코 희망을 포기해서는 안 된다. 모세의 손자는 돌아왔다. 마지막 예언자였던 말라기는 마지막 말씀을 통해, 하나님께서 "아버지의 마음을 자녀에게로 돌이키고, 자녀의 마음을 아버지에게로 돌이킬"(4:6) 때를 내다보았다. 길을 벗어났던 자녀들은 믿음과 사랑 안에서 다시 연합하게 될 것이다.

---

2) Rashi on Numbers 3:1을 보라.
3) Rashi on Genesis 6:9.

우리의 약속 지키기

Matot

이번 주 오경 읽기 본문은 맹세와 서약에 관한 율법 이야기로 시작한다. 민수기의 거의 마지막에서 이스라엘 백성이 약속의 땅까지 여정의 목적지에 거의 접근하고 있는 마당에, 이런 본문은 여기서 무슨 상관이 있는가?

맹세와 서약은 말로 하는 의무사항들이다. 그것들은 무엇을 하기로 작정하거나, 무엇을 하지 않기로 작정하는 것이다. 맹세(*neder*)는 어떤 물건의 지위에 영향을 끼친다. 나는 어떤 것을 먹지 않겠다고 맹세할 수 있다. 그것은 이제 나에게 금지된 음식이다. 서약(*shevua*)은 물건이 아니라 사람에게 영향을 끼친다. 이제 금지된 것은 음식이 아니라 그것을 먹는 행위다. 두 가지 행동 모두 구속력이 있다. 이것이 바로 '이싸르'(*issar*)라는 단어의 일차적 의미(묶는다, 구속력을 갖는다)다.

맹세나 서약을 하는 것이 그처럼 신성하기 때문에, 그것들을 취소하기 위해서는 요구되는 규칙들이 충족되어야만 한다. 그것을 당신이 스스로 할 수는 없다. 이번 주 오경 읽기 본문은 그 기본 규칙들을 설정해 주며, 그 나머지는 구전 전통으로 보충되었다. 유다이즘은 말하는 것을 그처럼 심각하게 간주하기 때문에, 한 해의 가장 거룩한 날인 대속죄일이 시작될 때, 맹세나 서약을 취소하는 행위인 콜 니드라이(*Kol Nidrei*)

를 행한다.

맹세의 율법을 위한 피상적인 이유가 여기에 나오는 것은 오경의 그 앞부분이 공동체의 희생제사를 다루기 때문이다. 개인들도 제물을 가져 왔는데, 그 이유는 그럴 의무가 있기 때문이지만, 어떤 때는 그들이 자발적으로 제물을 가져오기로 선택한 때문이다. 여기서 자발적인 행동에 대한 율법들이 필요했다.

그러나 더 깊은 이유가 있다. 이스라엘 백성은 약속의 땅에 가까이 다가가고 있었다. 그들은 어느 사회들과도 다른 사회를 만들 참이었다. 그 사회는 백성들과 하나님 사이의 계약(언약)에 기초한 자유로운 사회여야만 했다. 그 법규들은 강제력에 의해 확보되어야 할 것이 아니라, 백성들이 자신들의 도덕적 결단을 존중하는 것에 의해 확보되어야 할 사회, 하나님께서 명령하신 것들을 자발적으로 이행함으로써 그 법규들을 지키는 사회여야만 했다.

계약 사회는 말을 거룩하게 여기며 신성불가침으로 간주하는 사회다. 이것이 유다이즘의 중심에 집합적 자유의 법규로서, 자유를 구성하는 것으로서 자리잡고 있다.

이것은 설명을 필요로 한다. 모든 사회에는 법이 필요하다. 법이 없으면, 그 사회는 무정부상태에 빠진다. 사람들이 법을 지키는 이유는 세 가지 이유 때문이다. 첫째는 사람들이 법을 지키지 않으면 처벌을 받기 때문이다. 이것은 권력에 기초한 사회다. 둘째는 법을 지키는 것이 자신들에게 유익하기 때문이다. 이것은 자기이익에 기초한 사회다.

그런 사회는 모두 단점을 갖고 있다. 권력은 부패한다. 자기이익을 추구하는 사회도 때로 마찬가지다. 권력이 부패하면 자유가 없어진다. 자기이익이 지배하면, 사회적 결속력이 없어진다. 사람들이 자기에게만 관심을 기울이고 타인들에게 관심을 기울이지 않으면, 성공한 사람들은 번창하지만 다른 사람들은 고통을 겪는다. 정의와 자비는 탐욕과 착취로 대체된다.

오경은 제3의 길을 제시한다. 그 길에서는 사람들이 법에 자발적으로 복종한다. 이런 사회는 권력이나 자기이익이 아니라, 자유롭게 받아들이는 도덕적 의무에 기초한 사회다. 오경은 이스라엘 백성이 어떻게 이처럼 독특하며 급진적인 계약의 정치에 이르게 되었는가에 관한 이야기다.

이처럼 말로써 우리들 자신을 구속하는 것이 도덕과 인간의 자유 모두의 기초라는 통찰을 한 사람은 아이러니하게도 유다이즘을 강하게 비판했던 니체였다. 그는 ≪도덕의 계보≫에서 이렇게 말한다.

약속하는 특전을 통해 동물을 키우는 것은 자연이 인간과 관련하여 설정한 정확히 역설적인 과업이 아닌가? 그것이 인간의 진짜 문제가 아닌가?

호모 사피엔스가 다른 동물들과 구별되는 것은 언어 사용이다. 이것은 잘 알려진 사실이다. 그러나 니체가 본 것은 우리가 언어를 서로 많이 다른 방식으로 사용한다는 점이다. 우리는 언어를 사용해서 묘사하고, 소통하고, 범주화하고, 설명한다. 이런 점에서 언어는 실체를 보여주는 일종의 사진이며, 실재하는 것을 기호, 상징, 이미지들로 바꾸는 것이다.

그러나 우리는 또한 언어를 매우 다른 방식으로 사용할 수 있는데, 실재하는 것을 묘사하기 위한 것이 아니라, 우리 자신이 미래의 어떤 행동을 결단하기 위해 사용하는 방식이다.

예를 들어, 혼인식장에서 신랑이 신부에게 "당신은 나와 혼인합니다"라고 말할 때, 그는 혼인을 묘사하는 것이 아니다. 그는 혼인하는 것이다. 자기 아내로 선택한 여인에 대한 의무들을 책임지고 이행하겠다는 말이다. 철학자들은 오늘날 이것을 수행적 선언이라고 부른다.

니체는 이것이 인간의 조건에서 얼마나 근본적인지를 간파했다.

미래에 대해 그 정도의 통제력을 갖기 위해서는, 인간이 우선 우연히 발생하는 것과 계획에 의해 발생하는 것 사이를 구별하는 법을 배워야만 한다. … 또한 그가 이것을 배우기 전에, 그는 심지어 자신의 자기 이미지에서조차도, 정말로 믿을 수 있고, 규칙적이며, 필요한 사람이 되어야만 한다. 그래야만 그가 약속하는 사람으로서 자신의 미래에 대해 책임 있는 사람이 되는 것이다.

우리가 말로써 우리 자신을 속박할 때, 우리는 언어를 사용해서 묘사하는 것이 아니라 창조하는 것이다. 인간의 본능과 욕망이라는 혼돈에서부터 질서가 잡힌 미래를 창조하는 것이다. 인간을 독특하게 만드는 것은 단지 언어 사용이 아니다. 다른 동물들도 언어 형태를 사용한다. 돌고래와 원숭이들도 그렇고, 심지어 꿀벌들조차도 복잡한 춤을 통해 다른 꿀벌들에게 정보를 전달한다.

인간에게 독특한 것은 우리가 언어를 사용해서 우리 자신의 미래 행동을 속박함으로써, 우리가 다른 사람들과 상호성과 신뢰의 유대를 형성할 수 있다는 점이다. 그런 유대 가운데 하나가 약속이다. 또 다른 것이 혼인이다. 세 번째는 유다이즘에 독특한 것으로서, 사회를 계약(언약)으로 이해하는 것이다. 즉 유대인 백성들과 하나님 사이에 서로 매이도록 만드는 몇 가지 약속들로 이해하는 것이다.

이처럼 언어를 사용해서 이미 존재하는 무엇을 묘사하는 것이 아니라, 전에는 존재하지 않았던 무엇을 창조하는 것이 우리를 하나님과 연결시켜 준다. 하나님께서는 말씀을 통해 자연 세계를 창조하셨다. "하나님께서 말씀하시니 … 생겨났다." 우리는 말을 통해 사회적 세계를 창조한다. 오경이 우리에게 가르쳐주는 것은 말이 거룩하기 때문에 창조한다는 사실이다. 다시 말해서, 말은 구속력을 가져온다. 말이 구속력을 가질 때, 말은 신뢰를 낳는다. 신뢰와 사회의 관계는 예측가능성과 자연의 관계와 같다. 즉 혼돈에 반대되는 질서의 기초인 것이다.

자유로운 사회에서 사회적 제도들은 신뢰에 달려 있고, 신뢰는 우리가 약속을 지킨다는 뜻이다. 우리는 무엇을 하겠다고 말한 것을 행한다. 우리가 맹세, 서약, 약속을 말하면, 우리는 스스로 그 말에 구속된다. 이것은 우리가 그 말을 할 때 미리 예상할 수 없었던 상황 탓에 그렇게 할 수 없는 경우가 아니라면, 우리가 실제로 우리의 결정을 이행할 것임을 뜻한다.

만일 신뢰가 무너지면, 사회적 관계들도 무너지며, 그렇게 되면 사회가 법 집행기관들이나, 그밖에 다른 무력에 의존하게 된다. 무력이 폭넓게 사용되는 사회는 더 이상 자유로운 사회가 아니다. 자유로운 인간들이 무력에 호소하지 않은 채 협동적인 관계를 형성할 수 있는 유일한 방법은 말을 통한 약속, 즉 그 약속하는 사람들이 존중하는 말의 사용을 통해서다.

자유에는 신뢰가 필요하다. 신뢰는 사람들이 자신들의 약속을 지키는 것을 필요로 한다. 약속을 지킨다는 것은 말을 거룩하게 다루고, 맹세와 서약을 신성한 것으로 다룬다는 뜻이다. 오직 매우 특별한 경우들, 그리고 정확하게 공식적으로 해명할 수 있는 경우에만, 당신은 그 약속 이행에서 벗어날 수 있다. 바로 이런 이유 때문에, 이스라엘 백성이 자유로운 사회를 창조할 거룩한 땅에 다가가고 있을 때, 그들은 맹세와 서약의 거룩한 성격을 되새겨야만 했다.

약속을 깨뜨리는 것이 당신에게 유익할 때, 그리고 싶은 유혹은 때때로 압도적이다. 바로 이런 이유 때문에, 하나님에 대한 믿음, 즉 우리의 생각, 말, 행동을 감찰하시며, 우리의 결정에 대해 책임을 물으시는 하나님에 대한 믿음이 그처럼 근본적인 것이다. 관용과 자유주의의 아버지 존 로크(영국, 17세기)가 무신론자들은 하나님을 믿지 않기 때문에, 그들이 한 말을 지킬 것이라고 신뢰할 수 없다는 이유로, 그들에게 시민권을 주어서는 안 된다고 주장한 것이 오늘날 우리들에게는 이상하게 들리기는 하지만 말이다.

따라서 민수기의 마지막에서 이스라엘 백성이 거룩한 땅에 다가가고 있을 때 맹세와 서약에 관한 율법들이 등장하는 것은 우연이 아니며, 또한 그 도덕은 오늘날에도 여전히 타당하다. 자유로운 사회는 신뢰에 기초한다. 신뢰는 당신이 약속을 지키는 것에 달려있다. 이것이 바로 인간이 언어를 사용해서 창조함으로써 하나님을 모방하는 방법이다.

말은 도덕적 의무를 창조하며, 또한 도덕적 의무는 책임성과 명예로운 신실함을 갖고 수행할 때 자유로운 사회의 가능성을 창조한다.

따라서 당신이 하겠다고 말한 것을 항상 지켜야 한다. 우리가 스스로 한 말을 지키지 못하면, 마침내 우리는 우리의 자유를 잃게 마련이다.

인권의 복잡성

Masei

민수기는 매우 이상하게 끝난다. 앞에 나온 "모세의 실망"에서, 우리는 슬로브핫의 딸들 다섯 명이 어떻게 모세에게 와서 정의와 인권에 근거한 주장을 했는지에 대해 읽었다.[1] 그들의 아버지는 아들이 없이 죽었다. 상속은 남자들의 계보를 따라 이루어지는데, 그들에게는 땅을 물려받을 남자가 없었다. 분명히 그들의 아버지는 몫을 차지할 자격이 있었고, 그 딸들이 그의 유일한 상속자들이었다. 그 딸들은 상속받을 권리가 있었다. "아들이 없다는 이유로 그분의 가족 가운데서 아버지의 이름이 없어져야 한다니, 어찌 이럴 수가 있습니까? 우리 아버지의 남자 친족들이 유산을 물려받을 때에, 우리에게도 유산을 주시기 바랍니다" (민 27:4).

모세는 이런 우발적 사태에 대해 지시를 받지 못했기 때문에 하나님께 직접 물었다. 하나님께서는 그 여인들의 손을 들어주셨다. "슬로브핫의 딸들이 한 말이 옳다. 그 아버지의 남자 친족들이 유산을 물려받을

---

[1] 여기서 "인권"이라는 말은 물론 시대착오적인 용어다. 인권 개념은 17세기까지는 생겨나지 않았다. 그럼에도 불구하고, 그 딸들이 "아들이 없다는 이유로 그분의 가족 가운데서 아버지의 이름이 없어져야 한다니, 어찌 이럴 수가 있습니까?"(민 27:4)라고 주장한 것은 인권 주장이라고 보아도 무방하다.

때에, 너는 그들에게도 반드시 땅을 유산으로 주어라. 너는 그들의 아버지가 받을 유산이 그 딸들에게 돌아가게 하여라"(7절). 하나님께서는 모세에게 상속과 증여에 관해 더 자세한 지시를 내리시고, 그 이야기는 다른 문제들로 넘어간다.

민수기의 마지막에 이르러서야 비로소, 오경은 그 문제 때문에 직접 발생한 사건에 대해 보고한다. 슬로브핫 지파의 지도자들, 요셉의 아들 므낫세가 모세에게 찾아와 이렇게 불평한다. 만일 그 땅을 슬로브핫의 딸들에게 상속시켜야 한다면, 그 딸들이 다른 지파의 남자들과 혼인할 경우, 그 땅은 그들의 남편들에게 넘어갈 것이기 때문에, 결국 그 남편들의 지파에게 넘어갈 것이라는 불평이다. 따라서 애당초 므낫세 지파에게 주어진 땅을 영원히 잃게 될 수 있다는 불평이었다.

모세는 또 다시 하나님께 이 사건을 가져갔고, 하나님께서는 간단한 해결책을 주셨다. 슬로브핫의 딸들은 그 땅을 소유할 자격이 있지만, 그 지파 공동체 역시 그 자격이 있다. 따라서 그 딸들이 그 땅을 소유하기를 원한다면, 그들은 자기 지파 사람들과 혼인해야만 한다. 그런 방식으로 양쪽 주장 모두를 존중할 수 있다. 그 딸들은 땅의 소유권을 잃지 않지만, 혼인 상대자를 선택할 자유의 일부를 잃게 된 것이다.

그 두 구절은 밀접하게 연결되어 있다. 그 문장들은 똑같은 용어를 사용한다. 슬로브핫의 딸들과 그 씨족의 지도자들은 모두 "접근했다." 또한 손실 가능성을 묘사하는 데도 똑같은 동사(*yigara*)를 사용해서 "잃는다, 손해를 본다"를 나타낸다. 하나님께서는 두 사건 모두에서 똑같은 관용어(*kein … dovrot/dovrim*)를 사용해서 "그들의 말이 옳다"고 대답하신다.[2] 그렇다면 왜 민수기에서 그 두 가지 이야기가 서로 떨어져서 나오는가? 왜 민수기는 이처럼 어처구니없는 것처럼 보이는 이야기로 끝나는가? 또한 그것이 오늘날과 무슨 연관성이 있는가?

민수기는 개인들에 관한 책이다. 민수기는 인구조사로 시작하는데, 그 목적은 이스라엘 백성의 실제 숫자를 말하는 것이라기보다는 그들의 "머리를 들게"(4:2, 22) 하기 위한 것이다. 이 관용구를 오경이 사용하는 목적은 하나님께서 인구조사를 명령하실 때, 백성들 각 개인이 중요하다는 사실을 말하기 위한 것이었다. 민수기는 또한 개인들의 심리에 초점을 맞추고 있다. 우리는 모세의 절망, 아론과 미리암이 모세를 비판한 것, 첩자들이 돌아와 긍정적인 보고서를 낼 용기가 없었던 것, 그리고 모세의 지도력에 도전했던 고라의 불만에 대해 읽는다. 또한 여호수아와 갈렙, 엘닷과 메닷, 다단과 아비람, 시므리와 브니하스, 발락과 발람 등에 대해 읽는다. 이처럼 개인들을 강조하는 것이 그 정점에 달하는 것은 모세가 후계자를 임명해달라고 "영과 모든 육신들의 하나님"(24:16)께 기도할 때다. 현자들과 라쉬(1040-1105)는 모세의 이 기도가 각각의 개인을 한 사람의 개인으로 다룰 수 있는 지도자, 즉 백성들 각자의 독특성과 유일성을 존중하면서 백성들과 관계를 맺을 수 있는 지도자를 임명해달라는 뜻이라고 이해했다.

이것이 슬로브핫의 딸들이 주장한 맥락이다. 그들은 개인들로서의 자기들의 권리를 주장한 것이었다. 마땅히 그래야 했다. 많은 주석가들이 지적했듯이, 광야를 거치는 동안 여자들의 행동은 본보기가 되었던 반면에, 남자들의 행동은 그 반대였다. 금송아지를 만들 금을 가졌던

---

2) 이 두 구절은 어느 랍비가 혼인과 관련된 논쟁의 양쪽 입장을 듣고, 남편과 아내 모두에게 "당신 말이 옳다"고 말한 이야기의 원천일 수 있다. 랍비의 제자들이 "어떻게 두 사람 모두가 옳을 수 있습니까?" 하고 묻자, 그 랍비는 "네 말도 옳다"고 대답했다.

것은 남자들이었지 여자들이 아니었다. 첩자들도 남자들이었다. 랍비 슐로모 에브라임 런츠쉬츠(1550-1619)의 유명한 지적은, 만일 모세가 남자들 대신 여자들을 첩자들로 보냈다면, 그들은 긍정적인 보고를 갖고 왔을 것이라고 주장한다.3) 하나님께서는 그 여자들의 주장이 정당함을 인정하시고, 그들의 개인적 권리를 확인해주셨다.

그러나 사회는 개인들만으로는 세워지지 않는다. 사사기(판관기)가 지적하는 것처럼, 개인주의는 혼돈의 또 다른 이름이다. "그때에는 이스라엘에 왕이 없었으므로, 사람들은 저마다 자기의 뜻에 맞는 대로 하였다"(삿 17:6; 21:25). 그래서 민수기 전체를 통해서, 지파(부족)가 유대인 생활의 구성 원리로서 핵심적 역할을 하는 것이라고 주장한다. 이스라엘 백성은 각 지파 별로 계수하였다. 오경은 성소(Mishkan)를 중심으로 지파들이 정확하게 진을 치고, 여행하는 것도 지파들이 순서를 정확히 따르도록 했다. 앞에서 보았던 제사장의 "사랑의 축복"(민 6:23-27 이하)에서 지나치게 길게 나오는 것처럼, 오경은 각 지파가 성소 봉헌식에 바칠 예물을 반복해서 설명하는데, 비록 각 지파는 정확히 똑같은 것을 바쳤음에도 그러하다. 미국의 기본적 정치 구조가 각 주(원래는 13개 주, 지금은 50개 주)의 연방인 것처럼, 이스라엘은 (왕의 임명 때까지) 지파들의 연방이었다.

지파와 같은 것이 존재하는 것이 자유로운 사회에서 근본적이다.4) 현대 이스라엘 국가는 다채로운 민족들로 이루어졌다. 아쉬케나즈, 세파딕, 동부 유럽, 중부 유럽, 서부 유럽 출신 유대인들, 스페인, 포르투

---

3) *Kli Yakar* on Numbers 13:2.
4) 보다 최근에 발표된 Sebastian Junger, *Tribe: On Homecoming and Belonging* (Fourth Estate, 2016)을 보라.

갈, 아랍국가들, 러시아, 에티오피아, 아메리카, 남아프리카, 오스트레일리아, 기타 지역 출신 유대인들이며, 일부는 하시딕, 일부는 예쉬바, 어떤 사람들은 "현대적," 또 다른 사람들은 "전통적" 유대인들이며, 또 다른 사람들은 세속적이며 문화적인 유대인들이다.

우리는 각자 여러 정체성을 갖고 있는데, 부분적으로는 가족 배경, 직업, 지역과 공동체에 근거한 정체성들이다. 이처럼 개인보다는 크지만, 국가보다는 작은 "중간 구조들"은 우리가 복잡하며 얼굴을 맞대는 생생한 상호작용과 정체성을 발전시키는 장소다. 그것들이 가족, 친구, 이웃, 동료의 현장이며, 시민사회라는 구성체를 형성한다. 강력한 시민사회는 자유를 위해 가장 중요한 것이다.5)

바로 이런 이유 때문에, 개인의 권리와 더불어, 사회는 집단 정체성을 위한 공간을 만들어야만 한다. 그 반대되는 전형적 사례가 나타난 것이 프랑스 혁명 전야였다. 1789년 프랑스 혁명의회에서 (유대인들에 대한 시민권 부여에 관해) 논쟁하던 중에, 클레르몽 토네르 백작은 "유대인들 개인에게는 모든 것을 부여하고, 민족으로서의 유대인들에게는 아무것도 부여하지 말라!"는 유명한 선언을 했다. 만일 유대인들이 스스로를 하나의 민족으로 정의하여, 공화국 안에서 별도의 하부집단으로 존속하기를 주장한다면, "우리는 그들을 추방할 수밖에 없게 될 것"이라고 그 백작은 말했다.

처음에 이것은 합리적인 주장처럼 들렸다. 유대인들에게는 그 새로운 세속적 민족국가 안에서 시민권이 부여되었다. 그러나 그것은 결국 아무것도 아니었다. 그것은 유대인들이 공적인 영역에서 유대인으로서

---

5) 이것을 매우 강력하게 주장한 사람들이 Edmund Burke와 Alexis de Tocqueville이다.

의 정체성을 포기해야만 했던 것이기 때문이다. 개인과 국가 사이에는 아무것도, 종교나 민족적 정체성조차도, 가로막아서는 안 된다. 한 세기 후에 프랑스가 유럽의 반셈족주의의 중심이 된 것은 우연이 아니었다. 그것은 에두아르 드뤼몽의 악랄한 《유대인의 프랑스》(La France Juive, 1886)로 시작해서 드레퓌스 재판에서 그 절정에 달했다. 파리 시민들이 "유대인들에게 죽음을!"이라고 외치는 소리를 듣고, 테오도어 헤르츨(1860-1904)은 모든 주장들에도 불구하고, 유대인들은 여전히 유럽의 시민들로 받아들여지지 않고 있다는 사실을 깨달았다. 부족들을 철폐했다고 주장하는 유럽에서, 유대인들은 자신들이 하나의 부족으로 간주됨을 발견했다. 유럽에서 일어난 해방은 개인의 권리는 인정했지만, 집단의 권리는 인정하지 않았다.

이런 점을 강력하게 보여주는 것이 영장류 학자 프란스 드 발이 앞에 나온 "위계질서와 정치"에서 살펴본 것처럼, 보노보 연구를 통해 밝힌 것이다. 그는 서양 근대문명의 거의 전체가 자율적이며 선택하는 개인들이라는 개념 위에 세워졌다고 말한다. 그러나 우리의 경우에는 다르다. 우리는 가족, 친구, 이웃, 동지, 같은 신자들, 그리고 같은 민족 사람들과 강한 애착심을 갖고 있다. 그는 계속해서 이렇게 말한다.

> 개인의 권리에만 관심을 갖는 도덕은 태초부터 우리의 존재를 특징지었던 유대감, 필요, 상호의존성을 무시하는 경향이 있다. 그것은 차가운 도덕으로서 사람들 사이에 공간을 만들고, 각 사람을 우주의 작은 구석에 처박아놓는다. 어떻게 탁월한 사상가들이 이런 괴상한 사회를 만들 생각을 했는지는 하나의 수수께끼다.[6]

이것이 바로 오경이 슬로브핫의 딸들의 이야기를 둘로 나눌 때 보여준 정확한 요점이다. 그 첫 번째 부분은 "모세의 실망" 부분에 나오는 것으로서, 개인의 권리에 관한 것, 슬로브핫의 딸들이 그 땅을 차지할 권리에 관한 것이다. 그 두 번째 부분은 민수기의 마지막에 나오는 것으로서, 집단의 권리에 관한 것이며, 이 경우에는 므낫세 지파의 그 영토에 대한 권리에 관한 것이다. 오경은 그 둘 모두를 확인해준다. 왜냐하면 그 둘 모두가 자유로운 사회에서 반드시 필요하기 때문이다.

오늘날 유대인 생활에서 가장 힘든 문제들로 보이는 많은 것들은 유대인들이 특히 서양에서 개인의 권리가 다른 모든 것을 짓밟는 문화에 익숙하게 되었기 때문에 발생하는 문제들이다. 우리는 선택한 대로 살고, 예배하고, 정체성을 갖도록 자유로워야 한다. 그러나 개인 권리에만 기초한 문화는 가족, 공동체, 전통, 충성, 존경과 절제에 대한 공동 규약을 무너뜨리게 마련이다.

유다이즘은 개인의 가치를 매우 강조함에도 불구하고, 우리의 집단을 구성하는 회원들로서의 정체성을 보전하고 수호하는 제도들의 가치 역시 강조한다. 우리는 개인들로서 권리를 갖고 있지만, 정체성은 오직 부족의 회원들로서의 정체성만 갖는다. 그 둘 모두를 존중하는 것은 미묘하고 어렵지만, 반드시 필요하다. 민수기는 우리에게 그 방법을 보여주는 것으로 끝난다.

---

6) Frans de Waal, *Good Natured* (Harvard University Press, 1996), 167.

신명기

백스무 살까지: 늙어서도 젊게 살기

Devarim

2012년 3월 27일, 영국 여왕 엘리자베스 2세의 즉위 60주년을 기념하기 위해 버킹엄 궁에서 고대의 예식이 진행되었다. 많은 기관들이 영국을 위한 여왕의 공헌에 감사를 표했다. 그 중에 영국 유대인들을 대표하여 비비안 와인만은 그런 경우들에 대한 유대인들의 전통적 축복을 전하면서, 여왕이 "백스무 살이 될 때까지" 건강하시기를 기원했다.

여왕은 기뻐하면서 의아한 듯 필립 왕자를 바라보았다. 그런 표현을 들어본 적이 없었기 때문이다. 나중에 왕자는 그게 무슨 뜻인지를 물었고, 우리는 설명해주었다. 백스무 살이라는 것은 창세기 6:3에서, 정상적인 인간 나이의 한계로 나와 있다. 그 숫자는 특히 모세와 연관되어 있는데, 오경은 "모세가 죽을 때에 나이가 백스무 살이었으나, 그의 눈은 빛을 잃지 않았고, 기력은 정정하였다"(신 34:7)라고 말한다. 아브라함과 모세는 장수의 모델이다. (물론 아브라함은 모세와는 매우 다른 성격과 환경에서 살았던 사람이다). 인간의 수명이 길어지면서, 마지막까지 건강하게 사는 것은 오늘날 많은 사람들에게 중요하며 도전적인 문제가 되었다. 당신은 어떻게 늙어가면서도 젊음을 유지할 수 있겠는가?

이 문제를 가장 지속적으로 연구한 것은 1938년에 시작된 그랜트 연구인데, 하버드대학교 졸업생 268명의 생애를 거의 80년 동안 추적함으로써, 어떤 특성들—성격 유형, 지능, 건강, 습관, 인간관계—이 인간의 장수에 기여하는가를 이해하려 했던 연구다. 이 연구를 30년 이상 이끌었던 조지 베일런트(정신과의사)가 쓴 ≪행복의 조건≫과 ≪행복의 비밀≫은 이 흥미로운 영역을 탐구한 책들이다.[1]

성공적인 노화과정의 많은 차원들 가운데서, 베일런트는 모세의 경우에 특히 두 가지 성격이 그의 장수와 상관된다고 지적한다. 첫째는 그가 '**생산성**'(generativity)[2]이라고 부른 것, 즉 다음 세대를 돌보는 성격이었다는 점이다. 그는 존 코트레를 인용하는데 그는 생산성을 "자신의 삶 전체를 자기보다 오래 지속되는 삶과 일의 형태 속에 바치는 것"[3]이라고 정의한다. 중년기나 노년기에, 우리가 경력, 평판, 관계들을 쌓은 후, 우리는 침체기에 접어들거나, 아니면 우리의 삶을 타인들, 공동체, 사회, 다음 세대에게 돌려주거나 할 수 있다. 생산성은 흔히 새로운 프로젝트를 자발적으로 시작하거나, 새로운 기술을 배움으로 시작하는 것으로 특징지어진다. 그것은 개방성과 돌봄으로 나타난다.

두 번째로 모세와 연관된 차원은 베일런트가 "**의미의 보유자**"(keeper of the meaning)라고 부른 것이다. 이것은 나이를 먹음으로써 갖게 되는 지혜로서, 현대나 탈현대 사회보다는 전통 사회에서 더욱 가치를 인정

---

1) George Vaillant, *Aging Well* (Boston: Littel, Brown, 2003), 이덕남 역, ≪행복의 조건≫(프런티어, 2010); *Triumphs of Experience* (Cambridge, MA: Harvard University, 2012), 최원석 역, ≪행복의 비밀≫(21세기북스, 2013).

2) '생산성'(generativity) 개념은 에릭 에릭슨의 저술에서 끌어온 개념으로서, 에릭슨은 생산성과 반대되는 '침체성'(stagnation)을 인생의 여덟 가지 발달단계의 하나로 보았다.

3) John Kotre, *Outliving the Self: Generativity and the Interpretation of Lives* (Baltimore: John Hopkins University Press, 1984), 10.

받았던 것이다. 오경에 나오는 "장로들/어른들"은 자신의 경험을 귀하게 여기는 사람들이다. "너희의 아버지에게 물어 보아라. 그가 일러줄 것이다. 어른들에게 물어 보아라. 그들이 너희에게 말해 줄 것이다"(신 32:7). 욥기는 "노인에게 지혜가 있느냐? 오래 산 사람이 이해력이 깊으냐?"(12:12)라고 말한다.

의미의 보유자가 된다는 것은 과거의 가치들을 미래 세대에 넘겨준다는 뜻이다. 나이를 먹음으로써 생기는 성찰과 초연함은 우리로 하여금 한 발 뒤로 물러나게 하여, 순간의 기분이나, 지나가는 풍조, 또는 군중의 광기에 휩쓸리지 않게 해준다. 우리에게 그런 지혜가 절실한 것은 특히 오늘날처럼 빠르게 지나가고, 큰 성공을 거둔 사람조차 여전히 철딱서니 없는 시대이기 때문이다. 최근에 아이콘이 된 인물들, 예를 들어 빌 게이츠, (구글을 창립한) 래리 페이지와 세르게이 브린, 마크 저커버그의 경력을 살펴보면, 그들이 어떤 시점에서 나이든 멘토들에게 찾아갔고, 그들이 잘 나가던 성공가도에서 방향을 찾도록 도와준 것을 발견할 수 있다. "너희 자신을 위해서 선생을 얻어라"(Mishna Avot 1:6, 16)는 말씀은 여전히 매우 절실한 조언이다.

신명기에서 두드러지는 점은, 전적으로 모세의 생애 마지막 달에 설정된 책으로서, 노인이 되었지만 여전히 열정적이며 추진력을 지닌 지도자가 어떻게 생산성의 과제와 의미의 보유자로서의 과제 모두를 수행하는가를 보여주는 방식이다.

모세는 은퇴하여 추억에 잠기는 것이 쉬웠을 것이다. 즉 하나님께 선택받아 백성 전체를 노예생활로부터 자유로 이끌고, 마침내 약속의 땅 문턱까지 이끈 지도자로서 자신이 성취한 것과 자신의 비범한 인생을 회상하는 내면의 세계로 물러나는 것이 쉬웠을 것이다. 아니면 자신이 실패한 것들에 대해, 무엇보다도 자신이 그 백성을 이끄느라 40년을 보냈지만 그 약속의 땅에 들어가지 못하게 된 것에 대해 곰곰이 생각할 수도 있었다. 우리가 만났던 사람들 중에는 분명히, 자신이 마땅히 받을 자격이 있는 인정을 받지 못하고 있다는 생각, 또는 자신이 젊어서 꿈꾸었던 성공을 이루었다는 생각에 수시로 사로잡히는 사람들이 있다.

모세는 그러지 않았다. 대신에 그는 생애 마지막 때에 다음 세대에게 주목하고 또한 새로운 역할을 시작했다. 모세는 더 이상 해방자와 율법 수여자로서의 과업이 아니라, 전통적으로 "우리의 선생 모세"(Moshe Rabbenu)로 알려지게 된 과업을 떠맡았다. 그것은 여러 면에서 그의 가장 위대한 성취였다.

모세는 젊은 이스라엘 사람들에게 그들이 누구이며, 어디에서 왔으며, 어디로 가는지를 말했다. 그는 그들에게 율법을 주었는데, 새로운 방법으로 주었다. 그 강조점은 더 이상 출애굽기에서처럼 하나님과의 만남이 아니었고, 레위기에서처럼 희생제사가 아니라, 그들의 사회적 상황 속에서의 율법에 맞춰졌다. 그는 정의, 가난한 사람들을 돌보는 일, 피고용자들을 배려하는 일, 낯선 사람들을 사랑하는 일에 관해 말했다. 그는 성서의 다른 어느 책에서보다 더욱 체계적 방법으로 유대인 신앙의 근본들을 설명했다. 조상들에 대한 하나님의 사랑을 가르쳤고, 또한 그들이 마음과 영혼과 힘을 다해 사랑으로 갚도록 촉구했다. 그는 계약을 갱신하면서 백성들에게 그들이 하나님에 대한 믿음을 지속하면 그들이 누릴 복과 또한 그들이 믿음을 지키지 못하면 받게 될 저주를 상기시켰다. 그는 그들에게 '하아찌누'(Haazinu, 신 32:1-52)의 위대한 노래를 가르쳤으며, 그 지파들에게 임종의 축복을 베풀었다.

그는 백성들에게 자신보다 오래 살게 될 유산을 남김으로써 **생산성**

의 의미를 보여주었으며, 과거와 미래에 대해 성찰한 그의 모든 지혜를 가르치고, 젊은 세대에게 자신의 오랜 경험의 선물을 전해줌으로써 **의미의 보유자**가 된다는 것이 무엇인지를 보여주었다. 개인적인 모범을 통해서 그는 늙어가면서도 젊게 사는 것이 무엇인지를 보여주었다.

신명기의 마지막에서, 우리는 모세가 백스무 살에도 "그의 눈은 빛을 잃지 않았고, 기력은 정정하였다"(신 34:7)는 사실을 알게 된다. 나는 이 문장이 단순히 두 가지를 묘사한 것이라고 생각하곤 했지만, 마침내 그 첫 문장이 두 번째 문장에 대한 설명이라는 것을 깨달았다. 모세의 기력이 정정하였던 이유는 그의 눈이 빛을 잃지 않았기 때문이다. 즉 그가 젊은 날의 이상주의, 정의를 위한 열정, 자유에 대한 책임성을 결코 잃어버리지 않았기 때문이라는 말이다.

우리가 세상의 가장 작은 부분조차 바꾸는 일이 얼마나 힘든지를 알게 되면, 우리의 이상을 쉽게 포기하고, 냉소적이 되고, 환멸에 사로잡히고, 쉽게 낙심하게 된다. 그것은 일종의 영적 죽음이다. 그러지 않는 사람들, 결코 포기하지 않는 사람들, "그 편안한 밤 속으로 온순하게 들어가지 않는"4) 사람들, 여전히 자기 주변에서 가능성의 세계를 보며, 자기 뒤에 오는 사람들에게 용기와 힘을 불어넣어 주는 사람들은 자신들의 영적인 에너지를 그대로 유지한다.

젊어서는 자신의 일에 최선을 다 하는 사람들이 있다. 펠릭스 멘델스존은 열여섯 살에 "8중주"를 썼으며, 그 다음 해에 "한여름 밤의 꿈 서곡"을 썼는데, 이것은 그토록 어린 나이에 작곡한 가장 위대한 곡이었다. 오슨 웰스는 스물여섯 살에, 영화 역사상 가장 훌륭한 영화 가운데

---

4) Dylan Thomas의 시 "Do Not Go Gentle into that Good Night"의 첫 행.

하나인 "시민 케인"을 만들어(그가 감독, 제작, 각본, 주연을 맡았다) 영화와 방송에서 이미 위대함을 성취했다.

그러나 나이가 들면서 더 좋은 작품들을 만든 사람들은 많다. 모차르트와 베토벤은 모두 신동이었지만, 그들의 가장 위대한 작품들은 인생 말년에 썼다. 끌로드 모네가 그의 희미하게 빛나는 수련 풍경화를 그린 것은 80대였다. 베르디는 여든다섯에 "팔스타프"를 작곡했다. 벤저민 프랭클린이 두 초점 렌즈를 발명한 것은 일흔여덟 살 때였다. 건축가 프랭크 로이드 라이트가 구겐하임박물관 설계를 마친 것은 아흔두 살 때였다. 미켈란젤로, 티티아노, 마티스, 피카소는 모두 구십 대에 들어서도 여전히 창조적이었다. 주디스 커는 1933년에 히틀러가 권력을 장악하자 영국으로 와서 쓴 아동문학의 고전 《차를 마시러 온 호랑이》(*The Tiger Who Came to Tea*)는 최근에 그녀가 아흔세 살이 되어서야 비로소 처음으로 문학상을 받게 한 작품이다. 데이비드 갈렌슨은 《노인 대가들과 젊은 천재들》에서, 개념적인 발명가들은 젊어서 최고의 작품을 만들지만, 시행착오를 거쳐 배우는 경험적인 발명가들은 나이를 먹으면서 더 좋은 작품을 만든다고 주장한다.5)

모세가 거의 백스무 살에 이르러 뒤를 돌아볼 뿐 아니라 앞을 내다보면서, 젊은이들과 자기의 지혜를 나누고, 또한 만일 우리가 이상을 간직하고, 공동체에 돌려주고, 다음 세대에게 우리가 완성할 수 없었던 것을 계속하도록 영감을 불어넣는다면, 우리의 몸은 늙어가지만, 백스무 살까지라도 우리 영혼이 젊을 수 있다는 것을 가르치는 것을 보면 매우 감동적이다.

---

5) David Galenson, *Old Masters and Young Geniuses* (Princeton: Princeton University Press, 2007).

"왜?"라는 물음의 힘

Va'ethanan

많은 사람들이 시청하는 TED 강연에서, 사이먼 시넥은 "위대한 지도자들은 어떻게 행동을 불러일으키는가?"라고 질문했다.[1] 마틴 루터 킹과 스티브 잡스 같은 사람들이 그들보다 재주가 부족하지 않고, 자격도 부족하지 않았던 사람들보다 뛰어나게 만든 것은 무엇이었는가? 그의 대답은 이렇다. 대부분의 사람들은 무엇(what)에 관해 말한다. 어떤 사람들은 어떻게(how)에 관해 말한다. 그러나 위대한 지도자들은 왜(why)에서 시작한다. 이것이 그들을 변혁적인 인물들로 만든다.[2]

시넥의 강연은 사업과 정치적 지도력에 관한 것이었다. 그러나 가장 강력한 사례들은 직접적으로 또는 간접적으로 종교적인 사례들이다. 실제로 나는 《위대한 파트너십》[3]에서, 아브라함의 유일신론을 특별하게 만드는 것은 그것이 "왜?"라는 질문에 대해 답이 있다고 믿기 때문이라고 주장했다. 우주나 인간의 삶은 의미가 없는 우연, 단순한 우발성이

---

1) http://www.youtube.com/watch?v=u4ZoJFK_VuA.
2) 더 자세한 내용은 Simon Sinek, *Start with Why: How Great Leaders Inspire Everyone to Take Action* (New York: Portfolio, 2009), 《스타트 위드 와이》(윤혜리 역, 세계사, 2021)를 보라.
3) Jonathan Sacks, *The Great Partnership: Science, Religion, and the Searth for Meaning* (New York: Schocken Books, 2012).

아니다. 프로이트, 아인슈타인, 비트겐슈타인 모두가 말한 것처럼, 종교적 믿음은 삶에 의미가 있다는 것을 믿는 것이다.

이번 주 오경 읽기 본문보다 이 사실을 더 강력하게 보여주는 곳은 별로 없다. 유다이즘에는 무엇(what)에 관한 것이 많다. 무엇이 허락되고, 무엇이 금지되며, 무엇이 거룩하며, 무엇이 속된 것인지에 대해 말이다. 또한 어떻게(how)에 관해서도 많다. 어떻게 배우며, 어떻게 기도하며, 하나님과의 관계와 다른 사람들과의 관계에서 어떻게 성장할 것인가에 관해서 말이다. 그러나 왜(why)에 대해서는 비교적 적다.

이번 주 오경 읽기 본문에서 모세는 우리의 존재 이유에 관해 가장 고무적인 말을 들려준다. 그것이 그를 위대한 변혁자로 만든 것이며, 또한 지금 여기에 있는 우리들에게도 영향력을 미치는 것이다.

모세의 말이 얼마나 이상한지를 파악하기 위해서는 몇 가지 사실들을 기억해야만 한다. 이스라엘 백성들은 여전히 광야에 있었다. 그들은 아직 약속의 땅에 들어가지 못했다. 그들은 앞으로 맞싸우게 될 민족들보다 군사적 우위를 확보하지 못했다. 거의 40년 전에 열두 명의 첩자들 중 열 명은 그 과업이 불가능하다고 주장했다. 제국들, 민족들, 요새화된 도시들의 세상에서, 소박한 사람들이 보기에는 이스라엘 백성이 고대에 아시아와 아프리카를 떠돌던 많은 무리들 가운데 단지 또 하나의 무리, 무방비 상태이며 아무것도 증명하지 못한 무리에 불과했음에 틀림없었을 것이다. 그들의 종교적 실천 이외에는, 여부스 족속과 브리스 족속, 미디안 족속, 모압 족속, 그리고 중동 지방의 그 구석에 자리를 잡고 살던 기타 작은 세력들과 구별되게 만드는 것이 없었을 것이다.

그러나 이번 주 오경 본문에서, 모세는 흔들리지 않는 확신을 갖고, 이제까지 그들에게 일어난 일들은 마침내 세상을 변화시키고 새로운 길을 열게 될 것이라고 말했다. 그의 말에 귀를 기울여보자.

너희가 태어나기 전에, 하나님이 이 땅 위에 사람을 창조하신 날 부터 이제까지, 지나간 때를 깊이 생각하여 보아라. 하늘 이 끝에서 저 끝에 이르기까지, 온 세계를 깊이 생각하여 보아라. 그리고 이런 큰 일을 본 적이 있는지, 들은 적이 있는지 물어 보아라. 너희처럼, 불 가운데서 말씀하시는 하나님의 음성을 듣고도, 살아남은 백성이 있느냐? 주 너희의 하나님이 이집트에서, 너희가 보는 앞에서 하신 것처럼, 온갖 시험과 표적과 기사와 전쟁과 강한 손과 펴신 팔과 큰 두려움으로, 한 민족을 다른 민족의 억압에서 이끌어 내시려고 애쓰신, 그러한 신이 어디에 있느냐? (신 4:32-34)

모세는 유대인 역사가 독특했으며, 앞으로도 독특할 것이라고 확신했다. 제국들의 시대에, 하나의 작고 방어력이 없는 집단이 자신들의 힘으로가 아니라 하나님 자신의 능력에 의해 해방되었던 것이다. 그것이 모세의 첫 번째 요점이었다. 유대인 역사의 유일성은 그 구원 이야기라는 점이다.

그의 두 번째 요점은 계시의 독특성이었다.

주 우리의 하나님은, 우리가 기도할 때마다, 우리 가까이에 계시는 분이시다. 이와 같은 하나님을 모신 위대한 민족이 어디에 또 있겠느냐? 오늘 내가 너희에게 주는 이 모든 율법과 같은 바른 규례와 법도를 가진 위대한 민족이 어디에 또 있겠느냐? (4:7-8)

다른 민족들에게도 기도하고 제물을 바치는 신들이 있었다. 그들도 역시 군사적 승리를 자기들의 신에게 돌렸다. 그러나 어느 민족도 하나님을 자신들의 주권자, 입법자, 율법 수여자로 믿지는 않았다. 다른 곳에서는 법이 왕의 명령을 대표하거나, 보다 최근에는 사람들의 의지를 대표하는 것으로 간주되었다. 그러나 이스라엘에서는 독특하게도 왕이 있을 때조차도, 왕은 법을 만들 권력이 없었다. 오직 이스라엘에서만 하나님이 단지 권능일 뿐 아니라, 사회의 설계자, 정의와 자비, 자유와 존엄성이라는 음악의 작곡자로 인식되었다.

왜 그런가? 신명기 4장 거의 마지막에서 모세가 그 질문에 대한 하나의 대답을 준다. "주께서는 너희의 조상들을 사랑하셨으므로, 뒤에 그 자손을 택하셨기 때문이다"(신 4:37). 하나님께서 아브라함을 사랑하신 것은 아브라함이 하나님을 사랑한 때문이 아니었다. 하나님께서 아브라함의 자녀들을 사랑하신 것은 그들이 그의 자녀들이기 때문이며, 또한 아브라함을 축복하고 그 자손들을 보호하겠다고 약속하셨기 때문이다.

앞에서는 모세가 다른 대답을 주었지만, 두 번째 대답과 양립할 수 없는 것은 아니다. 그러나 다르다.

> 보아라, 내가, 주 나의 하나님이 나에게 명하신 대로, 너희에게 규례와 법도를 가르쳐 주었다. … 너희는 이 규례와 법도를 지켜라. 그러면 여러 민족이, 너희가 지혜롭고 슬기롭다는 것을 알게 될 것이다. 그들이 이 모든 규례에 관해서 듣고, 이스라엘은 정말 위대한 백성이요 지혜롭고 슬기로운 민족이라고 말할 것이다. (4:5-6)

도대체 왜 모세나 하나님은 다른 민족들이 이스라엘의 법도가 지혜롭고 슬기롭다고 생각하든지 말든지에 대해 이처럼 신경을 쓰셨는가? 유다이즘은 하나님과 특정한 민족 사이의 러브 스토리였으며, 지금도 그렇다. 종종 맹렬하고, 때로는 평온하며, 자주 기쁨에 넘치지만, 가깝고 친밀하며 심지어 내면을 살피는 러브 스토리인 것이다. 그것이 나머지 세상과 무슨 상관이 있는가?

나머지 세상과 상관이 있다. 유다이즘은 결코 유대인들만을 위한 것이 아니었다. 하나님께서는 아브라함에게 하신 첫 번째 말씀에서 이미 "너를 축복하는 사람에게는 내가 복을 베풀고, 너를 저주하는 사람에게는 내가 저주를 내릴 것이다. 땅에 사는 모든 민족이 너로 말미암아 복을 받을 것이다"(창 12:3)라고 말씀하셨다. 유대인들은 세상에 복의 근원이 되어야만 했다.

하나님은 모든 인류의 하나님이시다. 창세기에서 하나님께서는 아담, 하와, 가인, 노아에게 말씀하셨으며, 아브라함과 계약을 맺으시기 전에 모든 인류와 계약을 맺으셨다. 이집트에서 보디발의 집에서든, 감옥에서든, 파라오의 궁정에서든, 요셉은 계속해서 하나님에 관해 말했다. 그는 이집트인들이 자신이 하는 행동이 스스로 하는 행동이 아니라는 것을 알기를 원했다. 그는 단지 이스라엘의 하나님의 대리인에 불과했다. 여기서 하나님이 세상의 민족들에 대해 무관심하시다고 주장할 수 있는 것은 아무것도 없다.

나중에 모세 시대에, 하나님께서는 기적과 이적을 수행하심으로써 "**이집트 사람들**은 내가 주님임을 알게 될 것이다"(출 7:5)라고 말씀하셨다. 하나님은 예레미야를 부르셔서 "민족들에게 예언하는 사람"이 되게 하셨다. 요나를 니느웨의 앗시리아 사람들에게 보내셨다. 아모스로 하여금 이스라엘에 대한 신탁을 내리기 전에 다른 민족들에 대한 신탁부터 내리도록 하셨다. 성서에서 아마도 가장 놀라운 예언에서, 하나님은 이사야에게 이스라엘의 원수들을 축복하실 때가 올 것이라는 메시지를 주셨다. "만군의 주께서 이 세 나라에 복을 주며 이르시기를 '나의 백성 이집트야, 나의 손으로 지은 앗시리아야, 나의 소유 이스라엘아, 복을 받아라' 하실 것이다"(사 19:26).

하나님은 모든 인류에게 관심을 갖고 계신다. 그러므로 유대인들이 할 일은 인류에게 변화를 가져오는 것이다. 단지 신비주의적인 의미에서만이 아니라 하나님을 사랑하고 하나님께 사랑받는다는 것이 무엇을 뜻하는지에 대한 본보기로서 말이다. 다른 민족들이 유대인들을 보고 그들의 역사에는 무엇인가 더 큰 능력이 작동한다는 것을 인지하게 될 것이다. 작고하신 밀턴 힘멜파르브는 이렇게 표현했다.

> 각각의 유대인들은 자신이 얼마나 철저하게 평범한 존재인지를 안다. 그러나 전체적으로 보면, 우리는 위대하고 설명할 수 없는 무엇인가에 사로잡힌 것처럼 보인다. … 세상에서 유대인들의 숫자는 중국의 인구조사에서 작은 통계학적 실수보다 작다. 그러나 우리는 우리의 숫자보다 더 크다. 우리 주변에서, 또한 우리에게는 커다란 일들이 일어나는 것처럼 보인다.[4]

우리는 세상을 개종시키기 위해 부름받지 않았다. 우리는 세상에 영감을 불어넣기 위해 부름받았다. 예언자 스가랴가 말한 것처럼, "그때가 되면, 말이 다른 이방 사람 열 명이 유다 사람 하나의 옷자락을 붙잡고

---

4) Milton Himmelfarb and Gertrude Himmelfarb, *Jews and Gentiles* (New York: Encounter, 2007), 141.

'우리가 너와 함께 가겠다. 하나님이 너희와 함께 계신다는 말을 들었다' 하고 말할 것이다"(슥 8:23)라는 때가 올 것이다. 우리의 소명은 세상에 보내진 하나님의 대사들이 되어, 우리가 사는 방법을 통해서, 작은 민족도 가장 불행한 조건에서도 살아남을 수 있으며 번창할 수 있다는 것을 증언하고, 우리 모두가 집단적인 책임을 지고 있는 법치주의적인 자유사회를 건설할 수 있다는 것, 그리고 "공의를 실천하며 자비를 사랑하며 겸손하게 살아가는 것"(미 6:8)이 가능하다는 것을 증언하는 일이다. 이번 주 오경 읽기 본문은 유대인들의 사명 선언이다.

다른 사람들은 그것에 의해 영감을 받았으며, 여전히 영감을 받고 있다. 내가 평생 공적인 영역에서 살았던 경험의 결론은 **유대인이 아닌 사람들은 유다이즘을 존중하는 유대인들을 존중한다**는 점이다. 그들은 진정한 종교 자유가 있는 국가들에서, 왜 유대인들이 자신들의 신앙을 포기하거나, 순전히 민족의 관점에서 자신들의 정체성을 정의하는지에 대해 이해하기 어려워한다.

개인적으로 말하자면, 나는 지금처럼 요동치는 세계는 우리의 메시지, 즉 하나님께서 우리로 하여금 **우리의 믿음에 진실하고, 또한 다른 사람들의 믿음과 상관없이 그들에게 축복이 되어야 한다**는 메시지를 필요로 한다고 믿는다. 모든 사람들이 이것을 믿는 세상을 상상해보라. 그런 세상은 정말 변화된 세상일 것이다.

우리는 단지 또 하나의 소수민족이 아니다. 우리는 자녀들에게 혐오하지 말고 사랑하라고 가르침으로써 자유를 보여주었던 민족이다. 우리의 신앙은 혼인과 가족을 거룩하게 여겼고, 권리를 말하기 오래 전에 책임성을 말했던 신앙이다. 빈곤을 줄이는 것이 종교적 과제인 이유는 마이모니데스가 말한 것처럼,[5] 우리가 굶주리거나 아프거나 집이 없거나 혼자라면, 우리가 고상한 영적 사고를 할 수 없기 때문이다. 우리가 이런 일을 하는 이유는 우리가 보수주의적이거나 자유주의적이기 때문이 아니라, 그것이 하나님께서 우리에게 원하시는 것이라고 믿기 때문이다.

최근에는 유다이즘의 무엇(what)과 어떻게(how)에 관해 많은 글들이 발표되었지만, 왜(why)에 관해서는 별로 없다. 모세는 그의 생애 마지막에 "왜?"를 가르쳤다. 이것이 가장 위대한 지도자가 우리 시대에 행동을 불러일으킨 방법이다.

당신이 세상을 변화시키기를 원한다면, "왜?"라는 문제부터 시작하라.6)

---

5) Maimonides, *The Guide for the Perplexed*, III: 27.

6) 역자주: 저자는 오늘날 많은 사람들이 "시장의 정신구조"에 사로잡혀, 이것 저것 실험하고 신제품을 기다리는 데 익숙하여, 무엇을 위해 헌신하거나 충성하지 않은 채, "속박 없는 자유"를 누리려 한다는 현상을 신앙적 문제점으로 지적한다. 즉 "-로부터의 자유"(freedom from)를 요구하지, "-을 위한 자유"(freedom to)를 꺼려한다는 말이다. 이런 현상에 대해 저자는 "결단과 헌신이 사랑의 행위"로서, "올바른 속박을 선택하는 것"이라고 말한다. "사랑"을 뜻하는 말의 어근(A-H-V)이 창세기에 나오는 15회 모두 남편과 아내, 또는 자녀들에 대한 부모의 사랑을 뜻하는 것이지, 하나님과 인간 사이의 관계를 뜻하는 것이 아니며, 출애굽기에는 그 말이 2회, 레위기에 2회, 민수기는 전혀 안 나오고, 신명기에는 23회 나온다는 점을 지적하면서, "율법과 사랑은 서로 다른 두 가지가 아니라, 분명히 함께 가는 것"임을 강조한다. 그 이유는 사랑이 감정이기 때문에 영원하지 않을 수 있다는 점에서, 그 사랑을 영원히 지속할 율법이라는 "행동의 구조"로서 613개의 계명과 종교의례들이 필요하다고 설명한다. 이런 점에서 신명기가 유다이즘 전체에서 특별한 위치를 차지하는 것은 신명기가 유독 "왜?"라는 질문을 통해, 하나님과 그의 백성 사이의 사랑 둘레에 율법과 제의들이라는 행동의 구조를 세워, 그 첫 사랑의 열정이 사라진 후에도 그 사랑이 오랫동안 지속하도록 만들었다고 해석한다. Jonathan Sacks, *Judaism's Life-Changing Ideas* (Maggid Books, 2020), 251-55.

귀 기울임의 영성

Ekev

그것은 유다이즘에서 가장 중요한 말씀 가운데 하나이지만, 가장 이해가 부족한 것이기도 하다. 그것이 가장 유명하게 나오는 두 군데는 지난 주 오경 읽기 본문에 나오는 "이스라엘아, 들어라. 주는 우리의 하나님이시요, 주는 오직 한 분뿐이시다"(신 6:4)라는 말씀과 이번 주 읽기 본문에 나오는 "너희가, 오늘 내가 너희에게 명하는 그의 명령들을 착실히 듣고, 주 너희의 하나님을 사랑하며, 온 마음과 정성을 다하여 주를 섬기면"(11:13)이라는 말씀으로서, '쉐마'(*Shema*)의 첫 문단과 둘째 문단을 시작하는 말씀이다. 그것은 또한 "너희가 이 법도를 듣고 잘 지키면, 주 너희의 하나님도 너희의 조상에게 맹세하여 세우신 언약을 지키시고, 한결같은 사랑을 베푸실 것이다"(7:12)에도 나온다.

그 말씀은 물론 '쉐마'다. 나는 위의 "행위와 듣기"에서 '쉐마'를 영어로 번역하는 것이 근본적으로 어려운 이유는 그것이 듣다, 귀를 기울이다, 주목하다, 이해하다, 내면화하다, 응답하다, 순종하다 등 너무 많은 것을 뜻하기 때문이라고 주장했다. 그 말이 신명기의 주제어 가운데 하나로서 92회 나오는데, 이것은 오경의 다른 어느 책에서보다 많이 나오는 것이다. 모세는 그의 생애 마지막에 계속해서 백성들에게 '쉐마,' 즉 귀를 기울여라, 주목해라, 마음에 새겨라 하고 말했다. 내가 말하는 것

327

을 들어라. 하나님께서 말씀하시는 것을 들어라. 그분이 우리에게 원하시는 것에 귀를 기울여라. 당신이 단지 듣기만이라도 한다면 …. 유다이즘은 귀를 기울이는 종교다. 이것이 유다이즘이 인류 문명에 기여한 가장 본래적인 것 가운데 하나다.

서양문화가 세워진 쌍둥이 토대는 고대 그리스와 고대 이스라엘이었다. 그 둘은 서로 너무 달랐다. 그리스는 근본적으로 시각적 문화였다. 그 최고의 성취는 눈, 보는 것과 관련된 것이었다. 그것은 세계가 처음 보았던 가장 위대한 예술, 조각품, 건축물을 만들어냈다. 그 가장 특징적인 집단적 사건은 극장 공연과 올림픽 경기로서, 눈으로 볼 수 있는 장관들이었다. 플라톤은 지식을 일종의 깊게 보는 것, 즉 표면 아래에 있는 참된 형상을 보는 것이라고 생각했다.

이처럼 아는 것은 보는 것이라는 생각은 오늘날까지 서구에서 지배적인 은유로 남아있다. 우리는 통찰(insight), 선견(foresight), 혜안(hindsight)을 말한다. 우리는 관찰한 것(observation)을 제공한다. 우리는 관점(perspective)을 수용한다. 우리는 그림으로 설명한다(illustrate). 우리는 해명한다(illuminate). 우리는 어떤 문제에 빛을 비춘다(shed light). 우리가 무엇인가를 이해할 때, 우리는 "보았다"(I see)고 말한다.[1]

유다이즘은 철저하게 다른 것을 제공했다. 그것은 우리가 볼 수 없는 하나님에 대한 믿음, 시각적으로 표상될 수 없는 하나님에 대한 믿음이다. 시각적인 상징으로 조각한 형상을 만드는 행위 자체는 우상숭배의 한 형태다. 이스라엘 백성들이 시나이 산에서 하나님을 직접 만나게 되었을 때, 모세가 지난 주 오경 읽기 본문에서 상기시킨 것처럼, "너희는

---

1) George Lakoff and Mark Johnson, *Metaphors We Live By* (Chicago: University of Chicago Press, 1980).

말씀하시는 소리만 들었을 뿐, 아무 형상도 보지 못하였다. 너희는 오직 소리를 들었을 뿐이다"(신 4:12). 하나님께서는 시각을 통해서가 아니라 소리를 통해서 소통하신다. 그분은 말씀하신다. 명령하신다. 부르신다. 바로 이런 이유 때문에, 최고의 종교적 행위가 '쉐마'인 것이다. 하나님께서 말씀하실 때, 우리는 귀를 기울인다. 하나님께서 명령하실 때, 우리는 순종하려고 노력한다.

랍비 데이비드 코헨(1887-1972)은 나실인으로 알려졌는데, 라브 쿡(아브라함 이삭 쿡)의 제자이며, 하이파의 최고 랍비인 쉬어 야슈브 코헨의 아버지로서, 바빌로니아 탈무드에서는 모든 은유들이 보는 것이 아니라 듣는 것에 기초해 있다는 것을 지적했다. "와서 들어라"(Ta shema). "그것은 우리에게 이것을 가르친다"(Ka mashma lan). "이것으로부터 추론하라"(Shema mina). "그는 동의하지 않았다"(Lo shemiya lei). 전통적인 가르침은 '샤마이타'(shamaita)라고 부르는데, "들은 것"이라는 뜻이다.2) 이 모든 말들은 '쉐마'의 어미변화들이다.3)

이것은 작은 차이처럼 보이지만, 실제로는 매우 큰 차이다. 그리스인들에게는 지식의 이상적인 형태가 초연함과 연관되었다. 보는 사람은 주체이며, 보이는 것은 객체로서, 그 둘은 서로 다른 영역에 속한다. 그림이나 조각을 보거나, 극장에서 연극을 보거나, 올림픽 경기를 보는 사람은 그 예술이나 연극, 또는 그 경기의 한 부분이 아니다. 그는 구경꾼이지, 참여자가 아니다.

---

2) 이것은 그의 책 *Kol Nevua*의 처음에 나온다.
3) 분명히 Zohar은 "와서 보아라"(*ta hazi*)는 시각적 용어를 사용한다. 유대인 신비주의와 플라톤, 또는 네오플라톤 사상 사이에는 폭넓은 유사성이 있다. 그 둘 모두에게 아는 것은 깊이 보는 한 형태다.

말을 하고 듣는 것은 초연함의 형태가 아니다. 그런 행위는 참여하는 형태다. 그것들은 관계를 창조한다. 지식을 뜻하는 히브리어 '다아트'(daat)는 개입, 가까움, 친밀감을 함축한다. "아담이 자기 아내 하와를 **알았고**(knew, 동침하니), 아내가 임신하여, 가인을 낳았다"(창 4:1). 이것이 히브리적인 의미에서 아는 것이지만, 그리스적인 의미에서는 그렇지 않다. 비록 하나님은 무한하시고 우리는 유한하지만, 우리가 하나님과의 관계 속에 들어갈 수 있는 이유는 우리가 말로 연결되어 있기 때문이다. 계시를 통해 하나님께서는 우리에게 말씀하신다. 기도를 통해 우리는 하나님께 말한다. 당신이 어떤 관계, 즉 남편과 아내의 관계나 부모와 자식의 관계, 또는 고용주와 피고용인의 관계를 이해하고 싶다면, 그들이 서로 어떻게 말하며, 어떻게 귀를 기울이는지를 주목하면 된다. 다른 것들은 무시해도 괜찮다.

그리스인들은 우리에게 관찰과 추론을 통한 지식의 형태, 즉 과학과 철학을 가르쳐주었다. 첫 번째 과학자들과 첫 번째 철학자들이 그리스에서 나타난 것은 기원전 6세기에서부터 4세기였다.

그러나 모든 것을 보는 것과 외형으로만 이해할 수는 없다. 이것에 관한 강력한 이야기가 사무엘기상에 나온다. 이스라엘의 첫 번째 왕 사울은 왕처럼 **보였다**. 그는 잘 생겼고 키가 컸다. "보통 사람들보다 어깨 위만큼은 더 컸다"(삼상 9:2; 10:23). 그는 왕의 **이미지**였다. 그러나 도덕적으로, 기질적으로, 그는 전혀 지도자감이 아니었다. 그는 추종자였다.

그래서 하나님께서는 사무엘에게 사울 대신 다른 왕에게 기름을 부으라고 하시면서, 그 새로운 왕은 이새의 자녀들 중 하나라고 말씀하셨다. 사무엘은 이새에게 갔고, 그의 아들들 가운데 엘리압의 외모에 주목했다. 그는 엘리압이 하나님께서 말씀하신 사람임에 틀림없다고 생각했다. 그러나 하나님께서는 그에게, "너는 그의 준수한 겉모습과 큰 키만을 보아서는 안 된다. 그는 내가 세운 사람이 아니다. 나는 사람이 판단하는 것처럼 그렇게 판단하지는 않는다. **사람은 겉모습만을 따라 판단하지만, 나 주는 중심을 본다**"(삼상 16:7)라고 말씀하셨다.

유대인들과 유다이즘은 우리가 하나님을 볼 수 없지만 그분을 들을 수 있으며, 그분은 우리를 들으신다고 가르쳤다. 우리가 하나님을 우리의 부모, 우리의 파트너, 우리의 주권자, 우리를 사랑하시고 우리가 사랑하시는 분으로 친밀한 관계를 맺을 수 있는 것은 말을 통해서다. 즉 말하기와 귀를 기울이기를 통해서다. 우리는 하나님을 과학적으로 증명할 수 없다. 논리적으로 입증할 수도 없다. 그런 것은 그리스인들의 사고방식이지, 유대인들의 사고방식이 아니다. 나는 유대인의 관점에서, 하나님의 존재를 논리적으로, 또는 과학적으로 증명하려는 것은 잘못된 기획이라고 믿는다.[4] 하나님은 객체가 아니라 주체이시다. 유대인들의 방식은 하나님과 친밀감과 사랑 가운데 관계를 맺을 뿐 아니라 경외감과 존경심 가운데도 관계를 맺는 방식이다.

하나의 흥미로운 근대적 사례가 한 유대인의 경우인데, 그는 생애 대부분의 기간 동안 유다이즘으로부터 떠났던 사람인 지그문트 프로이트다. 그는 정신분석학을 "말하는 치료"라고 불렀지만, 오히려 "귀를 기울이는 치료"가 더 적절한 말이다.[5] 그것은 적극적으로 듣는 것 자체가

---

[4] 분명히 중세의 많은 위대한 유대인 철학자들이 그런 식으로 신을 증명하려고 했다. 그들은 신플라톤주의와 신아리스토텔레스주의의 영향을 너무 많이 받았기 때문인데, 그것을 중간에서 전해준 사람들이 이슬람의 위대한 철학자들이었다. 예외적인 사람이 Judah Halevi였다.

[5] Adam Philips, *Equals* (London: Faber and Faber, 2002), xii; Salman Akhtar, *Listening to Others: Development and Clinical Aspects of*

치료효과가 있다는 사실에 근거한 것이다. 정신분석학이 특히 미국에서 넓게 퍼진 다음에야 비로소, "내가 당신 말을 들었어"(I hear you)라는 표현이 영어에서 공감을 전하는 방식이 되었다.

귀를 기울이는 것에는 심오하게 영적인 무엇이 있다. 그것은 내가 알고 있는 갈등 해결의 가장 효과적 형태다. 많은 것들이 갈등을 촉발시킬 수 있지만, 그 갈등을 지속시키는 것은 적어도 한쪽 편에서 상대방이 자기 말을 듣지 않는다고 느끼는 감정이다. 그들의 말에 귀를 기울이지 않았던 것이다. 그들의 "고통을 듣지" 않았다. 공감이 없었다. 이런 근본적인 이유 때문에, 사람들이 갈등을 해결하기 위해 힘을 사용하는 것이 바닥에서부터 자기패배적인 방법인 것이다. 힘을 사용하는 것이 한동안은 갈등을 누를 수 있지만, 다시 나타나고, 흔히 전보다 더 강한 형태로 나타난다. 욥은 부당하게 고난을 받았지만, 그를 위로하기 위해 찾아온 친구들의 주장에 감동받지 않았다. 그가 옳다고 주장한 사실이 문제가 아니었다. 그가 원한 것은 자기 말을 들어주는 것이었다. 정의가 전제하는 원칙이 "상대편의 말을 들어라"인 것은 결코 우연이 아니다.

귀를 기울이는 것은 관계의 중심에 놓여 있다. 그것은 우리가 다른 사람들에게 열려 있다는 것, 우리가 그를 존중한다는 것, 그들의 인식과 감정이 우리에게 중요하다는 것을 뜻한다. 우리는 그들에게 솔직하도록 허락한다. 그렇게 함으로써 우리들 자신을 취약하게 만들 경우에도 말이다. 좋은 부모는 자녀에게 귀를 기울인다. 좋은 고용주는 그의 노동자들에게 귀를 기울인다. 좋은 회사는 고객들이나 의뢰인들에게 귀를 기울인다. 좋은 지도자는 사람들에게 귀를 기울인다. 귀를 기울인다는 것

Empathy and Attunement (Lanham: Jason Aronson, 2007)을 보라.

이 동의한다는 뜻은 아니지만, 돌보고 있다는 뜻이다. 귀를 기울이는 것은 사랑과 존경이 자라나는 기후다.

유다이즘에서는 우리와 하나님과의 관계는 다른 사람들과의 관계에서 계속되는 개별 지도(tutoring)라고 믿는다. 우리가 배우자, 자녀들, 또는 우리의 일에 영향을 받는 사람들에게 귀를 기울이지 않는다면, 어떻게 하나님께서 우리에게 귀를 기울이실 것이라고 기대할 수 있겠는가? 우리가 귀를 기울이는 법을 배우지 않았다면, 어떻게 우리가 하나님을 만날 기대를 할 수 있겠는가? 호렙 산에서 하나님은 엘리야에게, 당신이 회오리바람이나 지진, 또는 불 속에 계신 것이 아니라, "부드럽고 조용한 소리"(왕상 19:12) 속에 계심을 가르쳐주었다. 나는 이것을 **우리가 귀를 기울일 때만 들을 수 있는 음성**이라고 정의한다.

군중들은 위대한 연설자들에게 감동을 받지만, 삶을 변화시키는 이들은 귀를 기울이는 사람들이다. 우리들과 하나님 사이든, 아니면 우리들과 다른 사람들 사이든 간에, 귀를 기울이는 것은 사랑의 전주곡이다.6)

---

6) 귀를 기울이기 주제에 대해서는 앞에 나오는 "듣기의 기술" 그리고 "침묵의 소리"를 보라.

기쁨의 깊은 힘

Re'eh

1663년 10월 14일, 유명한 일기 작가 새뮤얼 펩시가 런던의 스페인 사람들과 포르투갈 사람들의 회당을 방문했다. 유대인들은 1290년에 영국에서 쫓겨났지만, 1656년에 암스테르담의 랍비 므낫세 벤 이스라엘의 중재를 통해서 올리버 크롬웰은 사실상 유대인들이 런던에 거주하는 데 법적인 장벽이 없다고 결론지었다.

펩시가 방문했던 그 첫 번째 회당은 본래 포르투갈의 유대인 상인으로서 성공했던 안토니오 페르난데즈 카바잘의 개인 집이었는데, 나중에 회중의 집으로 확장시킨 것이었다. 펩시는 전에도 그곳을 방문했었는데, 1659년에 카바잘이 죽은 후 그의 장례예배에 참석했던 것이다. 그 예배는 음울하고 단정했다. 그가 두 번째로 방문해서 본 것은 전혀 다른 모습이었다. 그 회당의 축하 장면은 그를 분개하도록 만들었다. 그는 일기에 이렇게 썼다.

저녁식사 후 나의 아내와 나는 롤린슨 씨의 안내를 받아 유대인 회당으로 갔다. 그곳에서 남자들과 소년들은 기도 숄을 걸치고 있었고, 여자들은 격자창 뒤에 보이지 않는 곳에 있었는데, 눈에 띄는 것은 내가 믿기에 그들의 율법이 책장(법궤) 안에 있어서, 모든 사람들이 그 앞에 와서 절을 하며, 또한 사람들은 기도 숄을 걸치면서 무엇인가 말을 하는데, 그 말을 들은 다른 사람들은 아멘을 외치고 그의 기도 숄에 입맞춤을 했다. 그들의 예배는 모두 히브리어로 노래하는 방식이었다. 그들이 책장에서 율법을 꺼내 너댓 사람이 들고 옮기는데, 서로 바꾸어 들어 힘을 덜어주었다. 그것을 옮기는 데 참여하고 싶은 사람은 누구나 참여하는 것인지 나는 모르겠으나, 그렇게 그것을 들고 방 안을 몇 바퀴 도는 동안 예배는 노래로 진행되었다. … 오, 맙소사. 그들의 예배라는 것은 무질서, 웃음소리, 장난, 주의를 기울이지는 않는 난장판 같았다. 참 하나님을 아는 사람들이라기보다는 짐승들 같았는데, 사람들로 하여금 더 이상 그들을 보지 않기로 맹세하게 만들 것이며, 실제로 나는 온 세상의 어느 종교가 이보다 더 우스꽝스러운 예배를 드렸던 적이 있었는지 본 적도 없었고, 상상조차 할 수 없었다.

가여운 펩시. 아무도 그가 회당에 온 날이 '씸핫 토라'(Simḥat Torah)[1]라는 걸 말해주지 않았고, 마치 혼인식이 열리고 그 책이 신부인 것처럼 우리가 오경 두루마리와 함께 춤을 추면서 기쁨에 넘치는 예배 같은 것, 다윗 왕이 거룩한 법궤를 예루살렘에 가져왔을 때 마음대로 춤을 추었던 것과 똑같은 모습을 본 적이 없었던 것이다.

---

[1] 역자주: '씸핫 토라'(Simḥat Torah)는 "오경을 기뻐하는 날"(Rejoicing of the Torah)이다. 초막절 마지막 날의 예배로서, 오경 읽기 1년 주기가 끝나고 새로 그 다음 주기가 시작하는 날이다. 오경 두루마리를 법궤에서 꺼내어 회당 안을 일곱 바퀴 돌면서 기쁨의 노래를 부르고, 때로는 어린이들이 나뭇가지를 흔들며 춤을 추기도 한다.

우리가 유다이즘을 도덕적 법규의 엄격함이나 유대인 역사의 눈물 젖은 페이지들을 생각할 때, 기쁨은 자연스럽게 떠오르는 첫 단어가 아니다. 우리는 많은 비참함을 겪었고, 죄의식의 정도가 높으며, 울부짖음과 탄식에서는 금메달감이었다. 유대인들의 축제절기들을 세 문장으로 표현한 사람이 있었다. 즉 "그들은 우리를 죽이려고 했다. 우리는 살아남았다. 이제 먹자!" 그러나 그 많은 시편들을 통해 빛나는 것은 순수하고 밝은 기쁨이다. 기쁨은 신명기의 주제어 가운데 하나다. 기쁨을 뜻하는 히브리어 어근(H-M-H)은 창세기, 출애굽기, 민수기에 각각 한 번씩 나오지만, 신명기에는 12번 나오며, 그 중 7번이 이번 주 오경 읽기 본문에 나온다.

모세가 거듭 거듭 말하는 것은 기쁨이, 우리가 이스라엘 땅, 하나님께서 우리에게 주신 땅, 아브라함과 사라 시대 이후로 유대인들의 삶 전체가 그곳을 향해 여정을 거쳤던 땅에서 우리가 느껴야만 하는 것이라는 사실이다. 우주의 그 많은 갤럭시들과 별들은 하나님의 예술 작품이지만, 그 안의 행성 지구, 그 안의 이스라엘 땅, 그리고 거룩한 도시 예루살렘은 하나님이 가장 가깝게 계신 곳이며, 그분의 현존이 어른거리는 곳이며, 하늘은 창공의 푸름이며, 돌은 황금 보좌인 곳이다. 모세는 그곳이 "너희의 하나님이 당신의 이름을 두려고 거처로 삼으신 곳"(신 12:5)이며, 우리가 작고 중요하지 않았을 수도 있었지만 우리를 당신의 민족으로 삼아 위대한 민족으로 들어 올려주신 하나님과 우리들 사이의 사랑을 경축할 곳이라고 말했다.

모세는 그곳이 유대인 역사의 엉킨 이야기 전체가 명료하게 될 곳이며, 민족 전체, 즉 "너희들, 너희의 아들들과 딸들, 남자 종들과 여자 종들, 너희 성읍의 상속받을 몫이 없는 레위인들"이 모두 함께 노래하며, 함께 예배하며, 역사는 제국이나 정복에 관한 것이 아니며, 사회는 위계질서와 권력에 관한 것이 아니며, 평민들과 왕, 이스라엘 백성과 제사장이 모두 하나님 앞에서 동등하다는 것을 알고, 모두가 그분의 거룩한 합창단의 목소리들이며, 하나님의 광채를 중심으로 원을 그리면서 춤을 추게 될 것이라고 말했다. 이것이 바로 계약(언약)이 뜻하는 것이다. 즉 워즈워스가 "기쁨의 깊은 힘"[2]이라고 부른 것을 통해서 인간의 조건을 변혁시키는 것이다.

아리스토텔레스는 행복(eudaemonia)이 인간 존재의 궁극적인 목적이라고 말했다. 우리는 많은 것에 대해 욕망을 갖고 있지만, 보통은 다른 무엇을 위한 수단으로 생각한다. 오직 하나만 항상 그 자체로 원하며, 다른 어떤 것을 위한 수단이 아닌데, 그것이 바로 행복이다.[3]

유다이즘에도 그런 정서가 있다. 행복을 뜻하는 성서 용어 '아슈레이'(ashrei)는 시편의 첫 단어이며, 우리의 매일기도의 핵심 단어다. 그러나 훨씬 더 자주 오경은 기쁨(simḥa)에 대해 말하는데, 그것은 행복과는 다른 것이다. 행복은 우리가 혼자서 느낄 수 있는 것이지만, 기쁨은 오경에서 항상 타인들과 함께 나누는 것이다. 신명기(24:5)는 혼인한 첫 해에 남편은 "집에 있으면서, 결혼한 아내를 기쁘게 해주어야 한다"고 규정한다. 첫 열매를 성전에 가져온 후, "너희는 레위 사람과 너희 가운데서 사는 외국 사람과 함께, 주 너희의 하나님이 너희와 너희의 집안에 주신 온갖 좋은 것들을 누려라"(26:11). 오경에서 가장 특출한 말씀 가운데 하나에서 모세는, 민족에게 저주가 내리는 것이 그 백성들이 우상을 섬기

---

2) William Wordsworth, "Lines Composed a Few Miles above Tintern Abbey, on Revisiting the Banks of the Wye during a Tour, July 13, 1798."
3) Aristotle, *Nicomachean Ethics*, 1097a 30-34.

거나 하나님을 버렸기 때문이 아니라, "모든 것이 넉넉한데도, **너희가 기쁘고 즐거운 마음으로 주 너희의 하나님을 섬기지 않기 때문**"(28:47)이라고 말한다. 기뻐하지 않는 것은 타락과 쇠퇴의 첫 번째 징조다.

행복과 기쁨 사이에는 다른 차이점들도 있다. 행복은 평생에 관한 것이지만, 기쁨은 순간에 산다. 행복은 침착한 감정인 경향이 있지만, 기쁨은 우리를 춤추고 노래하게 만든다. 불확실성 한복판에서 행복을 느끼기는 어렵다. 그러나 우리는 여전히 기쁨을 느낄 수 있다. 다윗 왕은 시편들에서 위험, 두려움, 낙심, 때로는 심지어 절망을 말하지만, 그의 노래는 보통 단조가 아니라 장조로 끝난다.

> 진노는 잠깐이요,
> 은총은 영원하니,
> 저녁에는 눈물을 흘려도,
> 아침이면 기쁨이 넘친다.
>
> 주께서는 내 슬픔의 노래를 기쁨의 춤으로 바꾸어 주셨습니다.
> 나에게서 슬픔의 상복을 벗기시고, 기쁨의 나들이옷을 갈아입히셨기에
> 내 영혼이 잠잠할 수 없어서, 주님을 찬양하렵니다.
> 주, 나의 하나님, 내가 영원토록 주께 감사를 드립니다.
> (시 30:5-12)

유다이즘에서 기쁨은 최고의 종교적 감정이다. 우리는 아름다움으로 넘쳐나는 이 세상에 존재한다. 우리가 호흡하는 모든 호흡은 우리 안의

하나님의 영이시다. 우리들 주변에는 태양과 모든 별들을 움직이게 하는 사랑이 있다. 우리가 여기에 있는 것은 다른 누군가가 우리가 여기에 있기를 원했기 때문이다. 경축하는 영혼은 노래한다.

그렇다. 인생은 슬픔과 실망, 문제와 고통으로 넘쳐나지만, 그 아래에서 우리가 아름다운 우주 안에서 살고 있고, 하나님의 얼굴의 흔적을 자신들 속에 지니고 살아가는 사람들과 더불어 살아간다는 것은 경이로운 일이다. 로버트 루이스 스티븐슨이 "어디에 기쁨이 있는지를 찾아, 그 기쁨을 노래하는 것보다 더 멀리 나아가는 소리를 주어라. 기쁨을 놓치는 것은 모든 것을 놓치는 것이기 때문이다"[4)]라고 말한 것은 참으로 옳은 말이다.

유다이즘에서 신앙은, 우주를 설명하려는 과학과 경쟁자가 아니다. 신앙은 경이감으로서 감사하는 감정에서 생겨난다. 유다이즘은 양손 모두로 삶을 살아내고 또한 그 삶을 축복하는 것에 관한 종교다. 그것은 마치 하나님께서 우리에게, "나는 이 모든 것을 너희를 위해 만들었다. 이것은 나의 선물이다. 그것을 누리고 다른 사람들도 누릴 수 있도록 도와라. 사람들이 서로에게 끼친 고통이나, 그 육신이 물려받은 수천 가지 자연적 충격을 너희가 치유할 수 있는 만큼 치유하도록 해라. 고통, 슬픔, 두려움, 분노, 시기심, 원한은 너희들의 시야를 가리고 또한 너희 자신을 서로 떼어놓을 뿐 아니라, 나로부터도 떼어놓기 때문이다"라고 말씀하신 것과 같다.

키르케고르는 "슬퍼하는 데는 도덕적 용기가 필요하다. 기뻐하는 데는 종교적 용기가 필요하다"[5)]고 말했다. 나는 이것을 진심으로 믿는다.

---

4) Robert Louis Stevenson, "The Lantern-Bearers," in *Lantern-Bearers and Other Essays* (New York: Cooper Square Press, 1999).

그래서 나는 사망의 음침한 골짜기를 걷는다는 것이 무엇인지를 아는 유대인들이 여전히 기쁨을 최고의 종교적 감정이라고 생각하는 방식에 감동을 받는다. 매일 우리의 아침기도는 감사의 기도로 시작한다. 우리가 여기에 있고, 사랑하고 사랑받는 가족과 친구들이 있고, 가능성들이 넘치는 새로운 하루를 시작하고, 사랑하는 친절의 행동을 통해서 하나님의 현존이 우리를 통해 다른 사람들의 삶 속으로 흘러들도록 할 수 있는 것에 대해 감사한다. 기쁨은 우리의 상처받고 또한 문제투성이인 세상의 상처들을 조금이나마 치유하도록 도와준다.6)

---

5) Soren Kierkegaard, *Journals and Papers*, 2179.

6) 역자주: 유다이즘과 기독교의 차이점 가운데 하나는 '원죄'에 대한 입장이다. 인간이 자신의 운명을 통제할 수 없고 스스로 선을 행할 수 없다는 입장은 바울의 원죄론뿐 아니라 그리스인들의 운명론, 유전적 결정론 등으로 나타났다. 그러나 유대인들은 역사적으로 수많은 박해를 받았지만, "인간의 선택에 대한 능력과 책임성"을 고수했다. 이처럼 "선택의 자유"를 강조하는 것은 구체적으로 우리가 처한 상황에서 대응하는 태도에 영향을 끼친다. 즉 "왜 이런 일이 나에게 벌어졌는가?"라는 질문은 "과거에서 원인을 찾는 태도"인 반면에, "이제 나는 무엇을 할 것인가?"라는 질문은 "지금을 출발점으로 삼아 미래를 내다보는 태도"다. 저자는 이렇게 말한다. "그 둘 사이에는 엄청난 차이가 있다. 나는 과거를 바꿀 수 없지만, 미래를 바꿀 수는 있다. 뒤를 돌아보는 것은 나 자신을 내가 통제할 수 없는 더 큰 힘에 의해 좌우된 객체로 보는 것이다. 앞을 내다보는 것은 나를 주체로 보고, 선택할 수 있는 도덕적 행위자로서, 여기서부터 내가 결국 원하는 곳으로 가는 길을 결정하는 것이다. 그 둘 모두 일리가 있는 사고방식이지만, 하나는 무력감과 원한으로 이끌지만, 다른 하나는 도전, 용기, 의지의 힘, 그리고 자기 통제로 이끈다." Jonathan Sacks, *Judaism's Life-Changing Ideas* (Maggid Books, 2020), 263-67.

겸손의 위대함

Shofetim

공동체 지도자의 사역을 축하하는 만찬에서, 초대 연사가 그 지도자의 헌신, 힘든 사역과 선견지명과 같은 많은 특성들에 대해 경의를 표했다. 연사가 자리에 앉자, 그 지도자는 몸을 기울여 그에게 "당신은 하나를 말하지 않았습니다"라고 했다. "그게 뭔가요?" 그가 대답했다. "나의 겸손이랍니다."

보통 그렇다. 위대한 지도자들은 많은 특성들을 갖고 있지만, 겸손은 보통 거기에 포함되지 않는다. 대부분 그들은 야심이 많은 경향이 있고, 자존감이 매우 높다. 그들은 자기 말에 사람들이 복종하고, 경의를 표하고, 존중하고, 심지어 두려워하기를 기대한다. 그들은 노력하지 않아도 우월감을 걸칠 수 있지만—엘리노어 루즈벨트는 이것을 "눈에 보이지 않는 왕관을 쓴 것"이라고 불렀다—우월감과 겸손은 전혀 다른 것이다.

이것이 이번 주 오경 읽기 본문에 나오는 하나의 규정을 뜻밖의 것으로 만들며 또한 강력하게 만든다. 오경은 왕에 관해 말하고 있다. 액튼 경이 말한 것처럼, "권력은 부패하는 경향이 있으며, 절대 권력은 절대적으로 부패한다"[1]는 점을 알고 있기나 한 것처럼, 그 본문은 고대에

---

1) Letter to Bishop Creighton, April 5, 1887, in *Historical Essays and Studies*, edited by J. N. Figgis and R. V. Laurence (London: Macmillan,

왕이 받기 쉬운 세 가지 유혹을 구체적으로 말한다. 왕은 많은 말들이나 아내들, 또는 재물을 얻으면 안 된다고 그 본문은 말하는데, 이 세 가지 덫은 나중에 솔로몬 왕이 걸려들었던 덫이었다. 그리고 이어서 말한다.

> 왕위에 오른 사람은 레위 사람 제사장 앞에 보관되어 있는 이 오경을 두루마리에 필사하여, 평생 자기 옆에 두고 읽으면서, 자기를 택하신 주 하나님 경외하기를 배우며, 이 율법의 모든 말씀과 규례를 성심껏 어김없이 지켜야 한다. **자기 형제들보다 우월하다고 느끼지 말고**, 그 계명을 떠나서 좌로나 우로나 치우치지도 않으면, 그와 그의 자손이 오래도록 이스라엘의 왕위에 앉게 될 것이다.
> (신 17:18-20)

모든 사람이 공경해야 하는 왕에게 겸손할 것을 명령한다면—"자기 형제들보다 우월하다고 느끼지 말고"—나머지 우리들은 얼마나 더 겸손해야 할 필요가 있겠는가! 유대인들의 가장 위대한 지도자였던 모세는 "땅 위에 사는 모든 사람 가운데서 가장 겸손한 사람"(민 12:3)이었다. 그가 겸손했기 때문에 위대했는가, 아니면 위대했기 때문에 겸손했는가? 어느 쪽이든 간에, 랍비 요카난은 하나님 자신에 대해 "너희가 어디에서 그분의 위대하심을 발견하든, 너희는 그분의 겸손하심을 발견한다"[2]고 말했다.

이것은 유대이즘이 영성의 역사에 가져온 진정한 혁명 가운데 하나다. 고대세계에서 왕이 겸손해야만 한다는 생각은 터무니없는 소리처럼

1907).
2) *Pesikta Zutrata, Ekev.*

들렸을 것이다. 우리는 오늘날 메소포타미아와 이집트의 유적지들에서 그 통치자들이 자신들의 명예를 위해 만들었던 거의 끝없는 허영의 프로젝트들을 볼 수 있다. 람세스 2세는 아부심벨의 신전 앞에 그 자신의 석상 네 개와 네페르티티 왕비의 석상 두 개를 세워놓았다. 높이 10미터에 달하는 그 석상들은 워싱턴의 링컨 동상보다 거의 두 배 높이다.

아리스토텔레스는 겸손이 미덕이라는 생각을 이해하지 못했을 것이다. 그에게 위대한 영혼의 사람(*megalopsychos*)이란 인간 대중보다 자신의 우월함을 인식하는 귀족이었다. 겸손은 순종, 예속, 자기비하와 더불어 하층계급 사람들을 위한 것이며, 그들은 통치자가 아니라 피통치자가 되도록 태어난 사람들이다. 왕이 겸손해야 한다는 생각은 유다이즘이 도입한 철저히 새로운 생각이며, 나중에 기독교가 채용한 생각이다.

이것은 영성이 어떻게 우리가 행동하고, 느끼며, 생각하는 방식을 다르게 하는지를 보여주는 분명한 사례다. **하나님의 현존 안에서 우리가 살아간다고 믿는 것은 우리가 세상의 중심이 아니라는 것을 뜻한다.** 믿음의 조상 아브라함은 "나는 먼지이며 재입니다"라고 말했다. 가장 위대한 예언자 모세는 "내가 누구입니까?"라고 물었다. 이런 고백이 그들로 하여금 비굴하거나 아첨하도록 만들지 않았다. 아브라함이 자신을 먼지와 재라고 고백한 바로 그 순간에, 그는 정의의 하나님께서 소돔과 평지의 도시들을 처벌하시겠다는 계획에 도전했다. 하나님께서 백성들을 용서하시도록 촉구하고, 만일 그렇게 못하시겠다면, "주께서 기록하신 책에서 저의 이름을 지워 주십시오"(출 32:32)라고 말한 것은 가장 겸손한 사람 모세였다. 이런 도전들은 인간 역사상 가장 담대한 정신들에 속한다.

히브리어에서 "겸손"(*anava*)과 "자기비하"(*shiflut*) 사이에는 근본적인 차이가 있다. 그 말들이 너무나 달라서 마이모니데스는 겸손을 "자기비하"와 "자만심" 사이의 중간 길이라고 정의했다.3) 겸손은 낮은 자존감이 아니다. 낮은 자존감은 자기비하다. 겸손은 우리의 심지가 충분히 확고해서 다른 사람들에 의해 다시 확인받을 필요가 없는 것이다. 겸손은 우리가 다른 사람들보다 더 똑똑하며 슬기롭고 더 재능이 많고 성공했다는 것을 보여줌으로써 자신을 입증해야 할 필요를 느끼지 않는다는 뜻이다. 우리의 심지가 확고한 것은 우리가 하나님의 사랑 안에서 살기 때문이다. 우리가 자신을 믿지 못할 때조차도 하나님은 우리를 믿으신다. 우리는 스스로를 다른 사람들과 비교할 필요가 없다. 우리에게는 우리의 과업이 있고, 다른 사람들에게는 그들 자신의 과업이 있기 때문에, 우리는 서로 경쟁할 것이 아니라, 서로 협동하게 된다.

이것은 우리가 다른 사람들을 있는 그대로 보고, 그들을 귀하게 여긴다는 뜻이다. 다른 사람들은 단지 우리 자신의 모습만을 비춰보는 거울들이 아니다. 우리 스스로 확고하면, 다른 사람들도 귀하게 여길 수 있다. 우리 자신의 정체성을 확신하면, 우리와 같지 않은 사람들을 귀하게 여길 수 있다. 겸손은 밖으로 향한 자기다. 이것이 "그것은 당신에 관한 것이 아니다"라는 말의 의미다.

작고한 크리스토퍼 라쉬는 이미 1979년에 ≪나르시시즘의 문화: 기대가 낮은 시대에 미국인의 삶≫이라는 책을 발표했다. 그것은 예언자적인 작품이었다. 그 책에서 저자는 가족과 공동체가 해체됨으로써, 또한 신앙이 우리를 근본적으로 불안정하게 만들어버림으로써, 정체성과 가치에 대한 전통적인 지원을 박탈당했다고 주장했다. 그는 셀피를 찍느라 분주한 시대, 페이스북에 프로파일을 올리는 시대, "자신을 광고하

---

3) Maimonides, *Shemona Perakim* 4; Commentary to Avot 4:4. In *Hilkhot Teshuva* 9:1; 그는 자기비하를 주권(sovereignty)의 반대로 정의한다.

는" 많은 다른 형태의 시대를 못 보고 죽었지만, 그는 놀라지 않았을 것이다. 나르시시즘은 불안전의 한 형태로서, 계속적인 재확신과 자기 존중감을 정기적으로 주입시킬 필요가 있는 형태라고 그는 주장했다. 간단히 말해서, 나르시시즘은 삶의 최선의 길이 아닌 것이다.

나는 때때로 나르시시즘과 종교적 믿음의 상실은 함께 손을 잡고 같이 간다고 생각한다. 우리가 하나님에 대한 믿음을 잃으면, 의식의 중심에 남게 되는 것은 자아다. 근대의 가장 위대한 무신론자 니체가 겸손을 미덕이 아니라 악덕이라고 본 사람이었다는 것은 우연이 아니다. 그는 겸손이란 강자들에 대한 약자들의 복수라고 설명했다. 그의 마지막 작업의 하나가 "나는 왜 그렇게 똑똑한가"[4]라는 제목이었다는 것은 우연이 아니다. 그 글을 쓴 직후 그는 광기에 사로잡혔고, 그의 생애 마지막 11년 동안 그는 그 광기에서 벗어나지 못했다.

겸손의 중요성을 이해하기 위해서 반드시 종교적일 필요는 없다. 2014년에 ≪하버드 비즈니스 리뷰≫가 발표한 연구조사 결과는 "최고의 지도자들은 겸손한 지도자들이다"[5]라는 사실을 보여주었다. 그들은 비판으로부터 배운다. 그들은 다른 사람들에게 힘을 불어넣어주고 그들의 공헌을 칭찬할 만큼 충분히 확신을 갖고 있다. 그들은 보다 큰 공동선을 위해서 개인적 위험을 무릅쓴다. 그들은 충성심과 강한 팀스피릿을 불러일으킨다. 지도자들에게 적용되는 것은 우리들 각자의 삶, 즉 배우자로서, 부모로서, 동료로서, 위원회의 한 멤버로서, 친구로서의 삶에도 그대로 적용된다.

---

4) *Ecce Homo*로 출판된 책의 일부.
5) Jeanine Prime and Elizabeth Salib, "The Best Leaders Are Humble Leaders," *Harvard Business Review*, May 12, 2014.

내가 만났던 가장 겸손한 사람 가운데 한 분은 작고하신 루바비치의 의인, 랍비 므나헴 멘델 슈니어손이셨다. 그에게는 자기비하 같은 것이 전혀 없으셨다. 그는 고요한 존엄성을 지니셨다. 그는 자기를 확신했고, 거의 왕과 같은 태도를 지니셨다. 그러나 당신이 그와 혼자 있을 때는 당신이 그 방에서 가장 중요한 사람임을 느낄 수 있게 했다. 그것은 특별한 은사였다. 그것은 "왕관 없는 왕의 위엄"이었다. 그것은 스펜서 킴볼의 표현처럼, "수수한 옷차림 속의 위대함"이었다. 그것은 나에게 겸손이란 우리가 작은 존재라고 생각하는 것이 아님을 가르쳐주었다. 그것은 다른 사람들이 그들 자신 속에 위대함을 간직하고 있다고 생각하는 것이다.

에즈라 타프트 벤슨은 "자만심은 누가 옳은가에 관심을 갖지만, 겸손은 무엇이 옳은가에 관심을 갖는다"고 말했다. 마이모니데스는 사랑으로 하나님을 섬기는 것은 정말로 옳은 것을 하는 것인데, 그 이유는 그것이 다른 이유 없이 정말로 옳기 때문에 하는 것이라고 말했다.[6] 사랑에는 자아가 없다. 용서에도 자아가 없다. 이타주의도 마찬가지다. 우리가 우주의 중심에 자아를 놓으면, 마침내 우리는 모든 사람과 모든 사물을 우리 목적의 수단으로 둔갑시킨다. 이것은 그들을 작게 만들고, 그것은 또 우리를 작게 만든다. 겸손은 우리보다 큰 것의 빛에 의해 사는 걸 뜻한다. 하나님이 우리 삶의 중심에 계시면, 우리는 창조세계의 영광과 다른 이들의 아름다움에 자신을 개방한다. 자아가 작아질수록, 세상의 반경은 넓어진다.

---

6) Maimonides, *Hilkhot Teshuva* 10:2.

사랑의 한계

Ki Tetzeh

법규들로 그득한 이번 주 오경 읽기 본문에서, 특히 한 대목이 마음을 끌어당긴다.

어떤 사람에게 두 아내가 있는데, 하나는 사랑을 받고 다른 하나는 미움을 받다가, 사랑받는 아내와 미움받는 아내가 다 같이 아들을 낳았는데, 맏아들이 미움받는 아내의 아들일 경우에, 남편이 자기의 재산을 아들에게 물려주는 날에, 미움받는 아내에게서 난 맏아들을 제쳐놓고, 사랑받는 아내의 아들에게 장자권을 줄 수는 없다. 반드시 미움받는 아내의 아들을 맏아들로 인정하고, 자기의 모든 재산에서 두 몫을 그에게 주어야 한다. 그 아들은 정력의 첫 열매이기 때문에, 맏아들의 권리가 그에게 있는 것이다. (신 21:15-17)

이 법에는 탁월한 의미가 있다. 성서 시대 이스라엘에서는 맏아들이 그 아버지의 유산에서 두 몫을 상속받을 자격이 있었기 때문이다.[1] 이

---

1) 이것은 이미 야곱, 르우벤, 요셉 이야기에서 은연중에 나타나 있다. 현자들은 슬로브핫의 딸들 이야기로부터 그것을 추론하기도 했다. 민 27:7; Bava Batra 118b를 보라.

법이 말해주는 것은 이것이 그 아버지의 재량권이 아니라는 점이다. 그는 장자권의 특전을 한 아들에게서 다른 아들로 이전할 수 없다. 특별히 맏아들을 낳은 아내보다 더 사랑하는 아내에게서 낳은 아들에게 장자권을 넘겨줄 수는 없다.

이번 주 본문의 처음에 나오는 세 가지 율법, 즉 전쟁 중에 포로로 잡힌 여인에 관한 법, 방금 말한 맏아들의 장자권에 관한 법, 그리고 "고집스럽고 반항적인 아들"에 관한 법은 모두 가족 안에서의 역기능에 관한 것들이다. 현자들은 이런 순서로 율법을 주신 것은 누군가 포로로 잡힌 여인을 취하면 가정에서 싸움이 벌어지게 마련이며, 그 결과는 아들이 비행을 저지르게 되는 것이라고 말했다.[2] 유다이즘에서는 혼인을 사회의 기초로 본다. 혼인에서의 무질서는 다른 곳에서도 무질서를 초래한다. 여기까지는 분명하다.

여기서 특이한 것은 그것이 오경의 중심 이야기, 즉 야곱과 그의 두 아내인 레아와 라헬의 이야기와 날카롭게 충돌하는 것처럼 보인다는 점이다. 실제로 오경은 그 언어 사용을 통해서, 신명기와 창세기의 그 두 구절 사이의 언어적 연관성을 놓치지 않도록 만든다. 하나는 반대되는 것, 즉 "사랑받는"(ahuva)과 "사랑받지 못하는/미움받는"(senua)을 한 쌍으로 만든 점이다. 이 표현은 정확히 오경이 라헬과 레아를 묘사한 방식이다.

그 맥락을 기억해보자. 야곱은 집에서 도망쳐 나와 외삼촌 라반의 집으로 갔고, 라헬을 보자 첫눈에 반했다. 그녀와 혼인하기 위해 7년을 일했다. 그러나 혼인날 밤에 라반은 그의 큰딸 레아로 바꿔치기했다.

---

2) Sanhedrin 107a.

야곱이 "외삼촌께서 왜 저를 속이셨습니까?"라고 불평하자, 라반은 의도적인 아이러니를 갖고, "큰 딸을 두고서 작은 딸부터 시집보내는 것은, 이 고장의 법이 아닐세"(창 29:25-26)[3]라고 대답했다. 그러자 야곱은 라헬을 얻기 위해 또 다시 7년을 일하기로 동의했다. 두 번째 혼인식은 첫 번째 혼인식 이후 단 한 주간 뒤에 열렸다. 그리고 본문은 다음과 같이 이어진다.

> 야곱이 라헬과 동침하였다. 야곱은 레아보다, 라헬을 더 사랑하였다. … 주께서는, 레아가 남편의 사랑을 받지 못하는(senua) 것을 보시고, 레아의 태를 열어 주셨다. 라헬은 임신을 하지 못하였다. (29:30-31)

레아는 자신의 첫 아들을 르우벤("그가 나의 비참한 처지를 보셨다")이라고 불렀지만, 별로 사랑받지 못한 그녀의 상처는 남아 있었고, 그녀의 둘째 아들의 출생에 대한 본문은 다음과 같다.

> 그가 또 임신을 하여 아들을 낳았다. 그는 속으로 "주께서, 내가 남편의 사랑을 받지 못하여(senua) 하소연하는 소리를 들으시고, 이렇게 또 아들을 주셨구나" 하면서, 아이 이름을 시므온이라고 하였다. (33절)

'쎄누아'(senua)라는 단어는 오경에 6회 나오는데, 레아에 관한 구절

---

[3] 야곱이 에서의 장자권을 사고 또한 그의 축복을 가로챈 것에 대한 언급이다.

사랑의 한계 *349*

에 2회, 맏아들의 장자권 율법과 연결된 이번 주 본문에 4회 나온다.

더 강력한 연관성이 있다. "[아버지의] 정력의 처음"이라는 이상한 문구는 오경에 단 2회 나오는데, 여기 신명기 21장에 나오며("그 아들은 정력의 첫 열매이기 때문에"), 창세기 49장에서 레아의 맏아들 르우벤과 관련하여 이렇게 나온다. "르우벤아, 너는 나의 맏아들이요, 나의 힘, 나의 정력의 첫 열매다. 그 영예가 드높고, 그 힘이 드세다"(창 49:3).

이처럼 이 두 곳에서, 그 내용과 언어적 표현이 병행되기 때문에, 주의 깊은 독자는 이번 주 오경 읽기 본문에 나오는 율법이, 야곱의 행동과 그 아들들의 관계에 대해 회고하는 주석임을 간파할 수밖에 없다. 그러나 야곱의 행동은 여기서 법제화된 것과 정확히 반대되었던 것처럼 보인다. 야곱은 실제로 그의 장자권을, 그의 사랑을 받지 못한 레아가 낳은 첫아들 르우벤으로부터, 그가 사랑했던 라헬이 (뒤늦게) 낳은 첫아들 요셉에게로 이전시켰다. 야곱은 요셉에게 이렇게 말했다.

내가 너를 보려고 여기 이집트로 오기 전에, 네가 이집트 땅에서 낳은 두 아이는, 내가 낳은 아들로 삼고 싶다. 르우벤과 시므온이 나의 아들이듯이, 에브라임과 므낫세도 나의 아들로 한다.(창 48:5)

르우벤은 상속에서 두 몫을 받아야만 했지만, 대신에 이것이 요셉에게로 갔다. 야곱은 요셉의 두 아들 각각이 상속에서 완전한 몫을 받을 자격이 있다고 인정했다. 그래서 에브라임과 므낫세도 각각 그 나름의 권리를 지닌 지파(부족)가 되었다. 다시 말해서, 우리는 여기서 신명기와 창세기 사이에 분명한 모순을 보는 것 같다.

우리는 이것을 어떻게 해결해야 하는가? 족장들은 오경이 주어지기 전에 오경 전체를 지켰다는 랍비적 원리에도 불구하고, 이것은 근사치에 불과할 수 있다고 보는 것이다. 모든 율법이 시나이 계약 이전과 그 이후에 정확히 똑같지는 않았다. 예를 들어, 나마니데스는 유다와 다말 이야기는 신명기에 설정된 수혼법(남편을 잃은 여자가 고인의 형제 중 한 사람과 혼인하는 법)과 약간 다른 형태처럼 보인다고 지적했다.4)

어찌 되었건 간에, 이것은 창세기와 후대의 율법 사이의 명백한 모순 가운데 유일한 것이 아니다. 다른 것들도 있다. 야곱이 두 자매와 혼인한 것은 레위기 18:18에서 분명히 금지된 것이다. 나마니데스의 해결책은 유대 율법과 이스라엘 땅 사이의 연계성에 관한 그의 급진적 관점에서 나온 훌륭한 것으로서, 족장들이 오경을 준수한 것은 그들이 이스라엘 땅 안에 사는 동안뿐이었다는 것이다.5) 즉 야곱이 자매지간인 레아와 라헬과 혼인한 것은 이스라엘 바깥에서, 즉 하란(오늘날의 터키 지역)에 있던 라반의 집에서였다는 말이다.

아브라바넬(1437-1508)은 전혀 다르게 설명한다. 야곱이 상속에서 두 몫을 르우벤으로부터 요셉에게로 이전했던 이유는 하나님께서 그에게 그렇게 하라고 말씀하셨기 때문이라는 설명이다. 따라서 신명기의 그 율법은 요셉의 경우는 하나의 예외였지, 선례가 아니라는 점을 분명히 하기 위한 진술이라는 것이다.

오바댜 스포르노는 신명기의 그 금지법이 적용되는 것은 오직 어느 아버지가 다른 아내보다 특정한 아내를 더 사랑해서 장자권을 이전하는 경우뿐이라고 주장했다. 맏아들이 죄를 지어 그의 법적인 특권이 몰수당한 경우에는 적용되지 않는다는 말이다. 그래서 야곱이 임종 때에 르

---

4) Nahmanides on Genesis 38:8을 보라.
5) Nahmanides on Genesis 26:5.

우벤에게 "[너는] 거친 파도와 같으므로, 또 네가 아버지의 침상에 올라와서 네 아버지의 침상을 더럽혔으므로, 네가 으뜸이 되지는 못할 것이다"(창 49:4)라고 말한 것이 바로 그런 뜻이라는 주장이다. 이것이 명시적으로 진술된 것은 역대지상에서 "르우벤은 맏아들이지만, 그의 아버지의 잠자리를 더럽혔으므로, 그의 맏아들의 권리가 이스라엘의 아들인 요셉의 아들들에게 넘어갔다"(대상 5:1)고 말한 것이다.

전혀 다른 설명이 불가능하지는 않다. 오경을 독특하게 만드는 것은 그것이 율법('토라'의 일차적 의미)과 역사 모두의 책이라는 점이다. 다른 곳에서는 이것들이 전혀 다른 장르들이다. 오경의 율법은 "우리가 무엇을 할 수 있고, 무엇을 할 수 없는가?"라는 질문에 대한 대답이다. 오경의 역사는 "무슨 일이 벌어졌는가?"라는 질문에 대한 대답이다. 율법과 역사 사이에는 전혀 명백한 관계가 없다.

그러나 유다이즘에서는 그렇지 않다. 많은 경우들에서, 특히 민법(mishpat)에서는, 율법과 역사 사이에, 무엇이 일어났는가와 우리가 무엇을 해야 하며, 무엇을 하지 말아야 하는가 사이에 연계성이 있다.6) 예를 들어, 성서 율법의 상당수는 이스라엘 백성이 이집트에서 겪은 노예 경험으로부터 직접 등장한 것이기 때문에, 그것은 마치 "이것이 우리 조상들이 이집트에서 겪은 것이므로, 같은 방식으로 행하지 말라. 너희의 노동자들을 억압하지 말라. 이스라엘 사람을 평생 노예로 삼아서는 안

---

6) 이것이 Robert Cover의 유명한 논문, "Nomos and Narrative," *Harvard Law Review* 1983-1984의 주제다. http://digitalcommons.law.yale.edu/cgi/viewcontent.cgi?article=3690&context=fss_papers. 그의 입장은 "어떤 법적 기관이나 법규도 그것을 자리잡게 만들고 그것에 의미를 주는 내러티브와 분리되어서 존재하지 않는다. 왜냐하면 모든 규약에는 서사시가 있고, 십계명 각각에 경전이 존재하기 때문이다."

된다. 너희의 하인이나 피고용자를 일주일에 하루 휴식 없이 부려먹지 말라"라고 말하는 것과 같다.

성서의 모든 율법이 이렇지는 않지만, 일부는 그렇다. 그것은 경험을 통해 배운 것, 역사의 교훈을 통해서 정의가 그 형태를 갖춘 것을 나타낸다. 오경은 과거를 미래의 안내자로 삼는다. 흔히 그것은 적극적이지만 때로는 부정적이기도 하다. 창세기가 우리에게 들려주는 것은, 다른 것들과 함께, 야곱이 레아보다 라헬을 더 사랑하고, 또한 라헬의 첫아들 요셉을 레아의 첫아들 르우벤보다 더 사랑한 것이 바로 그 가족 안에 계속된 싸움의 원인이었다는 사실이다. 그것은 그 형제들로 하여금 요셉을 거의 살해하도록 만들었고, 결국 그를 노예로 팔아버리도록 만들었다. 이븐 에즈라에 따르면, 르우벤의 자손들이 느꼈던 원한이 몇 세대를 내려가는 동안 지속되었으며, 또한 다단과 아비람이 모두 르우벤 지파 사람들로서 고라의 반란에서 주동인물이 된 원인이었다.[7]

야곱이 그렇게 했던 것은 사랑의 표현이었다. 라헬에 대한 그의 감정이 압도적이어서, 라헬의 큰아들 요셉에 대한 야곱의 사랑도 그랬던 것이다. 사랑은 유다이즘에서 중심이다. 단지 남편과 아내, 부모와 자녀의 사랑뿐 아니라 하나님에 대한 사랑, 이웃과 낯선 사람에 대한 사랑도 마찬가지다. 그러나 사랑은 충분하지 않다. 정의와 법의 공평한 적용도 반드시 있어야만 한다. 사람들이 법을 공정하다고 느껴야 한다. 우리는 사랑만을 기초로 해서 사회를 세울 수 없다. 사랑은 연합시키지만, 분열시키기도 한다. 사랑을 덜 받는 사람들은 버림받고, 무시당하고 "미움받는다"고 느끼게 한다. 사랑은 분쟁, 시기심을 일깨우는 것이 될 수 있으

---

7) Ibn Ezra on Numbers 16:1.

며, 폭력과 복수의 소용돌이가 될 수도 있다.8)

이것이 바로 오경이 이번 주 신명기 본문의 율법과 창세기의 야곱과 그 아들들 이야기를 언어적 연상 작용을 통해 전해줄 때, 우리에게 말하는 것이다. 그것은 우리에게 율법이 임의적인 것이 아님을 가르친다. 율법은 역사의 경험 속에 뿌리를 두고 있다. 율법 자체는 '티쿤'(tikkun), 즉 과거에 잘못된 것을 바로잡는 방법이다. 우리는 사랑하는 것을 배워야만 한다. 그러나 우리는 또한 사랑의 한계도 알아야만 하며, 가족과 사회 안에서 "공정으로서의 정의"가 중요하다는 것을 알아야 한다.9)

---

8) 역자주: 신명기 22:4과 출애굽기 23:5은 동물들도 고통을 받지 않도록 하라는 명령이다. 현자들은 원수를 돕는 일과 친구를 돕는 일 사이에 선택해야 한다면, 원수를 돕는 일이 우선한다고 가르쳤다. 그래야 적대감을 사라지게 할 가능성이 있기 때문이다. Jonathan Sacks, *Judaism's Life-Changing Ideas* (2020), 276.

9) 역자주: 성서가 사회정의를 '국가 흥망의 판단 기준'으로 계속 강조하는 것은 이스라엘 공동체가 노예생활뿐 아니라 매우 오랜 세월 동안 제국들의 지배를 계속 받았고, 이런 지정학적 상황으로 인한 '민족 소멸의 위기' 속에서 찾은 유일한 신앙적 해결책이 하나님이 요구하시는 사회정의라는 절박감에서 비롯되었을 것이다. 카렌 암스트롱은 기원전 722년에 아시리아로 추방당했던 27,000여 명의 북왕국 이스라엘 지배층은 그 후 역사에서 사라졌고, 597년에는 8,000여 명의 남왕국 유다의 귀족, 군인, 기술자들이 바빌로니아에 포로로 끌려갔음을 밝히면서, 7세기 말엽, 민족 "소멸의 공포"(a terror of extinction)가 요시아 왕의 신명기 개혁의 절박한 배경으로서, 백해무익한 옛 신앙(우상숭배)을 철폐하고 당면 위기를 돌파할 "행동을 요청한 것"이라고 밝힌다. 또한 기원후 70년대에 기록된 마가복음과 미쉬나 역시 국가 폭력(십자가 처형), 제국과의 전쟁, 대량학살, 성전 파괴로 인한 끔찍한 "트라우마"를 돌파하는 문서들로 본다(*The Lost Art of Scripture*, 2019, 43-48, 216-222). 오늘날 대량학살무기의 개발과 생태 위기로 인한 대멸종 시대에 "영적 혁명이 없으면 우리가 지구를 구하지 못할 것"이라고 보는 그는 "모든 인간의 신성한 불가침성"에 대한 종교-정치적 근본주의자들의 백해무익한 폭력에 대응해야 할 절박한 과제를 강조한다.

우리의 예배와 정체성

Ki Tavo

지난 4백 년 동안의 세속화[1]에도 불구하고 근대세계에서 종교가 살아남은 이유 가운데 하나는, 모든 성찰하는 인간이 자신의 인생에서 어느 순간에는 묻게 되는 세 가지 질문에 종교가 대답을 해주기 때문이다. 그 세 가지 질문은 "나는 누구인가? 나는 왜 여기에 있는가? 그렇다면 나는 어떻게 살 것인가?" 하는 질문이다.

---

1) 역자주: 저자는 2012년 3월 8일, "Torah in Motion in 10th Anniversary" 강연에서, 세계의 세 가지 대서사(master narrative)가 부정되고 있는 것이 오늘날 "문화적 기후변화"의 특징이라고 말하고, 그 현실과 원인, 종교적 과제를 밝힌다. 그 첫째 대서사는 세계가 더 세속화되고 있다는 주장, 둘째는 세계가 더 서구화되고 있다는 주장, 셋째는 종교가 사회에 더욱 적응해야 살아남는다는 주장이었다. 첫째로, 세속화 과정은 17세기에 과학지식이 모든 사람들에게 공유되었고, 18세기에 권력이 시민들에게 공유되었고, 교회와 국가가 분리되었으며, 19세기에는 문화가 세속화되어, 종교시설을 대신하는 문화시설들이 생겨났으며, 20세기에는 도덕이 세속화되었다. 그러나 많은 사람들이 비종교화되는 반면에 보수적인 종교들이 강하게 등장하고 있다. 둘째로 서구화 주장은 오늘날 중국, 인도, 러시아, 이슬람이 반서구화 세력으로 등장하고 있다. 셋째로 종교가 살아남기 위해 사회에 적응해야 한다는 주장과 반대로 오늘날 종교가 사회에 대한 비판과 저항세력으로 등장하고 있다고 분석했다. 그 결과, 가족, 공동체의 해체가 더욱 심해지고 있기 때문에, 종교는 근본주의자들처럼 사회를 정복하거나, 사회로부터 물러나 은둔할 것이 아니라, 사회에 새로운 영감을 불러일으키는 과제를 수행해야 할 소수집단으로서의 사명을 갖고 있다고 호소했다. 모두가 외로운 시대에 서로 믿고 의지할 공동체를 만들어야 한다는 호소였다.

이런 질문들은 오늘날 네 가지 위대한 제도들, 즉 과학, 기술, 시장경제, 자유민주주의 국가가 대답할 수 없는 것들이다. 과학은 우리에게 "어떻게"는 말해주지만, "왜"는 말해주지 못한다. 기술은 우리에게 힘을 주지만, 그 힘을 사용하는 방법은 말해줄 수 없다. 시장은 우리에게 선택할 수 있게 해주지만, 어느 것을 선택할 것인지는 말해주지 않는다. 자유민주주의 국가는 그 원리상, 어느 특정한 생활방식을 지지하지 않는다. 그 결과, 오늘날 문화는 우리 앞에 거의 무한한 가능성들을 열어주지만, 우리가 누구이며, 왜 우리가 여기에 있으며, 어떻게 살아야 하는지에 대해서는 말해주지 않는다.

그러나 이런 질문들은 근본적이다. 모세가 불타는 떨기나무에서 하나님을 만나 처음 물었던 질문이 "제가 누구입니까?"였다. 이 구절의 단순한 의미는 그것이 수사학적 질문, 즉 "제가 누구이기에 감히 백성 전체를 자유로 인도하는 엄중한 과업을 수행할 수 있다는 말입니까?"라는 것이었다. 그러나 그 단순한 의미 아래에 놓여 있는 진정한 질문은 자신의 정체성에 관한 질문이었다. 모세는 이집트 파라오의 딸인 공주에 의해 키워졌다. 그가 미디안의 목동들로부터 이드로의 딸들을 구출했을 때, 그 딸들은 자기 아버지에게 가서 "어떤 이집트 사람이 우리를 구해주었습니다"라고 말했다. 모세는 이집트 사람처럼 보였고 또한 그렇게 말했다.

그는 이드로의 딸 중 하나인 십보라와 결혼했고, 수십 년을 미디안 목동으로 살았다. 그 연대기가 매우 분명하지는 않지만, 그가 젊어서 미디안에 갔고, 이스라엘 백성을 인도하기 시작한 것이 80대였기 때문에, 그는 어른으로서의 생애 대부분을 그의 미디안 족속 장인과 함께 그의 양떼를 치면서 살았다. 그래서 그가 하나님께 "제가 누구입니까"

(출 3:11)라고 물었을 때, 그 밑에 깔린 진짜 질문은 "제가 이집트 사람입니까, 아니면 미디안 사람입니까, 아니면 유대인입니까?"라는 것이었다.

그는 이집트 사람으로 키워졌고, 그가 경험한 것은 미디안 사람이었다. 그러나 결정적인 것으로 드러난 것은 그의 조상이었다. 그는 아브라함의 자손으로서, 아므람과 요게벳의 아들이었다. 그가 하나님께 두 번째 질문인 "당신은 누구십니까?" 하고 물었을 때, 하나님은 처음으로 그에게 "나는 스스로 있는 자다"(출 3:14)라고 말씀하셨다. 그러나 하나님은 그에게 두 번째 대답을 주셨다.

> 너는 이스라엘 자손에게 이르기를 '야훼, 너희 조상의 하나님, 곧 아브라함의 하나님, 이삭의 하나님, 야곱의 하나님이 나를 너희에게 보내셨다' 하여라. 이것이 영원한 나의 이름이며, 이것이 바로 너희가 대대로 기억할 나의 이름이다.(15절)

여기에도 이중적 의미가 있다. 표면적으로는 하나님께서 모세에게, 이스라엘 백성이 "누가 너를 우리에게 보냈느냐?" 하고 물을 때, 어떻게 대답해야 할 것인지를 말씀해주신다. 그러나 깊은 차원에서는 오경이 우리에게 정체성의 성격을 말해주는 것이다. 즉 "내가 누구인가?"라는 질문은 단지 우리가 어디에서 태어났고, 어디에서 내가 소년시절이나 장년기를 보냈는지, 또는 내가 어느 나라의 시민인지에 관한 문제가 아니다. 또한 내 직업이 무엇인지, 내가 무엇에 관심을 갖고 있으며, 나의 열정은 무엇인지 하는 말로 대답할 수 있는 질문도 아니다. 그런 대답은 내가 어디에 있으며, 내가 무엇을 하는지에 관한 것이지, 내가 누구인지에 관한 대답이 아니다.

하나님의 대답, 즉 나는 "너희 조상의 하나님"이라는 대답은 몇 가지 근본적인 명제를 제시한다. 첫째로, 정체성은 혈통을 통해 이어진다. 정체성은 나의 부모가 누구인지, 부모의 부모는 누구였는지와 같은 문제다. 이것이 항상 참된 것은 아니다. 입양된 아이들도 있기 때문이다. 자신들의 부모로부터 의식적으로 연을 끊은 자녀들도 있기 때문이다. 그러나 우리들 대부분에게 정체성은 우리 조상들의 이야기를 발견하는 데 있는데, 유대인들의 경우에는, 유대인들의 삶이 유례를 찾아볼 수 없을 정도로 뿌리가 뽑힌 삶이었다는 점에서, 거의 언제나 여정의 이야기다. 고난이나, 고난으로부터의 도피와 험난한 세상을 참으면서 견디어냈던 인내의 여정 이야기다.

둘째로, 혈통 자체는 이야기를 말해준다. 모세에게, "아브라함의 하나님, 이삭의 하나님, 야곱의 하나님이 나를 너희에게 보내셨다"라고 말하도록 하신 다음에, 하나님은 이렇게 말씀을 이어가셨다.

가서 이스라엘의 장로들을 모아 놓고 그들에게 일러라. "주 너희 조상의 하나님, 곧 아브라함과 이삭과 야곱의 하나님이 나에게 나타나셔서 말씀하셨다" 하고 말하면서 이렇게 전하여라. "내가 너희의 처지를 생각한다. 너희가 이집트에서 겪는 일을 똑똑히 보았으니, 이집트에서 고난받는 너희를 내가 이끌어 내어, 가나안 사람과 헷 사람과 아모리 사람과 브리스 사람과 히위 사람과 여부스 사람이 사는 땅, 곧 젖과 꿀이 흐르는 땅으로 올라가기로 약속하였다" 하여라.(16-17절)

하나님은 단순히 그 조상들의 하나님이 아니었다. 그분은 또한 어떤 약속을 하시는 하나님이다. 즉 그들을 노예생활로부터 자유로 이끌어내고, 유배생활로부터 약속의 땅으로 인도하기로 약속하신 하나님이다. 이스라엘 백성은 오랜 세월에 걸쳐 이처럼 확대된 이야기의 한 부분이었다. 그들은 아직 끝나지 않은 이야기의 일부분이었고, 하나님께서는 그 다음 장을 쓰실 참이었다.

그뿐 아니라, 하나님께서는 모세에게 당신이 이스라엘 백성의 조상들의 하나님이라고 말씀하실 때, 이렇게 덧붙이셨다. "이것이 영원한 나의 이름이며, 이것이 바로 너희가 대대로 기억할[zikhri] 나의 이름이다." 하나님께서 "이것이 영원한 나의 이름"이라고 말씀하시는 것은 하나님이 시간 너머에 계신 분이지만, "너희가 대대로" 이해할 수 있도록 시간 안에서 사시는 분이심을 나타낸다. 하나님께서는 이렇게 하심으로써 기억을 전해주신다. 즉 "이것이 바로 너희가 대대로 기억할[zikhri] 나의 이름이다." 정체성은 단지 나의 부모가 누구인가 하는 문제만이 아니다. 그것은 그들이 무엇을 기억했으며, 무엇을 나에게 전해주었는가 하는 문제이기도 하다. 개인의 정체성은 개인의 기억에 의해 형성된다. 집단의 정체성은 집단적 기억에 의해 형성된다.[2]

이 모든 것이 이번 주 오경 읽기 본문에 포함된 놀라운 율법의 서곡이다. 그것은 우리에게 첫 열매(햇곡식)를 "하나님이 택하신 장소," 곧 예루살렘으로 가져와야 했다고 말한다. 제사장에게 그 첫 열매 바구니를 넘겨주면, 제사장은 그 예물을 받고 다음과 같이 선포해야 했다.

---

[2] 집단적 기억과 정체성에 관한 고전적 저술은 Maurice Halbwachs, *On Collective Memory* (Chicago: University of Chicago Press, 1992); Jacques le Goff, *History and Memory* (New York: Columbia University Press, 1992)이다.

내 조상은 떠돌아다니면서 사는 아람 사람으로서 몇 안 되는 사람
을 거느리고 이집트로 내려가서, 거기에 몸붙여 살면서, 거기에서
번성하여, 크고 강대한 민족이 되었습니다. 이집트 사람들이 우리
를 학대하며 괴롭게 하며, 우리에게 강제노동을 시켰습니다. 우리
가 주 우리 조상의 하나님께 살려 달라고 부르짖었더니, 주께서
우리의 울부짖음을 들으시고, 우리가 비참하게 사는 것과 고역에
시달리는 것과 억압에 짓눌려 있는 것을 보셨습니다. 주께서 강한
손과 편 팔과 큰 위엄과 이적과 기사로, 우리를 이집트에서 인도
하여 내셨습니다. 주께서 우리를 이곳으로 인도하셔서, 이 땅, 곧
젖과 꿀이 흐르는 땅을 우리에게 주셨습니다. 주님, 주께서 내게
주신 땅의 첫 열매를 내가 여기에 가져 왔습니다.(신 26:5-10)

우리가 이 구절을 아는 것은 적어도 제2 성전시대 이후로, 이것이
우리가 유월절 식탁에서 들려주는 이야기의 핵심 부분이기 때문이다.
그러나 그것이 원래는 첫 열매를 바치면서 했던 고백이었음을 주목하
라. 이 고백은 보통 맥추절(칠칠절, *Shavuot*, 유월절 후 50일째)에 했던 고백
이었다.

이 법을 특별하게 만드는 것은 우리가 그 땅과 거기서 얻은 생산물
을 경축할 때, 우리가 예상할 수 있는 것은 자연의 하나님에 관해 말할
거라는 점이다. 그러나 이 본문은 자연에 관한 것이 아니라 역사에 관한
것이다. 그래서 특별하다. 이 본문은 먼 조상, 곧 "떠돌아다니면서 사는
아람 사람"에 관해 말한다. 그것이 우리 조상들의 이야기다. 그것이 내
가 도대체 왜 여기에 있고, 또한 내가 속한 백성이 왜 지금과 같은 모습
인지를 설명해주는 내러티브다. 고대세계에는 이와 비슷한 것이 전혀

없었고, 오늘날에도 이와 비슷한 것은 없다. 요세프 하임 예루살미가 그의 고전적인 책 ≪유대인의 역사와 유대인의 기억≫3)에서 말한 것처럼, 유대인들은 역사 속에서 하나님을 본 첫 번째 민족이었으며, 역사의 전체 의미를 첫 번째로 보았고, 기억을 종교적 의무로 만든 첫 번째 민족이었다.

바로 이 때문에 유대인의 정체성은 세상에서 가장 완강한 것으로 판명되었다. 즉 2천 년 동안 전 세계에 흩어져 살았던 소수민족이 계속 유지했던 정체성이었고, 마침내 유대인들을 그 땅으로 돌아오게 하여 이스라엘 국가를 세우도록 했고, 오랜 세월 동안 오직 시와 기도를 위해서만 사용되던 성서의 언어인 히브리어를 다시 살아있는 언어로 바꾸도록 만든 정체성이었다. 우리는 우리가 무엇을 기억하는가에 의해 형성된다. 그 첫 열매를 바치면서 하는 선포는 유대인들이 결코 자신의 정체성을 잊지 않도록 확실하게 만드는 방법이었다.

지난 몇 년 동안 미국에서는 여전히 미국인 이야기가 전해지고 있는지, 자녀들에게 가르치고 있는지, 그 모든 시민들에게 자신들이 거기에 있기 위해 싸워야만 했던 이야기, 즉 에이브러햄 링컨이 말한 것처럼, "자유의 새로운 탄생" 이야기, 그리고 그 자유를 유지하기 위해 필요한 미덕들을 말해주는 이야기를 다음 세대들에게 계속 가르치고 있는지에 관한 책들이 홍수를 이루었다.4) 이런 책들에 나타난 위기의식은 매우

---

3) Yosef Hayim Yerushalmi, *Zakhor: Jewish History and Jewish Memory* (Seattle: University of Washington Press, 1982). Lionel Kochan, *The Jew and His History* (London: Macmillan, 1977)도 보라.
4) 그 중 가장 중요한 책들은 Charles Murray, *Coming Apart* (New York: Crown, 2013); Robert Putnam, *Our Kids* (New York: Simon and Schuster, 2015); Os Guinness, *A Free People's Suicide* (Downer's Grove,

뚜렷하며, 비록 그 저자들이 정치적 입장에서는 매우 다양하지만, 그들의 논제는 거의 똑같다. 즉 만일 우리가 그 이야기를 망각하면, 우리는 우리의 정체성을 상실하게 된다는 점이다. 민족적 알츠하이머와 같은 것이 있다는 말이다. 우리가 누구인가 하는 것은 우리가 무엇을 기억하는가에 달려 있으며, 오늘날 서양의 경우에 집단적 기억 상실은 자유의 미래에 대한 현재의 실질적 위험성을 보여준다.

유대인들은 우리가 누구인지에 관한 이야기를 세상의 다른 어느 민족보다 더 오랫동안, 더 열심히 가르쳤다. 이것이 유대인 정체성을 그처럼 풍부하고 계속 귀에 울리도록 만드는 것이다. 컴퓨터와 스마트폰 메모리가 매우 빠르게 늘어나, 그 용량이 킬로바이트에서 메가바이트로, 이제는 기가바이트로 늘어났지만, 인간의 기억은 그만큼 짧아진 시대에, 인류 전체를 위한 유대인의 중요한 메시지가 있다. 우리는 기억을 기계에게 위임할 수 없다. 우리는 정기적으로 기억을 새롭게 하고, 그 기억을 다음 세대에게 가르쳐야만 한다. 윈스턴 처칠은 "우리가 더 먼 옛날까지 되돌아볼수록, 우리는 더 멀리 내다볼 수 있다"[5]고 말했다. 약간 다르게 표현하자면, 자신들의 과거 이야기를 전해주는 사람들은 이미 그 자녀들의 미래를 건설하기 시작한 것이다.

Illinois: IVP, 2012); Eric Metaxas, *If You Can Keep It* (New York: Viking, 2016); Yuval Levin, *The Fractured Republic* (New York: Basic Books, 2016)이다.

5) Chris Wrigley, *Winston Churchill: A Biographical Companion* (Santa Barbara, Calif.: ABC-Clio, LLC, 2002), xxiv.

하늘에서가 아니다
Nitzavim

내가 대학생이었던 1960년대 말에, 80대의 어느 미국 유대인 여인이 유명한 도사를 만나기 위해 북인도를 여행하는 것에 관한 이야기가 널리 알려졌다. 그 거룩한 도사를 보기 위해 큰 군중들이 기다리고 있었지만, 그 여인은 급하게 그를 만날 필요가 있다고 말하면서 사람들을 헤치고 들어갔다. 마침내 여인은 그 텐트 안에 들어가 도사 앞에 섰다. 그 여인이 "마빈아, 엄마 말 듣고, 이젠 충분하니까 집에 와라"고 한 말은 전설이 되었다.

1960년대부터 유대인들이 새로운 영성을 찾아 많은 종교와 문화 속으로 들어가기 시작했지만, 자신들의 종교와 문화를 더 깊이 찾는 사람은 많지 않았다. 그러나 유다이즘에도 역사적으로 그 나름의 신비가들과 관상가들, 시인들과 철학자들, 성인들, 환상가와 예언자들이 있었다. 우리가 영적인 각성을 열망하는 것은 그것과의 거리, 낯설음과 정비례하는 것처럼 보일 때가 많다. 우리는 가까운 것보다 먼 것을 사모한다.

나는 이것이 오늘날과 같은 이상한 시대에 독특한 것이라고 생각하곤 했지만, 사실상 모세는 미래에 유대인들이 영감을 찾기 위해 하늘로 올라가거나 바다를 건너야 한다고 말할 가능성이 있다는 것을 이미 내다보았다. 그런 영감은 여기 말고, 다른 곳에 있다는 생각이다. 이스라엘 역사에서 제1 성전과 제2 성전 시대 동안에도 그랬다. 처음에는 사람들이 주변 민족들의 신, 즉 가나안 족속의 바알 신, 모압 족속의 그모스 신, 바빌로니아의 마르둑과 아스다롯 신에 유혹을 받았다. 제2 성전 시대에는 그들이 헬레니즘에 매력을 느꼈다. 그것은 이상한 현상이지만, 그것을 가장 잘 표현한 것은 그로우초 마르크스가 말한 "나는 나를 회원으로 받아들일 클럽에 속하는 건 거부한다"[1]였다. 유대인들은 자기를 사랑하지 않는 사람들과 사랑에 빠지는 오랜 경향이 있었다.

위대한 정신을 지닌 사람들이 유다이즘을 떠날 때, 유다이즘은 위대한 정신을 잃는다. 영성을 찾는 사람들이 다른 곳으로 가면, 유대인 영성은 상실을 겪는다. 그리고 이것은 모세가 여러 차례 묘사한 역설적 방식으로 일어나곤 한다. 가난의 시대가 아니라 풍요의 시대에, 노예의 시대가 아니라 자유의 시대에 그런 일이 일어난다. 하나님께 감사드릴 것이 별로 없는 것처럼 보일 때, 우리는 하나님께 감사드린다. 감사해야 할 것이 많은 때, 우리는 망각한다.

유대인들이 우상을 섬기거나 헬레니즘에 물들었던 기간은 유대인들이 그 땅에 살면서 주권을 누리거나 자율성을 누리던 성전 시대였다. 그들이 유럽에서 유다이즘을 포기한 시대는 18세기 말부터 20세기 초까지 해방의 시대, 즉 그들이 시민의 권리를 향유하던 시대였다.

이런 경우들 대부분에서 주변 문화는 유대인들과 유다이즘에 대해 적대적이었다. 그러나 유대인들은 출생과 상속을 통해 자신들을 받아들여 고향처럼 느낄 기회가 있었던 문화보다는 오히려 자신들을 배척한 문화를 수용하는 경향이 있었다. 그 결과는 흔히 비극적이었다.

---

1) 그가 속했던 Friar's Club of Beberly Hills에 보낸 전보로서, *Groucho and Me* (Chicago: Bernard Geis Associates, 1959), 321에 수록됨.

바알을 숭배한다고 해서 이스라엘 백성이 가나안 족속들로부터 환영을 받지는 않았다. 헬레니즘에 물들어갔다고 해서 유대인들이 그리스인들이나 로마인들로부터 사랑을 받지는 못했다. 19세기에 유다이즘을 포기함으로써 반셈족주의를 끝장내지도 못했다. 오히려 그 불길이 타오르게 만들었다. 그래서 모세의 주장이 힘이 있다. 즉 진리, 아름다움, 영성을 발견하려고 하늘로 올라가거나 바다를 건너갈 필요가 없다. "그 말씀은 너희에게 아주 가까운 곳에 있다. 너희의 입에 있고 너희의 마음에 있으니, 너희가 그것에 순종할 수 있다"(신 30:14).

그 결과는 유대인들이 자신의 문화를 풍요롭게 만들기보다는 다른 문화들을 풍요롭게 만든 것이다. 말러의 제8 교향곡의 일부는 가톨릭 미사로 사용된다. 유대인 음악가의 아들이었던 어빙 벌린은 "나는 화이트 크리스마스를 꿈꾸고 있다"(I am Dreaming of a White Christmas)는 유명한 노래를 썼다. 처음 "계몽된" 유대인 중 한 사람이었던 모세 멘델스존의 손자 펠릭스 멘델스존은 교회음악을 작곡했고, 오랫동안 방치되었던 바하의 마태수난곡을 다시 유행하게 만들었다. 20세기의 가장 심오한 기독교 사상가들 중 한 사람이었던 시몬 베유는 유대인 부모에게서 태어난 "우리 시대의 가장 위대한 영혼"이라는 찬사를 알베르 까뮈에게서 받았다. 가톨릭교회에서 성인이며 순교자로 추앙받는 에디트 슈타인도 유대인이었기 때문에 아우슈비츠에서 살해당했다. 그런 인물들은 많다.

유대인들의 유대성과 유다이즘을 받아들이는 것은 유럽의 실패였는가? 그 도전에 직면한 것은 유다이즘의 실패였는가? 그 현상은 너무 복잡해서 단순하게 설명할 수 없다. 그러나 그 과정에서, 우리는 위대한 예술, 위대한 지성인, 위대한 정신들과 영혼들을 잃었다.

어느 정도까지는 그런 상황이 이스라엘과 디아스포라 모두에서 바꿔었다. 새로운 유대인 음악이 많이 나타났고, 유대 신비주의도 부흥했다. 중요한 유대인 작가들과 사상가들도 등장했다. 그러나 우리는 여전히 영적으로 많이 이루지 못하고 있다. 영성의 가장 깊은 뿌리는 안에서부터 온다. 즉 문화, 전통, 민감성으로부터 온다. 그 뿌리는 영혼의 모국어가 지닌 구문론과 어의론에서 온다. 그것이 "그 말씀은 너희에게 아주 가까운 곳에 있다. 너희의 입에 있고 너희의 마음에 있으니, 너희가 그것에 순종할 수 있다"는 말씀의 뜻이다.

유대인 영성의 아름다움은 정확히 유다이즘에서는 하나님이 가까이 계신다는 점이다. 우리는 하나님의 현존을 발견하기 위해 산을 오르거나 아쉬람에 들어갈 필요가 없다. 하나님의 현존은 안식일 저녁 식탁 주변에 있으며, 촛불의 불빛 속에, 안식일과 축제절기에 따르는 포도주와 빵의 단순한 거룩함 속에, 어린이들을 축복하는 말 속에, 노동이 아니라 안식을 통해 오는 좋은 것들, 그 좋은 것들을 구매함으로써가 아니라 향유함으로써, 우리가 계속 지니고 있던 선물이었지만 감사할 시간이 없었던 선물들을 축하하는 동안 세상이 스스로 돌보도록 내어맡길 때 오는 평화 속에 있다.

유다이즘에서는 하나님이 가까이 계신다. 그분이 가까이 계신다고 시편은 노래한다. 우리가 탈무드의 한 페이지를 공부하면서 논쟁할 때나 고대 본문을 새롭게 해석할 때, 그분은 듣고 계신다. 그분은 축제절기들의 기쁨 속에 계시며, 성전이 파괴된 날을 기억하며 금식하는 날의 눈물 속에 계시며, 신년절기의 뿔나팔 소리의 울림 속에, 대속죄일의 참회 속에 계신다. 그분은 이스라엘의 공기와 예루살렘의 돌들, 즉 가장 오래된 것들과 가장 새로운 것들이 가까운 친구들처럼 서로 뒤섞이는 곳에 계신다.

하나님은 가까이 계신다. 대성당이나 수도원, 추상적 신학, 형이상학적 정교함이 모두 아름다운 것이기는 하지만, 유다이즘에는 필요하지 않았다. 왜냐하면 우리에게 하나님은 모든 사람과 모든 장소의 하나님이시며, 우리들 각자를 위해 시간을 내시며, 또한 우리가 우리의 영혼을 그분께 열어 보일 마음만 있다면 우리가 있는 곳에서 우리를 만나주시는 하나님이시기 때문이다.

나는 랍비다. 지난 22년 동안 나는 (영국 연방 연합히브리회중의) 최고 랍비였다. 그러나 결국, 사람들로 하여금 자신들의 문과 마음과 감정들을 우주 너머에 계신 현존, 우리를 사랑으로 창조하셨으며 우리의 조상들이 그토록 잘 알고 있었고 그토록 많이 사랑했던 그분을 향해 열도록 충분히 돕지 않았던 사람들은 바로 우리들 랍비들이었다고 나는 생각한다. 우리는 두려웠다. 갈수록 세속화되는 문화의 지적인 도전들, 세상 안에 존재하지만 아직 완전히 세상에 속하지는 않는 사회적 도전들, 유대인들이나 유다이즘, 또는 이스라엘 국가가 비판을 받고 정죄를 받는 것에서 오는 감정적 도전들이 두려웠다. 그래서 우리는 높은 벽 뒤로 물러났고, 그러면 우리가 안전할 거라고 생각했다. 높은 벽은 결코 우리를 안전하게 만들지 못하고, 오직 두렵게 만들 뿐이다.[2] 우리를 안전하게 만드는 유일한 것은 두려움 없이 그 도전들에 맞서는 것이며, 또한 다른 사람들도 그렇게 하도록 영감을 불어넣는 일이다.

모세가 "그것은 하늘 위에 있는 것이 아니며 … 또한 바다 건너에 있는 것도 아니다"(신 30:12-13)라는 비범한 말씀을 통해서 뜻했던 것은 이런 것이었다. "자녀들아, 너희 부모들은 시나이 산에서 하나님의 음성

---

[2] Rashi on Numbers 13:18을 보라.

을 들었을 때 몸을 떨었다. 그들은 압도당했다. 그들은 만일 우리가 더 이상 그 음성을 들으면 죽게 될 것이라고 말했다. 그래서 하나님은 우리가 압도당하지 않은 채 그분을 만날 수 있는 방법들을 찾으셨다. 그렇다. 그분은 창조주, 주권자, 최고의 권능, 첫 번째 원인, 행성들과 별들을 운행하시는 분이시다. 그러나 그분은 또한 우리의 부모, 파트너, 연인, 친구이시다. 그분은 바로 이웃집 사람을 뜻하는 말 '샤켄'(shakhen)에서 나온 '쉐키나'(Shekhina)이다.

그러니까 매일 아침마다 생명의 선물들에 대해 그분께 감사드려라. 사랑의 선물을 위해 하루 두 번씩 '쉐마'(Shema)를 암송해라. 기도를 드리면서 다른 사람들의 음성에 너의 음성을 합쳐, 그분의 영이 너를 통해 흐르도록, 너에게 세상을 바꿀 용기와 힘을 주시도록 기도해라. 너희가 그분을 볼 수 없을 때는 너희가 다른 방향을 바라보기 때문이다. 그분이 부재하신 것처럼 보일 때는 그분이 문 뒤에 계시기 때문에 너희가 그 문을 열어야만 한다.

그분을 낯선 이방인처럼 대하지 말라. 그분이 너희를 사랑하신다. 그분이 너희를 믿으신다. 그분은 너희가 성공하기를 원하신다. 그분을 발견하기 위해서 너희가 하늘로 올라가거나 바다를 건너갈 필요가 없다. 그분은 너희의 영혼이 침묵 속에서 들을 수 있는 음성이다. 그분은 너희가 경이로움을 향해 눈을 열 때 보게 되는 빛이시다. 그분은 너희가 절망의 구렁텅이 속에 있을 때 만지는 손길이다. 그분은 너희에게 생명을 주시는 숨결이다."

우리의 날을 새롭게 하기

Vayelekh

그 순간이 왔다. 모세는 이제 죽어가고 있다. 그는 누나 미리암과 형 아론이 자신보다 먼저 죽는 것을 보았다. 그는 하나님께, 영원히 살게 되지 않기를, 더 오래 살게 되지 않기를 기도했다. 단순히 "부디 저를 건너가게 하여 주십시오. 그래서 요르단 강 저쪽 아름다운 땅과 아름다운 산과 레바논을 보게 하여 주십시오"(신 3:25)라고 기도했다. 저의 여정을 끝내게 해주십시오. 제가 목적지에 도달하게만 해주십시오. 그러나 하나님께서는 거절하셨다. "이것으로 네게 족하니, 이 일 때문에 더 이상 나에게 말하지 말아라"(26절). 하나님께서는 모세의 다른 모든 기도는 거의 다 들어주셨지만, 이것은 거절하셨다.[1)]

그렇다면 모세는 자기 인생의 마지막 날들에 무엇을 했는가? 그는 613개 명령들 중에서 마지막 두 개의 명령을 내렸는데, 이것들은 유다

---

1) 여기에는 중요한 교훈이 있다. 응답받는 기도는 우리가 다른 사람들을 위해 드리는 기도와 다른 사람들이 우리를 위해 드리는 기도다. 우리가 스스로를 위해 드리는 기도가 항상 응답받는 것은 아니다. 바로 이런 이유 때문에 우리가 아픈 사람들의 치유를 기도하거나 슬퍼하는 사람들의 위로를 기도할 때, 우리가 특히 아프거나 사별한 사람들인 "타인들 한복판에서" 기도하는 것이다. 유다 할레비가 ≪멸시받는 종교를 위한 반박과 증거≫(*The Kuzari*)에서 지적한 것처럼, 개인의 이해관계는 서로 충돌할 수 있기 때문에, 우리는 공동선을 위해서 공동체적으로 기도하는 것이다.

이즘과 유대 민족의 미래에 중대한 결과를 초래할 것이었다. 첫 번째 명령은 '하켈'(*hak'hel*)로 알려진 것으로서, 왕이 7년째 안식년(*Shemitta*)의 초막절 동안에 백성들을 소집하도록 한 명령이다.

> 일곱 해가 끝날 때마다, 곧 빚을 면제해 주는 해의 초막절에, 온 이스라엘이 주 너희의 하나님을 뵈려고 그분이 택하신 곳으로 나오면, 너희는 이 율법을 온 이스라엘 백성 앞에서 읽어서, 그들의 귀에 들려주어라. 너희는 이 백성의 남녀와 어린 아이만이 아니라 성 안에서 너희와 같이 사는 외국 사람도 불러모아서, 그들이 율법을 듣고 배워서, 주 너희의 하나님을 경외하며, 이 율법의 모든 말씀을 지키도록 하여라. 너희가 요르단 강을 건너가서 차지하는 땅에 살게 될 때에, 이 율법을 알지 못하는 너희의 자손도 듣고 배워서, 주 너희의 하나님을 경외하게 하여라. (신 31:10-13)

성서의 나중에 나오는 책들에는 이 명령에 대한 구체적 언급이 없지만, 매우 비슷한 모임 이야기들이 있다. 그것은 계약 갱신 의식들로서, 왕이나 그에 상응하는 사람이 백성을 소집하여 오경을 읽거나, 백성들에게 그 역사를 상기시키고, 그들이 하나님과 계약을 맺은 백성으로서의 운명을 확증하도록 요청한 의식들이었다.

이것이 사실상 모세가 그의 생애 마지막 달에 했던 일이다. 신명기 전체는 계약을 다시 진술한 것으로서, 시나이 산에서 원래 계약을 맺은 지 거의 40년과 한 세대가 지난 후 다시 진술한 것이다. 여호수아서 마지막 장에도 또 다른 사례가 나온다(수 24). 여호수아는 모세의 후계자로서 그의 명령을 완수하여, 백성을 요르단 강 건너편으로 인도하고, 그들의 전투를 이끌고 그 땅에 정착시켰다.

또 다른 사례는 몇 세기 후에 요시아 왕의 통치 기간에 일어났다. 그의 할아버지 므낫세는 55년간 통치했는데, 유다 왕들 가운데 최악의 왕 중 하나로서, 어린이 희생제사를 포함해서 여러 형태의 우상숭배를 도입했다. 요시아 왕은 이스라엘 민족을 그 원래 신앙에로 되돌리려고 노력하여, 성전을 정화시키고 보수하도록 명령했다. 그 복구과정에서 오경의 사본이 발견되었는데,[2] 그 사본은 몇십 년 동안 우상숭배가 만연하고 오경이 거의 잊혀진 기간 동안, 그것이 파괴되지 않도록 감추어진 장소에 봉인되어 있었다. 왕은 그 발견에 크게 영향을 받아, '하켈' 유형의 민족적 집회를 소집했다.

> 왕이 사람을 보내어, 유다와 예루살렘의 모든 장로를 소집하였다. 왕이 주의 성전에 올라갈 때에, 유다의 모든 백성과 예루살렘의 모든 주민과 제사장들과 예언자들과, 어른으로부터 아이에 이르기까지, 모든 백성이 그와 함께 성전으로 올라갔다. 그때에 왕은, 주의 성전에서 발견된 언약책에 적힌 모든 말씀을, 크게 읽어서 사람들에게 들려주도록 하였다. 왕은 기둥 곁에 서서, 주님을 따를 것과, 온 마음과 목숨을 다 바쳐 그의 계명과 법도와 율례를 지킬 것과, 이 책에 적힌 언약의 말씀을 지킬 것을 맹세하는 언약을, 주 앞에서 세웠다. 온 백성도 그 언약에 동참하였다.(왕하 23:1-3)

---

[2] 이것이 그 사건에 대한 라닥(Radak, David Kimhi, 1160-1235)과 랄박(Ralbag, Levi be Gershon, 1288-1344)이 그 사건에 대해 이해하는 것이다. 아브라바넬(1437-1508)은 그 민족 역사에서 우상을 숭배하던 기간 동안에 오경의 다른 사본이 보존되지 않았다는 것을 믿기 어렵다고 생각하고, 성전에서 봉인된 채 발견된 것은 모세가 그의 손으로 쓴 오경이었다고 주장한다.

가장 유명한 '하켈' 유형의 의식은 바빌론에서 두 번째로 큰 무리가 돌아온 후에 에스라와 느헤미야가 소집한 민족 모임이었다(느 8-10). 성전으로 들어가는 수문 앞 광장의 단 위에서 에스라는 오경을 읽었는데, 그 무리들 사이에 레위인들을 배치하여 설명해주도록 했다. 신년절기에 시작된 그 의식이 절정에 달한 것은 초막절 이후 백성들이 집단적으로 "하나님의 종 모세가 전하여 준 하나님의 율법을 따르기로 하고, 우리 주 하나님의 모든 계명과 규례와 율례에 복종하기로 하였으며, 그것을 어기면 저주를 받아도 좋다고 맹세하였다"(느 10:29)로 나타났다.

모세가 백성들에게 준 두 번째 명령으로서 그의 마지막 명령은 "이제 이 노래를 적어, 이스라엘 백성에게 가르쳐 부르게 하여라"(신 31: 19)에 포함되어 있다. 이 명령은 랍비 전통에서 오경 두루마리(a sefer Torah)를 필사하거나 최소한 그 필사에 참여하라는 명령으로 이해된다. 모세는 왜 그의 생애 마지막 순간에 이 두 가지를 구체적으로 명령했는가?

여기서는 지금 뜻 깊은 일이 진행되고 있었다. 모세가 요르단 강을 건너갈 수 있게 허락해 달라고 한 것에 대해 하나님께서 "이것으로 네게 족하니, 이 일 때문에 더 이상 나에게 말하지 말아라" 하시면서 퉁명스럽게 거절하신 것을 기억해보라. 이것이 오경이며, 또한 이것이 그 보상인가? 이것이 하나님께서 가장 위대한 예언자에게 보상하시는 방식인가? 분명히 그렇지 않다.

이 두 가지 명령에서 하나님께서는 모세와 그를 통해 모든 세대들에게 불멸이 무엇인지를 가르치고 계셨다. 단지 하늘에서의 불멸만이 아니라 땅 위에서의 불멸 말이다. 우리가 죽을 수밖에 없는 이유는 우리가 육체를 가졌고, 육체적 유기체는 영원히 살 수 없기 때문이다. 우리는 성장하고, 늙고, 쇠약해지고, 죽는다. 그러나 우리는 단지 육체적인 것만이 아니다. 우리는 영적이기도 하다. 이 마지막 두 가지 명령에서, 우리는 4천 년이 지나도 죽지 않았으며, 또한 해와 달과 별들이 있는 한 죽지 않을 영의 일부가 된다는 것이 무엇인지를 가르침 받고 있는 것이다.3)

하나님께서는 모세에게, 그리고 그를 통해서 우리에게, 어떻게 결코 늙지 않는 문명의 일부가 될 수 있는지를 보여주셨다. 그것은 반복적으로 그 자체를 갱신하기 때문에, 젊은 상태로 머문다. 오경의 이 마지막 두 가지 명령은 갱신에 관한 것으로서, 처음이 집단적 갱신이며, 그 다음이 개인적 갱신이다.

'하켈'(Hak'hel), 그 7년마다 거행하는 계약 갱신 의식은 그 민족으로 하여금 정기적으로 그 사명에 다시 헌신하도록 확실하게 만들었다. 나는 세상에서 이런 계약 갱신 의식이 여전히 거행되는 곳이 미국이라고 주장했었다.

계약 개념은 유럽에서 16세기와 17세기에, 특히 칼빈의 제네바와 스코틀랜드, 네덜란드와 영국에서 결정적인 역할을 수행했다. 미국에는 초기 청교도 정착민들이 그 개념을 들여왔고, 오늘날까지 미국의 정치 문화의 한 부분으로 남을 만큼 오랜 영향을 끼쳤다. 1789년 이후 4년마다 거행되는 대통령 취임식에서 발표되는 취임사는 거의 모두 명시적으로 또는 은연중에 계약 갱신 의식이었고, '하켈'의 당대적 형태였다. 1987년에 미국 헌법 200주년 기념식에서, 레이건 대통령은 그 헌법이 "우리 자신들과만 맺은 계약이 아니라 온 인류와 맺은 계약입니다. … 그것은 인간의 계약입니다. 그렇습니다. 그러나 그 이상으로, 우리의 건

---

3) 예레미야 31장을 보라.

국의 아버지들이 항상 도움을 호소했던 지고의 존재와 맺은 계약입니다"라고 말했다. 그는 미국의 의무는 "인류와 맺은 그 계약을 늘 갱신하고 … 200년 전에 시작된 사역, 미국의 특수한 소명인 고귀한 사역, 즉 인간의 자유의 승리, 하나님 아래 인간 자유의 승리라는 고귀한 사역을 완수하는 것입니다"[4]라고 말했다.

'하켈'이 국가적 갱신이라면, 우리들 각자가 오경 두루마리를 필사하는 일에 참여해야 한다는 명령은 개인적 갱신이다. 그것이 모든 미래 세대에게 말하는 모세의 방식이었다. 즉 우리가 나는 부모로부터(또는 조부모나 증조부로부터) 오경을 받았다고 말하는 것은 충분하지 않다. 우리는 모든 세대마다 그것을 받아 새롭게 만들어야만 한다.

유대인의 삶에서 가장 두드러지는 특징 가운데 하나는 이스라엘에서부터 캘리포니아 팰로앨토에 이르기까지, 유대인들은 세계에서 가장 정보통신 기술을 열정적으로 이용하며 그 발전에 크게 공헌한 사용자들(Google, Facebook, Waze)에 속한다는 점이다. 그러나 우리는 여전히 정확히 수천 년에 했던 방식으로 오경을 손으로, 깃촉펜을 사용해서 양피지 두루마리에 쓰고 있다. 이것은 역설이 아니다. 이것은 심오한 진실이다. 자신의 과거를 이어가는 사람은 두려움 없이 미래를 건설할 수 있기 때문이다.

갱신은 인간이 수행하기 어려운 일 가운데 하나다. 몇 년 전에 나는 영국의 수상이 될 사람과 함께 앉아 있었다. 대화하는 중에 그는 "내가 가장 기도하는 것은 우리가 그 수상 관저에 도착했을 때, 내가 왜 그곳에 가고자 했는지를 결코 잊지 않는 것입니다"라고 말했다. 나는 그가

---

[4] *Public Papers of the Presidents of the United States, Ronald Reagan, 1987*, 1040-43.

영국 수상이었던 해럴드 맥밀란(1957-1963)이 정치에서 가장 두려운 게 무엇인지에 대한 질문을 받았을 때, "사건들이지요, 사건들요"라고 말했던 유명한 말을 염두에 두었던 게 아닌가 생각했다.

사태들은 벌어진다. 우리는 지나가는 바람에 휘둘리고, 우리가 만들지 않은 문제들에 사로잡히며, 표류한다. 이런 일이 개인에게든, 기관에게든, 국가에게든 벌어지면, 우리는 늙게 된다. 우리가 누구인지, 왜 여기에 있는지를 망각한다. 마침내 우리는 우리보다 더 젊고, 더 갈망하며, 더 맹렬한 사람들(또는 기관들이나 문화들)에게 압도당한다.

우리가 여전히 젊고, 갈망하며, 맹렬할 수 있는 유일한 길은 정기적인 갱신을 통해서, 우리 자신들에게 우리가 어디에서 왔으며, 어디로 가고 있으며, 왜 그러는지를 상기시키는 방법이다. 우리는 어떤 이상에 헌신하고 있는가? 우리가 계속하라고 부름받은 여정은 무엇인가? 우리는 어떤 이야기의 한 부분인가?

따라서 가장 위대한 예언자가 자신의 죽음에 직면한 순간에, 하나님께서 그에게, 또한 우리에게, 단지 하늘에서만이 아니라 이 땅 위에서 불멸하는 비결을 알려주신 것이야말로 얼마나 정확한 타이밍이며, 또한 얼마나 아름다운가? 왜냐하면 우리가 그 계약의 조건들을 지키며, 우리의 삶에서 그것을 새롭게 만들 때, 우리는 우리 다음에 오는 사람들 안에 살아 있기 때문이다. 우리의 자녀들을 통해서든, 제자들을 통해서든, 아니면 우리가 도움을 주었거나 영향을 끼친 사람들을 통해서 말이다. 우리는 "우리의 날을 다시 새롭게 하여, 옛날과 같게 만든다"(애 5:21). 모세는 죽었지만, 그가 가르친 것과 그가 추구한 것은 계속 살아있다.

도덕적 우주의 호

Haazinu

모세는 장엄한 언어로 노래를 부르면서, 자신의 모든 힘과 열정을 다해, 이스라엘 백성에게 그의 마지막 언약을 맡긴다. 그는 극적으로 시작하지만, 부드럽게, 자신이 하려는 말에 대해 하늘과 땅을 증인으로 부르면서 말한다. 그것은 마치 ≪베니스의 상인≫에서 여주인공 포르티아가 "자비의 특질은 무리한 요구를 하지 않는다"고 말한 것처럼, 상당히 아이러니하게 들린다.

하늘아, 나의 말에 귀를 기울여라.
땅아, 나의 입에서 나오는 말을 들어라.
나의 교훈은 내리는 비요,
풀밭을 적시는 소나기다. (신 32:1-2)

그러나 이것은 모세가 전하려는 핵심 메시지의 전주곡일 뿐이다. 그것은 신원하시는 하나님의 정의(vindication God's justice, *tzidduk hadin*)라고 알려진 사상이다. 모세는 그것을 이런 방식으로 표현한다.

하나님은 반석, 하시는 일마다 완전하고,

그의 모든 길은 올곧다.
그는 거짓이 없고, 진실하신 하나님이시다.
의로우시고 곧기만 하시다. (4절)

이것은 유다이즘에서 근본적인 교리로서 세상의 악과 고난을 이해하는 방식인데, 어렵지만 반드시 필요한 교리다. 하나님은 정의로우시다. 그렇다면 왜 나쁜 일들이 일어나는가?

하나님이 타락하셨는가? 아니다. 그분 자녀들에게 결함이 있다.
비뚤어지고 뒤틀린 세대이다. (5절)

하나님께서는 선을 선으로 갚으시며, 악을 악으로 갚으신다. 우리에게 나쁜 일들이 일어나는 것은 우리가 스스로 나쁜 짓들을 하는 죄가 있기 때문이다. 잘못은 하늘의 별들에게 있는 게 아니라, 우리 자신들에게 있다.

모세는 예언자 모드로 들어가서, 심지어 백성들이 요르단 강을 건너 그 땅에 들어가기 전에 자신이 이미 예측한 것을 내다본다. 신명기 전체에 걸쳐서 모세는 백성들이 가나안 땅에 들어간 후 안락하고 만족하게 되어, 광야에서 겪은 곤경들과 싸움들을 망각하게 될 때 맞게 될 위험성을 경고했다. 그들은 자신들의 성취를 스스로에게 돌리게 될 것이며, 믿음으로부터 떠나게 될 것이다. 이런 일이 벌어지면, 그들은 스스로 재앙을 초래할 것이다.

여수룬이 기름지매 발로 찼도다

> 네가 살찌고 비대하고 윤택하매
> 자기를 지으신 하나님을 버리고 …
> 너를 낳은 반석을 네가 상관하지 아니하고
> 너를 내신 하나님을 네가 잊었도다. (15-18절)

이것은 오경에서 처음 '여수룬'이라는 말을 사용한 것인데, 그 말의 어근(*yashar*)이 "곧다"라는 뜻이라는 점에서 의도적으로 역설적으로 사용한 것이다. 이스라엘이 한때는 곧은 것이 무엇인지 알았지만, 풍요, 안전, 이웃들의 방식에 동화됨으로써, 길을 벗어나게 될 것이다. 이스라엘은 그 계약의 조건들을 어길 것이며, 그런 일이 일어나면, 하나님이 더 이상 함께 하시지 않는다는 것을 발견할 것이다. 이스라엘은 역사라는 것이 노략질하는 늑대임을 발견할 것이다. 그 힘의 원천과 분리되어 이스라엘은 원수들에 압도당할 것이다. 그 민족이 한때 누렸던 모든 것을 잃게 될 것이다. 이것은 노골적이며 무섭게 만드는 메시지다.

그러나 모세는 여기서 오경에 애당초부터 있었던 주제로 오경을 마무리하고 있다. 우주의 창조자이신 하나님은 세상을 근본적으로 보기 좋게 만드셨다. 보기에 좋다(선하다)는 단어는 창세기 1장에만 일곱 차례 울리는 단어다. 하나님의 형상과 닮은 모습으로 지어져 자유의지를 허락받은 인간이 세상에 악을 들여왔고, 그 결과로 인해 고통을 당하는 것도 인간이다. 따라서 모세는 곤경과 비극이 나타날 때, 우리들 자신 안에서 그 원인을 찾아야지, 하나님을 비난해서는 안 된다고 주장하는 것이다. 하나님은 곧고 정의로우시다. 잘못은 우리에게, 그분의 자녀들에게 있다.

이것은 아마도 유다이즘 전체에서 가장 어려운 사상일 것이다. 그것은 가장 단순한 사람들의 반대에 노출되어 있는데, 거의 모든 세대마다 그런 반대가 나타났다. 만일 하나님이 정의로우시다면, 왜 착한 사람들에게 나쁜 일들이 생기는가? 이 질문은 회의론자들이나 의심 많은 사람들의 질문이 아니라 믿음의 영웅들이 묻는 질문이다. 우리는 아브라함이 "세상을 심판하시는 분께서는 공정하게 판단하셔야 하지 않겠습니까?"(창 18:25)라고 항의하는 소리를 듣는다. 모세가 "어찌하여 주께서는 이 백성에게 이렇게 괴로움을 겪게 하십니까?"(출 5:22) 하고 말할 때에도 그런 항변을 듣는다. 그것은 또 예레미야의 말, "주님, 내가 주님과 변론할 때마다, 언제나 주님이 옳으셨습니다. 그러므로 주께 공정성 문제 한 가지를 여쭙겠습니다. 어찌하여 악인들이 형통하며, 배신자들이 모두 잘 되기만 합니까?"(렘 12:1)에서도 나타난다.

그런 주장은 결코 끝나지 않는다. 그것은 랍비 문학에서도 계속된다. 중세시대에 유대인들이 박해를 받아 촉발된 탄식들에서 또 다시 듣게 된다. 스페인에서 추방될 무렵에 나온 문학에서도 듣게 되며, 우리가 홀로코스트를 회상할 때도 여전히 듣게 된다.

탈무드는 모세가 하나님께 물었던 모든 질문들 가운데서, 이 질문만은 하나님께서 대답하지 않으신 질문이라고 말한다.[1] 가장 단순하며 또한 가장 깊은 해석이 시편 92편, "안식일의 노래"에 나온다. 비록 "악인들이 풀처럼 돋아나지만," 그들은 마침내 멸망할 것이다. 그와 반대로 의로운 사람들은 "종려나무처럼 우거지고, 레바논의 백향목처럼 높이 치솟을 것이다." 악은 단기간에 승리하지만, 장기적으로는 결코 아니다. 악한 자들은 풀과 같지만, 의로운 사람들은 나무와 같다. 풀은 하룻밤

---

1) Berakhot 7a.

사이에 돋아나지만, 나무가 그 완전한 높이까지 성장하기에는 수십 년이 걸린다. 장기적으로 보면, 폭군들은 패배한다. 제국들은 쇠퇴하고 멸망한다. 선함과 의로움은 마지막 전투에서 이긴다. 마틴 루터 킹이 그 시편의 정신으로 말한 것처럼, "도덕적 우주의 호(arc)는 길지만, 정의를 향해 구부린다."

이처럼 하나님의 통치권 아래에 있는 역사에서 정의를 확인하려는 결단은 어려운 믿음이다. 그러나 다른 대안적인 주장들을 고려해보자. 세 가지다. 첫째는 역사에는 아무런 의미가 없다고 말하는 것이다. "인간은 인간에게 늑대다." 투키디데스가 아테네 사람들의 이름으로 말한 것처럼, "강한 자들은 자기들 원하는 대로 행동한다. 약한 자들은 그들이 당할 수밖에 없는 꼴을 당한다."[2] 역사는 다윈이 말한 생존투쟁이며, 정의는 강자들의 의지에 붙여진 이름에 불과하다.

둘째 대안적 주장은 내가 《하나님 이름으로 혐오하지 말라》[3]에서 설명한 것처럼, 이원론이다. 악은 하나님에게서 오는 것이 아니라 독자적 세력들, 즉 사탄, 악마, 적그리스도, 루시퍼, 어둠의 왕 등등 하나님이 아니라, 하나님과 그분을 섬기는 사람들에게 대적하는 세력에게서 온다는 주장이다. 이런 생각은 아브라함의 유일신론의 각각의 형태(유다이즘, 기독교, 무슬림)에 있는 종파들뿐 아니라 현대의 세속적 전체주의에서도 나타났는데, 역사 전체에서 가장 위험한 생각 중 하나다. 그것은 인류를 흔들지 않는 선과 구제할 수 없는 악으로 양분함으로써, 오늘

---

[2] Thucydides, "The Melian Dialogue," in *History of the Peloponnesian War* (Book 5, chapters 84–116).

[3] Jonathan Sacks, *Not in God's Name: Confronting Religious Violence* (New York: Schocken Books, 2017).

날에도 여전히 더 큰 사탄과 더 작은 사탄에 맞서는 거룩한 전쟁이라는 이름으로 세상의 많은 곳에서 학살전쟁과 야만적인 만행을 벌이고 있다. 이것은 유일신론이 아니라 이원론이며, 현자들이 "두 세력, 또는 영역"[4]이라고 부른 것으로서 그것을 완전히 배격해야 한다고 본 것은 옳았다.

세 번째 대안적 주장은 랍비 문학에서 폭넓게 논쟁을 벌였던 주장으로서, 정의는 궁극적으로 다음 세상, 즉 죽음 이후에 오는 내세에만 존재한다는 주장이다. 이것은 비록 유다이즘에서 본질적 요소이지만, 성서의 중심 주장은 이 세상에 관한 것, 죽음 이전의 삶에 관한 것임을 인정하는 유다이즘의 관점에서 볼 때, 그처럼 내세에 의지하는 것이 거의 없었다는 사실은 특기할 만하다. 왜냐하면 우리가 정의, 공정, 자비, 품위를 위해 일하고, 가난을 줄이고, 완전을 위해, 우리의 능력껏, 사회와 개인의 능력껏 노력해야 하는 것은 바로 이 땅, 여기에서 해야 하는 것이기 때문이다. 따라서 성서는 내세를 선택한 적이 거의 없다. 하나님께서는 결코 예레미야나 욥에게, 그들의 질문에 대한 대답이 하늘에 있다고, 그래서 그들이 지상에 머무는 시간이 끝나면 즉시 그 대답을 볼 거라고 말씀하시지 않았다. 내세가 유일한 대답이라면, 유다이즘에서 특징적인 정의에 대한 열정은 사라지고 말 것이다.

유대인의 신앙이 비록 어렵기는 하지만, 우리를 인도한 역사를 통해서 우리로 하여금, 만일에 나쁜 일들이 일어나면, 다른 사람을 비난할 게 아니라 우리 스스로를 비난하고, 그 사태가 나아지도록 힘껏 일하자라고 말할 수 있게 되었다. 바로 이것이 유대인들로 하여금 계속해서,

---

4) Berakhot 33b.

우리의 용기를 꺾고 무섭게 만드는 비극으로부터 다시 일어설 수 있도록 만든 것이었다. 마치 야곱이 천사와 만난 후 절뚝거리지만, 다시 시작하고, 우리의 사명과 믿음에 우리 자신을 다시 헌신하며, 우리의 성취를 하나님께 돌리고, 우리의 실패는 우리 자신에게 돌리려고 작정하는 것이다.

그런 겸손으로부터, 획기적인 힘이 생겨난다.

편집자 노트

이 글이 랍비 조너선 색스, 복된 기억을 남겨주신
저자의 영성 시리즈에서 마지막 글이다.
저자가 신명기 마지막 매주 오경 읽기 본문인
*Vezot Haberakha*에 대한 글을 마칠 기회를 갖지 못한 것에 대해
매우 서운하지만, 그분의 가르침이 세대들을 거치면서도
살아남을 것임을 알기에 위로를 받는다.

역자후기

랍비 색스가 오경의 영성에 대해 쓴 이 책을 처음 읽었을 때, 우선 그 치밀함이 놀라웠다. 역사비평이나 4문서설에 대해서는 전혀 언급하지 않은 채, 오경에 나오는 익숙한 이야기들과 율법의 맥락에 대해서만 매우 치밀하게 묻고 따짐으로써 그 신앙적 의미를 해명하는 것, 특히 그 저항의 영성과 미래지향적 모험의 영성이 놀라웠다.

물론 오늘날 유대인 파워, 특히 팔레스타인 사람들에 대한 유대인들의 폭력과 횡포에 대해 저자가 침묵하고 있다는 점은 마음에 걸렸다. 홀로코스트를 겪고 난 이후에도 유대인들은 "열방의 빛"이 되기보다는 그 땅의 원주민인 팔레스타인 사람들의 숨통을 조이고 있는데, 그 점에 대해 침묵한다는 점은 비판받아야 한다고 본다.

그러나 저자가 이 책의 독자들로 설정한 것은 유대인 독자들이며, 특히 전통 신앙에 회의적인 젊은 세대들이다. 따라서 유대 민족주의를 강하게 표출하고 있음이 분명하지만, 이 책을 번역하기로 결정한 것은 오경에 대한 저자의 주석방법과 내용에서 한국 교회가 배울 것이 매우 많다는 점 때문이다. 특히 성서주석에서 랍비들의 치열한 공부와 토론 전통, 유다이즘의 특징적 영성뿐 아니라, 오늘날과 같은 탈종교화 시대에 종교 지도자란 어떤 모습이어야 하는가 하는 점이라고 생각했다. 세계 경제 불평등과 민주주의 위기, 인간 소외 문제에 대해 매우 박식한 관점에서 성서적인 해결책을 찾으려 애쓰는 모습은 우리가 마음을 열고 배워야 할 귀한 유산이라고 생각한다.

저자 랍비 조너선 색스에 대해
(1948년 3월 8일 - 2020년 11월 7일)

　　세계적인 종교지도자, 철학자, 저술가이며 우리 시대의 도덕적 음성으로서, 랍비 조너선 색스는 영국연방에서 가장 큰 회당 조직인 연합히브리회중의 영적인 지도자(최고 랍비)를 22년 동안(1991년 9월부터 2013년 9월까지) 역임했으며, 유대인대학 학장을 역임했다. 최고 랍비에서 은퇴한 후에는 뉴욕대학교와 예시바대학교, 런던 킹스칼리지의 유대학 교수를 역임했으며 라울발렌버그 인권센터의 정회원이었다. 많은 대중강연을 했으며 또한 30권 이상의 책을 저술한 그는 "인생의 영적 차원을 가르친 특별한 공헌"을 인정받아 2016년에 템플턴상을 수상한 것을 비롯해서 예루살렘 상, 라디슬라우스 라츠 에큐메니컬과 사회적 관심 상 등 많은 상을 받았고, 열여덟 개 대학과 기관에서 명예박사학위를 받았다. 2005년에는 영국 왕실로부터 기사 작위를 받았다.

　　런던에서 폴란드 이민자의 아들로 태어난 그는 케임브리지 대학교에서 실존 철학을 공부한 후, 옥스퍼드 대학교에서 공부하여 1981년에 박사학위를 취득했으며, 유대인 대학과 예쉬바 에츠 카임에서 랍비 안수를 받았다. 1978년에 런던 골더스 그린 회당의 랍비로 임명된 후, 1983년에는 센트럴 런던의 웨스턴 마블 아취 회당의 랍비가 되었다. 1970년에 일레인과 혼인했으며, 세 명의 자녀와 여러 명의 손주들이 있다. www.rabbisacks.org